幽霊とは何か

五百年の歴史から探るその正体

ロジャー・クラーク 著
桐谷知未 訳

国書刊行会

幽霊とは何か——五百年の歴史から探るその正体

A NATURAL HISTORY OF GHOSTS
500 YEARS OF HUNTING FOR PROOF
by
Roger Clarke

Original English language edition first published by
Penguin Books Ltd, London

Japanese translation rights arranged
with Penguin Books Ltd., London
through Tuttle-Mori Agency, Inc., Tokyo

目次

幽霊をその目で見たわたしの母、アンジェラ・H・クラークに

第1章

幽霊屋敷で育って

おお、死よ、われを眠りに誘い
静かに休ませておくれ
打ちひしがれた罪なき幽霊を解き放っておくれ
悲しみに満ちたわが胸から

――アン・ブーリンが処刑される前に
ロンドン塔で書いたといわれる詩

廊下の突き当たりには、死んだ女がいた。一度も見たことはないけれど、そこにいるのはわかった。階段をのぼりきったところにある廊下は、左へ延び、客用の寝室と、両親の部屋へ続いていた。

突き当たりはいつも薄暗かった。夏の盛りでも、わたしはそこが大嫌いだった。昼下がりに村の学校から戻ると、家には誰もいなかった。毎日、のろのろと階段をのぼり、それから固く目をつぶって、両手に冷や汗をかきながら、ものすごい勢いで自分の部屋に駆け込んだ。

わたしたち家族が住んでいたのは、十七世紀に建てられたかつての牧師館だった。草ぶき屋根の小さな家で、西側にはバラが生い茂り、古色蒼然とした塀が庭を囲っていた。一九六〇年代のことだ。そのころのワイト島はまだ、トマス・ハーディーが描写したままのイギリスだった。大昔から変わらない田舎。毎年の農業祭には、村の学校が休みになった。子どもたちの親の多くは、農場で働いていた。

学校では、給食係の女性が、よくお話をしてくれた。わたしはその大半を、自分のなかに取り込んだ――ベンブリッジ近くの森にいる古代ローマ百人隊長の幽霊や、ウォルヴァートン近くの沼に沈んだ騎手の幽霊が出てきた。沼は、清らかな小川沿いに進んだ先にあって、わたしたちは自然散策でよくその場所を訪れたものだった。

わたしはそういうテーマの本をむさぼるように読み始めた。いろいろなことを知るなかで、いちばん興味をそそられたうえに、何度も繰り返し目にする記述があった。イギリスでは、一平方マイルにいる幽霊の数が、世界のどの国より多いというのだ。でも、いったいどうしてなのだろう？

わたしがそういうテーマに引きつけられていることに気づいた母は、二階の廊下の突き当たりで幽霊を見たことがあると話した。家に泊まっていたある友人も見た。友人がベッドで寝ていると、その幽霊が客用寝室に入ってきたそうだ。朝食の席で、友人が質問した。「あの女の人は誰なの？」と。誰だったにしても、そのエネルギーは、家が改装されたときに消えてしまったらしい。

それでも、わが家の幽霊はわたしの心にずっと引っかかっていた。


わたしが十五歳のとき、一家でさらに古いマナーハウスに引っ越した。かつてのノルマン人の大修道院で、そこも幽霊屋敷だった。ワイト島最後の異教の王[1]は、近くの丘の上に広がる森に埋葬されていた。池のそばにある石臼の中央にはイチイの老木が生えていて、まるで結婚指輪に締めつけられて膨れた指のようだった。ある部屋には、朽ちた羽目板が張られていた。中世に建てられた鳩小屋の白亜の壁には、帆船をかたどった密輸業者のしるしが刻まれていた。

ときどき、幽霊――男ひとりと女ひとり――が家のなかでしゃべっているのが聞こえた。まるでラジオをつけたときのように……。犬たちは、キッチンの決まった場所でうなった。幽霊は外にもいた。父の馬は、シャルクームダウンの草原で白亜坑に近づくと、数百ヤード手前からおびえていた。一九五七年、新婚旅行客をぎっしり乗せてマヨルカ島に向かっていた飛行艇が、そこで墜落した。四十五人が亡くなった。今日でも、馬たちは白亜坑を嫌っていると聞く。丘の頂上に延びるモミの並木道の近くには、ねじれた金属のかたまりが、森の草に埋もれて転がっている。

客用寝室は、寝るのにあまり適しているとはいえない。飛行機の残骸から回収された遺体が外の石段から運び込まれ、この部屋が一日か二日ばかり仮の遺体安置所になったからだ。

わたしは、幽霊とゴーストハントのことばかり考えていた。幽霊を見た人についての本はたくさんあったが、幽霊とはなんなのかについて書かれたものはほとんどなかった。生者に気づいている幽霊もいれば、気づいていない幽霊もいるようだった。わたしは、熱心に読んだ本の著者たちと文通するようになった。

　そのひとりが、ゴーストハンターのアンドリュー・グリーンだった。グリーンは、幽霊とは、電界のせいで脳のなかに引き起こされたものか、電界そのもののどちらかだと信じていた。ヒューマニストで、懐疑的だが思いやりのある態度で有名だった。そして、自分が信じていない本物の幽霊に苦しめられる、文学界の典型的な研究家になった。わたしは、ピーター・アンダーウッドとも文通した。アンダーウッドは、十冊以上も幽霊の本を書き、ついには、自伝『風変わりな使命』（一九八三）でわたしの仮説のいくつかを引用してくれた。わたしはティーンエイジャーにして、当時イギリスでいちばん有名だったふたりのゴーストハンター、グリーンとアンダーウッドの著作の謝辞に名前を載せてもらっていた。そして十四歳のとき、アンドリュー・グリーンの推薦で、心霊現象研究協会（ＳＰＲ）の最年少会員になった。

　けれども、まだ実際に幽霊を見たことはなかった。それが、もどかしくてたまらなくなってきた。

　一九八〇年から一九八九年のあいだに、わたしは幽霊が出るといわれる四つの場所を訪れた。ロンドン塔、ワイト島のナイトン・ゴージズ、ケンブリッジシャーのソーストン・ホール、そしてドーセットの泣き叫ぶ髑髏《されこうべ》で有名なベティスクーム・ハウス。

　ロンドン塔は、今も昔も死の領域だ。夜になれば死のにおいがする。神話時代の王[2]の切り落とされた首が、その下に眠っている。一〇七七年に強制労働で建てられた元のホワイトタワーは、ロンドンの人々を威圧することを目的とした悪意の建造物だった。歴史の大部分において、ロンドン塔は王族の住まいだった。それから、とりわけ反逆罪を宣告された者の監獄になった。監房には、アン・ブーリンの部屋から、〝リトルイース〟と呼ばれる、立つことも寝そべることもできない悪名高い独房まで、さまざまな段階があった。中世には、鍛冶屋の夫婦がそこに住んで、夫が拷問道具を、妻が手かせや足かせをつくっていた。

　日中は、とても人気のある俗っぽい観光スポット、夜は、正規のイギリス軍兵士によって守られる警備の厳重な建物。そこに住む小さな集団のなかでは、幽霊を見るのはめずらしくない。一九五七年、ジョーンズという名前の若いウェールズ出身の近衛兵は、午前三時にソルトタワーで、形のはっきりしないもやもやした人影を見た。冷たく湿った空気のなかからゆっくり現れたそれは、若い女の顔を持っていた。ジョーンズの連隊の将校は、のちにこう言った。「ジョーンズ近衛兵は、幽霊を見たと確信している。連隊としての見解は、〝よろしい、おまえは幽霊を見たと言うのだな――ではそういうことにしておこう〟である」。

　ロンドン塔の幽霊について書かれた本は一冊しかない。その本を書いたのは、ロンドン塔の衛兵隊〝ヨーマン・ウォーダーズ〟の一員ジョージ・アボットだ。アボットは、イギリス空軍に下士官として三十五年勤めたあと、一九七四年にチューダー朝時代の〝略式〟軍装を身に着けることになった。ロンドン塔のさまざまな面について四冊の本を書き、なかでも拷問道具についての本がいちばんよく知られている。退役後はときどき、衛兵らしいすばらしく長いあごひげをこれ見よがしに生やして、拷問についてのドキュメンタリー番組で、ぞっとするようなありのままの事実を話していた。

一九八〇年のある秋の夕方、十六歳になったわたしは、ロンドン塔のミドルタワーにいた。ちょうど、その日訪れたおおぜいの観光客の最後尾が外へ出て、門が閉まるところだった。ジョージ・アボットが、そこでわたしを待っていた。わたしたちはなかへ入った。暗かった。タワーには意外にも、広々とした風通しのよさのようなものがあった。観光客がいなくなったとたん、それがあたりを覆った。ベルタワーの近くで、わたしたちは衛兵に呼び止められ、名前を確認された。それから、ブラッディータワーのかんぬきのかかった重い扉の奥へと通された。わたしたちは、ちょっとした暗闇のなかにいた。タワーグリーンと呼ばれる広場では、白い燐光《りんこう》を発する警備用照明が、風に揺れる木々の影を幻灯のように古い壁に映していたが、そのひと筋の光さえ、ここには届かなかった。アボットが、暗い片隅を指さした。プランタジェネット家の小さな王子たちが、狭間胸壁《はざまきょうへき》から暗殺者たちが入ってくる前に寝ていたといわれる場所だ。わたしは扉ばかり見ていた。ずっと、今にも開きそうに思えたからだ。幽霊話の大半は、そういう予感でできている。

外に出て歩道を歩いているときも、同じ予感がした。するとアボットが、マーティンタワー近くのスポットを示した。かつて熊の幽霊が宝飾室の扉の後ろから現れて、衛兵の前に立ちはだかった場所だ。わたしはその場所をじっと見て、ショーが始まるのを半ば期待した。けれど何も起こらなかった。風が木々を揺らし、容赦ない明かりがあたりを照らし続けていた。まるで〝戦場〟となったスポーツアリーナの投光照明みたいだった。大量の戦死者の墓を覆うこぎれいな芝生。セント・ピーター・アド・ヴィンキュラ礼拝堂では、専門家がオルガンの調律をしていた。オルガンは連続的に荒々しい音を吐き出し、そこにはゴシック的な鮮烈さを際立たせる効果があった。

　地下室で、アボットはわたしに、壁の側面に組み入れられた小型バスほどの大きさの墓を見せた。ロンドン塔の囚人のほとんどは、外に連れ出されて処刑されたが、行方不明になった者たちもずいぶんたくさんいる。磨かれた石にあごひげの影を映すアボットの姿は、エイゼンシュテイン監督の映画に登場するイヴァン雷帝そっくりだった。「誰かがバラの苗を植えるたびに、警察を呼ばなくてはならなかった」とアボットが言った。「必ず人骨が出てくるんだ。だから、少し前に広大な区域を掘り返して片づけてしまうことに決めた。そして一トンほどの骨を見つけて、すべてをここに集め、教会葬を行なった」。

　アン・ブーリンは、このすぐ近くで処刑されたあと、礼拝堂の祭壇の下に埋葬された。一八八二年、〝手負いの幽霊《スペクター・ストリクン》〟というペンネームで書かれた本が出版された。そのなかに、また別の衛兵が、セント・ピーター礼拝堂で燃え立つ明かりを見たという話があった。衛兵はなかには入らず（もちろんいろいろな話を聞いていただろうから）、脚立を見つけてそれにのぼり、礼拝堂のなかを見下ろした。何かよくわからない光のようなもので、あたりが照らされていた。〝古風な服装の騎士や貴婦人のおごそかな行列が、側廊をゆっくり進んでいた。先頭を歩く優雅な女性は、顔を逆側に向けていたが、その姿は、衛兵が有名な肖像画で見たアン・ブーリンにとてもよく似ていた。礼拝堂のなかを行ったり来たりしたあと、行列全体が、光とともに消えた〟。

一八六四年の別の事件では、ある衛兵が、自分のほうに歩いてくる白い人影を呼び止めた。ブラッティータワーで見張りをしていたふたりもそれを見た——衛兵にとっては幸運なことだった。職務中に居眠りをしたかどで、軍法会議にかけられたからだ。衛兵が銃剣でその人影を突くと、強い衝撃が走り、気を失ってしまった。さらに別の衛兵たちも、ブラッディータワーの外で首のない女におどかされたり、よくわからないものにテムズ川に面した出撃門の入口から受け持ち区域じゅうを追い回されたりした。一九七八年には、ふたりの衛兵が、ふさがれて近寄れないはずの狭間胸壁から石をぶつけられた。

一八一七年十月のある土曜の夜、マーティンタワーで晩餐会が開かれた。主催したのは、王室宝器保管官のエドマンド・レントール・スウィフトだった。テート・ブリテンのウェブサイトで、ジョン・オーピー作のスウィフトの陰気な肖像画が見られる。ウェリントン公爵の推薦でタワーの職員となったスウィフトは、アイルランド出身の元法廷弁護士で、いくつか詩集を出版したことがあり、四度結婚して二十八人の子どもがいた。幽霊に魅せられてもいた。

その晩、空想好きなスウィフトが〝魔法の時刻〟と呼ぶ真夜中になるころ……。部屋へ続く三つの扉はしっかり閉まり、カーテンも引かれていた。スウィフトは妻と義妹、七歳の息子といっしょに座っていた。壁が九フィート（訳註：約三メートル）近い厚さのこの部屋は、アン・ブーリンの独房だったといわれる。暖炉は部屋のなかに大きく張り出し、その上に油絵が飾られていた。

スウィフトは暖炉に背を向けて座り、ワイングラスを口に運んだ。そのとき、妻が叫んだ。「まあ！――あれはいったい何？」と。スウィフトの描写によれば、長方形のテーブルの上に、直径三インチ（訳註：約八センチ）ほどの半透明の筒らしきものが浮かんでいた。筒のなかで、青色と白色が絶え間なく流れるように混じり合っている。それが妻の背後で動いた。妻は身を縮めてよけてから、「なんてこと！　体をつかまれたわ！」と叫んだ。スウィフトは驚いて跳び上がり、その物体に向かって椅子を投げつけた。物体はテーブルの上端を横切って、窓の奥まった部分に入って消えた。スウィフトは部屋から駆け出して、使用人たちを呼んだ。〝これを記している今も、あのときの恐怖がまざまざと感じられる〟とのちにスウィフトは書いた。〝さらに驚嘆すべきなのは、義妹も息子も、あの物体を見なかったということだ〟[3]。

タワーは千年にわたって死と拷問の中心だったから、カーテンがそれをのみ込んでも驚くには当たらなかったのだろう。たとえば、エドワード一世の治世には、六百人のユダヤ人がさまざまな地下牢に詰め込まれ、見せ物にさえされていたことがあった。タワーの幽霊のいくつかは、もっとぼんやりしたものだ――赤ん坊の泣き声、入浴中に肩に置かれる手、どこからともなく漂ってくるお香と馬の汗のにおい、じゅうたん敷きの床をひたひたと歩く修道士のサンダルの音――が、残りは血塗られた場面を示すものばかりだ。一九七〇年代になっても、叫び声が聞こえることがあった。ソールズベリー女伯マーガレット・ポールの幽霊の声だといわれる。一五四一年、死刑執行人に追われて、タワーグリーンの断頭台の上を逃げ回り、最後にはめった切りにされた女性だ。

もうひとつの幽霊屋敷は、自宅の近くだった。ジョージ・アボットと文通しているのと同じころ、わたしは自宅から数キロほどの場所にとても心を引かれていた。赤いスズキのバイクでいくつか丘を越えると、数分でナイトン・ゴージズの朽ちた門柱の前に着いた。家は幽霊に取《と》り憑《つ》かれているというよりも、幽霊そのものだった。大昔の荘園の屋敷で、十九世紀初頭に恨みをいだく人々に破壊されていた。

わたしが小さいころから聞かされていたのは、こんな物語だ。もともとこの家は、ノルマン人の征服前にウェセックス伯爵ゴドウィンが使っていたサクソン人の狩猟小屋で、苔むした瓦屋根は、ベンブリッジの石灰岩の厚い板でつくられていた。建物はツタで覆われていた。北東の角に塔が立っていて、そこに〝嘆きの部屋〟と呼ばれる、幽霊の出る部屋があった。十四世紀に、近所の家に住む貴族が、フランスの侵略による戦いで傷を負い、ここを訪れているあいだに亡くなった。戦争中、ワイト島はほとんど人が住めない状態になったそうだ。

わたしはこの物語が好きだが、のちに、まったく事実とは違うことがわかった。確かに、ナイトンには歴史があった。最初の持ち主は、カンタベリー大司教トマス・ベケットを暗殺した騎士のひとりだった——ヒュー・ド・モーヴィルという名のテンプル騎士団員で、十字軍戦士でもあり、エルサレムのアルアクサ・モスクに埋葬された男だ。屋敷はディリントン家に受け継がれた。一家は屋敷を改築して、田舎風の門柱を建て、てっぺんにライオンの像を置いた。その後、一七八〇年代になると、ナイトンは若き放蕩者ジョージ・モーリス・ビセットの手に渡った。

　ビセットは、ワイト島の知事の妻と駆け落ちしたことで、さらに評判を落とした。言い伝えでは、娘が父の意に背いて結婚すると、ビセットは二度と実家の敷居をまたいではならないと娘に言い渡して、それを確実にするために家を引き払ってしまったといわれる。一八二一年、梅毒にかかり、さらに水銀中毒になって錯乱したビセットは、ベッドを庭師の小屋に移し、解体屋を呼んで、彼らが家を取り壊すのを満足げに眺めた。

　これもなかなかおもしろい話だが、実際には家は一八一五年か一六年に火事で焼け落ちてしまった。その数年前に、島の南岸を襲った地震で巨大な地すべりが起こったので、かなりひどく破損していたかもしれない。再建はされなかった。破壊のあと、

図１　19世紀初頭のナイトン・ゴージズのスケッチ。塔の上についた大きな長方形の部分が、“嘆きの部屋”だ。

ビセットはまずシェプトンマレットに移り、それからアバディーンシャーのハントリー近くにあるビセット家の領地に落ち着いた。少し前にその地を相続したからだ。ビセットはレッセンドラムにある一族の地下納骨所に葬られた。娘たちが相続権を奪われることはなかった。

人々が古典として受け入れている多くの面を最初に描写したのは、ワイト島のガイドブックを二冊書いたエセル・C・ハーグローヴだった。ハーグローヴは、ナイトン・ゴージズでふたつの経験をした——ひとつめは、一九一三年の大晦日の晩に起こった。真夜中に聞こえてきたのは、〝耳に訴えかけてくる、驚くべきソプラノの歌声……最後には、とても優美で洗練されたメヌエットの旋律が流れてきた〟。

二年後、ハーグローヴは同じ大晦日の晩、夜通し見張るために古い門のところへやってきて、友人とともに何が起こるか様子をうかがっていた。その友人が、〝ツタで下の部分が覆われた四角く白い家〟が見えると言い張った。客人が次々と到着して、十八世紀の服装をした男性が新年の乾杯をしているという。音楽はいかにも幽霊にふさわしいテーマ曲、犬の吠え声と馬車の車輪の音もそこに加わる。けれどもあいにく、元の家は白いジョージ王朝風のものではなかった。それに、パーティーが催されたであろうメインルームは一階ではなく二階にあった。しかも、話に出てきたような張り出し窓はなかった。友人がその晩何を見たにしても、それが一般向けの出版物に見られるあの家でないのは確かだった。

ふたりの地元の牧師が、物語に少しばかり活気を与えた。そのひとりが、熱心な古物収集家だったフランシス・バンフォードだ。この牧師は、ルーシー・ライトフットという女性に関するタイムスリップ物語の原型をつくった。ルーシーはガットクーム教会の十字軍戦士の墓にある彫像に恋をして、恐ろしい雷雨の最中に、どういうわけか過去にタイムスリップして、その十字軍戦士と結ばれたという。物語の下敷きになっている木製の彫像は、ほぼ間違いなく、ナイトンの破壊された中世の礼拝堂の描写に由来している。もうひとりの物語好きな牧師は、Ｒ・Ｇ・デイヴィーズだ。ハンプシャー・フィールド・クラブの刊行物で、〝嘆きの部屋〟と幽霊が奏でる音楽の伝説について触れている。[4]

一九一六年にナイトンで目撃された幽霊の詳細は、ふたりのエドワード朝時代の大学教師、シャーロット・アン・モバリー（一八四六～一九三七）と、エレノア・ジュールダン（一八六三～一九二四）が書いた幽霊体験とよく似ている。『ある冒険』という本で、その五年前に出版されていた。ふたりはマリー・アントワネットの時代にタイムスリップしたと信じていて、ヴェルサイユで人々と交わり、消えた建物を見た経験を物語った（次章でもっと詳しく取り上げる）。広く信じられた〝モンスの天使〟の物語も、タイムスリップもののひとつだった。一四一五年のアジャンクールの戦いの弓兵たちが一九一四年に現れて、ドイツ軍に包囲されたイギリス軍を救ったという。ナイトンの幽霊が戦時中に現れたことも重要だ。のちの章でもわかるように、戦時中は幽霊を信じる傾向が強まるらしい。特に、第一次世界大戦のころが目立つ。

ところが、ナイトンの物語は、別の著者、コンスタンス・マキューエンにとっては、一九一六年よりずっと昔にさかのぼる。マキューエンが自慢できる点は、オスカー・ワイルドに著作を紙面でけなされたことだった。ジェローム・K・ジェロームの『ボートの三人男』に対する原フェミニスト的な反撃として書いた『ボートの三人女』で、三人の女性がティントレットという名前の猫といっしょに小舟に乗ってテムズ川を旅する物語だ。一八九二年には『ある騎士の貴婦人』というタイトルの感傷的な歴史ロマンス小説を発表した。十八世紀の女性ジュディス・ダイオニシア・ディリントンの日記という体裁をとった作品だ。

マキューエンは明らかに、ワイト島から着想を得ていたらしい。この本を、法務長官で地元の下院議員でもあるサー・リチャード・ウェブスターに捧げた。そして、一日か二日、ルクームに新しく建てた法務長官の家にほど近い田舎の裏道を歩き回っていたとき、もしかするとニューチャーチにたどり着いて、消えた家と幽霊のうわさについての地元の言い伝えを聞き、ディリントンの墓を訪れたのかもしれない。「事実」と題したまえがきには、ナイトンの庭で掘り起こされた大きな骸骨についての詳細や、音楽が聞こえてきた話、かつて家の悪霊を祓《はら》うために近くの町ブレーディングから司祭が来たことなどが書かれている。これはほぼ間違いなく、民衆の共有の記憶となっているブレーディングの聖職者レグ・リッチモンドのことだ。司祭は『酪農夫の娘』という著作のなかで、このときの訪問について書いた。それは隣人たちのあいだで、何年にもわたって語り継がれ、家から家へ、世代から世代へ伝わるにつれて脚色されていったのだろう。のちの章でも、こういう一地方の言い伝えのなせるわざを何度も何度も見ることになる。

ナイトン・ゴージズは、今もイギリスで生き続ける数少ない純粋な民間伝承《フォークロア》の物語のひとつだ。毎年大晦日の晩に、人々は上を向いて待ち、家が姿を現すのではと期待する。草が生い茂り、人が住まなくなったこの場所には、現代世界がほとんど入り込んでいないせいもあって、想像の余地がある。家があったときに幽霊が出たという記録はひとつもないが、気にしなくていい。

上を向いて待つ人々にとって、ここはふたつの世界の仕切りが薄い場所。いちばん多く報告される現象は、門のそばで車のエンジンが止まり、続いて音楽と馬の鳴き声が聞こえ、ライオンの像が門柱の元の位置に戻っているのが見えるというものだ。

ひどくがっかりしたことに、わたしはナイトンでは何も目撃しなかった。ぜひとも幽霊体験をするために何度も、あらゆる天候のなか、あらゆる時間帯に行ってみたのだが。

大学に入る前の年、ついにわたしは正式なゴーストハントに出かけた。十一歳のときに父から『イギリスの民話、神話、伝説』という本をもらってからというもの、これを手元から放したことはほとんどない。手書きで物語を写し、美術の授業ではイラストとして掲載されているエッチングや木版画やリノリウム版画を写した。目を見張るような図版のなかでも特に引きつけられたのは、エリザベス朝時代の四柱式ベッドの写真だった。暗い、独特な雰囲気を持つ羽目板張りの部屋で、ベッドの背後にはタペストリーが掛かっている。説明文には、これはイギリスで最も呪われた寝室

図2　ソーストン・ホールの呪われた寝室—わたしが11歳のとき夢中になった写真だ。8年後、わたしはここで寝ることになる。

である、と書かれていた。わたしは、いつかそこで寝てみようと決心した。十九歳になる一カ月前、わたしはケンブリッジシャーのソーストン・ホールの持ち主に手紙を書き、ある一月の寒々とした晩そこに行って、ベッドで眠り、たぶん、呪われた。

ひとりで行ったのではない。心霊現象研究協会に連絡すると、ケンブリッジの会員トニー・コーネルを紹介してくれた。ポルターガイストにとりわけ興味を持つ、超常現象《パラノーマル》の世界的な権威だ。コーネルは、ケンブリッジ大学の卒業生からなる小さなグループを連れてきた。その晩、わたしたちはみんな、ソーストンのなかでキャンプをした——語学学校としての新たな出発を控えて、屋敷からは有名なベッド以外のほとんどの家具が取り除かれていた。

ソーストンは、一五五三年、レディ・ジェーン・グレイのたった九日間の在位中、プロテスタント勢力に焼き払われた。彼らはヘンリー八世のカトリック信者の娘、メアリーを追跡していた。メアリーはサフォークへ向かう途中、ここに滞在していたのだ。この家が放火されたのは、メアリーをかくまったカトリック信者のハドルストーン家を罰するためだった。家はのちに、メアリー女王本人の資金提供で建て直された。わたしが見た写真――そしてハドルストーン家が売り払ったにもかかわらず四百年後もまだそこにあったベッド――はメアリーのベッドだった。〝ウェアの大ベッド〟とは違って、呪われているのはベッドそのものではなかった。[5] むしろ、事件全体の中心のようなものだ。

　冬の午後遅くにわたしが到着したとき、ケンブリッジシャーの湿地帯からは冷え冷えとしたもやが立ちのぼっていた。幽霊にうってつけの天気、幽霊にうってつけの季節。イギリスでいちばん有名なゴーストハンター、ハリー・プライスの意見では、十二月の伝統的なクリスマスの時期より、一月のほうがたくさん幽霊が出没するということだった。

　トニー・コーネルが、慣例に従って戸締まりをした。出かけた先で、ゴーストハントのうわさを聞きつけた地元の若者たちにいたずらされることはめずらしくない。外側のドアはすべて錠を下ろされ、かんぬきを掛けられた。家はくまなく調べられ、全員の行動が確かめられた。居間にある大きなチューダー朝時代の暖炉に薪がくべられた。そのすべてに、思いがけない真剣さのようなものがあった。最近のテレビでよく見るゴーストハントの浮かれ騒ぎとはまったく違っていた。わたしたちは、死者との交わりを始めようとしていた。

この家には、神学が深く染みついているようだった。幽霊を信じるカトリックと、疑うプロテスタントが火花を散らす場所。たくさんある司祭の隠れ部屋は、エリザベス一世の時代にカトリックが弾圧されたとき、司祭たちをかくまった。カトリックの司祭たちは幽霊を信じ、彼らを追うプロテスタントは信じなかった。羽目板のなかに消えることで、聖職者たちはある意味で幽霊になったのだった。

わたしたちはひと晩じゅう、ときにはいっしょに、ときにはひとりでうろつき回った。そこにいたほかの人たちのことは、あまり憶えていない。最上階の画廊で、わたしは、ワイト島で会った霊媒師の指示に従って、持っていた石英《せきえい》のかけらを置いた。屋敷の霊たちに、石英を通じて霊媒師と交信するよう、少し抑えた声で呼びかける。しゃべっていると、とてもばかなことをしているように思えたが、なんだかあたりの空気の圧力が変わったような気がした。

わたしは途切れがちな眠りについた。ベッドには入らず、カバーの上に横たわって、扉の下に射すひと筋の光を見ていた。その扉は、ひとりでに開いたり閉じたりすることで有名だった。幽霊は、扉や窓に特別な興味を示す。なぜなのかは誰にもわからない。一度、子ども用のボールが弾む音が聞こえた気がした。

朝の早い時間に、みんなが寝室へやってきたので、全員で寝袋に入って横になった。大昔の集中暖房装置《セントラルヒーティング》では、湿った冷気を防げるはずもなかった。最初、すべては平穏だったが、午前四時ごろになって、わたしは目を覚まし、ノックの音を聞いた——こつこつという軽く規則正しい連続音。わたしはテープレコーダーのスイッチを入れて、眠りに戻った。ノックは続いていたが、みんな眠っていた。眠っていた人たちの身動きする音や咳払いに交じって、別の奇妙な音が現れたのは、テープを巻き戻したときだった。木管楽器が奏でる三つの音が、特に目立っていた。

朝になるとわたしたちは別れ、そのなかの誰とも、二度と会わなかった。二、三日後、ワイト島に戻ったわたしは、石英のかけらを霊媒師のところへ持っていった。中年過ぎの女性で、ヴェントナーの日当たりのよい副崖《アンダークリフ》に立つ煉瓦の家に住んでいた。すでに数冊、幽霊体験を書いた著作があった。以前会ったときには、霊たちに〝スミレ水〟を振りかけられ、その香りがすぐさま変質して数分で腐った植物のような悪臭を放ったことを話してくれた。服は燃やさなくてはならなかったそうだ。霊媒師は石英を少しのあいだぎゅっと握ってから、わたしに返した。異常なほど温かく、熱いといってもいいくらいだった。まるでオーブンから出したばかりのカップケーキだ。体温よりずっと熱いのは確かだった。エネルギーでぱちぱち音を立てているかのように思えた。霊媒師がペンを取って、すばやく自動書記（訳註：無意識に字や絵をかくこと）を始めた。

霊媒師が書いたでたらめな古典言語――〝はてさて、旦那さま、お手をお放しくだされ！〟――と、妊娠してその屋敷の息子に殺されたというメイドの物語を思い出す。

トニー・コーネルが電話してきて、あのテープの雑音は、ポルターガイストの例にときどきある音の反転を示していると言った――分析すると音波が逆向きで、自然な状態ではありえないことだそうだ。一九八〇年代、これは最先端の超心理学だった。けれど、わたしは一度も録音を聞けなかった。一九八四年に発行された《SPR会報》の論文の主題となったそのテープは、今ではどこかへ消えてしまったという。

時は過ぎた。わたしは自分の執着を少し恥ずかしく思い始めて、徐々に幽霊以外のものに熱中するようになっていった。しかし、あるクリスマス――一九八九年――に、わたしは友人たちとある家に滞在することになった。そこが、子どものころ本で読んだことがある家のひとつ――ドーセットのベティスクーム・ハウスであることを知ったからだ。何世紀にもわたってそこに住んでいたピニー一家が、最近売りに出したのだった。十二月の午後に屋敷に到着すると、わたしはほとんどすぐさま屋根裏にのぼった。そこにはベティスクームの〝泣き叫ぶ髑髏〟が置かれていた。茶色い段ボール箱のなかに収められ、ふたの上には聖書がのせてあった。これは、アフリカ人の頭部だといわれていた。奴隷としてこの地にやってきた男は、肉体が故国に葬られるまで魂が休まることはないだろう、と語ったそうだ。けれどもどういうわけか、叫び声は屋敷の至るところから発されて、ポルターガイスト現象は髑髏を屋敷の外へ持ち出すと起こるという話だった。

一日ほどたつと、わたしはインフルエンザにかかり、ある午後寝込んでしまった。四時ごろ、友人たちが様子を見に来た。いったいドタバタと何をやってるんだい？　彼らは部屋を見回した。まるできみが重い家具を動かしてるような音がしてたんだよ――でも、わたしはずっとベッドで寝ていたのだ。

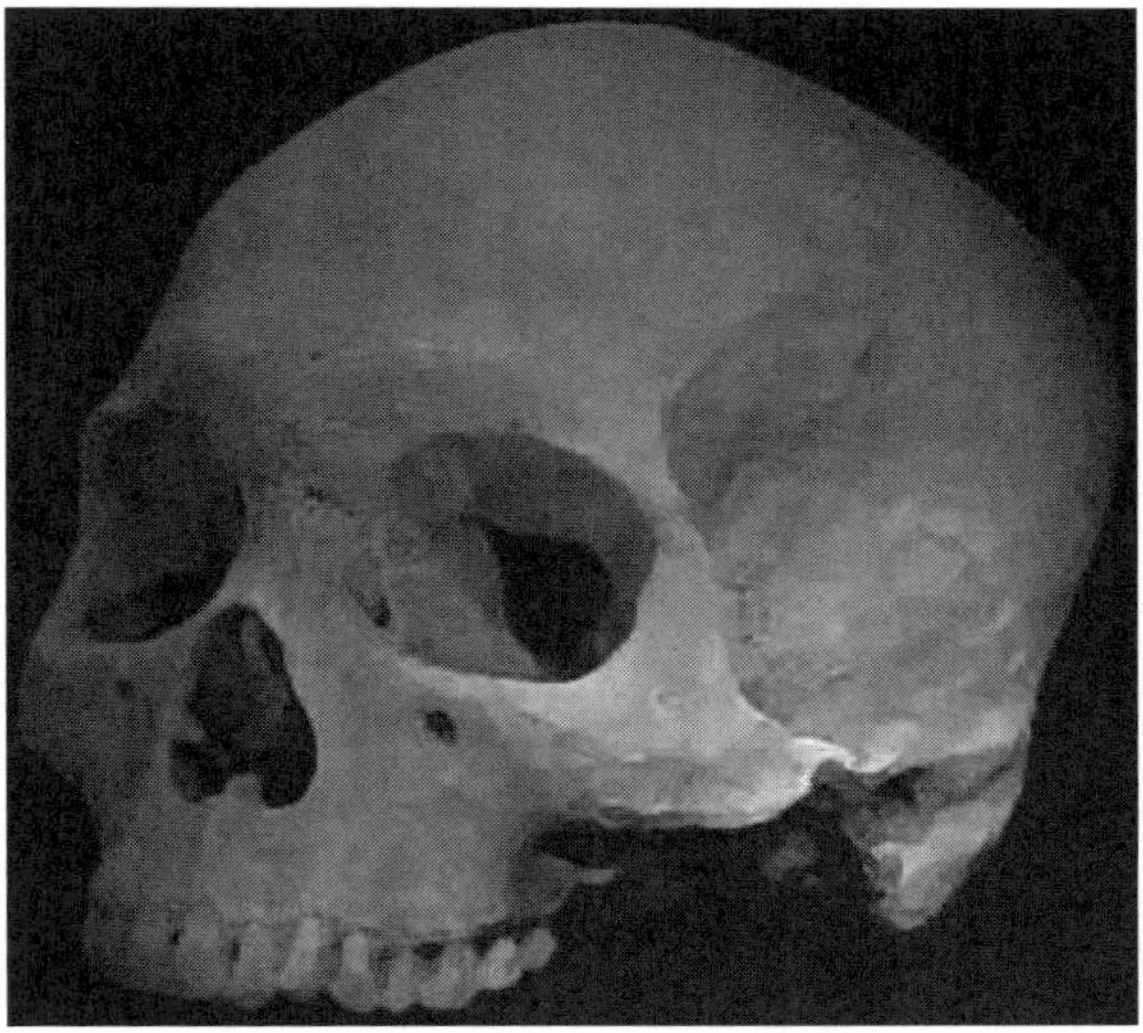

図３　ベティスクーム・ハウスの泣き叫ぶ髑髏。

その晩、わたしは主寝室で寝た。屋敷の新しい持ち主が、女性と小さな女の子の姿を見たという部屋だ。ひと晩じゅう、わたしは誰かが行ったり来たりしているような、せわしない雰囲気を感じていた。翌朝、作曲家の友人マッテオが、夜通しガチャガチャという恐ろしい音のせいで眠れなかったと話した。マッテオによると、まるで誰かがかなてこで暖炉を壊そうとしているかのようだったという。またしても、わたしは何も聞かなかった。

そんなこんなで今に至り、わたしはこの本を書くことになった。

たいていの幽霊は、一度姿を見られると、もう二度と現れない。幽霊を見たというたいていの事例は、書き留められたり記録されたりしない。始まりとまんなかと終わりがある純粋な幽霊話は、ほとんどないことがわかった。この本では、物語としての要素に重点を置いた。幽霊より、取り憑かれた人たちのほうに興味を引かれることも多かった。幽霊がどんなものだとしても、人間を怖がらせるのが彼らの目的らしい、と一般には考えられているようだ。恐怖に対する反応は、人によってかなり違う。もしかすると、幽霊は人間を怖がらせようとはしていないのかもしれない。もしかすると、映画『アザーズ』のように、彼らは単に自分たちの世界に閉じ込められ、わたしたちは彼らにとって影の存在で、両者が出会うのは、とてつもなく入り組んだ混乱の結果かもしれない。

幽霊という主題は、情報の不足と下品に騒ぐ探求者のせいで、低俗なものとされてきた。その論議は十八世紀から進んでおらず、幽霊を信じるたいていの人は今でも、〝取り憑かれる〟とは本物の死者と出会うことだと考えている。

けれど、状況は変わってきた。脳の化学反応が徐々に解き明かされている。そして何十年ものあいだ超常現象を無視し続けたあと、学問の世界は、幽霊を信じることとフォークロアに新たな興味を示して、百五十年前に中断したところから研究を再開し始めた。論議は一新されつつある。この本では、最近の学問的な研究をたくさん取り上げた。ヴィクトリア朝時代のロンドンの野次馬騒ぎについての資料や、テッドワースの鼓手とヴィール夫人の幽霊に関する文書館からの最近の発見などもある。

議論は——ありがたいことに——幽霊がいるかどうかを立証あるいは反証しようとする努力から

それていった。そういう考えは、一八八〇年代のロンドンのものだ。基本的に、人々が絶え間なく見たと報告しているのだから、幽霊は存在する。これは、幽霊が存在するかどうかについての本ではない。わたしたちが幽霊を見るとき実際には何を見ているのか、どんな物語を伝え合ってきたのかについての本だ。

第2章

幽霊の分類法

お茶会で、「あなたは幽霊を信じますか?」と訊かれても、あまりにも漠然とした質問で答えられないが、もしそれを「人がときどき不可思議な経験をするのを信じますか?」という意味だと受け取れば、もちろん、と答えられる。

——ハリー・プライス教授

幽霊には、分類法がある——つまり、いろいろな種類の幽霊がいるということだ。ピーター・アンダーウッドは、生涯を費やして幽霊物語を集めて調べ、それらを八つの種類に分けた。ここを出発点にするのもいいだろう。分けかたは次のとおりだ。

エレメンタル

ポルターガイスト
伝統的あるいは歴史的な幽霊
精神的な刷り込みの現れ
危機や死に見舞われた者の幻影
タイムスリップ
生き霊
取り憑かれた無機物

「エレメンタル」とは、多くの場合〝埋葬地に結びついた幽霊〟で、〝原始的なもの、あるいは種の記憶の現れ〟だとアンダーウッドは書いている。おそらく、アメリカのゴーストハンターなら〝悪霊〟と呼ぶだろう。ウェールズやスコットランドの幽霊の多くはエレメンタルだ。スコットランドの水辺に住む幻獣ケルピーなど、異教の過去からちぎり取られた断片が見られる。イギリスが生んだ一流の幽霊物語作家ロバート・アイクマン（一九一四～八一）は、次のように説明している。

エレメンタルは、きわめて原始的な存在と考えられる。彼らはひとつの場所にうずくまっている。暗がりでさえ（ときどき大嫌いな日中にも姿を現すようだが）それを見つめれば瞬く間に狂気に陥る[1]……心霊研究に大きな興味を持つ、ある著名なイギリスの政治家（誰だかわかる人も多いだろう)[2]は、他の人々とともに、サマセットのある屋敷の地下室にときどき現れるエレメンタルを見に行った……一行のひとりは、あまりにも長く見つめすぎて、その後すっかり人が変わってしまった。政治家は、二度と別のエレメンタルを見に行こうとはしなかった。

ロンドン塔でエドマンド・レンソール・スウィフトが見た幽霊は、エレメンタルに分類される。M・R・ジェームズ(一八六二～一九三六)の物語に出てくる幽霊は、黒魔術に関わるエレメンタルか、中世スカンディナヴィア風の生き返った死体のどちらかであることが多い。[3]神学上の理由で、ジェームズ一世時代のピューリタンたちは、あらゆる幽霊をエレメンタルまたは〝亡霊《ラルヴァ》〟と分類していた。この言葉は、彼らがときどき見せかけにまとう人間の顔や服装を意味する。

ハリウッドのおかげで、「ポルターガイスト」はとりわけ有名な種類の幽霊になった。[4]ポルターガイストは、中心人物と結びつく猛烈な力として現れるが、現代世界で最も偉大な専門家ガイ・ライアン・プレイフェア(一九三五～)によると、彼らが〝生きているのか死んでいるのか〟について、いくつか異論がある。中心人物となるのはたいていティーンエイジャーで、ふつうは少女だ。一九三〇年代、心理学者ナンドー・フォドー(のちの章でまた登場する)は、ポルターガイストの原因を、抑えつけた怒りや満たされない性的欲望であるとした。一番有名な現代の事例は、七〇年代後半のエンフィールドのポルターガイストで、そこではありとあらゆる現象が起こった。[5]幽霊物語の世界にはさまざまなクラス分けがあり、ポルターガイストは〝公営住宅の幽霊〟と称されることもある。そういう物語の典型的な例では、不愉快で恐ろしいいくつもの現象に取り巻かれる家族が出てくる。なかでも最も有名なのはおそらく、一八一七年テネシーで起こったひどく奇妙なベル・ウィッチ事件[6]と、のちの章で取り上げるテッドワースの鼓手だろう。

「伝統的な幽霊」のカテゴリーはわかりやすい。彼らは死者の魂で、生者に気がついていて、交流もできる。

「精神的な刷り込みの現れ」は、一九七二年に制作されたテレビドラマにちなんで名づけられた〝石のテープ〟理論でも説明されているものだ。どういうわけか、精神的なエネルギーの放出が、たいていは部屋などの特定の場所に染み込んで、極端な精神状態の心霊現象となって現れる。こういう幽霊は、ドアをあけたり、部屋を歩き回ったりといった同じ行動を何度も何度も繰り返し、そこに意識はない。また、日付や決まった予定に関わっていることも多い。よく、記念日に姿を現す――たとえば、レディ・ジェーン・グレイは処刑された日に現れるといわれている――が、十八世紀に暦が調整されたので、ばかげた話と考えることもできる。こういう話は、イギリスでどれほど幽霊が信じられているかを示すカトリック教義の昇華に関連している可能性のほうが高い――幽霊が出る日は、聖人の日のようなものだ。アン・ブーリンと同じく、ジェーン・グレイは、アングロカトリックのフォークロアの殿堂におけるもうひとりの悪女なのだ。

「危機や死に見舞われた者の幻影」には、長い歴史がある。人はよく、ごく親しい人の死の瞬間や、命をおびやかす試練の瞬間を見たり感じたりする。そういう幽霊は、戦時中によく見られる。たとえば、ウィルフレッド・オーウェンの弟ハロルドは、イギリス軍艦アストリア号に乗り組んでいるとき、兄の幽霊を見たという。[7]

「タイムスリップ」の経験は、一九一一年から第一次世界大戦終結までのあいだ、大流行した。今ではそれを、失われた世界、あるいは粉々になりかけた世界への郷愁と読み解かずにはいられない。こういうタイムスリップはたいてい、絵のように美しく装飾的で、ほとんど映画のセットに足を踏み入れたかのような経験だ。特に、歴史にまつわる想像力に富む人に訴えかける。

序章で触れたように、なかでもいちばん有名なタイムスリップは、フランスで起こった。

一九〇一年のある八月の午後、ふたりのイギリス人女性シャーロット・モバリーとエレノア・ジュールダンは、ヴェルサイユ宮殿への旅行を楽しんでいた。ところが、小トリアノン宮殿を探していたところ、道に迷ってしまった。あてもなく歩いているうちに、重々しく暗い雰囲気が漂い始めた。〝小さな三角帽子と、灰色がかった緑色の長い上着〟をまとったふたりの男性が通りかかって、道を教えてくれた。女性たちは見晴らしのいい木陰のあずまやにたどり着いた。そこには、顔に疱瘡《ほうそう》の跡があるいやな感じの男がいて、ふたりを腹立たしそうにじっと見た。

ちょうどそのとき誰かが駆けてきて、あなたたちは道を間違えていると注意した。小さな橋を渡るように言われて、そのとおりにすると、小トリアノン宮殿らしき場所に着いた。女性がスツールに腰かけて、スケッチをしていた。古風なドレスを着て、淡い緑色のスカーフを巻いている。ふたりはまたもや、陰鬱な気分を強く感じた。不意に、近くの建物から従僕が走り出てきて、背後の扉をバタンと閉めた。その従僕が言うには、小トリアノン宮殿の入口は建物の反対側にあるので、わきをぐるっと回れば、そこで結婚祝賀会をやっていて、宮殿の部屋も見て回れるということだった。暗い雰囲気は消え、ほかに何もおかしなことは起こらなかった。

当時、ふたりの女性は奇妙なものを見たとは思っていなかった。三カ月が過ぎてようやく、自分たちの経験がきちんとかみ合わないことに気づいた――たとえば、ジュールダンはスケッチしている女性を見なかった。ふたりはほどなく、何か不思議なことが起こったのだと信じるようになった。ジュールダンは、見物に出かけた日が記念日だったことを知った――一七九二年のその日、革命家たちが王宮の門になだれ込み、チュイルリー宮を襲撃して、ルイ十六世とマリー・アントワネットを幽閉したのだ。

女性たちは身分を隠していたものの、ふたりがオックスフォード大学セント・ヒューズ・カレッジの学長と副学長だったという事実は、物語に重みを与えた。幽霊を見るにしてはめずらしいほど高い教育を受けた立派な人たちだった（これから取り上げるとおり、中流階級の人は、幽霊を見たことをめったに認めない）。多くの人は、ふたりが本当にマリー・アントワネットの時代に戻ったのだと信じた。モバリー女史の推測では、自分とジュールダン女史は〝王妃が生きていたときの記憶のなかに、うっかり入り込んでしまったのだろう〟とのことだった。

あとになって、ふたりは実際には仮装パーティーを見かけたのではないかと言う人もいた。しかし女性たちの擁護者は、それではふたりの目に映った様変わりした風景や建物や橋の説明がつかないと激しく反論した。その後、ほかにも似たような経験がたくさん報告された。三十年前の一八七〇年に、ドッズワース家が経験した事例もあった。ドッズワース家の人たちが見たのは、普仏戦争が勃発する前、ナポレオン三世がおそらく最後の大がかりな狩りに出かけた場面だったらしい。

一九〇八年、モバリーとジュールダンの物語が出版される前に、クルック家の三人も、モバリー女史の報告にあるスケッチしている女性を見た。まるで風景のなかから急に現れて、〝少し震えながらあたりになじもうとしている〟かのようだったという。けれども、この比較的新しい超常体験を有名にしたのはやはり、折り目正しいふたりの女性が書いた本だった。

心霊現象研究協会の最初にしておそらく最も偉大な発見のひとつは、一八八六年に『生者の幻影』と題した二巻本のなかで発表された。ここには、幽霊は死んでいなければならないという一般的な認識とはまったく違う現象を示すことをめざした七百一例の事例研究が載っていた。「生き霊」を見た経験のなかには、空想にすぎないものや、覚醒と眠りのあいだにとらわれた夢のようなものもあった。興味深いことに、ゴーストハンターのアンドリュー・グリーン[8]は、そういうできごとに遭遇した。サセックスのロバーツブリッジの家から引っ越したあと、その家を買った家族が、新しい田舎家を訪ねてきた。扉をあけると、その一家の娘が、グリーンの顔を見て気を失った。意識を取り戻すと、真っ青な顔で、グリーンから買った家の庭で何度も彼の姿を見かけたと言ったそうだ。

グリーンは、ぼんやり考えごとをしているとき、かつての気に入りの場所を訪れていたらしい。

とりわけ、丹精をこめてつくり、あとに残してきた岩石庭園を……。生き霊には、超心理学者たちが特別な興味を寄せている。超常現象の背後に、何かの脳の機能が関わっていて、そういう現象は死者とはまったく関係ないらしいからだ。なんらかの形で超感覚的知覚（ＥＳＰ）とイメージをつくり出す脳の能力が働き、見えない信号が送られ、処理されているという。

アンダーウッドのリストにある最後の項目は、「取り憑かれた無機物」だ。ベッドや、誰かが好んで座っていた椅子が取り憑かれるのはめずらしくない。[9] 幽霊は、その無機物といっしょに移動する。死と結びついたもの、たとえば剣やピストルにも、何かが取り憑くことがある。貴重な宝飾品は、その結晶構造に刻まれた物語を持つことが多いようだ。イギリス王室の宝器にも、黒太子（訳註：十四世紀のイギリスの王太子エドワード）のルビーやコ・イ・ヌールのダイヤモンドなど、いくつかある。[10] オークションサイトで〝呪われた家具〟は盛んに取引されているし、アメリカでは呪われたおもちゃが熱心に信じられている。ほかの場所ではあまり見かけない。

アンダーウッドがリストしたのは人間の幽霊だけだが、わたしはそこに動物の幽霊を加えたいと思う。動物の幽霊で目立つのは、彼らがみんな家畜化した種――ほとんどが猫や、犬や、馬だということだ。

ロンドンには何頭か、熊の幽霊がいるといわれる。犬の幽霊は悪霊、つまりエレメンタルであることが多い。たとえば、サフォークの田舎道に出没したり、バンギーの教会の扉に深い引っかき傷を残したりする猟犬がそうだ。こういう犬たちには印象的な名前がついている。ガリートロット、ブラックシュック、バーゲスト。たいていイーストアングリアやヨークシャーに生息しているということは、ヴァイキングの祖先とつながりがあるのかもしれない。[11]

かわいがっていた猫や犬が死んだあと、その姿を見かける人はとても多い。また、ペットが幽霊を感じ取れるというのも広く信じられている。猫や犬や赤ん坊が、階段から見えないものが下りてきたり部屋を通り抜けたりするのを見ていたという話はたくさんある。疑うことを知らない心には、幽霊が見えるらしい。

首のない犬や馬は、十九世紀の幽霊物語のモチーフとなっている。鳥やウサギなど、フォークロアに出てくる動物もいる。十七世紀には、姿を変える魔女、あるいは目に見えない魔力の前触れと考えられた。[12] コーンウォールのランレスにある〈パンチボールイン〉では、死んだ牧師が黒い雄鶏の悪霊に姿を変えたといわれる。

サセックスのアランデル城の住人は、窓辺にやってくる小さな白い鳥を、死の前触れとして恐れている。

長い年月が過ぎるあいだに、幽霊も変わってきた。だからこそ、彼らの自然史を語る必要があるのだと、わたしは思う。たとえば、『ギルガメシュ叙事詩』に登場するごく初期の幽霊は、その後起こるできごととはほとんど関係なかった。バビロンの死者は、人間と人間ではないものとのあいだを漂っているかのようだった。古代ギリシャの幽霊は、ぼんやりした影のような、翼を持つ哀れなもので、生者に力を及ぼすことはなかった。中世の幽霊は、生き返った死体、あるいは神聖な幻影だ。ジェームズ一世時代の幽霊は、人間のふりをした悪霊だった。

王政復古後の幽霊は、不正を正したり、悪を罰したり、失われた文書や貴重品の情報を与えたりするために現れた。摂政時代の幽霊は、ゴシック風だった。ヴィクトリア朝時代には、幽霊は降霊会で質問され、幽霊を見るのは女性とされることがずっと増えた。ヴィクトリア朝時代後期には、超常現象が受け入れられ、幽霊はまだ理解されていない自然の法則の現れと見なされた。ポルターガイストが知られるようになったのは、一九三〇年代だ。

それなら、現代の幽霊はどんなふうに見られているのだろう？　悪霊としての幽霊という考えのいくぶんかは、アメリカ東海岸に住むジェームズ一世時代の人々の子孫によって、イギリスに逆輸入された。ジェームズ一世時代の人々は十七世紀に、その考えを新世界に運んで行ったのだ。大衆文化のなかではさまざまな現代の幽霊が信じられているが、人々はどんなことが可能かをはっきり見分けている。圧倒的に多いのは、ムードや雰囲気に関わるもので、ゴーストハントに行って頭に触られたとか、不意に生暖かい風を感じたとか、気温が急激に下がったとか、ドアがひとりでにあいて、突然大きな音や、途切れ途切れのつぶやきや単語が聞こえたとかいうものだ。はっきり幽霊の姿が見えるのはまれだが、カメラに写ることもある。今のデジタルカメラには、〝オーブ〟と呼ばれる球体が写る。これは、人間の目に見えるよう身支度する前の幽霊だといわれている[13]。

一九九九年にマンチェスターの女性グループが発表した研究によれば、幽霊が取り憑くというのは、自分たちの存在を知らせようとする死者の魂よりも、有害な存在——つまり悪意——に関係があるらしい。

幽霊はもはや、魂ではない。現代の幽霊は、感情に関わる分野なのだ。

第3章 目に見えるソファー――ゴーストハント小史

幽霊を信じるかですって？　いいえ、でも恐れてはいます。
デファン侯爵夫人マリー・アン・ド・ヴィッキー・シャンロン

わたしは、三十年前に中断した話を、もう一度始めることにした。ゴーストハントだ。〝ゴーストハント〟という言葉は、アイルランド人のエリオット・オドネル（一八七二～一九六五）がその著作『ゴーストハンターの告白』のなかでつくり出したのだが、[1]二十世紀のイギリスのゴーストハンターで群を抜いて有名なのは、ハリー・プライスだ。

プライスは死人のように青ざめた顔と、とがった耳と、少なくともひとりの若い女性に[2]〝無礼〟と評された目つきをした男だった。いつも苛立っていて、ひっきりなしに煙草を吸い、ナチズムを支持し、ロンドン訛りを隠すために精いっぱい見せかけの容認発音（訳註：イギリス英語の伝統的な標準発音）で話した。同業の専門家たちにはいかがわしいと見なされていたが、大衆とメディアには人気があった。

若いころのプライスが、大人気の『幽霊狩人カーナッキ』シリーズを読んでいたことは、ほぼ間違いない。[3] しかしプライスにとっては、のんびり座って目撃者とお茶を飲みながらおしゃべりをすることなどありえなかった。家々は見張られ、記録され、詳しく調べられなければならない。テクノロジーの導入も必要だ。誰も、ほかの人をインタビューしたがってなどいない。彼らはできごとをじかに体験したいのだ。プライスのゴーストハント装備のなかにブランデーの瓶が入っていたのも、驚くには当たらない。それは、調査者を物語の中心に置く、自己主張の強い、新しいものごとの進めかただった。

プライスは、心霊現象研究協会に所属する高官や貴族に好かれる人物ではなかった。なにしろ、〝勝手口〟と記されたドアから入ってきたのだ。生涯を通じて、ロンドン市のキャノンストリートにある〈エドワード・ソーンダーズ＆サン〉の巡回セールスマンとしてパートタイムの仕事に就き、大量の紙袋や紅茶の包装紙をパン屋や食料雑貨店に売っていた。

しかし夜になると、オルロック伯爵（訳註：一九二二年の映画『吸血鬼ノスフェラトゥ』に登場する吸血鬼）のように生気を取り戻すのだった。プライスは、ロンドンとドイツで超自然をテーマとした豪華ショーを演出した。アメリカとイギリスでゴーストハントショーが人気になる七十年も前に、BBCで幽霊屋敷から生放送をしていたのだ。

一九三六年三月十日、プライスはBBCラジオで幽霊屋敷からの初の生放送を行ない、ケントのロチェスター近くにあるディーン・マナーでの二回の調査について伝えた。[4] 同行した人たちのなかには、幽霊の性質についてなかなか興味深い考えを持つロンドン大学バークベック・カレッジのC・E・ジョード教授もいた。[5]

三十代前半のころのプライスは、できるだけ多くの霊媒師を捕まえてまやかしを暴けば立派な人物になれると信じていた。そのせいでH・G・ウェルズらとの友情にひびが入ったとしても、懐疑主義者としての自分を堂々とまっすぐ売り込んだ。ハリー・フーディーニとの親交は、彼が同じ旅回りの人間で、詐欺と手品を見破れる訓練された奇術師だという理解にもとづいていた。じつのところ、その後の活動であらわになるとおり、プライスの懐疑主義は金しだいだった。

図4　わざとらしいポーズを取るハリー・プライス。

一時期〝イギリスで最も呪われた屋敷〟として知られていたボーリー牧師館についての二冊の本を比べると、変化が起こっているのがわかる。まるで別の人間が書いたかのようだ。一冊めは、冷静で落ち着いている。二冊めは、人々が聞きたがることを語っている。いわば猟場の番人がゆっくり密猟者に変わったようなもので、その結果、新しい科学としての超心理学に取り組む人たちから永遠に消えない憎しみを買うことになった。

「人はすっぱ抜きなんか見たがってない、いんちきが見たいのさ」。かつてプライスは、やや不機嫌そうに言った。

プライスは筆が立った――少なくとも活字のなかでは、敏感で思いやりがあり、誰について話すときも悪い言葉を使うことはめったになかった。そして、長い物語の語りかたを知っていた。ジャーナリストたちはプライスを、物語に色や質感を加えて盛り上げることになんのためらいも感じない書き手として認めていた。その意味でプライスはよい人脈に恵まれ、簡単に全国紙の一面に記事を載せることができた(おかげでこの分野の人々に好かれたというわけでもない。その派手な演出は悪くすれば詐欺的、よくてもかえって邪魔と見なされていたからだ)。

プライスの死後、何冊もの本が、彼の話の信憑性に疑いを投げかけた。実際、プライスは科学にさほどの興味を持っていなかった。ただし、それが自分のめざす劇的効果に結びついているか、ひとかどの人物になりたいという欲求に役立ちそうなら話は別だ。プライスの人生と、現代のゴーストハントをひと目でわかるエンターテインメントにしたその演出法は、今も大きな影響力を及ぼしている。

今日では、プライスの画像がユーチューブで見られるようになった。そのなかでプライスは、ホルボーンのセールスマンという現実の姿ではなく、本の並んだ書斎にいるオックスブリッジの名士を演じている。寛大な人たちの考えでは、プライスは悪くないスタートを切ったものの、その後さまざまな理由から道を誤ってしまった。[6] 少し時代を先取りしすぎた、労働者階級のメディアの先駆者だったのだ。真実を伝えるという約束は、生計を立てるために曲げなくてはならなかった――プライスがよく試験していた霊媒師たちのあいだでは、めずらしいことではない。けれども科学は、信頼性の問題についてはかなり無慈悲だ。ひとつの事例がいんちきなら、すべてはいんちきになる。たとえ本当は、そうでなくても。

プライスは見世物師だった。しかしゴーストハントは、ごくまじめな精神にもとづいて始まった。ジョゼフ・グランヴィル（一六三六～八〇）は、イギリスの〝ゴーストハンター将軍〟と呼ばれるにふさわしいかもしれない。超自然《スーパーナチュラル》現象をテーマにした影響力のある本を次々と出版し、それを証明するために現場へ出かけた。一六六二年には、サマセットのフルームセルウッドの教区牧師となって、そこで魔術とオカルトへの興味を広げ始めた。ただの地方の教区牧師ではあったが、グランヴィルはとても尊敬され、国教会に有力な友人を持っていた。知的活動では、最新の実験科学と信仰をうまく両立させた。王立協会の会員に選ばれたことは、少しばかりまわりを驚かせた――魔女や亡霊を信じている男が、最も先進的な新しい合理主義の提唱者たちと席を並べるのだから……。しかしグランヴィルは、科学者たちとつき合うときには、そういうものを信じる気持ちを注意深くわきによけておいたらしい。[7]

伝統的なピューリタンの幽霊に対する方針は否定だった（ピューリタニズムは、神学上疑わしいローマカトリックの教義である煉獄《れんごく》[8]を存在しないと考えた）が、グランヴィルは、幽霊こそが神の存在を証明する最良の方法であり、無神論者は間違っていると信じていた。幽霊は、神の全能を示す超自然のライトショーの控えめな一部にすぎないかもしれないが、それでも一部であることは確かだ。もし幽霊が煉獄から来たのでないなら、地獄から来たことになる。グランヴィルの本によれば、それでもかまわない。[9]どちらにしても、幽霊は聖書に出てくるのだから。[10]イギリス史のこの時代、急進主義への大きな恐怖があった。ロンドンのしゃれたコーヒーハウスでちゃかし屋や道楽者たちが聖職者をあざけっているのは、霊的なものを崇める人々の心が失われつつある徴候と考えられた。グランヴィルは、慎重に調べた筋の通る幽霊や超自然現象の証拠を示せば、霊的なものが失われる危機と戦うための備えになると信じていた。

グランヴィルが関わったいちばん有名な事例は、テッドワースの鼓手だ。それについては、のちの章で取り上げよう。

一七六二年にコックレーンの幽霊が、ジョージ王朝時代のロンドンの雑誌や新聞を新たな渦に巻き込んだことで、幽霊はふたたび大きな関心の的になったが、十八世紀にはゴーストハンターと呼べるような人はいなかった。そういう種族にふたたび巡り合うには、ヴィクトリア朝時代まで待たなければならない。対照的なふたりの女性、キャサリン・クロー（一七九〇～一八七二）とエレノア・シジウィック（一八四五～一九三六）だ。キャサリン・クローは、一八四八年に『自然の夜の側面』という本で世間の注目を集めた。〝幽霊と幽霊を見る人〟を探求したこの本はベストセラーとなって、六年で十八版を重ね、イギリスの言語に〝ポルターガイスト〟という言葉（マルティン・ルターが最初に〝発見〟した言葉）を加えるという手柄を立てた。クローは耳にしたたくさんの物語を熱心により分け、できるかぎり装飾をはぎ取った。幽霊を信じるクローの気持ちは、強烈で明白だった。ある大物ホラー作家によれば、この本は〝社会の超常現象との関係〟のターニングポイントになった[11]。しかしクローは、成功とそれに続く名声を手にしても幸せにはなれず、精神障害を患ったあと、いっさい公の場には出なくなった。

対照的に、もっと高い身分を持ち、のちのイギリス首相[12]の姉でもあったエレノア（ノーラ）・シジウィックは、心霊現象研究協会の初期の役員だった。才能に恵まれた恐るべき女性であり、妹の夫で物理学者のレイリー卿の研究を手伝って、アルゴンの発見にも貢献した[13]。SPRで幻影の調査という公式な役割を与えられたときには、気乗りがしなかった。存在を信じていないからだ、とシジウィックは漏らした。とことん論理的だったので、たとえばどうして死者の魂が服を着ているのかにひどく悩まされた。服には魂がないからだ。それはつまり、幽霊がよみがえった死者ではない証拠だと考えていた。

一九〇一年、シジウィックは、チェルトナムの幽霊屋敷を調べた。目撃されたのは黒い羊毛のドレスをまとった背の高い女性で、動くときに音を立てるということだった。右手に持ったハンカチで顔を隠しているのがかなり不気味で、その家に両親と暮らす姉妹のうち四人が姿を見ていた。「頭に帽子はかぶっていなかったけど、全体的に黒っぽく見えたから、たぶん長いベールかフードのついたボンネットをかぶっていたのでしょう」。寝室の扉を押す音がすることもあった。何かを言いかけているらしいこともあった。底の薄いブーツをはいているかのように、とても静かに歩いた。姉妹のひとりは触れようとした。「でもいつも、向こうにいるみたいだった」。

この段階で、きちんとしたスケジュールにもとづく監視を邪魔するものはほとんどなかった。家は訪問を受け、もちろんお茶が出され、〝アポール〟(人の媒介なしに物質が移動すること)のようにケーキが現れ、手帳が取り出されて、目撃者が話す。それから、幻影が目撃されたあらゆる場所がじっくり調べられ、視線の方向や、どちらへ向かう扉があいていたかなどが確かめられる。

ハリー・プライスは、そのすべてを変えた男だった。特に、テクノロジーを第一に利用するその方法は、今日も頻繁に見られる。

ほかにも、この分野を方向づける方法をつくり上げた二十世紀のゴーストハンターがふたりいた。一九二七年に生まれたアンドリュー・グリーンは、ロンドン・スクール・オヴ・エコノミクスを卒業し、一九七三年に『ゴーストハンティングの実用ガイド』という本を書いた[14]。それは、ハリー・プライスが始めたやりかたの究極の大衆化だった。グリーンは、調査にかなりたくさんの備品を使うことを好んだ。最もよく知られる最後の試みまで、ずっとそうだった。一九九六年のこのとき、グリーンは十二時間以上かけてアルバート・ホールの超常現象を調べた。そして死ぬまで、幽霊とは、感情の電気的な名残が生者にまとわりつくようになったものだと信じていた。

そう信じるようになったのは、十代のころイーリングにある無人の塔を訪れたことからだった。グリーンは、引退した警察官である父親に付いてきた。父親は、第二次世界大戦の爆撃で家をなくした人に新しい家を与える責任を負っていた。塔は一件の殺人と二十件の自殺の現場で、ティーンエイジャーだったグリーンは、てっぺんから飛び降りたいという激しい衝動を覚えた。どうにか後ずさりしたが、危ないところだった。塔の写真を撮ったグリーンは、のちに自分の何冊かの著書にそれを使った。窓辺に現れた女の顔が、こちらをじっと見つめている。

この分野でグリーンより長生きしたもうひとりの重要人物、ハンス・ホルツァー（一九二〇～二〇〇九）は、オーストリア生まれの奇人だった。一九六二年の著作『ゴーストハンター』をきっかけに、作家としてのキャリアを築き、長年にわたってテレビショーの司会を務めた。一九七七年には、いくつもの本や映画の題材となった悪名高い〝アミティヴィルの恐怖〟を調べた。[15]その現場で、よくいっしょに仕事をしていた霊媒師のひとりが、シャインコック・インディアンの酋長の霊と〝交信〟した。ホルツァーは一般に、〝インディアンの埋葬地〟という表現を紹介した男と考えられている。幽霊に関わる大衆文化でおなじみとなったその表現は、[16]今では風景の一部のようにさえ思える。

図5　ハンス・ホルツァー。幽霊には治療が必要だと信じていた。

《デイリー・テレグラフ》に掲載されたホルツァーの死亡記事は、自分の語彙には〝三つの禁句〟があるという本人の言葉を引用した。信じる、信じない、超自然。〝信じるとは、証明できないものを無批判に受け入れることだ〟とホルツァーは説明した。〝わたしは証拠にもとづいて動く〟。しかし、ホルツァーはテクノロジーの有用性をあまり信じていなかった。いくつかの大学で学び、修士号まで取ったが、たぶん、前世を強く信じるウィッカ（魔術崇拝）の高僧そして完全菜食主義者[17]になることに、もっと大きな関心を寄せていたのだろう。

ホルツァーは幽霊を、〝残存した感情の記憶〟ととらえていた。オレンジの皮のように、どういうわけか心からはがれ落ちた生者の断片のようなものだ。そういう幽霊はたいてい、自分が死んだことを知らず、混乱している。〝幽霊の本質は、精神病患者と似ていなくもない〟とホルツァーは書いた。〝自分の苦境をきちんと理解することができないのだ〟。幽霊が脳に損傷を負った人のようにふるまうという考えは、こういう題材を扱った現代文学に繰り返し出てくるテーマだ。

ホルツァーは、ほとんど自分を幽霊の医者のように考えていて、幽霊が立てるコツコツ、トントン、という音を医者が脈をとるように診断した。〝悲痛な声をあげるとき、幽霊は取り憑いたその場所から動けないストレスを発散してもいる〟とホルツァーは書いた。〝少しばかり精神分析に似ている。ただし、患者は目に見えるソファーに座ってはいないが[18]〟。自分には手助けをする〝道徳上の〟義務があると感じていた。

現代の西欧世界では、幽霊はますます感情的な自己と結びつけられるようになり、超自然あるいは超常現象の証拠を示すこととは無関係になってきている。ホルツァーは、時代の流れに逆行していた。彼は常に物語を探していたが、現代のゴーストハントは知覚を探している。

現在では、ゴーストハントといえばテレビショーが主流だ[19]。現代人の心にアピールする、階級差別のないスピーディーな謎解きが受けているのだろう。最近ではＳＰＲの公式な調査はほとんど行なわれていないし、超心理学の権威が実地調査に出かけることもほとんどなくなった。いちばんよいのは、いろいろなやりかたで、長年のあいだに学んだことや、過去のすばらしい物語を見ることだ。集団で、誰にもその実体がわからない経験を追い回すよりも……。幽霊への接触は、今では大衆の興味の的となっている。そうなってから、かなりの時がたった。観客のみんなが、幽霊のいる部屋に入り込んだのだ。

第4章 ヒントン・アンプナーの謎

昔ある女性に、幽霊や幻影を信じるかと尋ねられました。
わたしは簡単に真実を答えました。「いいえ、マダム！
あまりにもたくさんこの目で見てしまいましたので！」
サミュエル・テイラー・コールリッジ

一八七一年のちょうどクリスマスの時期、《ザ・ジェントルマンズ・マガジン》に、呪われた田舎屋敷の記事が載った。そこにはすべてがそろっていた――エリザベス朝様式の大邸宅、確かな語り、信頼性のある目撃者、幻影、ドタンバタンという音、幻の音楽、恐ろしいうめき声、カタカタ鳴る窓、何もかもが。

今日では、ヒントン・アンプナーは、一般に公開されたナショナルトラスト（訳註：自然保護・史跡保存のための民間団体）の所有地となっている。ほとんど、家付きの庭として売られた。晴れた日には、すべてが上々だ。熱心な人たちが楽しそうに庭を歩き回っている。痩せた土で庭をつくった最後の個人所有者ラルフ・ダットンは、一九八六年に亡くなり、家と六十六エーカーの土地を国にゆだねた。後期の新ジョージ王朝様式の家についてのガイドブックには、二百年前にそこで起こったことをうかがわせるものはひとつもなく、消えた〝チューダー朝様式の幽霊屋敷〟がちらりと出てくるだけだ。

簡略版の物語は、次のとおり。一七七一年、メアリー・リケッツという名前の、常識的なことで有名な女性が、次から次へと不可解な恐ろしい目に遭って疲れ果ててしまい、荷物をまとめて家を出ていった。もう誰もその家には住めないとわかり、とうとうその家は取り壊された。

この物語がなぜそれほど魅惑的なのかについては、たくさんの理由がある。第一は、なぜこの物語が長いあいだ秘密にされ、影響を受けたいくつかの家族だけが四世代以上にわたってひそかに詳細を伝えてきたのかということ。第二は、その手記が書かれた時代、ほとんどの人が考える幽霊は、ギリシャ・ローマ文学とエリザベス朝時代の劇作術にもとづく芝居がかったものだったにもかかわらず、手記がとても現代的に思えること。第三は、のちの海軍卿や、のちのイギリス国王の義弟や、のちのバルバドス知事などの目撃者の質と人数と一貫性だ。

けれどもたぶん、なかでもいちばん興味をそそるのは、この物語がヘンリー・ジェームズの『ねじの回転』の下敷きになった可能性があること、そしてこの有名な〝迷える〟幽霊の物語が、一八九五年の冬の晩、カンタベリー大主教Ｅ・Ｗ・ベンソンによってジェームズに語られたのではないかと推測されることだ。

文学的な表現で言えば、この物語の最後に残った燃えさしに、最近ふたたび火がともった。一九六八年、ラルフ・ダットンが、『ハンプシャーの屋敷』と題されたヒントン・アンプナーについての本を出版したのだ（ヒントンはダットンの先祖の家だった）。ダットンはイタリア美術の愛好家で、特に、しなやかな若者が表現されている作品を熱心に集めた。斑岩《はんがん》と落ち着いた植栽計画を好み、地元では皮肉のきいた昼食会を催すことで有名だった。当然、幽霊物語には引きつけられた。たいていの貴族は、幽霊物語を祖先崇拝のひとつの形と見ているからだ。ダットンは自分が幽霊を信じているかどうかについては何も言わないように気をつけていたし、幽霊たちの一部が一七九三年に六十メートルほど南に建った新しい家に移動して、早朝に騒音を立てるらしいといううわさについて直接話しもしなかった。しかし、物語を知っているのは確かだった。

ダットンによると、祖母が、所有地での幽霊出没の雑誌記事を読んで、ページ上に修正を加えたそうだ。祖母は、ダットンの曽祖母についてこう書いた。〝［レディ・シャーバーンは］六歳のころ［一七八六年ごろ］のことを憶えている。ヒントンに滞在しているとき、夜眠れずにいると、牧師館に連れて行かれた。騒音がひどすぎて、レディ・ストーエルは家にいるのが我慢できなくなったのだ〟。

家の北側には、遠くまで見晴らせる果樹園がオールセインツ教会まで広がり、そこにダットンとその親族が埋葬されている。果樹園は刈り込まれたイチイの生け垣に囲まれ、初夏には植物や雑草が伸び放題になる。ラッパズイセンは咲き始めた桜の木のあいだで枯れていき、リンゴやマルメロが次々と花開く。けれど、ゆっくり眺める人はいない。それより、フィランデルファス遊歩道や南へ続く沈床園《ちんしょうえん》のほうが好まれるようだ。ダットンは著作のなかで、ここで果樹を育てるのがどれほどむずかしいかについて触れている。木の根が、取り壊された家の硬い土台のせいで傷んでしまうからだ。

その家がどんな様子をしていたのかはわからない。消えた屋敷の姿を伝えるものは残っておらず、外観の絵やスケッチや描写はない。内部については、メアリー・リケッツによる幽霊出没についての手記と、あまり身のない一度の調査を通して、不完全な形で保存されている。大英図書館には、ざっと描かれた間取り図がある。その土地独特の、伝統的なE型の家だったらしい。おそらく中世に築かれた中央ホールと、翼棟の両側に配された応接室があった。翼棟の一方には食堂、もう一方には朝食室と家政婦の部屋と厨房。おそらく現場でつくられ焼かれた煉瓦で建てられ、角には近くのセルボーンで切り出した石がはめ込まれていた。周辺の多くの家と同じように、家は北向きだった。南からの風が病気を運ぶとか、南向きの玄関が大陸のマラリア熱を招き入れるなどと信じる人もいたからだ。

二階には、特に幽霊がよく出た〝黄色の寝間〟があったことがわかっている。使用人部屋の上に位置し、どうやら南向きで、現在立っている新しい家に面していた。〝チンツの間〟は玄関広間の上に位置し、どうやら北向きで、ポーチの切妻を見渡せた。黄色の寝間の反対側には子ども部屋と子守部屋（〝赤の子ども部屋〟）があり、最上階には使用人のための屋根裏部屋があった。イングランド内戦に続いて、議会に差し押さえられ売り払われたのち、一六四九年に行なわれた家の調査によると、敷地内にある醸造所や水車小屋、穀物倉、ローンボーリング用の芝地、厩《うまや》、麦芽製造所があったことがわかる。

ダットンは、状況についての自分の実際的な知識と、わたしが思うに、意識下にあるかすかな家族の記憶からか、この家に冷たく寒々しい場所という印象を持っている。木々が植えられるずっと前、小さな丘のてっぺんに立っていたころのことだ。今ではその木々が、ビスケー湾からイギリス海峡を渡って吹きつける風から家を守っている。家を痛めつけた別の嵐のなかには、一六四四年のチェリトンの戦いもある。少なくともひとりの歴史学者は、屋敷の壁近くまで戦いが迫ってきたと考えている。波状的な小競り合いが繰り返される、たちの悪い厄介な戦いだった。議会派が勝利したので、王党派の一家が住むヒントン・アンプナーには、戦いの最中にもあとにも、不愉快な影響が及んだ可能性が高い。

一九六五年の一月のある日、メアリー・リケッツは、馬車でガタゴトと急な小道をのぼり、教会を通り過ぎて、当時はチューダー朝様式のマナーハウスだった屋敷を目にした。メアリーが通り抜けたであろうボダイジュの並木道は今もそこにあり、庭には樹齢五百年近いオークの木も数本ある。ロンドンとイギリス南部の一七六五年一月の気象記録を見ると、朝は明るい晴れ、のちに霧と小雨とある。ロンドンの屋敷の使用人たちが先に到着して、あらかじめ火を焚いていたとしても、旅路の果てにたどり着いたこの家は冷たく暗く感じられただろう。家の歴史のなかで初めて、スチュークリー家とその子孫のストーエル家は、みずから選んで家を離れていた。レディ・ストーエルはそこで惨めな子ども時代に耐え、夫が早くに亡くなったあと――この人は家を狩猟用の別荘としてしか使わなかったようだ――いちばんいいのは貸し出すことだと判断した。

こうして、リケッツ夫妻と生後二カ月の跡取り息子が、イギリス南部の少しばかり人里離れた古めかしい田舎屋敷に引っ越してきた。メアリーは、ジャマイカで夫となるウィリアム・ヘンリー・リケッツと出会った。そこでは、リケッツ家はよく知られ、大きな力を持っていた。ウィリアムの祖父は、十七世紀にこの国をスペインから奪った、ペン提督（ウィリアム・ペン――ペンシルヴェニアの創設者の父親）とヴェナブルズ将軍が率いる海軍の大佐だった。リケッツ家は、植民地における商売でこのころ裕福になった抜け目ない元軍人の家系で、結婚か、新しい称号の創設によってもうすぐ貴族に加われそうなところまで来ていた。ある記録によると、ウィリアム・ヘンリー・リケッツはリンカンズ・イン法学院の評議員、あるいは法律家とも描写されている。

メアリー・リケッツも、スタフォードシャーの堅実な紳士階級の出身で、父親は法廷弁護士であり、海軍本部の法律顧問や、ロンドンのグリニッジ病院の会計検査官も務めていた。兄のジョン・ジャーヴィスはイギリス海軍の有力者となって、立派な制度改革を行ない、ついにはセントヴィンセントの戦いでの活躍が認められ、伯爵となった。また、特にホレーショ・ネルソンの助言者として尊敬されていた。[1]

もしあなたが、ストイックで献身的で、科学に熱中し、与えられた特権より自分の力で勝ち取った能力主義をしつこいほど擁護するヴィクトリア朝の典型的なキャラクターをつくるとしたら、それがジョン・ジャーヴィスだ。くだらない話など許せない男だった——しかし、もうしばらく背後に控えていてもらおう。まだヒントンを訪れてはいないのだから。

さて、幽霊の話。リケッツ一家がヒントンに着いてから、いろいろなことが始まるまでに長くはかからなかった。一七五五年、第四代ストーエル男爵エドワードが亡くなったころすでに、屋敷は地元の人々のあいだで幽霊に取り憑かれているとうわさになっていた。

メアリー・リケッツはのちに、子孫だけに残すつもりだった私的な日記のなかでこう書いた。[2]〝ヒントンに落ち着いて間もなく、夜中にたびたびやかましい音が聞こえるようになった。誰かが勢いよく扉を閉めたり、たたいたりしているような〟。リケッツ氏が調べにいった。そして、騒音は押込み強盗のしわざか、使用人のいたずらだろうと考えた。ところが、どちらの痕跡も見つからなかった。部屋の外で捕らえられた使用人はいなかったし、侵入の証拠もなかった。騒音は幾晩か続けて聞こえた。あらゆる扉の錠が交換された。〝村人の誰かが合い鍵を持っていて、好き勝手に出入りしていたのだろうとしか考えられなかった〟。しかし、何も変わらなかった。扉は真夜中に音を立て続けた。バン、バン、バン、バン！

愛猫がおかしなふるまいをし始めた。一階の居間で、〝猫はテーブルや椅子の上でいつものようにのんびりくつろいでいたのに、突然ひどく恐ろしいものを見たかのように、そこから逃げ出して、わたしの椅子の下に隠れ、足に頭を押しつけてきた。しばらくすると、まったく平気な様子で出ていった〟。使用人たちは、〝屋敷で飼っているスパニエル〟について同じような話をした。

夏になった。ある蒸し暑い夕方、エリザベス・ブレルズフォードという名前の子守は、二階の子ども部屋で赤ん坊のとなりに座っていて、ふと目を上げた。廊下に通じる扉は、涼しい風を入れるためにあけてあった。部屋は暑かったし、エリザベスは使用人仲間のモリーが夕食のトレーを運んでくるのを待っていたからだ。〝くすんだ茶色の上着〟をまとった男が、廊下を通り過ぎ、黄色の寝間に入っていくのが見えた。〝いつもは家の女主人が使っている〟部屋だ。すぐあとにモリーが来たとき、エリザベスは、あの男は誰なのかと何気なく尋ねた。ふたりは知らない人が家のなかにいると気づいて、少しおびえながら黄色の寝間に行ってみたが、そこには誰もいなかった。すぐにリケッツ夫人に話しはしなかったが、話しても、夫人はあまりまじめに受け取らなかった。この時代もそれ以降も、たいていの使用人はそういう運命にあった。〝わたしはその話を、恐れや迷信のせいと受け止めた〟とメアリー・リケッツはのちに、明らかに少し後悔しながら書いた。〝下層階級の者たちは迷信に頼りがちだから、そのことはすっかり頭から消し去ってしまった〟。

数カ月たって秋になるころ、馬丁のリチャード・ターナーの息子ジョージは、大広間を横切って寝室へ向かう途中、〝くすんだ茶色の上着〟をまとった男を見た。けれども、〝そういう色の服を着た執事だろうと考えた。最近ここへ来たので、まだお仕着せを仕立てていないのだろう、と〟。子守と同じように、ジョージもこのできごとを経験したときうろたえはしなかった。男には実体があるようだったし、人間以外の何かであるようなそぶりは見せなかったからだ。しかしジョージは、上階の使用人部屋に入って、執事がベッドで寝ていることに気づいた。つまり、大広間で見た男は正体不明のままだった。

一七六七年七月、ふたたび夕方の早い時間に幻影が現れる。今回のは、とてもめずらしい事例だ。陽の光のなか、四人に同時に目撃されたからだ。

リケッツ一家は、生後四カ月になる次男のエドワードを連れてロンドンから戻っていた。親戚たちもヒントンに滞在していた。家のなかは人でいっぱいで、あわただしい雰囲気だった。夕方七時ごろ、料理人のデイム・ブラウンは流し場で鍋やフライパンを洗っていた。騎乗御者のトマス・ウィーラーと、メイドふたり、デイム・レイシーという名前の四人めの人物は、厨房の椅子に座っていた。まず最初に、音が聞こえた。女性の絹のドレスが擦れ合う、かなり大きな音。[3]ドレスをまとった誰かが、明らかに裏階段を下りて、厨房へ続く廊下を歩いている。全員が気づく前に、女の人影が〝家の扉〟を抜けていつの間にか部屋に入っていた。四人が見て取ったのは、黒っぽい服を着た背の高い人影だったが、洗い物を終えた料理人がひょいと厨房に戻ると、呪縛は解け、絹のドレスを着た女はありふれた風景のなかにぱっと消えてしまった。

興味深いことに、中庭から歩いて戻る途中だったもうひとりの男性使用人は、まったく何も見なかった。しかし、想像してみてほしい。夏の盛り、ふたつの扉があいていて、ふたりが部屋に入ってくるところで、四人が座っていて、幽霊は陽の光に触れて消えた。たぐいまれな筋書きだ。メアリー・リケッツの日記にははっきり書かれていないが、この幽霊は驚いてあたふたしているような印象を与える。一九四五年に出版されたハリー・プライスの『イギリスのポルターガイスト』にも、そのできごとの挿絵が掲載された。点描の古風な服装をした人影が、口を大きくあけ、使用人たちの前を大急ぎで駆け抜けている。

　騒音はその後も〝ときどき聞こえ続けた〟とメアリー・リケッツは記録している。滞在していた親戚のメイド、ポインツ夫人は、厨房で幽霊を見た。いとこのミス・パーカー[4]のメイドは、〝ベッドのそばでひどく陰気なうめき声と衣擦れの音を聞いて震え上がった〟。しかしメアリーは、三度めの妊娠に心を奪われていた。そして一七六八年に、娘が生まれた。

　一七六九年十一月、ウィリアム・ヘンリー・リケッツは、ある親戚のために二十四人の奴隷[5]を買うことや一族の壮麗な墓を建てることなど、さまざまな家庭と仕事の問題で、ジャマイカの領地に呼び戻された（ジャマイカでは多くの奴隷の反乱が起こっていて、白人の入植者の墓はしばしば冒《ぼう》瀆《とく》されたので、ウィリアムは新しい墓を建てて、一族の遺骨をもっと人里離れた場所に移す監督をしなければならなかった）。ジャマイカは、子どもたちの住む場所ではないと判断された。メアリーは、ヒントン・アンプナーに残ることに決めた。スイス人の執事ルイス・シャンソンと、ほか六人の使用人たち――メアリーの侍女アン・スパークス、アンの夫で御者のジョン・スパークス、ハウスメイドのルーシー・ウェッブ、料理人のデイム・ブラウン、子守のセーラ・ホーナー、新入りの十六歳の騎乗御者ジョン・ホーナー（厨房で幽霊を見た騎乗御者はその後死亡した）――がいっしょに残った。

このころメアリーは、子どもたちのそばにいるため、厨房の上の、のちに〝赤の子ども部屋〟と名づけられた寝室で寝ていた。幽霊たちが外の廊下をうろついた。メアリーはしょっちゅう、戸棚のなかでごそごそ動く誰かや、扉の向こうで衣擦れの音をさせる誰かを探し回っていた――服の生地が柔らかく揺れる音ではなく、〝やかましくいつまでも続くので目が覚めてしまう〟ほどの音だった。

またこのころメアリーは、ウェストミオンの救貧院から来た老人に地元のうわさ話を聞いた。老人はイングランド内戦当時、この屋敷で働いていた大工を知っていた。大工はサー・ヒュー・スチュークリーのために食堂の床板をはがし、その下に何かの箱を隠せるようにした。そのあと、床板を元に戻すように命じられたという。

理由はともかく――もううんざりしたのかもしれない――使用人たちが、ひとりまたひとりと去っていった。侍女と御者が辞めた。しばらくのあいだ、ルース・ターピンが侍女アン・スパークスの後任となったが、うまくいかなかった。メアリーによると、ターピンは〝神経が参ってしまい、ほんの二、三カ月しか仕事が続かなかった〟。もちろん、うめき声や足音や幻影のせいだった。とうとう、着替えやら何やらを手伝う係は、地元の食料雑貨商の妹が引き継いだ。すると今度は、スイス人の執事が辞職を願い出た。このころには、元からいた使用人は誰も残っていなかった。

黄色の寝間にいたメアリーは、足音を聞いた。また夏が来ていた。ヒントンの幽霊たちお気に入りの、暑い盛りだった。ベッドに入ってほんの三十分ほどたったところで、男性の重い足音がはっきり聞こえた。まるで暗闇でも目が見えるかのように、ベッドの足もとにまっすぐ近づいてくる。メアリーは驚きのあまり、部屋から飛び出した。のちに書かれた日記によると、足音がする前に、窓腰掛けから飛び降りる音がしたので、誰かが外の壁をよじのぼって二階の窓から入ってきたはずだという。子守が捜索を手伝った――しかしもちろん、何も見つからなかった。〝この恐ろしいできごとには、これまで以上に困惑させられた。自室のなかで足音をはっきり聞いたのだ。わたしは完全に目を覚ましていたし、落ち着いていた〟。その後メアリーが同じ部屋のベッドにまっすぐ戻って、怖じ気づいたりおびえたりするのを拒んだという事実は、この女性について多くを物語っている。

とはいえ十一月までには寝室を移した。今回は、玄関広間の上にあるチンツの間だった。ところがここでは、一度か二度、音楽が聞こえてきた。また別のときには、とても強く〝乱暴に〟玄関扉をたたく音が三度した。驚いたメアリーは、ベッドわきの呼び鈴を鳴らし、またもや――無益な――捜索をした。バンバンという音があまりにもすさまじかったので、誰かが玄関を無理やりあけようとしたに違いないと思ったのだ。

クリスマスが過ぎて間もないころ、ざわざわという声が聞こえ始めた。低いささやき声だった。人が話している。たくさんの人が。家の奥深くから響くような音だった。〝家全体を支配しているかのような虚ろなざわめきが、たびたび感じられた〟とメアリーは書いた。〝風とは関係なく、とても穏やかな夜にも同じように聞こえた〟。

一七七一年二月二十七日、すぐ近くにあるヒントンの教会に年老いた家政婦が埋葬された晩、メアリーの新しい侍女エリザベス・ゴダンは、死亡した家政婦のベッドのまわりで〝陰気なうめき声とバタバタという音〟を聞き、〝これまでにないほど震え上がった〟。家政婦は引退していて屋敷から離れた場所で死んだので、葬式がこの日だったことを知っているのはメアリーだけだった。事態をこれ以上悪くしたくなかったので、ゴダンには話さないことに決めた。

かなりもの悲しい時期だったようだ。メアリーの夫は何千キロも離れたところに一族の壮麗な墓を建てていて、兄は最近亡くなった家族の友人を悼む記念碑をジブラルタルの礼拝堂につくっていた――そして、黒い封蠟《ふうろう》で閉じた手紙が届いた。メアリーの父が、スタフォードシャーの実家で亡くなったのだ。そして、かわいそうに、エリザベス・ゴダンは不運続きだった。四月になり、熱を出して寝込んでいると、午前二時に女主人が鳴らす呼び鈴で目を覚ました。女主人が、二枚の閉じた扉越しに叫んだ。外の廊下に誰かいるのが見える？　メアリーは二十分にわたって、誰かが行ったり来たりする音、誰かが押しあけようとしているような、扉がギシギシいう音を聞いていた。初めて、扉と子ども部屋のあいだをうろついている者がふたり以上いることがわかった。

メアリーと侍女があたりを調べ、窓と暖炉を確かめて、ソファーの下を見ていると、黄色の寝間に続く背後の扉が突然動き、〝まるで後ろに立っている人が戯れに押したり引いたりしているかのように〟動き続けた。ふたりは子ども部屋に駆け込んで、男性使用人の寝室につながる呼び鈴を鳴らした。新しい執事ロバート・カーミスが調べに来た。何も見つからず、変わったこともなかった。

数週間が過ぎた。五月七日になると、メアリーは、ささやき声が大きくなってきたことに気づいた。〝ざわざわという声が、とてもやかましかった〟。眠りを妨げられ、メアリーはぼやいた。日記には、落ち着きなく家じゅうを歩き回り、子ども部屋で子どもたちといっしょに一時間だけ眠ってから、おそらくまたチンツの間に戻ったことが書かれている。そしてふたたび、玄関扉をバンバンとたたく大きな音で目覚めた――ベッドから飛び起き、首を伸ばしてポーチを見下ろした。もう明け方で、白っぽい芝地に灰色の光が射していたので、原因がわかるかと思ったのだ。扉を調べさせたが、錠は下ろされ、かんぬきも掛かっていた。

メアリーは〝くたくたになり、困惑している〟と明かした。そのころには使用人がそばに付き添い、証人になろうとして同じ部屋に寝ていた。この時点でメアリーは、何もかも書き留めてしっかり目撃することに極端なほど熱中していたからだ。〝夏の盛りを過ぎると、騒音は夜ごとにますます耐えがたくなっていった〟。それは明け方まで、ときには夜明けを少し過ぎるまで続いた。今では、話しているいろいろな人を区別できるようになった。かん高い声の女と、男性ふたり、ひとりは太く響く声をしていた。ある晩には、誰かが四柱式ベッドのカーテンをかすめて通り過ぎたような気がした。音楽のようで音楽ではない、〝調和した音の振動〟が聞こえた。歩いたり、しゃべったり、ノックしたり、扉を開いたり閉じたりが、毎晩繰り返された。

兄のジョン・ジャーヴィスが訪ねて来たとき、メアリーはどうすべきか迷った。兄がきまじめな性格であることはよくわかっていたからだ。四カ月前、メアリーは聖職者の友人、ジョン・モンク・ニューボルト師（ウィンチェスターのセントモーリスの教区牧師）とその妻に秘密を打ち明けて相談していたが、もはや同情を込めて聞いてもらうだけでは足りなかった。ある朝、とうとう耐えられなくなり、兄に向かって言ってしまった。「昨夜、使用人たちがお騒がせしなかったかしら。呼び鈴を鳴らして、寝るように命じたけれど」。兄はけげんな顔をして、何も聞こえなかったと答えた。しかしとりあえず、夜間の騒音についての話題を持ち出すことはできた。

ジョン・ジャーヴィスがポーツマスへ出かけて数時間後、メアリーは丸六年ここに住んだなかで最も恐ろしいできごとに遭遇した。夜になってベッドに入り、午前三時に目が覚めた。「なんてこと！　あの音を聞いた？」とメアリーはエリザベス・ゴダンに向かって叫んだ。侍女は同じ部屋のキャスター付きベッドに寝ていた。「いいえ、何も」。メアリーはもう一度尋ねた。エリザベスがしどろもどろに何か言った。恐怖ですくみ上がってしまったのだ。そのとき、寝室の外でそれは起こった――〝ものすごい速度で何かが突進して落ちたような、大きく響くすさまじい音がした〟。それはいつしか〝甲高く恐ろしい悲鳴に変わった……三回か四回続いてから、下降するかのように徐々にしぼんでいき、地にのみ込まれた〟。

子ども部屋で子どもたちといっしょにいたハンナ・ストリーター[6]も、それを聞いて、ショック状態で二時間横たわっていた。まるで誰かが地獄に引きずり込まれたような音だった、とあとで話した。

ジョン・ジャーヴィスは、ポーツマスに足留めされていた。メアリーはひどい咳の出る風邪をひいて、なかなか熱が下がらなかった。自分の健康を心配すべき時だった。騒音はメアリーと一家を悩ませ続けた。ある日、兄がようやくポーツマスから戻って、家に足を踏み入れたとき、メアリーは切羽詰まった気持ちを隠そうとした。しかし、残された手紙によると、ジャーヴィスは妹の疲れてげっそりとした様子にひどく驚いた。メアリーはさらに数時間、口をつぐんでいた。〝話したくてたまらなかったけれど、翌朝まで我慢した〟とのちに回想している。

一七七一年八月の第一週だった。

翌朝、メアリーは兄にすべてを話した。ジャーヴィスは疑い深い性格だったが、家庭が崩壊しつつあるのを見て取った。メアリーが残した手紙によると、ニューボルト夫妻を朝食に呼んで、話を裏づけてもらったようだ。締めくくりにさしかかったところで、ラトレルという名前の隣人が訪ねて来た。これまでのできごとをもう一度語り終えるまでには、ラトレルとジャーヴィスの両者とも、寝ずの番をしてペテン師を捕まえる決意をしていた。詐欺に間違いないと考えたからだ。

ラトレルとジャーヴィスの両海軍司令官（このときまでには、ジャーヴィスはみずからイギリス軍艦アラーム号を指揮していた）は、夜の対決のために準備を整えた。相手はなんらかの方法でこっそり家に入り込んでいる地元のごろつきに違いない。その晩、ジャーヴィスと従者兼従卒のジョン・ボルトンは、入念に家を調べ、あらゆる戸棚や隠れられそうな場所を探ってから、扉に錠が下り、かんぬきが掛けられ、家が安全であることを確かめた。そのあとジャーヴィスは、何も起こらないと信じて、寝室に引き上げた。ボルトンとラトレルは近くのチンツの間で寝ずの番をして、何かあったらジャーヴィスを起こすことにしていた。〝何か異常があれば兄が呼ばれることになっていた〟。ふたりの男はピストルで武装していた。警備は万全だった。

その晩、二階の寝室はすべてふさがっていた。子どもたちは子ども部屋にいた。メアリー・リケッツはエリザベス・ゴダンの部屋にいた。〝わたしは裏階段からこの階に続く扉の錠を下ろし、かんぬきを掛けた。これで、ラトレルが寝ずの番をしている部屋を通る以外に入口はなくなった〟。

つまり彼らは、何年もあとに幽霊屋敷の調査の標準となり、今では常識となっている方法で、しっかり家の戸締まりをした。

けれども、長く待つ必要はなかった。

メアリーが寝ていた部屋のすぐ外で、またあの衣擦れの音がした。最初はとらえどころがなかった。メアリーはエリザベスに、しばらく起きていて、もし音が続くようならラトレルのところへ行って話すようにと命じた。

そのあとすぐ、エリザベスにも〝音が聞こえると同時に、ラトレル氏の部屋の扉がさっとあいて、彼の話す声が聞こえてきた〟。

ラトレルも足音を耳にしたことがわかった。だから扉をあけて、「そこにいるのは誰だ?」と尋ねたのだ。すると〝何かがすぐそばを通り過ぎた〟。これでジャーヴィスも目を覚まし、そのあとチンツの間に向かってくる足音を耳にした。それはどんどん近づいてきた。すでに、ラトレル、ボルトン、エリザベス、ジャーヴィス、メアリーの全員が、同じ音を聞いていた。女が、チンツの間に向かって歩いている。近づいてくる足音を聞いたジャーヴィスが、「わたしの扉の前を見ろ！」と大声で叫んだ。

男たちが廊下に出てみたが、人影はなく、メアリーがいた部屋のわきにある階段への扉は錠が下り、乱された形跡はなかった。男たちは全速力で屋根裏まで駆け上がって、使用人たちが部屋にいるかどうかを確かめた――全員いた。屋根裏から引き返すと静けさが広がっていたが、ラトレルとジャーヴィスは夜明けまでラトレルの部屋で起きていた。そのあとようやく、ジャーヴィスはチンツの間に戻った。

メアリーは、こう記録している。〝たぶんそのころ、チンツの間の扉が猛烈な勢いで開いたり閉じたりする音がしたかと思うと、今度は広間の扉が同じように開閉する音が聞こえた〟。メアリーはエリザベスに、兄があんなことをするなんて驚きだと言った。兄は〝子どもたちを怖がらせたり不安にさせたりしない、思いやりのある人〟だったからだ。一時間後、今度は玄関扉がすさまじい勢いで開閉して、家じゅうのカーテンが揺れた。しかし、ラトレルはまったく違う経験をしていた。「ジャーヴィスが音など立てなかったことは確かだよ。あなたが言うような扉の開閉音が聞こえたのは、あなたの部屋と、そのとなりの部屋からだった」。

ジャーヴィスは何も聞かなかった。けれども、少しばつが悪そうに認めたところによると、最初に寝室にいたとき、説明のつかない別の音を聞いた――〝恐ろしいうめき声〟も。

朝食の席でラトレルは、この家について、〝どんな人間の住まいとしても適さない〟ときっぱり言った。あまり異常を経験しなかったジャーヴィスはまだ懐疑的だったが、大家と連絡を取るべきだということで意見がまとまった。[7] その朝、メアリーは友人のニューボルト師に手紙を書いた。〝兄は、自分もラトレル氏も、耳にした音をどんな自然の現象からも説明できないと、あなたに伝えてもよいと認めてくれました〟。メアリーは、〝自分の報告がきちんと信じてもらえて満足〟したと打ち明けている。

翌週は毎晩ジャーヴィスが、明らかにいら立ちながら、寝ずの番をしていた。〝そんなある真夜中〟とメアリーは書いた。〝近くで拳銃か何かの発射音がしてびっくりした。すぐに、もがき苦しむ、断末魔のようなうめき声が続いた。わたしの部屋と、となりの子ども部屋のあいだから聞こえてくるようだった〟。ところが、子守も、どうやら子どもたちも、見張りをしていたジャーヴィスも、そんな音は聞かなかった。

〝とても大きな音をひとりかふたりが聞いても、同じ方向の同じくらい近くにいる人たちが少しも感じ取っていないことが何度かあった〟。つまり、同時刻に同じ場所にいる人が、同じ音を聞いていないのだ。これは厨房でのできごとによく似ている。どこにいたかで、使用人たちが見たものも違っていた。ちなみに、こういう認識の謎は、現代に近くなるとよく見られるようになるのだが、この時代の文書ではなじみがなかった。

ジャーヴィスはひと晩じゅう起きているので、そのころは昼間に寝ていた。ある日の午後、子どもたちが散歩に出かけているあいだ、メアリーが一階の居間で読書をしていると、兄の部屋につながる呼び鈴がひどく乱暴に鳴るのが聞こえた。兄はいつになく取り乱していた。自室で恐ろしく大きな音がした――〝とてつもなく重いものが、天井からマホガニーの箪笥のすぐ横に落ちてきた〟音を聞いたという。しかし、ほかに聞いた人はいなかった。真下の部屋で別の使用人と座っていた従者のボルトンさえも……。これまではともかく、もうジャーヴィスにも疑う余地がなくなった。

何が起こっているのかはわからなかったが、それが気に障ることははっきりしていた。メアリーはこの屋敷から出るべきで、自分がその手伝いをしてやらなければならない。もし突然ポーツマスに呼び戻されたら、イギリス海兵隊のニコラス中尉を送り込んで、妹の世話をさせよう。ジャーヴィスは事態を重く見て、危機があることを認めた。[8]

そしてすぐに、ジャマイカにいるウィリアム・リケッツに手紙を書いた。[9] 義弟のことはよく知っていたが、手紙を書くのはむずかしかった。〝微妙な性質〟の問題だとはいえ、事実をごまかすわけにはいかない。

　　したがってお伝えしておきたいのは、四月二日から今日にいたるまで、ヒントン・アンプナーの屋敷が説明のできない奇妙な騒音に、ほとんど絶え間なく平穏を乱されているということです。貴殿の家族がこれ以上屋敷にとどまり続けるのはきわめて不適切であります。幸いにも、子どもたちは何が起こっているのかにまったく気づいておりません。しかしわたしの妹は、睡眠が取れないうえに、このできごとをあまりに長く胸に秘めてきたせいで、はなはだしく苦しんでおります。

ジャーヴィスは続けて、できれば将校を辞任して妹のそばにいたいが、それもかなわず申し訳ないと書いている。当時は、国王の弟、グロスター公爵をイタリアに送り届ける任務に関わっていて、そこから抜けるのはどうしても不可能だった。[10] ジャーヴィスは義弟に、西インド諸島からすぐに戻る必要はない――妹は〝この絶え間ない騒ぎにおびえているのではなく困っている〟――が、その準備をしておいたほうがいいと助言した。興味深いことに、メアリー自身もこの手紙の最後にひとこと添えて、〝兄のおかげで、心も体もとてもよくなってきました。もうご心配には及びません〟と書いている。さらに、ニューボルト師と夫人にも確認の署名をしてもらった――重ねて夫を安心させるために。

全般的な睡眠不足と、さまざまな形でのパニックや使用人たちとの不和への対処はともかく、メアリー・リケッツはかなりよくやっていた。いちばん心配なのは、子どもたちのことだった。ところが、ほとんど信じられないことに、ヒントン・アンプナーの住人で幽霊にまったく悩まされていないのは子どもたちだけだった。ついでに、メアリーはもうひとつ不思議なことに気づいた。家じゅうが目を覚ますような大きな騒音がしたとき、若い騎乗御者もずっと眠っていたのだ。家に住む十八歳以下の者たちは、誰も困っていなかった。メアリーは、子どもたちが幽霊の音を聞いたり姿を見たりするときが来るのではと恐れていた。子ども部屋の外の〝控えの間〟と呼ばれる場所で何かあることが、いちばん多かったからだ。いよいよそれが起こるとなれば、ひどいことになるだろう。それはいつか起こるはずだ。子どもたちを取り巻く静けさの泡は、いつか消えてしまう。なぜ幽霊は、子どもたちに手を出さずにいるのだろう？

ジャーヴィスは、スピッドヘッドに停泊していた軍艦アラーム号から送った八月二日付けの妹への手紙（現在は大英図書館にあり、それ以前は公開されていなかった）で、興味深いことに、ラトレルの信用性に対するちょっとした疑念を示している（あるエピソードでは、お互いに相手が騒音を立てていたのだろうと言い争ったとある）が、それでも、〝おまえがあんな恐ろしい場所から引っ越せるのなら、とてもうれしく思う〟と書いている。

ジャーヴィスは問い合わせをして、すでに、ヒントンの幽霊出没についてハンプシャーに根強く残る言い伝えを探り出していた。そして料理人デイム・ブラウンの兄であるポーツマス守備隊の隊員、ジョン・ブロンドンと話していた。〝彼は、父親と母親から聞いたという、現在と同じような騒音についての話をたくさんしてくれた〟。兵士が話したのは、〝ストーエル卿とともに暮らし、のちにウォルサムのホワイトハートを手に入れたルーク・ステントのことだ。説き伏せられてヒントン屋敷の騒ぎについて語るたびに、ステントは何度も目撃したことに関して苦悩の涙を流した、とブロンドンは言った〟。どうやら、ストーエル卿が住んでいるときにはすでに、家はすっかり幽霊に取り憑かれていたらしい――幽霊の出没は、ストーエル卿と義妹のホノリアがここに住む前にさかのぼる。

その後の何日かは、すばらしい天気が続いた。ジャーヴィスの軍艦は、リミントン沖で凪《な》いで動けなくなった。ソレント海峡が貯水池のように静かになる、夢のような夏の一日だ。ジャーヴィスは八月十六日付けで妹に急ぎの手紙を書いた。〝あのできごとについて考えれば考えるほど、断固たる措置をとる必要性を強く感じる。クリスマスまでに屋敷その他を引き渡すのが妥当ではないかとも考える〟。そして、こう結論づけている。メアリーが屋敷を出られたら、〝あそこには二度と足を踏み入れないようにと願う〟。騒ぎの性質や、妹が出ていく理由については慎重さを保ち、実際的な問題から離れないようにしている。あそこにいると妹は具合が悪くなる――だから、出ていくべきだ。

二日後、メアリーは夫に手紙を書いた。〝書き忘れていましたけど、何年も昔に、ヒントン・アンプナーで知られていた同じような騒ぎを証言してくれる人が、何人かいます〟。屋敷を出るうえでの法的根拠について懸念があったとしても、それはすぐに消えた。レディ・ヒルズバラ[11]（訳註：レディ・ストーエルと同一人物。一七六八年にヒルズバラ伯爵と再婚した）は少しも反論せずに、リケッツ一家の賃貸契約を解除した。ダットンは著作のなかで、レディ・ヒルズバラは屋敷に幽霊が出ることを最初から知っていたと言っている。じかに経験したかどうかはともかく、少なくとも父親のストーエル卿とおばのホノリアの幽霊が屋敷に取り憑いているという地元のうわさを知っていた。いくつかのできごとが、四月二日に結びついているようだった。ストーエル卿は一七五五年のこの日、居間で卒中を起こして亡くなったといわれる。ジャーヴィスは、最後の一連のできごとがその日に始まったと述べている。レディ・ヒルズバラの痛風持ちだが忠実な代理人セインズベリー氏は、三カ所の教会の扉に掲示を貼り、ヒントンが夏じゅう見舞われた騒音について、悪だくみの詳細を説明できる者には、五十ギニーの懸賞金を与えると告げた――それは六十ギニーに、さらには百ギニーに上がった。ウィリアム・リケッツとレディ・ヒルズバラが共同で出した最終的な金額は、当時の半熟練労働者が稼ぐ年収の三倍近かったが、名乗り出る者はひとりもいなかった。

一七七一年九月二十日。悪意を持つ人物もしくは人物たちが過去数カ月にわたって、リケッツ夫人が居住する邸宅、ヒントン・アンプナーにたびたび種々の騒音を引き起こしたとの由。ついては、首謀者もしくは首謀者たちを発見し、当方に知らせた人物もしくは人物たちに、犯人が有罪となった時点で、五十ギニーの懸賞金を支払うものとする。また、騒音に関わった人物が共犯者もしくは共犯者たちの名を明かせば、その人物は赦免され、犯人が有罪となった時点で同じ懸賞金を受け取れることとする。

ラルフ・ダットンは言う。〝屋敷の悪霊祓いが行なわれたという記録はない。意外なのは、多くの主教と顔見知りであるリケッツ夫人が、幽霊退治のために、重鎮のひとりに助けを求めようとはしなかったことだ[12]〟。

けれども、聖職者がメアリーに救いの手を差し伸べたことはあった。文書館には、近所に住む二流の劇作家で文学者のジョン・ホードリーからの手紙がある。この人は、ウィンチェスター大聖堂の大法官で、皇太子の宗教儀式係でもあった。ホードリーは、急いでヒントンを去ろうとするメアリーをたしなめ、愛情のこもった手紙のなかで、どれほどメアリーが才気ある男性たちから高く評価されているかを伝えている。〝世界でいちばん頭脳明晰で、優しい心をお持ちです〟。ホードリーは、幽霊に関しては懐疑的だった――『英国人名辞典』の記録によると、〝彼自身、親友で文通相手だったギャリックや、ホガースとともに、シェイクスピア作『ジュリアス・シーザー』の幽霊が登場する場面の下品なパロディーを演じたことがある〟。メアリーを守ろうとする姿勢は感動的だ。〝あなたを不安にさせる卑劣な試み〟を嘆き、〝屋敷の使用人を全員解雇しなかったのか〟と尋ねている。

メアリーは早々に屋敷を離れ、友人のニューボルト夫妻の家に身を寄せた。すると、別のもっと身分の高い友人、ウィンチェスターの主教が、ウォルヴェシー・キャッスルにある主教の古い公邸に家族全員で引っ越せるように手配してくれた。ウィンチェスターを離れるときには、セントアサフの主教[13]が、ロンドンにある屋敷を提供してくれた。メアリーは、英国国教会の高い地位にある人たちととても親しかった。最初に知り合ったのはただの教区牧師だったが、ヒントンを出て三カ月もしないうちに、ふたりの主教とひとりの参事司祭のもとに身を寄せていた。参事司祭の邸宅に滞在しているとき、ラドナー卿とフォークストン卿の訪問を受けた――〝幽霊屋敷から来た女性にぜひ会いたいとのことで〟とメアリー自身が記録している。少なくとも、ある種の人々のあいだにはうわさが広まっていた。

メアリーは先に子どもたちをウィンチェスターに送り出して、ようやく安全なところへ住まわせてから、しばらくヒントンにとどまって、いつも忠実なカーミス一家の村の家に身を寄せて、家財道具の荷造りや運搬を手配するときだけ屋敷を訪れた。兄には戻ってはいけないと忠告されたが、メアリーは戻った。屋敷は、最後のスタンドプレーでメアリーを送り出した。ある意味で、これまででいちばん気味の悪いできごとだった。ひとえに、詳細がとてもぼんやりしているせいで。

〝屋敷に戻るとすぐに、間近でこれまでに聞いたことがない音に襲われた。そのときに感じた恐怖はとても言葉では表せない〟。毅然としたメアリーが恐れを認めた、きわめてまれな文章だ。聞こえた音があまりに恐ろしかったので、記録しないほうがいいと決めたのだ。まるで、表現するという行為がそれをなんらかの形で保存してしまうかのように……。その音を、死ぬまで胸のなかに閉じこめておくつもりだったのだろう。

年老いても――高齢まで生きた[14]――そのことはあまり話したがらなかった。しかし、孫たちのために書き留めたいくつかの逸話――今は大英図書館にあるひと束の文書――のひとつに、ウィンチェスターの大司教に次のように話したことを記録していた。〝わたしはこう話した。ロバート・カーミスが、聞き覚えのある声、ダートマス卿（訳註：原註にもあるとおり、ストーエル卿の間違い）の執事[15]の声で、窓のところから三度呼びかけられた。父なる神と子なるキリストと精霊によって呼び出されたのだという……この執事は主人の金のバックルを盗んだだけでなく、いくつもの不正行為を疑われていた〟。なるほど、窓辺の幽霊だ。屋敷の窓辺に、不正直な執事の幽霊が出たのだ。

この抜粋はまず、一九四三年にサシェヴェレル・シットウェルの『ポルターガイスト』で一般に知られるようになった。本のなかでシットウェルは、この事件に関わるそのほかの文書もたくさん再現した。ヒントン・アンプナーの物語が『ねじの回転』の着想の源になったという推測の手がかりはここにある。窓辺の執事について詳細を知っていたはずの人は、リケッツ家の人たちと、カーミス一家、英国国教会の上位の聖職者たちだけだった。『ねじの回転』の重要な場面のひとつに、死んだ使用人クイントの堕落した幽霊が、ブライ邸の窓に近づいてくる場面がある。

おまけに、聖職者が他の聖職者たちに、形を変えてその話を語ったいくつかの証拠がある。フランシス・ウィリアムズ・ウィン[16]の日記に、貴族の古い言い伝えについての記述が見られる。一八三〇年十一月十五日には、〝リケッツ家の幽霊物語〟に数ページを割いて、次のように書いている。〝セントアサフの主教シプリーの補助司祭であるストロング氏は、トワイフォードとその近隣を訪れた際、たびたびその伝説についての同じ話を聞かされた〟。

つまり、メアリー・リケッツにロンドンの邸宅を貸したあのセントアサフの主教が、補助司祭に喜んで物語を語り聞かせていたということだ。二、三人の主教が語ったそういう話が、数十年たって最終的にカンタベリー大司教ベンソンの耳に入ったとしても驚くには当たらない。また、ベンソンはウィンチェスターと長らくつながりがあり、年に一度旅して息子の墓を訪れた。妻も、主教の死後間もなく、その地に引きこもった。ウィンチェスターを訪れた主教が、何年も前にメアリー・

リケッツが身を寄せていた主教公邸に滞在した可能性は、大いにある。

無事ウィンチェスターに落ち着いたメアリーは、賃貸契約が切れるまで屋敷に目を配っているカーミス一家と連絡を取り続けていた。ロバート・カーミスは手紙のなかで、レディ・ヒルズバラの代理人であるセインズベリー氏がやってきて、母親に〝あの騒音〟についてしつこく質問したことを打ち明けた。のちにセインズベリーは、屋敷をひと晩見張る計画を立てた。彼らが何を見て何を聞いたかはわからないが、幽霊の出没は白昼も続いた。

あるとき、メアリー・カーミスと娘のマーサが正午にヒントンの厨房にいると、おそらくとなりの家政婦の部屋から、〝とても大きく、陰気なうめき声〟が聞こえてきた。また、ある日の朝十一時、マーサが厨房でひとり針仕事をしていると、〝雷のようなゴロゴロという音〟がして、窓がカタカタ鳴った。音は黄色の寝間から聞こえてくるようだった。厨房は子ども部屋の真下にあった。

一七七三年三月八日には、騒音は一時的にやんだ。ほとんど家族の一員のようにふるまっていたロバート・カーミスは、母親が見た夢について雇い主に伝えた。この一風変わった魅力的な文章はとてもめずらしく、十八世紀の幽霊出没に関わった労働者階級の人間の潜在意識をうかがわせる。[17]

母は三晩続けて、夢を見ました。そのなかで母は、屋根裏に続く大階段をのぼる途中の、踊り場にいました。不安になって、広い廊下を歩き回るのですが、最後にはいつも同じ踊り場にいるのです。ある晩には、C街から続く道路にいる夢を見ました。そして輝く銀のひもがついた大きな靴と、豪華なレースで飾られた手袋を見つけて、奥さまのもとへ運び、奥さまにお見せしてから、大階段のてっぺんまで持っていったのです。

リケッツ一家が屋敷を立ち退いて、レディ・ヒルズバラがふたたび所有するまでのどこかの時点で、リケッツ家のいとこ、ジョージ・ポインツ・リケッツ中尉（のちのバルバドス知事）が、家族の一員と屋敷のそばの牧草地を歩いていた。リケッツ一家があまり遠くへ引っ越したがらなかった理由のひとつは、投資としてたくさんの牛を買って、ヒントンの農場に貸していたからだ。いとこたちが屋敷の南側の小さな放牧場を通り抜けようとすると、〝なかから大きな音が聞こえたので、誰かが「またいたずらしてるな。見に行ってみよう」と言った〟。

メアリー・カーミスが屋敷に風を通すために窓をあけていたので、若者たちはそのひとつから入り込んで、調べて回り、幽霊を探した。〝音が聞こえたときも、人や動物は見つからず、動いていたはずのものも現れなかった〟[18]。

一年後、レディ・ヒルズバラはふたたび、別の家族、ローレンス一家に屋敷を貸すことができた。一家は、自分たちが引き受けた場所のことをよくわかっていたようだ。使用人たちは違反したら解雇するという条件で、幽霊の話題にはけっして触れないようにと命じられた。その後、ハウスメイドが、黄色の寝間に続く廊下で女の幻影を見たという。わずか一年後、ローレンス一家が突然なんの説明もなく真夜中に逃げ出してしまっても、驚いた人は誰もいなかった。

一七九三年、次代のストーエル卿は、屋敷を取り壊し、もっとひっそりとした場所に新ジョージ王朝様式の狩猟小屋を建てた――丘の頂上近くの、黄色い煉瓦でつくった立方体の家だった。家があまりにも呪われていたせいか、それとも居心地が悪く時代遅れだったせいか、理由はともかく、もうそこに住みたがる人はいなかった。

しかし古い屋敷は、最後にもうひとつ、見せ場をつくった。取り壊しの最中、ひとつの箱が見つかった――ある報告によると、一階にあるもうひとつの黄色の間に続く、廊下の床下から出てきたそうだ。なかには小さな頭蓋骨が収められていたといわれる。サルのようにも見えたが、おそらく人間の赤ん坊だろうと推測された。そして、隠されていた大量の書類も見つかったという。[19]

予想に反して、メアリー・リケッツはヒントン・アンプナーの村に戻り、牧師館に住み始めた。一七七二年七月七日、メアリーは、人生にひと区切りをつけることにした。そして腰を落ち着けて、一連のできごとの長い解説を書き始めた――その筆跡から、速度と、強調と、気持ちの揺れが感じられる。明らかに、子どもたちに向けて書かれたものだ。書き記した動機ははっきりとはわからないが、おそらくメアリーにとって、子どもたちが成長するうちに物語を耳に挟むのなら、母親がしっかり道理をわきまえ、立派にふるまっていたことを知っておいてもらうのがいちばん重要だったのだろう。神と、自分たちを取り巻く〝恐怖と脅威〟から守ってくれた〝特別なお慈悲〟にことのほか感謝したあと、自分の生まれながらの誠実さについて長々と書き、三人称を使って、〝ホードリー大法官というすばらしい人物の証言によれば、彼女は真実そのものであった〞とまで書いている。

この文書とほかのいくつかは、長年にわたって家族のなかで保管され、可能なときは書き足された。たとえば一八一八年には、メアリーの孫娘マーサ・ジャーヴィスがその役をにない、ヒントンの村を訪れて、幽霊体験をした人が死ぬ前に、最後の目撃証言をできるかぎり拾い集めた。〝わたしは農場にいる年老いたルーシー・カーミスを訪ねた〞とマーサは書いている。ルーシーは、同じくらい年を取ったかつての子守ハンナ・ストリーターを訪ねていた。五十年たって、新たなできごとが浮かび上がった。ルーシーはハンナに、憶えているかどうかきいた。ある晩ふたりは、使用人たちが寝たあと、食料貯蔵室のなかで座っていた。そのとき、とても大きな音が響いた。〝鉄の火鉢〞のようなものが、得体の知れない猛烈な勢いで部屋に落ちてきたかに思えた——〝それは、ヒュン、ヒュン、ヒュン！と音を立て、床の下に沈んでいった〞。ルーシーはひどくおびえてしまい、その晩は屋根裏の寝室まで階段をのぼっていけなかったという。また、ある晩リケッツ夫人の部屋で寝たとき、ふと夫人とふたりで目を覚まし、音楽と、〝誰かがそれに合わせておごそかに動いている足音〞を聞いたのを憶えていた。

家族の文書に加わったもうひとつの逸話は、マーサと一八二一年に結婚したオズボーン・マーカムによって書かれた。一八二〇年代のどこかの時点で書かれたと推測される。

何かを見たり聞いたりというできごとが最初に起こったのは、リケッツ夫人がヒントン・アンプナーに住み着く前のことだった。屋敷のなかで騒ぎが起こり始めてしばらくたつまで、夫人は何も知らなかった。当時の使用人のひとりジョゼフ・シブリー（馬丁）が屋敷にいて、屋根裏部屋で寝ていた。明るい月明かりが部屋に射し込んだ晩、目を覚ましていると、くすんだ茶色の上着を着た男性が、亡くなった屋敷の主人がよくやっていたように両手を後ろで組んで、じっと自分を見下ろしていたそうだ。

この幽霊を詳しく見てみよう。一七五五年にストーエル卿が亡くなったあとに、使用人のひとりに目撃された。馬丁は幽霊の姿勢からそう思っただけだが、亡くなったストーエル卿だと考えている。なぜ主人が使用人部屋にいるのかという疑問はさておいて……。幽霊はくすんだ茶色、もしくはかぎ煙草色の上着をまとった姿としてとらえられている。その時代、少なくともあまり形式ばらない田舎では、ふつう使用人のお仕着せと結びつけられる色だ。ほかの例でも見られるように、単に幽霊の姿が少しぼんやりしていたのかもしれない。長年のあいだに、全身の色があせてしまったのだ。それで、数年後にジョージ・ターナーが広間でその姿を見たとき、ターナーは間違いなく使用人だと考えた。ある夏の晩、黄色の寝間に入っていくところを子守にふたたび目撃されたときには、ただの茶色の服を着た男と描写されている。それに、男性使用人は誰もその部屋には入らない。黄色の寝間は慣例上、女主人の寝室だからだ。もちろんそれが、なんらかの形で身分を超越した男性使用人なら話は別だが。

一八九三年四月にリケッツ家の文書を《SPR会報》のために編集したビュート卿は、それが真相だと考えた。ビュート卿の指摘によると、ストーエル卿が一階の居間で卒中を起こして亡くなったとき、〝声のかぎりに叫んでも、応じる者はなかった。まるで周囲の者たちが主人の死を望んでいたかのように〟。父親の死後、メアリー・ストーエルが最初に解雇した使用人のひとりが、アイザック・マクレルという名前の執事だった。〝執事は不正直と評されている〟とビュート卿は記している。メアリー・リケッツの意見と同じだ。〝その不正直さが、うわさどおり邪悪なものだったなら、罰せられなかったのは奇妙に思える。まるで何かストーエル卿の弱みを握っていたかのようだ〟。またビュート卿はこうも言っている。〝アイザック・マクレルは（中略）ロバート・カーミスに声を聞かれていた〟。三度目撃されたかぎ煙草色の上着の男は、いずれもアイザック・マクレルと声が似ていた。

ストーエル卿の妻が一七四〇年代に亡くなると、義妹のホノリアがヒントン・アンプナーに引っ越してきた。ホノリアは若く、未婚だった。うわさによると、ストーエル卿は義妹と不義を犯し、ふたりのあいだに子どもが生まれたが、アイザックが家族を醜聞から守るために赤ん坊を窒息死させたというのだ。執事はその遺体を床下に隠すため、大工を呼んで仕事を手伝わせたともいわれる。屋敷が一七九三年に取り壊されたとき見つかったのが、その赤ん坊の頭蓋骨だと主張する人もいる。

確かに、未婚のホノリア・スチュークリーとストーエル卿の遺言はどちらも、マクレルを証人としている。あの時代に、使用人を男爵の遺言の証人にするのは奇妙なことだ。しかし、ストーエル卿はそうした。そして遺言が読まれると、五年前に第一代ダートマス伯爵の四男であるヘンリー・レッグと結婚したストーエル卿の娘メアリーは、すぐさまマクレルを解雇した。その行為は重要に思える。もしビュート卿が示唆したように、マクレルが何かのもみ消しに関わったことで、法的手続きによって金持ちになったとしたら、ストーエル卿の娘は父親への執事の影響力をひどく嫌っていただろうからだ。アイザック・マクレルがいつ死んだのかははっきりしない。物語のほとんどの登場人物とは違って、ヒントンには埋葬されなかった。遺言も残していない。

『ねじの回転』では、家庭教師がイギリス南部の州にある大きなカントリーハウスのブライ邸に送り込まれる。ロンドンで会った独身の主人は、両親を亡くした幼い甥マイルズと姪フローラの教育係を探していた。家庭教師は主人を見て、〝ハンプシャーの牧師館から出てきた世間知らずの娘にとっては、夢か古い小説のなかでしか会ったことがないような人〟という印象を受ける。家庭教師は何があっても、子どもたちのことで主人をわずらわせないよう気を配り、ふたりの快適な暮らしに関わる全責任を負う決心をする。マイルズには謎がある。明らかにされない罪で、パブリックスクールを退学になったのだ。けれども、家庭教師はふたりの子どもに魅せられ、その無邪気さを大切にする。

そして、悪魔のような元従者クイントを目にする。最初は塔の上からこちらを見下ろし、さらに獲物をおびき寄せようと近づいてくる。雨が降る日曜の午後だ。クイントは死んでいるが、白い顔と赤い巻き毛の男はそこにいて、キツネがひな鳥を狙って鶏小屋を探るかのように、食堂の窓からのぞき込んでいる。家政婦のグロース夫人が、その特徴を聞いて、元従者に間違いないと言う。アイザック・マクレルがヒントン・アンプナーの窓辺にいたのとまったく同じように、クイントは窓辺にいる。くすんだ茶色の上着をまとった幽霊と同様、その正体には少しばかり謎がある。なぜなら、クイントは主人の服を着ているからだ。ヘンリー・ジェームズは、アイデンティティの混乱を『ねじの回転』の構造のなかに組み込んだ。使用人が社会の慣習に逆らって、主人の服を着ていた。「あの男はけっして帽子をかぶりませんでした。でも、確かに服は——じつは、旦那さまのチョッキが何枚かなくなったんです」とグロース夫人は家庭教師に話す。マクレルが主人の金のバックルを盗んだことを、あなたは思い出すかもしれない。

マクレルは、一七五〇年八月のグロスターの文書のなかにふたたび現れ、主人のストーエル卿とゲートハウス氏の借地契約の合意書に署名している。弁護士の資格のようなものを持っていたらしい。

『ねじの回転』には、かつての家庭教師ジェスル女史の幽霊も登場する。クイントと罪深い性的な関係を結んだジェスルの影響は、子どもたちにも及んでいたようだ。その幽霊が現れ始める。家庭教師は、クイントとジェスル女史が、口にするのもおぞましい理由で子どもたちを迎えに来たのだという考えに取り憑かれる。貪欲な、倒錯した性癖を持つ幽霊たち。子どもたちは何も見えないと言うが、本当は見えているのだと家庭教師は確信する。ついには狂気が頂点に達して、幼いマイルズは息絶える――心臓が止まってしまったのだ――家庭教師が、窓辺にクイントの幽霊が見えるか確かめさせようと心理的な圧力をかけすぎたせいで。

ホノリアは一七五四年に亡くなり、ほんの数カ月後の一七五五年、ストーエル卿も亡くなる。娘のメアリーは執事を解雇する。そのあとメアリーがいつまで屋敷に住んだのかはわからないが、夫が国務で忙しかったので、ハンプシャーには長くとどまらなかったと思われる。もしかするとメアリーは地元のうわさで、死んだ異母妹が床下に葬られていたことを聞いたかもしれない。メアリーの弟スチュークリー・ストーエルが十一歳で亡くなっているから、特に不快に感じたに違いない。ウェストミンスター・スクールにはスチュークリーのための飾り板がある。一七三一年八月十五日に入学して、たった二カ月後に天然痘で亡くなったのだった。

何十年もたつあいだに、物語はリケッツ家とストーエル家の奥深くへと消えていった。しかしそれは、公の場にふたたび姿を現そうとしていた。

一八三〇年十一月十五日、ウェールズの高官の娘で、旅行家、作家、社交界の有力者でもあるフランシス・ウィリアムズ・ウィンは、日記にその物語について書いた。一八六四年に出版されると、それは広く読まれるようになった。

先日ヒューズ夫人は、リケッツ家の幽霊物語の顚末《てんまつ》を書いていると言った。夫人は幼いころ、グウィン夫人がその話をするところに居合わせた。グウィン夫人は、実際に幽霊を目にした、というより耳にしたのだという。物語には不適切なほのめかしがあったので、おばが話し手を止めて、子どもが寝るまで待ってほしいと頼んだ。ヒューズ夫人は追い払われたくなかったので、寝るように命じられたとき、うまくカーテンの後ろに隠れた。そして、話し手の声がしわがれるほど話が進むまで見つからずにいた。ところが、あまりにも怖くなってしまい、罰を受ける心配などすっかり忘れて、隠れていた場所から飛び出し、ばったりうつぶせに倒れてしまったそうだ。

ヒューズ夫人は、疑い深いスコットランドの作家ウォルター・スコットに物語を伝えた。スコットは一八三〇年に『悪魔学と魔術についての書簡』のなかでそれを発表した。ヒューズ夫人は、『インゴルズビー伝説集』の著者リチャード・バラムにもその話を伝えた。物語の公開版の三つの出所はすべて、彼女自身、作家でもあったメアリー・アン・ヒューズだった。彼女はアフィントン[20]の教区牧師の妻で、『トム・ブラウンの学校生活』の著者の祖母でもある（夫のトマスは一時期、バラムと同様、ロンドンのセントポール大聖堂の参事司祭でもあった[21]）。

リケッツ家の文書について何も知らなかったスコットは、その話を使用人のくだらないおしゃべりとして傲慢に退けた。とはいえ、セント・ヴィンセント伯爵ジョン・ジャーヴィスの果たした役割を知ったときにはやはり驚いた。そして、やや見下した態度で、〝セント・ヴィンセント卿は、一流の海軍提督としてのいくつものすぐれた資質を持ちながら、少しばかり迷信深い傾向を帯びているのではないだろうか〟と考えた。

メアリー・グウィンは、家族以外の情報源となって、ヒントンの幽霊物語の口述歴史を伝えたらしい。一八七〇年にはその別のバージョンが、『リチャード・H・バラムの人生と書簡』のなかで発表された。この段階で、詳細がかなり潤色された。名前の綴りや、基本的な事実が間違っていたりする。ここでは、グウィン夫人はポルターガイストによって床板がはがされる音を聞き、メアリー・リケッツが寝室で足音を聞いたときには急いで助けに行っている。ウィリアムズ・ウィンのバージョンと同じように、名前や世代の混同がある（どちらも〝極悪な放蕩者〟ヘンリー・レッグを物語の悪党として名指ししているが、あらゆる証拠はその義父であるストーエル卿を指し示している）。もうひとつのきわめて典型的な改変は、床下に箱を隠したというスチュークリー家の十七世紀の物語を脚色して、もっと新しい世代のふしだらな貴族と、共謀してその不義の子を手に掛けたよこしまな執事の物語にしていることだ。スチュークリー家の書類箱は赤ん坊の棺となり、犯罪を隠すためにはがされた床板の音が聞こえるようになった。床下に遺体を隠すのが道理にかなっていないことは、気にしなくていい――こうして、フォークロアが生まれた。

とはいえ、メアリー・リケッツの子孫たちは、私的な家族の物語が公然と暴かれたことに仰天したようだ。彼らは真実の物語を知っていた。きっと、ひそやかに、ていねいに、家族の集まりで読んだり、借りてじっくり考えたりしてきたのだろうから。

メアリー・リケッツの曽孫にあたるウィリアム・ヘンリー・ジャーヴィス夫人は、物語が三度めに本の形で発表されたあと、ようやく公的な介入をした。おばに並んで、写しが二冊あるメアリー・リケッツの日記のうち一冊を所有している以上、真実の物語を自分が守るべきだと感じていた。ジャーヴィス夫人は《ジェントルマンズ・マガジン》に連絡した。時は一八七一年十一月。ヒントン・アンプナーで幽霊が繰り広げる音と光のショーから曽祖母が逃げ出して以来、百年と三カ月が過ぎていた。

『ねじの回転』は一八九八年に出版された。リケッツ家の物語の幻影的な面は二次的な扱いで（そして何かを見るのは使用人だけ）、男の幽霊は執事ではなくストーエル卿だと考えられていたので、リケッツ家の物語とヘンリー・ジェームズの中編小説を結びつける人は誰もいなかった。出版以降、その出所はずっと大きな謎だった。ジェームズは日記でも本の序文でも、物語の原点は聖職者の公邸にあったとほのめかしているのだが。

カンタベリー大主教は、この中編小説が出版される前に亡くなり、妻と息子E・F・ベンソンは、大主教から少しでもそれに似た幽霊物語を聞いたことは一度もないと言った。[22]

一般の学術的な見かたでは、『ねじの回転』は世間に知られたどんな物語にももとづいていない。けれども実際、ロンドン南部のアディントンにある大主教の家で、一月のある晩に語られた物語は、一七七〇年代のハンプシャーでの暗いできごとといくつかの点で一致する。王室の上位の人々ができごとについて知っていて、幽霊を目撃した人たちと知り合いだったのだから、カンタベリー大主教がその物語を知っていてもそれほど驚くには当たらないだろう。

どちらにしても、ヘンリー・ジェームズが書いたのは小説で、一般にいわれる本物の幽霊物語ではなかった――特に、『ねじの回転』の本質は、幽霊が家庭教師の心の外側にも存在するのかどうかはっきりしないことにあるからだ。ジェームズが、大主教から話を聞く前に物語の要素を知っていた可能性もある。兄のウィリアムは超心理学の先駆者で、アメリカの心霊現象研究協会を設立した。弟のヘンリーが、大主教ベンソンと晩餐をともにするほんの二十カ月前、一八九二年十一月の《SPR会報》にビュート卿が発表したヒントンの幽霊屋敷の話を目にした可能性は大いにあるだろう。

しかし、大主教が語った物語を想像してみるのもいいかもしれない。そこには、性的な醜聞に翻弄された男の幽霊と女の幽霊、そして彼らの荒々しいふるまいを記録に残したもうひとりの女性が登場したのだろう。幽霊は毎晩、子ども部屋の扉の前にやってきたらしい。女性は必死に、恐ろしい影響が子どもに及ぶのを防ごうとする。あの使用人が、窓のあたりをうろつく。女の幽霊が、絹の海をまとって歩き回る。

この幽霊事件を現代的に分析すれば、どうなるだろう？　サシェヴェレル・シットウェルもハリー・プライスも、おもにポルターガイストの物語と見なしているが、よく知られるポルターガイストのカテゴリーと完全には一致しない。ものが動いたり、壁を通り抜けたり、どこからともなく現れたりしたという記録はない。古典的な自然発火や水漏れも起こっていない。子どもたち——全員十歳未満——は、標準的なポルターガイストの中心と見なすには幼すぎるし、使用人たちは入れ替わったので、該当しそうな若い使用人もひとりもいない。さらに、ポルターガイストが起こって、子どもたちがまったく気づかないという例はほとんど聞いたことがない。もちろんそれは、メアリー・リケッツ自身が中心だったことを示唆しているともいえる。

ここでは四つの事象が働いているようだ。いっしょには目撃されないふたつの幻影、足音、そしてほかのもっと謎めいた音。女の幻影は明らかに、衣擦れの音と足音に結びついている。どちらも、階段と主寝室に通じる廊下で聞こえた。その幻影は一度だけ、使用人部屋で午後遅くにはっきり目撃された。男の幻影は、玄関広間と寝室と使用人の寝室で目撃された。衣擦れの音を伴わない足音は、この男のものだ。

女は、一七五四年十二月に亡くなったホノリア・スチュークリーだと考えられる。男はストーエル卿か、執事のアイザック・マクレルだろう——あるいは、似た服を着た両者かもしれない。ストーエル卿は一七五五年四月十七日に葬られた。徹底的な調査が行なわれたにもかかわらず、マクレルがいつ死亡して埋葬されたのかについては何もわかっていない。男ふたりと女ひとりの話し声は、ストーエルとマクレルとホノリアの三人のものと考えられる。

一度、音楽も聞こえている。耳にこびりつくようなささやき声も。たいてい、音は騒がしく謎めいている——扉がバタンと閉まる音、うめき声、屋敷の振動、銃声、砲弾の音、天井からとてつもなく重いものが落ちてくる音。客観的に見ると、これらの音は、一六四四年のチェリトンの戦いが源ではないだろうかと考えずにはいられない。空を切って落ちてくるヒュン、ヒュン、という大砲の音。玄関扉を力ずくであけ、ひと部屋ずつ捜索する音。男が撃たれ、苦しみのうめき声をあげる音。王党派の兵士を探す議会派の軍隊が、屋敷に侵入してきたようにも聞こえる。ストーエル卿のある先祖は、現在知られているかぎり、屋敷内でではないが、捕らえられた者のひとりだった。その当時、ヒントンにいたのは誰だろう？

のちに現れるメアリー・リケッツの不気味な前触れのように、亡くなったばかりのサー・ヒュー・スチュークリーの妻セーラ（レディ・スチュークリー）が、その戦時中、屋敷にいた。幼い子ども三人といっしょで、どちらの家族も長男が六歳だった。〝二十九日の朝十時に始まった戦いを、不運なレディ・スチュークリーは、屋敷の窓からすっかり見渡せただろう〟とラルフ・ダットンは書いた。毎年幽霊の出没が始まる四月初めの日はずっと、ストーエル卿の命日と結びつけられてきた（実際には四月の第二週）が、戦いの記念日である三月二十九日に関連している可能性のほうが高そうだ。

歩き回っていたのはホノリアではなく、その祖母だったのかもしれない。セーラは極端な王党派だった。戦いの二年後、サー・ウィリアム・オーグルと結婚した。この人はチェリトンの戦いとほぼ同時期に、国王のためにウィンチェスターを守った。セーラは二階にいたのかもしれない。子どもたちも、たぶん二階にいただろう。チンツの間から、セーラは戦いを見たのかもしれない。ランボロー・レーンは血の海になったといわれる。ただし、二万人の兵士のうち、死傷者は二千人以下だったと考えられている。戦いは、ロンドンに向けて進むというチャールズ一世の希望を打ち砕いた。

リケッツ家の子どもたちが戦いの音を一度も聞かなかったのは、セーラが幽霊となって守っていたからではないだろうか。自分の子どもを守ったときのように……。しかし同時に、彼らは議会派将校の曽孫でもあった。だから家に住むほかの者たちは、誰も容赦されなかった。

では、ヒントン・アンプナーで幽霊体験をした人たちの運命は？

キンプトンのラトレル海軍司令官（アイルランド解放の歴史のなかでは悪魔的な存在である兄の死後、第三代カーハンプトン伯爵となる）には妹のアンがいた。ラトレルがヒントンでゴーストハントをしたほんの数週間後の一七七一年十月、アンはジョージ三世の弟カンバーランド公爵とひそかに結婚した。[23]

ラトレルはのちに下院議員となった。アメリカの植民地に対する政府の政策には不賛成だったので、兄とはだいぶ違っていたらしい。兄とジョン・ウィルクスとの敵対は、イギリスの民主主義の歴史のなかでも指折りの悪名高い戦いだ。一七七一年の朝にラトレルがヒントン・アンプナーにいたことは、ちょっとした謎だった。けれども、ジャーヴィス海軍司令官が、グロスター公爵を喘息治療のためイタリアへ送り届ける任務に就いていたことを思い出してほしい。ヒントンで幽霊を見た八週間後、ラトレルとカンバーランド公爵は、メイフェアでの秘密の結婚によって縁続きになった。ジャーヴィスは、差し迫った結婚の知らせを、やはり秘密の結婚をしたグロスター公爵に伝えたかもしれない。

ヒントンは人が住むのに適していないと断言したのは、ラトレルだった。幽霊の音を聞いたのも、すばやくわきを通り抜けるものを見たのもラトレル――二階のただひとりの目撃者だ。ジャーヴィスはアメリカ独立戦争のあいだ、イギリス海峡でフランス艦隊を封鎖する作戦に関わっていた。それはある意味、もうひとりの登場人物、ヒルズバラ卿によってもたらされたものだった。[24]メアリー・ストーエルが一七六八年十月十一日にヒルズバラ卿と結婚した場所を見ると、なかなか興味深い。ランベス宮殿――カンタベリー大主教の公邸だ。

三人の子どもはどうなった？　残された文書のなかに、ホードリー大法官の手紙がある。一七七〇年代、ウィンチェスターの街で、学校に通う歳になった息子たち、エドワードとウィリアム・ヘンリーに会ったと書かれている。快活な調子で、子どもたちの髪の長さについて不満を述べ、そういう髪型がハローのだらしない少年たちのあいだでも流行していると記している。もう一通、一七七三年五月十二日付けの手紙では、メアリーの〝小さな坊や〟が予防接種のあと元気かどうかと尋ねている。[25]このころには、メアリーは家族とともに、ヒントンからそれほど遠くない、ロングウッドの永住の地に引っ越している。メアリーは、人生の大半をここで過ごした。

父の名前をもらった上の息子ウィリアム・ヘンリーは、生後たった二カ月のときヒントンにやってきた。一七九三年に結婚したが、妻がランカシャー国防兵の隊長と密通したことを知ったあと、一七九九年に法令にもとづいて離婚した。別の女性とのあいだに何人か子どもをもうけたが、再婚できないうちに、一八〇五年の海軍の事故で溺死した。下の息子エドワードは一七九〇年に結婚したが、やはり一七九八年に法令にもとづいて離婚した。妻がキャヴェンディッシュ・スクエアのテイラー氏と駆け落ちしたのだ（エドワードは告訴して五千ポンド獲得した）。イギリス全体で年間に約十例ほどしか離婚がなく、しかもたいへんな費用がかかった時代、一家族としては異常な割合といえる。エドワードはのちに、おじから爵位を含む財産を相続したが、その爵位は最終的に途絶えてしまった。[26]

ジョン・ジャーヴィスは十三歳で海軍に入隊し、ついには海軍元帥となった。ポーツマスのドックの機械化など、さまざまな改革を行なっている。また、極端なほど規律にきびしい人だった。日の出前に甲板のモップがけを始めさせ、日曜日には反乱者や同性愛者の処刑を行なった。[27]しかし、おそらく最もよく知られているのは、旗艦ヴィクトリー号をトラファルガーの戦いのためにネルソン提督に提供したことだろう。居間の扉の後ろにお化けを見るような男ではない。

ヒントンの〝謎〟を解き明かせなかったことに、ジャーヴィスはいら立った。これまでずっと、ジャーヴィスは一貫して懐疑的な態度を取ったと考えられていたが、大英図書館にある、以前は未公開だった手紙には、〝わたしは、使用人たちの潔白と、扉の外からはいかなる悪さもなしえないという確信について立証することを、明白な義務と考える。そのほかの点については、実際の心情はどうあれ、公的な意見を述べるつもりはない〟とある。〝公的な〟という言葉は、あとからジャーヴィスが書き加えたものだ。

妹が屋敷から引っ越してかなりたったあと、ジャーヴィスは一七七一年ピサからの短い手紙で妹に催促していた。〝グロスター公爵はヒントンの幽霊の精通者であり、わたし自身の興味に加え、殿下の名において、ありとあらゆる詳細を求めたい〟[28]。翌年、ジャーヴィスはこう書いている。〝グロスター公爵は、ヒントンの謎についてほかに聞いていないかとたびたびお尋ねになり、おまえの苦悩に大きな興味を示されている。わたしは、おまえの不安の原因を明らかにすることによって、その苦悩をすぐにでも終わらせることを強く望んでいる〟。

ところが、そうはいかなかった。ヒントンでの経験がどのくらいジャーヴィスの人柄に影響を与えたのか、のちに無秩序や反抗を極端に憎むようになったことが、頭にこびりついた未解決の謎に関係していたのかどうか、考えてみるのも興味深い。

後年ジャーヴィスは、ヒントンの幽霊について誰かが触れるたびに、〝烈火のごとく怒り出した〟といわれている。

第5章

テッドワースの鼓手

幽霊とは人である、あるいは、ともかく人の一部であるので、感情的な刺激に支配される。

――ハンス・ホルツァー

一六六五年二月、[1]ジョゼフ・グランヴィルは、ウォーリックシャーにあるレディ・コンウェイの屋敷、ラグリー・ホールに到着した。グランヴィルは、プリマスのピューリタンたちの賢い息子として、王政復古後の新たな国教会から高く評価されていた。[2]レディ・コンウェイは、下院の元議長の病弱な娘だった。兄たちはロンドンの有力な政治家だったが、妹は官庁街《ホワイトホール》の抜け目ない駆け引きには心を引かれなかった。心を引きつけたものは、幽霊だった。

二月に、屋敷と、もっと重要なその図書室に[3]集まったほかの客のなかには、ケンブリッジの哲学者で新プラトン主義者のヘンリー・モアと、化学者で現代実験科学の父であるロバート・ボイルがいた。この集団が、どのくらい頻繁に会っていたかはわからない。一回だけで、あとは大量の手紙のやり取りが続いたのかもしれない。けれども、このほとんど知られていない集会は、長年にわたって超自然に対するイギリスの態度を形づくるものになった。グランヴィルの著書『サドカイ派への勝利』はそこから生まれ、一六九二年のマサチューセッツ州セーレムの魔女裁判に少なからず影響を及ぼした。[4]

アン・コンウェイは、この時代における忘れられた存在のひとりだ。かつては高く評価された哲学者だった。父親が亡くなった数カ月後、一六三一年のクリスマスの一週間余り前に、ジャコビアン様式の煉瓦の家で生まれた。その屋敷はのちに王家の手に渡り、ケンジントン宮殿と名前を改められた。[5]子ども時代に父親を知らなかったアンは、あれこれ心配する兄たちにすっかり甘やかされていた。この時代にはめずらしく、アンは自分の好きなやりかたで教育を受けることを許された。たぶん、健康状態がとても悪かったので、何カ月も寝たきりになることがよくあったからだろう。

アンは十九歳のときに、第三代コンウェイ子爵エドワードと結婚した。森林がある、なだらかに起伏した私有地は、ストラトフォードアポンエイヴォンにほど近かった。エドワードは妻の知的な追求と、当時の偉人たちとの文通を大いに奨励した。また、妻のひどい偏頭痛を治すことを願って、アイルランドやイギリス、ヨーロッパ大陸の医者や信仰治療師たちにひと財産を費やした。[6]アンはもしかすると十代のころ、医学のアイコン的な存在で親族でもあったウィリアム・ハーヴィー[7]に検査され、治療されたかもしれない（ちなみに、ハーヴィーの魔術に対する懐疑的な態度が、一六三四年七月のランカスターの魔女裁判で、ほとんどの告訴が退けられる後押しとなった)。[8]
初対面のとき、グランヴィルは天然痘の跡がある女性の姿を見たかもしれない。アンはこの病気でひとり息子をなくした。あまりにも長いあいだ静かな暗い部屋で座って過ごしていたせいと吐き気のせいで、血の気の失せた青白い顔をして、継続する外傷性の神経障害によって片方の目がわずかにくぼんでいた。女主人の超自然と終末論に対する興味は、病状への激しい恐怖によって強まっていた。

アンは、グランヴィルの友人ヘンリー・モアと二年にわたって文通していた。階級も性別も違っていたが、アンはこのケンブリッジ大学の学者と親しくなった。こういう文通を通して博士課程に匹敵する教育を受けたが、そのやり取りはボウレーンにある屋敷を宛先にして、慎重に行なわれた。すでにグランヴィルと、その幽霊への関心についても知っていた。

アン・コンウェイが顔を合わせたのは、身なりがよく、少しばかりめかし屋で、くつろいだ愛想のいい物腰の男性だった。知識人というより農夫のような大ぶりな目鼻立ちの四角い顔をして、眉を少しいぶかしげにひそめている。口もとに皮肉っぽい薄笑いを浮かべている銅版肖像画(図6)は、今日最もよく知られているグランヴィルの似顔絵だ。

グランヴィルはラグリー・ホールの集会に姿を現したことで、幽霊や魔女への興味について著作を発表する意志を固めた。[9] 一六六五年から一六六六年にかけて、モアやボイルと文通し、信頼できそうなさまざまな筋からせっせと幽霊物語を集めた。そのあいだレディ・コンウェイは、グランヴィルのためにアイルランドから物語を集めていた。ラグリー・ホールの一団[10]が聞きたかったのは、グランヴィル自身の超自然体験だった。神学を学んだ、信用の置ける男が幽霊を見た話。その事件が起こったのは、数年前のことだった。

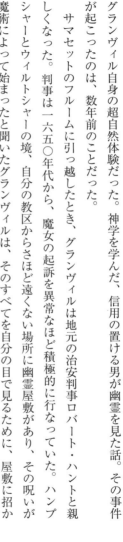

サマセットのフルームに引っ越したとき、グランヴィルは地元の治安判事ロバート・ハントと親しくなった。判事は一六五〇年代から、魔女の起訴を異常なほど積極的に行なっていた。ハンプシャーとウィルトシャーの境、自分の教区からさほど遠くない場所に幽霊屋敷があり、その呪いが魔術によって始まったと聞いたグランヴィルは、そのすべてを自分の目で見るために、屋敷に招かれるべく尽力した。

図6　ジョゼフ・グランヴィル。イギリスのゴーストハンター将軍。

一六六一年三月、地主で民兵将校のジョン・モンペッソンは、ウィリアム・ドルーリーの訴訟に関わった。ドルーリーは地元の治安官から金を得るために偽造書類を使い、大道芸で金を稼ごうと太鼓を使ってあちこちで迷惑行為を働いていた。モンペッソンが直接面談したところ、ドルーリーはまったく動じず、書類は本物だと主張し続けた。しかし、アイリフ大佐のものとされる署名が偽造であることはわかっていた（大佐と知り合いで、署名を見慣れていた）。モンペッソンは民兵将校としての務めを果たし、ドルーリーを告発した。そして、さまざまな手続き上の理由から、妻と三人の子ども、寡婦である母と暮らすテッドワースの屋敷で大道芸人の太鼓を預かることにした。この成り行きを、モンペッソンはほどなく後悔することになる。

四月にロンドンから戻ると、屋敷はさながら強盗の被害にあったかのようにめちゃくちゃになっていた。三晩のち、モンペッソンは、屋敷の木の壁を誰かが猛然とたたく音で目を覚ました。もっと驚くべきことに、その何者かは建物のなかで壁をたたいていた。モンペッソンはピストルを手にして階段を駆け下り、たたかれ続けている扉をさっとあけた。誰もいない。そしてすぐさま、ドンドンという音がとなりの扉から聞こえた。モンペッソンは何度も何度も、扉から扉へ移動したが、どこをあけても誰も見つからなかった。戸惑い、いら立って、混乱しながら寝室に戻ったが、今度は太鼓をたたくような音が屋敷の上方から聞こえてきた。それは、夜空にのぼっていくかのように、ゆっくり消えていった。

それは、この事件の注目すべき特徴になった。屋根のまさに真上の空から、太鼓の音が聞こえるらしいのだ。W・フェイソーンが描いた当時の有名な銅版イラストは、これを題材にしている。悪魔が屋敷の上で羽を広げて支配力を誇示し、八匹の悪鬼に囲まれながら、煙突の二倍も長い太鼓のばちを握っている絵だ。

次の一カ月のあいだずっと、太鼓の音は寝室の明かりが消えて数分以内にタイミングを合わせて

図７　明らかに悪魔の姿をした幻影が、テッドワースの屋敷の上を舞っている。クリストファー・レン（訳註：17世紀後半に活躍したイギリス王室の建築家）までが、太鼓の音を聞きにやってきた。

騒ぎを起こしているかのようだった。グランヴィルによると、〝時刻が早くても遅くても変わらず〟、太鼓がある部屋に集中しているらしかった。太鼓が鳴る前に必ず、屋根の上の空気をさっと切り裂くような音がした。モンペッソンは何度も、おそらく武器を持って、太鼓のある部屋に横になったが、陰で人が操っている証拠は見つけられなかった。太鼓の音は、たいてい二時間近く続いた。

モンペッソンの妻は身ごもっていて、なぜか出産の晩からその後三週間は、音が完全にやんだ。まるで生まれたばかりの子どもが、一時的に家庭に対する霊的な保護能力を発揮したかのようだった。ところが、またそれは戻ってきて、グランヴィルによると〝以前より無作法になった〟。今度は子どもたちを標的にしているようで、ベッドの枠組みをたたいたり、揺すったり、まるで〝鉄のかぎ爪〟を持っているかのように、ベッドの下を引っかいたりした。子どもたちが空中浮揚することもあった。屋根裏で昼間寝かしつけられているときも、安全ではなかった。

十一月五日、謎めいた力が、子ども部屋の板――羽目板なのか床板なのかははっきりしない――をはがし始めた。ある使用人が、モンペッソンや一団の人々の前でそれに気づいて叫ぶと、板がヘビのようにそちらをめがけて浮き上がった。使用人は二十回も板を押し戻した。モンペッソンが、異常な現象を刺激するなとしかると、その怒りの言葉に反応してか、急に部屋に硫黄のにおいがし始めた。もちろん、硫黄の香りは悪魔のしるしだ。その晩は、地元の司祭クラッグ氏が、モンペッソンの隣人たちといっしょに、子どもの枕もとで祈るために来ていた。しかし、祈りが終わったとたん、集まった人たちは興奮しながら、椅子が部屋を踊り回り、子どもの靴が宙を飛び始めるのを眺めた。ベッドスタッフ（訳註：寝具が落ちないようにベッドの両わきに留める木製の棒）が司祭のほうへ飛んできたが、典型的なポルターガイストと同じく、ゆっくり当たったので、〝まったく痛みはなく、ひと房の羊毛でもこれほど軽やかに落ちはしないほどだった〟。

〝注目すべきなのは、音がひどく唐突にやかましく鳴り響いたとき、屋敷のまわりにいる犬が一匹も動かなかったということだ。ノックの音はたいてい乱暴かつ無作法で、牧草地のはるか遠くまで聞こえ、屋敷にさほど近くない場所に住む村人たちを目覚めさせたというのに〟。

その何かは、次に使用人たちに興味を移して、特にそのなかのひとりを悩ませ、眠っているとシーツや毛布を引きはがした。ある訪問者が気楽な調子で、騒音は妖精たちのしわざで、妖精ならお金を残していくはずだと言うと、それに応じて、小銭をチャラチャラと鳴らす音が加わった。それは、もしかすると魔女に監視されているのではないかというモンペッソンの予感を確かなものにした。クリスマスイヴには、よくわからない何かが、幼い息子を襲った。息子が用を足しに起き上がると、扉の鋲釘《びょうくぎ》をくるぶしにぶつけられた。翌日には、聖書が暖炉に投げ込まれ、灰に埋まった。[11]

襲われた者は、重苦しさやしびれを感じることがよくあった。一六六二年一月、家の者たちは、煙突のなかから響く歌声を聞き、奇妙な光が家のまわりを飛び回るのを見た。ひとつは青い光で、〝それを見た者は目にひどいこわばり〟を感じた。ヒントン・アンプナーと同じく、ときどき、まるで目に見えない誰かが子ども部屋の近くを歩いているかのように、衣擦れの音が聞こえた。〝ある朝、モンペッソン氏が旅行に出かけるため早起きすると、階下の子どもたちが寝ている部屋から大きな音がした。ピストルを手に階段を駆け下りたとき、以前にも聞いたことのある何者かの声が、「魔女、魔女」と叫ぶのが聞こえた〟。

ある晩、とりわけ恐ろしいできごとが起こった。目に見えない何かが娘のベッドの下に潜り込み、ベッドを持ち上げて、一方の端からもう一方の端まで動かした。見ていた者たちは剣でその何かを刺そうとした（そういう行動で、悪魔を送り込んだ魔女を傷つけられると考えられていた）。しかし、〝それは動きを止めず、慎重に突きをかわし、攻撃されるあいだもまだ子どもの下にいた〟。翌晩、またそれは戻ってきて、ベッドの下で犬のようにハアハアとあえいで、部屋をひどく暑くし、〝すさまじく不快なにおい〟で満たした。

翌朝には、わざと目を引くためか部屋じゅうに灰がばらまかれ、たくさんの輪や引っかき傷の横に、かぎ爪の跡が残っていた。

事件がここまで進んだあたりで、グランヴィルが訪れ、ひと晩泊まった。八時に、子どもたちは寝室へ連れて行かれた。ところが、寝かしつけていたメイドが駆け戻って、父親とグランヴィルにすぐ来てくれと言ったので、ふたりは二階の部屋に行った。目の前には、七歳から十一歳くらいのおとなしい少女がふたり、きちんとベッドに入って、両手を毛布の外に出して寝ていた。しかしグランヴィルはまず、ガリガリという音に気づいた。子どもたちの頭の向こうにある壁を〝長い爪で〟引っかくような音。

グランヴィルはすばやく動き、音が聞こえてくる〝長枕の後ろ〟に片手を押し込んだ。ガリガリという音はやんだが、手を引くと、また始まった。少女たちがまったく怖がっていないことにグランヴィルは強い印象を受け、もうこの状況に慣れてしまったのだろう、と考えた（ポルターガイスト現象のあいだ子どもが恐怖を感じないのは、昔からこういう事件にはありがちな特徴のひとつで、映画でよく見る、恐怖が悪魔に力を与えるというシナリオとはだいぶ違う。しかし、現実の事例で恐怖を感じないことは、子どもたちがいたずらしているのではないかという疑いにつながる)。

　次にグランヴィルは、指の爪で枕カバーを引っかいてみた——五回、七回、十回。ガリガリという音が、同じ回数返ってきた。この時点でグランヴィルは、これがいたずらではなく、なんらかの〝悪魔か霊魂〟の音だと確信した。直後に、何か小さなものが子どもの横にいるかのように、羽根のマットレスにくぼみができた。〝わたしはなかに何かいるのか見ようと、マットレスをつかんだ〟。それはマットレスのなかにいるようだった。

　それから、ハアハアという荒い息の音が聞こえ出したが、これまでの息の音とは違っていた。あまりにも騒々しく、苦しそうで、息をつくたびに部屋が揺れるほどだった。そのあいだ、グランヴィルは、一台のベッドに結びつけられたリネンバッグが、まるでネズミが入っているみたいに動き回っていることに気づいた。[12] 手を差し入れてみたが、何もなかった。三十分後に部屋を出たが、正体不明の何かはそのときもまだハアハアとあえいでいて、そのたびに窓が揺れた。

　グランヴィルによると、その晩はよく眠れたそうだが、朝早く奇妙なことが起こった。〝わたしは目を覚ました……部屋の扉をたたく大きな音で。数回どなたかと訪ねたが、答えはなくノックは続いた。とうとうわたしは言った。「一体全体どなたです、そしてなんのご用ですか?」。すると声が答えた。「おまえに用はない」〟。数時間後、屋敷の者に尋ねてみたが、何もわからなかった

――寝室の扉をたたいた使用人はいなかった。

帰り支度をしているとき、グランヴィルは馬が〝まるでひと晩じゅう乗り回されたかのように〟――その土地の言葉で〝魔女に乗り回された《ハグリドン》〟ように汗をかいていることに気づいた。馬の状態を説明できる者は誰もいなかった。屋敷から一マイルほど走ったところで馬はぐったりしてしまい、二日後に死んだ。グランヴィルはこれを偶然とは考えなかった。モンペッソンから、鼓手のもうひとつのいたずらについて聞いたあとはなおさらだった。四月に、お気に入りの馬が、口に後ろ脚を詰め込まれた状態で、厩の床に苦しそうに横たわっていたという。〝数人の男が、てこ棒を使ってなんとか外した〟。

ほかにも事件が起こった。ある男性のポケットのなかで硬貨が黒く変色したり、モンペッソンのベッドに大金釘が、母親のベッドにはナイフが突き立てられたりした。さらには、こんなこともあった。

別の晩には、何者かが子どもたちのベッドのなかで猫のようにゴロゴロと喉を鳴らしていた。すると不意に、寝具と子どもたちがベッドから浮き上がり、男六人の力でも押さえておけなくなった。そこで子どもたちを移動させ、ベッドのシーツを引きはがそうとした。しかし、別のベッドに寝かせたとたん、最初のベッド以上に厄介なことになった。これが四時間にわたって続き、子どもたちは、脚を何度も四柱にぶつけられて無理に起こされ、ひと晩じゅう目を覚ましていた。そのあと、あまりよく見張っていなかったが、しびんの中身がベッドに空けられていたようだった。

またモンペッソンは、グランヴィルに手紙で〝幾晩か兵士の姿をした七人か八人の男に取り囲まれたが、銃を撃つとすぐに庭園のなかへすり足で消えていった〟と書いた。

一六六三年三月三十一日、ドルーリーの事件が、グロスターの巡回裁判で審理された。数ある嫌疑のなかで、ドルーリーは豚二頭の窃盗で有罪となり、アメリカ大陸への流刑を宣告された[13]（偶然にもこの日は、モアがレディ・コンウェイに事件について初めて手紙を書き、グランヴィルの文章を引用した日でもあった）。ドルーリーは、アメリカへ送られる途中、貨物船から逃げ出し、どうにかウィルトシャーに戻ってきて、新しい太鼓を買い、ふたたび逮捕された。モンペッソンはわざわざグロスターまで赴き、ドルーリーが拘留中に〝テッドワースに呪いをかけたのは自分だ〟と主張していたことを知った。そこでモンペッソンは、ドルーリーを、ジェームズ一世時代の禁魔術法（訳註：十六世紀に制定された魔術を禁じる法律）にもとづいて起訴した。しかし、同年八月のソールズベリーでの裁判では有罪にできなかった。ただし、ドルーリーは結局、別の嫌疑で有罪とされた。今回、アメリカへの流刑はうまくいったらしく、現在もドルーリーの子孫がそこに住んでいるかもしれない[14]。

モンペッソンは、ドルーリーの素性をいくらか調べてみた。ドルーリーは、かつてはクロムウェル指揮下の議会軍の兵士で、スウィンドンにほど近いアフコットの村落出身だった。仕立屋とも呼ばれていたが、〝田舎を行ったり来たりして、手品のような芸当を見せていた〟らしい。基本的に、当時のいわゆる旅芸人だった。社会の片隅で旅をしながら生き、ときどきささいな罪を犯した。若いころはしばらく、その名前が魔術と結びつけられる教区牧師に仕えていて、牧師の〝華美な本《ギャラントブック》〟を読んでいた。当時、呪文や魔法の本はそう呼ばれていた。何百年ものち、田舎道を旅して幻灯ショーを見せる男たちは、〝ギャランティーメン〟と呼ばれるようになった。

グランヴィルは、十一月にテッドワースをふたたび訪れた。鼓手は追い払われたらしかった。しかしモンペッソンはいまだに、日記作家のジョン・オーブリーやクリストファー・レンなどの、費用のかさむ訪問客を次々ともてなさなければならなかった。オーブリーは、悪魔の時間厳守について、なかなか文明化されていると冗談を言った。レンはメイドのひとりを疑った。ほとんど無名の作家ジョン・ボーモントは、〝すべては屋敷の若い女ふたりが、モンペッソン氏の母上をおどかす目的でやったことだ〟といううわさを記録した。使用人が雇い主に対するいたずらに関わったとされる例は、もちろんこれが最初でも最後でもない。一七七二年のストックウェルのポルターガイストは、アン・ロビンソンという名前の不機嫌なメイドのしわざと判断された。

多くの人は、自分たちの先祖が総じてだまされやすかったと考えているが、じつのところ、テッドワースの鼓手について懐疑的な人はおおぜいいた。モンペッソンは訪問客を集めて金儲けをしようとした、あるいは屋敷を貸して自分の支払額を取り戻すつもりだったといわれた。しかしむしろ、モンペッソンは訪問客に迷惑していたし、身分の高い人はかなり水準の高い食べ物やもてなしを求めた。しかも、使用人たちは、自分たちが辞めても、幽霊のうわさのせいで新しい使用人を雇いにくいことを知っていて、かなり横柄な態度を取るようになっていた。

テッドワースでの興味深いできごとがチャールズ二世に伝わると、国王はふたりの廷臣を調査に送り出した。チェスターフィールド伯爵とファルマス伯爵は、屋敷で数時間過ごしたが、そのあいだは何も起こらなかった。サミュエル・ピープス（訳註：十七世紀に活躍したイギリスの官僚）は一六六三年六月、もうひとりの懐疑主義者サンドウィッチ卿の言葉を記録した。それによると、悪魔の鼓手は人がどんな曲を演奏しても合わせられるはずなのに、一度特別に複雑な演奏をしたとき混乱していたので、どう考えても人間のしわざだろう、ということだった。

ほどなく、国王みずからモンペッソンを呼び出し、すべて作り話だったことをモンペッソンが認めたといううわさが広まった。手きびしい非難が、ジョン・ウェブスターの『魔術とされるものの誇示』（一六七七）で活字になった。一七一六年には、ジョゼフ・アディソンが、『鼓手あるいは幽霊屋敷』と呼ばれる事件全体についての懐疑的な戯曲を書いた。ホーガースは、一枚の絵でテッドワースの鼓手とコックレーンの幽霊の両方をあざけった。人気の幽霊屋敷を計るバロメーターには〝テッドワース〟と刻まれ、上端に髑髏の鼓手がいる。

事件全体がでっち上げだったというのが、今日でも一般的な見かたとなっている。チャールズ・マッケイは一八四一年、『常軌を逸した集団妄想と群集の狂気』のなかで、この意見を確かなものにした。とはいえ、事件の全体像が、日記や手紙、公文書や書物からようやくひとつに結びつけられ、語られたのは、二〇〇五年になってからだ。[15]

一六六八年、グランヴィルは、テッドワースを訪問したときの話を収めた『サドカイ派への勝利』の初版を刊行し、名声を得た。のちの版で修正が加えられ、最もよく知られる版は、死後の一六八二年に刊行された。十年にわたって人格を攻撃されたからか、最初のころの軽薄さや気楽さは部分的に削除されている。一六八一年版にはモンペッソンの証言がつけ加えられ、魔術の話を支持することと、すべて作り話だと国王に認めた事実はないことが示された。

ドルーリーの巡業仲間が全力で復讐し、もしかすると屋敷のなかの誰か、おそらく下層の使用人に協力させた可能性はあるだろう。モンペッソンが、庭にいた七人の人影を幽霊と考え、ピストルを見せたらひるんで逃げたとすぐさま決めつけたのは奇妙に思える。このできごとは、ドルーリーがグロスターの巡回裁判に現れたほんの数日後に起こっているらしいからだ。高ぶった精神状態にあると、完全に説明のつくできごとも超自然現象のせいにしてしまう、典型的な例だろう。モンペッソンの母親のベッドにナイフが、自分のベッドに大金釘が突き立ててあったというのは、大昔からある犯罪者の警告のしるしと考えられる。そもそものきっかけとなったできごとが住居侵入だったとすれば、〝幽霊出没〟は、ドルーリーの巡業仲間が太鼓を盗んで取り戻す企てだったとしてもおかしくはない。ドルーリーは太鼓を〝商売道具〟と見なしていた。イギリスの慣習法では、力を持つ考えかただ。モンペッソンが太鼓を保持するのは、途方もなく不当だと思われたのだろう。

注目すべき興味深いエピソードがある。太鼓は屋敷の外の草地で焼き払われたのだが、そのあいだも幽霊出没と太鼓の音はひっきりなしに続いていたそうだ。

　この事例には、超常現象を示す側面もいくつかある。多くのできごとは、複数の目撃者の前で起こり、家具までが動いた――そのほとんどは、当時の重いオーク製だ（ストックウェルで、メイドのアン・ロビンソンが幽霊のしわざと偽り、馬の毛を使って棚から陶器を払い落としたのとはだいぶ違うやりかただ）。テッドワースでは、子どもたちが空中浮揚して、引き下ろせなくなった。いくつかの話はまったく説明がつかないように思える。犬が吠えなかったというのも、重要な細部だ。

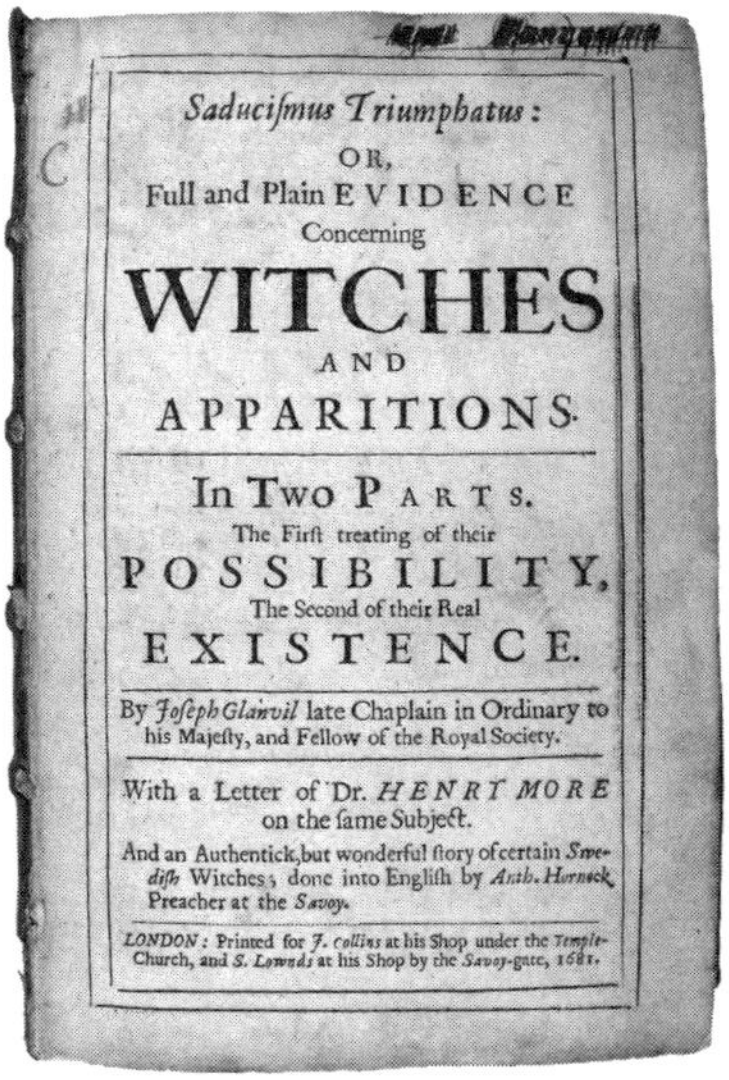
Saducismus Triumphatus:
OR,
Full and Plain EVIDENCE
Concerning
WITCHES
AND
APPARITIONS.
In Two Parts.
The First treating of their
POSSIBILITY,
The Second of their Real
EXISTENCE.
By Joseph Glanvil late Chaplain in Ordinary to his Majesty, and Fellow of the Royal Society.
With a Letter of Dr. HENRY MORE on the same Subject.
And an Authentick, but wonderful story of certain Swedish Witches; done into English by Anth. Horneck, Preacher at the Savoy.
LONDON: Printed for J. Collins at his Shop under the Temple-Church, and S. Lownds at his Shop by the Savoy-gate, 1681.

図8　グランヴィルの『サドカイ派への勝利』の扉。幽霊と魔女は、超自然的な力の証拠であり、神そのものの証拠でもあった。

犬は気ままに行動し、外に見知らぬ人が潜んでいれば必ず吠えるだろう。十二カ月のあいだ、たくさんの人が訪れ、見ていたのだから、いくら手の込んだ陰謀でも、ずっと発覚せずに続けられるとは考えにくい。

　見ていた人のほとんどは懐疑主義者で、モンペッソンはほどなく、床板をはがしてみろという要求や、詐欺の立案者としての扱いにうんざりしてしまった。ロンドンから、宮中の者たちのあざけりが伝わってきた。ほかならぬ宮廷詩人で道楽者のロチェスター卿が、それを助長したせいもあった。モンペッソンは、家族を残していくのを恐れて、生活費を稼ぐことさえできなかった。

これがグランヴィルをひどく怒らせたことがわかっている。一六八二年版の『サドカイ派への勝利』で、そのことに触れているからだ。

何度となく尋ねられ、答えるのに飽き飽きしている。質問者たちは、わたしが真剣に否定してもほとんど信じようとしない。旧知の友人や他人が三つの王国のさまざまな地域から手紙を寄こすので、モンペッソン氏の屋敷と同じくらいひどく呪われているような気分になる……たいていの人は、確かな報告として、こう断言している。あらゆる面においてこの事件は詐欺だったのであり、モンペッソン氏も、わたしも、それを白状したではないか、と。わたしはそのことについて手紙で否定し、答えるのにすっかり疲れてしまった。[16]

一六八二年までには、アン・コンウェイもグランヴィルも亡くなった。死後に出版された一六八二年版の『サドカイ派への勝利』には、注目すべき削除部分がある。グランヴィルはかつて王立協会に、〝アメリカのような〟〝霊魂の土地〟を調査すべきだと提案していた。

アン・コンウェイは一六七九年二月に亡くなった。何年ものあいだ利用できるあらゆる治療法を試し、見つかった救いはアイルランドの信仰療法師ヴァレンタイン・グレートレークスの処置だけだった。この療法師の息はとても洗練されていて、スミレの香りがするといわれた。別の医者も治療にやってきて——医療化学者で神秘主義者のフランシス・メリクリウス・ファン・ヘルモント——最後まで去らなかった。レディ・コンウェイが死んだときそばにいて、夫がアイルランドから戻るまでのあいだ、遺体に防腐処理を施した。レディ・コンウェイは、図書室に置かれたガラスのふたの棺に収められ、酒精のなかに浮かんでいた。心霊サロンを開いていたまさにその部屋で、アンの顔はようやく痛みから自由になったように見えた。クエーカー教の葬儀をしてほしいという願いは無視された。

しかし、レディ・コンウェイの夫は〝アメリカのようなもの〟の基礎を築いた。アンが死ぬ前にクエーカー教に改宗したことに動かされ、一六八一年にペンシルヴェニア州にクエーカー教徒のための特別な体制をつくることを承認したのは、国務大臣で貿易委員会議長でもある夫だった。

ウィリアム・ペンと、クエーカー教徒のジョージ・キースも、ラグリー・ホールの常連だった。コンウェイが創生期のアメリカ合衆国で（そしてペンシルヴェニア州のある町で）よく知られた名前[17]となったひとつの理由がここにある。もしアメリカがおもに、たとえばディッガーズなど、どんな死後の生もないと信じていた者たちに植民地化されていたら、どれほど違う状況になっていただろう。十九世紀の降霊会の道を開いたのは、クエーカーの分派のシェーカー教徒だった。それがのちにイギリスに逆輸入された——つまりアン・コンウェイの頭痛がセーレムの魔女裁判につながっただけにとどまらず、その暗い病室はヴィクトリア朝の降霊会にまでつながっていったのだ。

王立協会が、グランヴィルの望みどおり幽霊に関わろうとすることは、当然ありえなかった。たとえアイザック・ニュートンが大胆にもオカルトや予言への深い興味をあらわにしていたとしても、ありえなかった。そして、もうひとりの王立協会会員ロバート・ボイルも、マコンの悪魔[18]の物語を本に書いたが、自分の興味が広まることには慎重だった。しかし、こんな家族の物語がある。[19]ボイルの姉が兄のオーラリ卿の幽霊を見たあと、ロバートが姉に、幽霊が戻ってきたら形而上学的な質問をしてみるようにと言った。「弟がそういう質問をすることはわかっていた」と幽霊はきっぱりと応じた。「あいつは好奇心が強すぎる」。その後、科学者ボイルは〝とらえどころのない物体〟がある可能性を認めたが、さらにその概念を探究することはなかった。

一六六六年、グランヴィルはバースのアビーチャーチの教区牧師に任命され、生涯その地にとどまった。また、一六七二年にはチャールズ二世の常任の宗教儀式係になった。四十代半ばで亡くならなければ、おそらく主教になっていただろう。

グランヴィルの神学がほこりをかぶる一方、本人は今日、重要な散文家であり、イギリスの執筆にわかりやすさと明瞭さを取り戻した人物として研究されている。グランヴィルの本はエドガー・アラン・ポーや、アレイスター・クロウリーの『麻薬常用者の日記』に引用され、マシュー・アーノルドはグランヴィルの物語のひとつを『学者ジプシー』の下敷きにした。M・R・ジェームズの小説の語りにも、いくらかグランヴィルの影響がある。[20] 学者が、少なからず悪魔的な超自然の存在との出会いによって、驚くべき悟りを得る物語だ。

一六五九年、グランヴィルは、イートン・カレッジで催されたかつての師で学長のラウス博士の葬儀に出席した。もしかすると、そのとき座っていた座席に、数百年後Ｍ・Ｒ・ジェームズが着き、いつもどおり秋学期が終わるころ、下宿に戻る前に夕べの祈りを捧げ、自分の小説を生徒たちに読んでやっていたのかもしれない。

第6章
マコンの悪魔

「おまえを困らせてやりたいのだ」

「あなたはどこから来たんです?」

「墓場からさ」

――エンフィールドのポルターガイストと会話するガイ・ライアン・プレイフェア

ラグリー・ホールで語られたもうひとつの逸話は、マコンの悪魔事件だった。ロバート・ボイルは、その事件についてグランヴィルとやり取りした。現在でも、詳細にわたって記録された最も古いポルターガイスト事件となっている。ボイルは、まだ十代のころに直接その話を聞いた。教育を受けていたイートン・カレッジを離れてすぐ、ヨーロッパ旅行に出かけ、フィレンツェのガリレオを訪ねて、帰途についた一六四四年、ジュネーヴに立ち寄った。

そこでフランスのカルヴァン主義者フランソワ・ペローと出会い、一六一二年に二カ月にわたって、悪意ある見えない存在から絶え間ない攻撃を受けた話を聞いた。ペローは立派な家柄の出身で、スイスのサヴォワ地方のヴォー州で育った。昔から、魔女と狼男で有名な地だ。祖父は、カルヴァン自身によってカルヴァン主義の影響を受けた。三代めの牧師となったペローは、おそらく三十代後半のころ、新妻アン・ファーシとともに転居して、マコンで聖職に就いた。ボイルはのちに、ペローの幽霊事件の記録をイギリスで出版し、自身で出版費用を支払い、手紙のやり取りでグランヴィルにも注目させた。

一六一二年九月十九日、ペローが五日間の旅からマコンに戻ると、自宅がめちゃくちゃになっていた。四柱式ベッドのカーテンを引き裂きシーツをはぎ取った何者かのせいで、妻とメイドは寝込んでいた。夜間に、鍋やフライパンが厨房のまわりに投げ散らかされていた。部屋の内側から錠を下ろしてあり、怪しい者は見つからなかった。

ペローは屋敷の戸締まりを厳重にしたが、夜間にまた厨房がめちゃくちゃになった。白昼に医者が往診に来たあるときなど、人々の目の前でベッドのシーツがひとりでに乱れた。またあるときには、ペローが読書していると、床下から〝マスケット銃の一斉射撃〟に似た大きな音が聞こえた。厩《うまや》では、馬のたてがみにいくつも結び目がつくられ、鞍が逆向きになっていた。

十一月の第三週のある晩までには、恐ろしいことに、ポルターガイストは話しかたを学んでいた。声はしわがれていて、部屋のまんなかで宙に漂っているかのようだった。「牧師、牧師！」とそれはペローに向かって、ざらざらした声で言った。ペローは叫んだ。「そう、わたしは牧師だ。生ける神のしもべだ。そのご威光を前に、おまえは震えるであろう」。それに対して、霊は狡猾そうに請け合った。「否定はせんよ！」。そして、文言をゆがめた祈りや賛美歌を暗唱し始めた。また、霊はペローの私生活の詳細をあらわにしてみせた。父が毒殺されたこと、犯人の名前、それが実行された場所までも……。注目すべきことに、霊はヴォー州の出身だと言った。恐怖が根深く染みつき、人々が恐怖を行動の基準にしている土地だった。その後ヨーロッパで制定された魔術を禁じる法律は、すべてここを起源としているほどだ。

カルヴァン派教会の長老たちは聖職者を呼び集め、詐欺を見破るか、呪いが本物と証明されれば悪魔のたくらみを目撃するというふたつの目的で〝監視人〟の集団をつくった。霊はかなり熱心に監視人たちに対応し、彼らや家族のものまねをしたり、私的な会話や事実を詳しく語ったりした。彼らのプロテスタントへの信仰をばかにしているようで、あるときには、屋敷の悪霊を追い払うならカトリックの聖職者を連れてきてはどうかと勧めた。

ほどなく、お決まりの流れとして、メイドに疑いの目が向けられた。整えた部屋を何度も散らかされてげんなりするまでは、霊の行為や田舎訛りのまねにも悩まされている様子がなかったからだ。かけられた疑いは、まやかしではなく魔術に対してだった。ペローは、メイドが黒魔術を操る家の出身だと信じていた。メイドが辞めそうになると、霊は後任のメイドが訓練を受けているあいだ、激しくたたいたり、寝ているとき水をかけたりした。

次に、霊は落ちぶれた従者の幽霊を装った。あるときには、シャンベリに向かう途中だと言った。ペローがのちに知ったところによると、その町の有名な法律家の屋敷で、肉体のない声が〝ご主人〟のためにめずらしい食べ物を要求したことがあったそうだ。その法律家は次に、わいせつな歌、いんちき療法師の呼び込み、大がかりな狩りをするときや田舎の空を飛ぶときのかけ声や歓声などからなる十七世紀のラジオショーでもてなされたという。

ペローの屋敷に取り憑いた声は、おべっかを使ったり脅したり、さまざまに態度を変え、屋敷に隠された金貨を与えると約束したかと思えば、突然怒って侮辱的なことを言った。それから最後の派手なふるまいとして、クリスマス前の二週間、石をばらまき続けた。十二月二十二日、エデンの悪魔のような大きなクサリヘビが、屋敷の外を這い進んでいるところを捕らえられた。死んだヘビは町じゅうを引き回された。その日から、すべての現象がぴたりと止まった。

十二月二十二日は、屋敷の前の持ち主だった女性が、法廷に出て自分の行動を説明した日でもあった。この女性は、ペローが町議会にもっとよい住まいを求めたとき、屋敷を譲らされ、立ち退かされたのだった。家を追い出されたことを恨み、怒っていた。そしてある日、ペローの屋敷の煙突から悪魔を送り込もうとしているところを見つかった。ペローの考えでは、魔法をかけたのはこの女だという。

インドから中国に至るまで、聖職者の身に起こったポルターガイスト事件の例は数え切れないほどある。しかし、その起源と発展には、ドイツ的なものの存在がどうしても外せない。キャサリン・クローは、一八四八年に出版された『自然の夜の側面』の〝ドイツのポルターガイスト〟という章で、初めてそのことに触れた。それは、ポルターガイストがありふれた幽霊とは別種のものとして認識された知的な瞬間だった。驚くなかれ、その言葉を最初に使ったのはマルティン・ルターだ。〝ガタガタいう音〟や〝騒がしい霊〟の通称となったその言葉は、騒ぎを起こすという意味の動詞〝poltern〟と乱暴者を意味する名詞〝polter〟、そして幽霊を意味する〝geist〟からなっている。記録されている最古の事例のひとつは、西暦五〇〇年ごろ、東ゴート王テオドリックの医者ルピディウスが取り憑かれた、石を投げる幽霊だ。そこにはポルターガイストらしい現象がいくつか見られる（とはいえ、独特なのは、聖水を使って治せたことだ）。

そう、ポルターガイストの故郷はドイツだ。ヤーコプ・グリムの『ドイツ神話学』によると、ペローのポルターガイストの数年前、ビンゲン・アム・ラインの町で、現代のポルターガイスト物語のあらゆる特徴を備えた初のできごとが起こったという。もっと最近の事例を挙げると、一九六七年、十九歳の秘書アンヌマリー・シュナイダーが不可解なできごとの中心――あるいは根源？――になったドイツのローゼンハイム事件は、事情通のあいだでは満場一致で、今もあらゆる事件のなかで最も確かな証拠にもとづいているとされる。ひとつには、警察と電気技師が関わったからだ。大量の幽霊現象について、地元のバイエルンの警察官、マックス・プランク研究所の物理学者、ジーメンス社の技師の署名入りの陳述書がある。時報局に物理的に不可能なほど何度も電話がかかったり、電話機が何台も同時に鳴り出したり、電球が破裂したり、引き出しが勝手にあいたりといった現象が、次々に起こった。ユニレグマシンとかいう機械を含む最新式の装備が使われ、どうすれば十五分のあいだに四十六回時報局に電話をかけられるのかが調べられた。アナログシステムの古いダイヤル電話では不可能だった（一回つなげるのに十七秒かかった）。

イギリスでも、初期のポルターガイスト現象の事例がある。聖ゴドリックは、没年の一一七〇年、フィンシャルで隠遁生活を送っているとき、石で攻撃され、ワインでずぶ濡れにされた。またギラルドゥス・カンブレンシスは、一一九〇年、ペンブルックシャーのスティーヴン・ワイアレットの家で起こったポルターガイスト現象について書いている。〝四つの霊〟が泥を投げつけ、さらに――最も古い記録として――声が現れ、地元の人々の逸話や恥ずかしい秘密を話したという。同じ年の少しあとに、サフォークのダグワースの小さな村にある、ブラダウェルのサー・オズボーンの家で、同じくらい無分別な霊が長広舌を振るった。

ガイ・ライアン・プレイフェアが一九七〇年代に調査したエンフィールドのポルターガイストのいちばん奇妙な点は、しわがれた声が何度か、事件の中心にいた少女から発されたことだ。そういう発声は、一八一七年のアメリカのベル・ウィッチ事件、一八八九年のデンマークの事件でも起こった。

ポルターガイスト事件の中心に明らかに人間の女性がいることを示した最初の事例[1]は、一五二六年サンピエール・ド・リヨンの女子修道院に取り憑いた修道女の幽霊が関わっていた。若い修道女アントワネット・ド・グロリーは、空中浮揚やコツコツという音に悩まされた。そういう現象は、この女性に付いて回った（ただし、カトリックの信仰では、煉獄から戻った霊魂が引き起こしたと解釈されたので、亡くなった修道女の遺体が掘り起こされ、帰ってきた霊魂を休ませるために再度埋葬された――ルター的な悪霊はここには登場しない）。

サシェヴェレル・シットウェルは、こういう物語のいくつかを、誤った観察と集団ヒステリーの結果と考えた。また、ナチスドイツについて断固たる意見を持っていた。「アドルフ・ヒトラーは、まさしく典型的な霊媒師だ」。シットウェルは一九四一年に《ガーディアン》紙に語った。「あの非凡な人物がその気になれば、ものを移動させたり、あたりに飛び回らせたり、コツコツ音であいまいな返事をしたり、天井から火のついたマッチ棒を落としたりするのは可能だろうと、たやすく信じられる」。

別の解説者兼作家[2]は、この主題についてさらに踏み込んで語った。〝ポルターガイスト事件の記録とナチスの運動のあいだには、驚くほど類似点がある。どちらも、力への欲望という潜在意識の高まりのなかであらわになる。どちらも青年のエネルギーを吸血鬼のように吸い取る。どちらも騒音と破壊、炎と恐怖を引き起こす〟。

この論説はもはや、十代の少女の存在を介して現れる一種の神経障害にとどまっていなかった。疾風怒濤のごとく蔓延した古代ゲルマン的なものは、ひとつの生きかたや、戦争のしかたにまでなったのだった。[3]

第7章　エプワースの少女

母上から、屋敷でのとても奇妙な騒ぎについて伺いました。
父上からも、もう少し詳しく伺いたいと存じます。

父に宛てたサミュエル・ウェスリーの手紙

テッドワースのポルターガイストから半世紀近くたったころ、ある母親が、息子に手紙を書き始めた。

夕方届いたあなたからの小包は、うれしい驚きでした。元気でやっているようでなによりです。というのも、わたしたちはもうひと月近く、想像もできないほど恐ろしい目に遭っていて、あなたが死んだか、弟たちの誰かが不運にも殺されたのではないかと考えていたのです。

サミュエル・ウェスリーは、問題の多い大家族の長男で、リンカンシャーの教区で育った。地元住民は、牧師であるサミュエルの父をひどく嫌っていて、一家の屋敷を焼き払おうとした——二度も。父と母は仲が悪いことで有名で、新しい国王（訳註：ジョージ一世）が正統の君主かどうかをめぐってけんかをし、しばらく別居していたほどだった。けれども、この物語がとても興味深いのは、弟のジョンがのちに、次の世紀を形づくる新たな福音主義キリスト教、メソジスト派を興したことだ。[1]初期のメソジスト派が幽霊の目撃を許容したことは、大きな論争の種になった。

当時ウェストミンスター校で教師をしていた二十五歳のサミュエルは、母の手紙に書かれていることがまったく信じられなかった。

十二月一日に、メイドが食堂の扉のところで、まるで人が息を引き取るときのような陰気なうめき声を何度か聞きました。わたしたちはその話をほとんど気に留めず、メイドの恐怖を笑い飛ばそうとしました。幾晩か（二、三日）あと、家族のうち数人が、あちこちでおかしなノックの音を聞きました。たいてい一度に三、四回鳴って、少し間があくのです。これが二週間、毎晩続きました。屋根裏のときもありましたが、ふつうは子ども部屋か緑の部屋でした。家族みんなが聞きましたが、あなたのお父さまには知らせたくないと思いました。自分の死が近づいていると思い込んではいけないので……。みんな、そのことをひどく心配していたのです。

テッドワースやヒントン・アンプナーと同じように、最初は人の力が関わっていることが疑われたに違いない。たとえば、村人たちがまたウェスリーの屋敷を焼き払いに来たのではないかと。

でも、昼も夜もひどく面倒なことになり始めて、家族のほとんどがひとりでいられなくなってきたので、お父さまに伝えることにしました。霊と話をつけてくれないかと思ったのです。最初、お父さまは信じず、誰かがわたしたちをおどかすためにやったのだろうと言いました。でも翌日の晩、ベッドに入ったとたん、枕もとで大きなノックの音が九回聞こえたのです。お父さまは起き上がって、原因を突き止めようと見に行きましたが、何も見つかりませんでした。それからは、ほかの者たちと同じように音を聞くようになりました。

つまり父親は、このときから、ほかのみんなが聞いていた騒音に耳を傾けるようになった。

ある晩、すぐ上の部屋からすごい音がしました。まるで何人かが歩いていき、そのあと階段を走って上り下りしているようでした。あまりにやかましいので、子どもたちが怖がるだろうと思いました。あなたのお父さまとわたしは起き上がって、ろうそくを灯そうと暗がりを下りていきました。つかまり合って、広い階段のいちばん下まで着いたとき、わたしの横で、誰かが足もとに財布のお金をばらまいたような音がしました。お父さまは、階段の下にあった瓶(たくさんありました)がぜんぶ砕け散ったような音を聞いたそうです。わたしたちは廊下を抜けて厨房に入り、ろうそくを取って子どもたちを見に行きましたが、みんなすやすやと眠っていました。

ほかのポルターガイスト事件と同じように、人によって聞こえる音が違うこともあった。翌晩、きまじめなウェスリー師は、事態を確認するため、近隣のハクシーの教区牧師ジョゼフ・フールを呼びにやった。ふたりは午前二時まで、子ども部屋に近いマット敷きの部屋で寝ずの番をして、ノックの音に耳を澄ましていた。新しく聞こえた音のなかには、大工が木材にかんなをかけるような音もあったが、〝たいていは三度のノック、間があって、また三度のノック、これが何時間も続いた〟。

クリスマス直後のある晩、家族はウェスリー師に、霊と話すよう懇願した。そしてある暗い夕方六時ごろ、牧師は子ども部屋に入っていき、数回の太く響くうめき声と、ノックの音を聞いた。〝それから、お父さまはまるでサミー(訳註:サミュエルの愛称)に話しかけるように霊に問いかけ、もし話せないのならノックで答えるように命じました。でもその晩はもうノックが聞こえなかったので、あなたの死が近いわけではないらしいと希望を持ちました〟。

当時、ウェスリー家の屋敷には娘七人と、男性使用人ひとりとメイドひとりがいた。十三歳のジョンは寄宿学校の生徒で、当時としては当然のように、学校で休日を過ごしていた。リンカンとロンドンの距離は、親族が何週間も、愛する者たちの所在や暮らしぶりを知らずに過ごさなければならないほど遠かった。

一七一七年一月に、家族を心配するサミュエル・ウェスリーと両親のあいだで交わされた手紙は、十八世紀の超常現象についての最も興味深いやり取りのひとつだ。サミュエルはディーンズヤードにある住まいを出て、オルダーズゲートの宿〈レッドライオン〉からドンカスターに向かう馬車をつかまえようとしていた。そのとき父親から、異常な現象が収まったことを知らせる手紙が届いた。現代のゴーストハンターたちが喜ぶような模範的な勤勉さで、サミュエルは引き続きその事件の情報をていねいに調べた。

一月十九日、サミュエルは慎重に懐疑の念をこめて返事を書き、さらに詳しい情報を求めて、あらゆる自然の原因を考えるように勧めた。〝どんな超自然現象も信じない賢い人たちは、いかなる証拠があっても、その奇妙な音について百の質問を見つけられるものだ〟。ネズミではないか？新しい使用人のいたずらでは？〝各人からの詳しい説明を期待する〟。サミュエルはきっぱりと結んだ。

一月二十四日、妹が手紙を書いた。サミーと、スーキーことスザンナはとても仲がよかった。スザンナは話を少しおもしろく色づけして、十二月一日のできごとではメイドの髪の毛が逆立って、耳が突き出たと報告した。〝でも、まじめな話のときには、冗談は控えます。このひと月の初めから終わりまで、うめき声や、キーキー、チリンチリン、コツコツという音が本当に怖かったのは確かです〟。

超常現象は、食堂が中心のようでもあった。スザンナが妹のナンシーとふたりでそこにいると、誰かが庭の扉から入ってきて、二階を動き回る音が聞こえた。その後、みんなが寝室でくつろいでいると、下からドスンドスンという音が聞こえた。次に、なんらかの電気が部屋の金属製の建具や調度品をもてあそんでいるかのように、掛け金やベッド温め器が震え出した。

フール師が滞在したその晩は、恐ろしかった。父親が友人の牧師と階下で座っていると、子ども部屋で大混乱が起こり、幼い姉妹たちのベッドの頭板がガタガタと揺さぶられて、新たなものが現れた。「ベッドのわきを、長いガウンを着た男みたいな何かが歩いていく音がした」と妹のひとりが言った。物音を聞きつけて、ようやく男たちが階上にやってきた。

次に、興味深いことが書いてある。家族の礼拝のときに聞こえたノックの音は、ウェスリー師が国王に神の祝福あれと願ったときだけしていたというのだ――つまり、霊は夫人と同じジャコバイト派（訳註：名誉革命で追放されたジェームズ二世を正統な国王と考える一派）に同意しているようだった。

〝このことは、家族には絶対に言わないでください。ほのめかしてもいけません〟とスザンナは締めくくった。秘密の手紙、仲の悪い両親からは遠ざけておくべき打ち明け話だ。

一月二十五日、ウェスリー夫人は長男に返事を書いた。確かに聖マルティヌスの日（十一月十一日）、騒動が始まる三週間ほど前に新しい使用人たちを雇ったが、いろいろな音が聞こえているあ

図９　エプワース牧師館。外側は上品だが、内側は大混乱だった。

いだ同じ部屋にいたし、メイドは特におびえていたので、夫人には彼らが犯人だとは思えなかった。あるときなど、従僕のロバート・ブラウンは、幽霊から逃げようとほとんど裸で屋根裏から階段を駆け下りた。家族の礼拝には必ず使用人たちも出席していて、騒音がいちばんひどいのがそのときだった。

〝あなたのお父さまとわたしが階下へ行くと、ロビンも家族みんなも眠っていて、子ども部屋の子たちはお父さまがろうそくを近づけても目を覚ましませんでした。ただ、ヘッティーはいつものように、眠りながらひどく震えていました。そのあと、音で目を覚ましました〟。

ウェスリー夫人は、〝官能の罪がそれを妨げさえしなければ〟幽霊との遭遇はごく当たり前になるだろう、という信念にも触れた。つまり、間違っているのは現代の道徳なのだ。もし人々が堕落した生活に陥りさえしなければ、〝よい霊〟との〝頻繁な交わり〟が当たり前になる。のちにウィリアム・ブレイクが、知覚の扉によって探求した立場だ。

二月十二日に書かれた手紙で、サミュエルはかなりいら立ちを見せ始めた。妹と母からの説明はあまりにもあいまいで、幽霊出没が今も続いているのかどうかさえはっきりわからなかった。〝お金が足もとに注がれたらしい場所を掘り起こしてみましたか？〟とサミュエルは母親に尋ねた。これは、よく幽霊が、埋められた死体や財宝のありかを明かす使者になるという古典的な文書から得た昔ながらの考えだった。また、父親からはまだなんの便りもなかった。〝しばらく前に書いた手紙に、まだお返事をいただいていません〟とサミュエルは不平を言った。〝わたしも関係当事者のはずですが〟。

手紙は行き違いになっていた。ここに、ウェスリー師からの二月十一日付けの手紙がある。騒ぎはやんだと書かれていて、できごとをやや軽んじている様子がうかがえる。〝この話は、ジャック（訳註：ジョンの愛称）・ダントンのけちな本にはすばらしいねたになるだろう〟とウェスリー師は言う。書籍商で作家のジョン・ダントン（一六五九～一七三三）とはどうやら義理の兄弟だったらしく、その人物評は驚くほど軽蔑的に思える。またウェスリー師は明らかに、真実をそのまま伝えることについて、家族の女性たちの能力をあまり信用していない。〝おまえのお母さんは、事実の三分の一も書いていなかった〟と牧師は言う。〝ここに戻ってくれれば、できごとの全体像がわかるだろう。わたしが書き留めておいた〟。

何年かのちに、息子のジョン・ウェスリーが、姉たちのモリー、ナンシー、エミリーに自分の経験を書き留めるように頼んだ。なかでもエミリーは特に長い記録を仕上げ、いくつかの詳細を具体的に書いた。

時計が十時を打つとすぐ、わたしはいつものように、階下へ行って扉の錠を下ろした。大階段をのぼりきる前に、誰かが厨房のまんなかに大きな石炭を投げ落として、破片がばらばらに飛び散ったような音が聞こえた。わたしはそれほど怖くなかったけれど、妹のスーキーのところへ行った。わたしたちはいっしょに下の部屋をぜんぶ見て回った。でも、おかしなことは何もなかった。

犬はぐっすり眠っていて、猫は家の反対側にいた。二階に上がると、わたしはすぐに服を脱いで寝る支度をした。けれど、大階段の下に置かれたたくさんの瓶のところから音が聞こえてきた。まるで大きな石が投げ込まれて、ぜんぶ粉々に割れたかのようだった。わたしは急いでベッドに入った。でも妹のヘッティーは、いつもお父さまが寝るまで起きて待っているので、屋根裏の階段のいちばん下にまだ座っていた。ヘッティーの後ろの扉がバタンと閉まったかと思うと、ゆるいナイトガウンの裾を引きずる男性らしき何かが、背後の階段を下りてきた。ヘッティーは走るというより飛ぶように、子ども部屋のわたしのところに来た。

エミリーの主張によると、父親はこの物語を穏やかな態度でおもしろがり、母親は何もかもネズミのせいだと考えていた。一家はおびえていたわけではない。エミリーは、音の原因を超自然的なものと信じているのはエプワースで自分だけだと言っているようだ。

だから、わたしはあれが魔術だと信じている。一年ほど前、近くの町で騒ぎがあり、それは間違いなく魔女のせいだった。そんなに近くにいるのなら、なぜわたしたちのところに来ないといえるのだろう？　そしてお父さまは、あれが来る前、日曜日に数回、教区の人々が夢中になっている呪術師《カニングメン》と呼ばれる者たちに相談を持ちかけないよう熱心に説いていた。彼らは特にお父さまを恨んでいた。

母親が、子どもたちのベッドの下にアナグマのようなものがいるのを見た。その頭は影に隠れていた。さらに、食堂の暖炉のそばに、それが座っているのも目撃された。それから、〝どこかの魔女のように見える〟白ウサギに似た生き物が厨房に現れた。

一七一七年三月二十七日には、母親がサミュエルにこう書いている。〝あれについて話したり聞いたりするのに、すっかり疲れてしまいました。でも、あなたがここに戻ってくれれば、すべての疑念を晴らすだけのものが見つかるでしょう。ことによると、自分自身で見たり聞いたりするかもしれません〟。

そのころウェスリー師は、できごとを日記につけていた。十二月二十一日までは何も耳にしなかったが、その晩、寝室のとなりの部屋から聞こえてくるらしい九回のノックで目を覚ました。屋敷に誰か押し入ったと考え、明らかに地元住民を警戒していた牧師は、翌日出かけて〝頑丈なマスチフ〟を手に入れた。クリスマスの翌日、牧師は娘から、幽霊が〝ジャッキを強く巻き上げるような〟おなじみの音で到着を告げたことを知らされた。のちにほかの者たちは、この奇妙なギシギシという耳障りな音を、風車が回っているような音と描写した。その後、いくつものできごとが続いた――犬がおびえたり、ノックがないときにコツコツたたいて答えを待ってみたり、ポルターガイストが〝鳥のさえずりよりやや大きい声で〟話そうとするような音が聞こえたり……。屋敷の人たちのなかでただひとり、ウェスリー師は身体的な攻撃を受け、見えない力にぜんぶで三回押された。その十二月二十六日の晩、牧師が霊を大声で挑発したこともわかっている。「役立たずの悪魔め」とどなって、書斎に来るよう求め、家族を悩ませるのをやめろと命じた。

マスチフは、家にやってきた初日こそ元気に吠えていたが、翌日からは哀しそうにクンクン鳴く以外はほとんど何もしなくなった。

年月は過ぎた。一七二六年八月、先に触れたとおり、若きジョン・ウェスリーは、自分が経験しなかったできごとの詳細を書くように家族のみんなに頼んだ。奇跡的な日常へのジョンの興味は、すでにはっきりしていた。あのクリスマスに、自分もその場にいて、コツコツとノックを返し、驚異を見たり聞いたりしたかったに違いない。こうして、さらに詳細がつけ加えられた。家族は幽霊を〝ジェフリーさん〟と呼んでいた。最初に現れたのは、クリスマスのできごとの〝ずっと前〟で、息子の誰かとスーキーがひどいけんかをしたあと、〝扉と窓がとても大きな音でギイギイガタガタ鳴ったかと思うと、とてもはっきりした音で三回ずつ、ドンドンドンと何かをたたく音がした〟。

従僕のロバート・ブラウンは最初、うめき声をターピン氏の声だと考えた。近所の住人で、なんらかの急病にかかっていたらしい。〝うめき声でよく、結石があると言っていた〟からだ。そのほかの奇妙な現象には、シチメンチョウの雄の鳴き声のようなゴロゴロという音がしたり、ロバートが見た、屋根裏の階段上部にある麦芽やトウモロコシをひくための手回し臼が勝手に回ったりなどがあった。どうやらこれが、ギシギシという音の原因らしかった。幽霊がなかに何も入れずに臼を回していたことについて、ロバートはどうせなら少しくらい自分の仕事を手伝ってくれればいいものを、と嘆いた。一家の大まかな心理状態が垣間見えるエピソードだ。厨房でウサギを見たときには、ロバートは体調が悪く、半分眠っていた。

わたしが気に入っている詳しい情報は、モリーが書いたものだ。ある晩、父親の書斎に火を灯すよう〝命じられた〟。〝お父さまが錠をあけると、掛け金がひとりでに上がった〟。

おそらくフール師ら数人の牧師仲間が牧師館を出るように勧めたが、ウェスリー師はこう答えた。

「いいや、悪魔のほうこそわたしから逃げ出させてやる。わたしは絶対に悪魔から逃げ出したりはせんぞ！」

ひとつ、文書のなかにまったく見当たらないのは、ヘッティー（メヘタベル）の書いたものだ。

ほかの家族の情報から、自分の経験したできごとを書き留めたことはわかっている。騒音が屋敷じゅう付いて回った人物、レム睡眠に苦しみひどく震えていた人物、ポルターガイストの中心と一般に見なされている人物は、ヘッティーだった。ジョン・ウェスリーが、推測だがなんらかの理由でヘッティーの文書を隠したのは、ほぼ間違いないだろう。

サミュエルは、徐々に父親そっくりになっていった。忠実な英国国教会派で、平凡な詩の創作に熱中した。ジョンは、やがてメソジスト教会を創設した。牧師としての職を引き継いだのち、エプワースの自身の教会から締め出されると、外の教会墓地――父親の墓のところで説教をした。のちには取り消されたが、幽霊を信じることは、初期のメソジストの重要な要素だった。ジョン・ウェスリーはエプワースでの家族生活の私的な詳細を公表することを少し懸念していたが、この逸話の道徳的な価値を強く信じていたので、一七八四年、八十歳を過ぎて人生を振り返る際に、《アーミニアン・マガジン》でそれを発表した。

幽霊を信じることが正式にメソジスト派の主流になることはなかったが、存命中に何回かに分けて発表されたジョンの日記は、個人的な信念を率直に認めていた。一七六〇年代初期、ジョンはロンドンへの旅の途中でリチャード・バクスターの『霊の世界の確実性』を読み、〝きちんと証明された話がいくつか含まれている〟ことに大きな興味を示した。別の場所で、霊の世界に対する見かたと、幽霊を見たことがあるかどうかを尋ねられたときには、こう答えた。

いいや。殺人を見たことがないのと同じだ。けれども、そういうものがあることは信じている。さよう、どこかしらで毎日、殺人は行なわれている。したがってわたしは、道理をわきまえた人間として、その事実を否定できない。見たことはなく、おそらくこれからも見ないとしても……。ごくふつうの目撃者たちの証言は、その両方を信じさせるのにじゅうぶんなものだ。

十八世紀末までには、幽霊を信じることは、メソジスト派の伝道師たちや、福音主義の傾向を持つ英国国教会の牧師たちのなかでさえ、一般的になった。たとえば、コッククレーンの幽霊事件に見られるように（詳しくは、第10章「ファニー嬢の新劇場」参照）。興味深いことに、ローマカトリックが数百年の追放のあとイギリス国民の生活に戻ってくると同時に、メソジスト派は、似通った教義を持つ国教の正統主義とみずからを区別することを選んだ。何百年ものあいだ、幽霊を信じることはローマカトリックの傾向を示していたが、今後はその対極の信仰を示す場合もあることになった。

テッドワースの事件とエプワースの事件のあいだには、おもしろいつながりがある。一七六八年に書かれたジョン・ウェスリーの日記には、兄のサミュエルがモンペッソン家の誰かとオックスフォード大学でいっしょに学んでいるとある。サミュエルが、すべてはいたずらではないかと尋ねたところだ。

「父の屋敷にあまりにも多くの紳士が集まってくるので、父は費用が負担できなくなった」とモンペッソンはサミュエルに話した。「それで、詐欺を見つけたという報告にあえて反論しなかったんだ。父も、わたしも、家族みんなも、公表された話がまったくの真実だとわかっていたけれどね」。

ヘッティー（一六九七～一七五〇）は、もしかするとウェスリーきょうだいのなかでいちばん才能に恵まれていたのかもしれない。ちょっとした学究的関心の対象となっている現在、少なくとも二回、駆け落ちしたことがわかっている。その後、両親に配管工との結婚を強いられた[2]——知的なつながりがまったく持てない相手だ。ふたりは結局、ソーホーのフリスストリートで店を営むようになった。そのうち、ヘッティーは健康を害した。おそらく、夫が仕事で大量に使う鉛にさらされたせいだろう。

一七二六年、ジョン・ウェスリーは説教のなかで、父のヘッティーに対する扱いを公に非難した。どうやらヘッティーが未婚のまま子どもを生んだあとのことらしい。それは、ジョンが家族に詳しい報告を頼み始めた年でもあった。ことによると、エプワースで新たな活動が起こっていたのかもしれない。幽霊は、家族のあいだに緊張があると現れるといわれているからだ。

専門的な見かたによれば、短い最盛期と、中心に年ごろの女性がいるという点で、これは典型的なポルターガイストの事例だ。霊が夫婦げんかに関わることばに反応したという事実は、この事件を並外れて特殊なものにしている。つまりポルターガイストは娘に結びついているだけでなく、母親にも結びついていたということだ。夫婦げんかが始まったとき、ヘッティーは四歳か五歳だったはずで、その影響は深刻だったのかもしれない。

もうひとつの興味深い点は、現象が起こる前に部屋の金属製の建具がカタカタと鳴っていたことだ。現代人の目で見ると、これは低周波音を示している。その効果はまだ証明されていない。けれども、特に十九ヘルツ付近の超低周波不可聴音の人体に対する影響について、いくつかの研究――一部はNASAによる研究――が行なわれている。

二〇〇二年九月、リヴァプールのメトロポリタン大学でのピアノ演奏会では、いくつかの時点で超低周波不可聴音の音波が発せられた――聴衆が気づかないうちに。帰るときにアンケートに答えるよう頼まれ、聴衆はさまざまな影響を報告した。首の後ろがぞくぞくしたとか、〝胃に奇妙な感触があった〟とか、感情が高ぶったとか。十九ヘルツの音波にさらされると、目にさざ波のような振動が起こる可能性があり、そのせいで周辺視野に異常な動きが感じられることがある。つまり、低周波音は落ち着かない気分にさせ、実際には存在しない何かが動いているかのように思わせる。コヴェントリー大学で教える音響心理学のエンジニア、ヴィク・タンディーは、生命維持装置をつくる会社で働いていたとき、清掃係の女性にここは幽霊に取り憑かれていると言われた。ある晩、たまたまフェンシングの剣を持っていたら、それが振動して勝手に動き始めた。簡単に言えば、原因は新しく導入された地下の換気扇だった。

ふだんと異なる状態をつくるために超低周波不可聴音を使うのは、先祖にはめずらしくなかったらしい。新石器時代の一部の建物は、音響効果を得るために特別に設計されていた痕跡があるという。ケルト族の世界では、たとえばケースネスのカムスター積石塚群や、オークニーのメイズハウ墳墓など、記念碑の多くで、いわゆる〝定常波〟の効果が見られる。儀式の太鼓演奏や聖歌から始まったものだ。とはいえ、これでエプワースの現象のすべてが説明できるわけではない。騒動の一部が超低周波不可聴音によって起こったとしても、それがどこから来たのかという疑問は残る。

サミュエル・テイラー・コールリッジは、エプワース事件は伝染性の幻覚だったのではないかと示唆した。桂冠詩人のロバート・サウジーは、それを悪霊だと考えた。テッドワースと同じように、旅の魔術師と呪術師がふたたび関わった可能性はあるだろうか？　仕事を取り上げようとする大きな屋敷に住む大きな男に反発して？　この事件に巻き込まれたウェスリー師に対する地元住民の敵意は確かにあったようだ。

ウェスリー師はあまり家族思いではなかった。興味深いのは、メソジスト派がジョン・ウェスリーの母に家庭の真の道徳的権威として光を当てたがることだ。高慢で冷淡なウェスリー師は地元の信徒たちを敵に回し、借金のせいで刑務所に入ったこともあった。隣人や、おそらく一部の信徒までもが、所有物を壊したり、牛を傷つけたりした。そのうえ一七〇二年には、主義上の意見が合わないという理由で、五カ月間妻のスザンナを置き去りにして平気でいた。スザンナはウィリアム三世のための祈りではけっして〝アーメン〟を口にしなかった。王位の強奪者と考えていたからだ。ウィリアム三世が崩御し、アン女王が即位して初めて、ウェスリー夫妻は和解した。

一九九一年、オーストラリアのメルボルンにあるエプワース病院のマリー・ジョンズ医師は、正式な眠気の尺度を考案した。それは現在、睡眠障害を評価する医療基準になっている。ジョンズ医師は、無呼吸と低呼吸の専門家として働いていた病院にちなんで、尺度に名前をつけた。さらに、メソジストが設立したその病院の名前は、メソジスト派の創設者が育ったリンカンシャーの牧師館にちなんでつけられた。というわけで、覚醒と眠りのあいだの測定範囲は今、ここ数百年で指折りの有名なポルターガイスト事件、エプワースのポルターガイストにちなんで名づけられている。

ゆっくり確実に眠りに落ちるとき、あなたはエプワース眠気尺度のなかに入っていく。

第8章
ヴィール夫人の亡霊

先日、とても偉大な人物から、あなたが手紙で教えてくださったカンタベリーの幻影の話について何か知っているかと尋ねられました。

ジョン・フラムスティード宛てのジョン・アーバスノット医師の手紙

万聖節の前夜、夕暮れから続く長い夜に、それは花開いた。火が灯され、迫り来る闇のなかランタンが輝く。ヘンリー・メイヒュー（訳註：十九世紀のイギリスのジャーナリスト）によれば、それは、旅芸人や行商人がナイフ研ぎ器やいつもの売り物をわきによけて幻灯機を取り出し、それを酒場や村の集会場に設置して、彩色されたお化けや悪鬼[1]の恐怖ショーを映した時だった——たとえば、エンドルの魔女が預言者サムエルの幽霊を呼び出す物語——布に覆われた死体、骸骨、燃えるろうそ

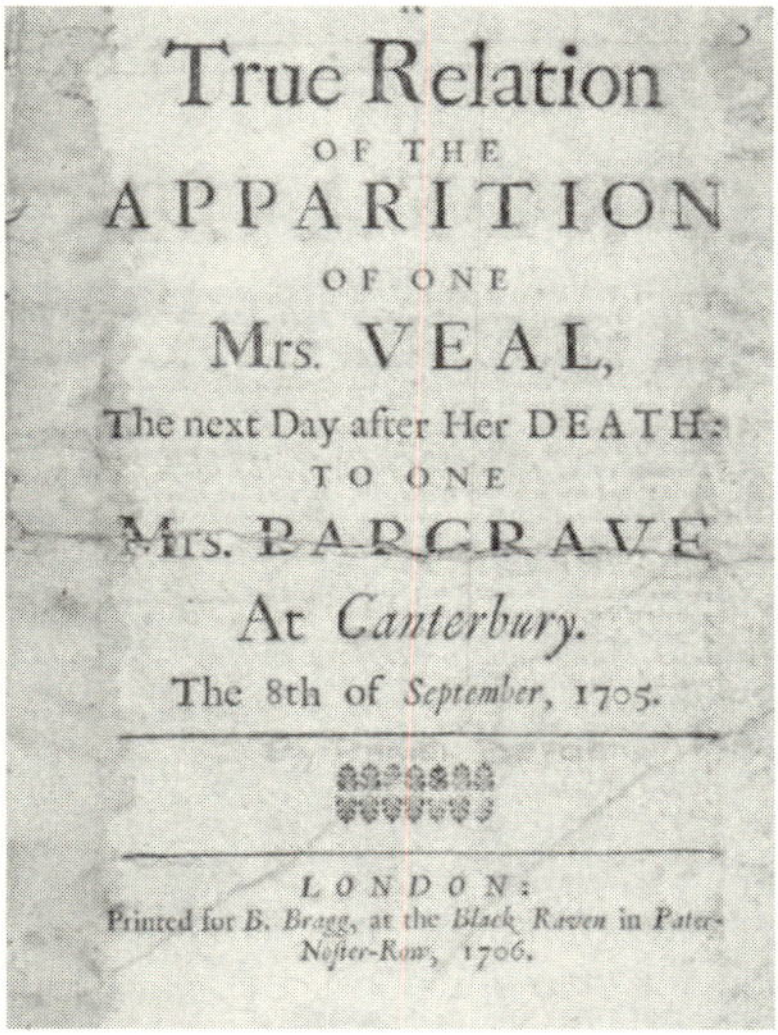
True Relation
OF THE
APPARITION
OF ONE
Mrs. VEAL,
The next Day after Her DEATH:
TO ONE
Mrs. BARGRAVE
At *Canterbury*.
The 8th of *September*, 1705.

LONDON:
Printed for B. *Bragg*, at the *Black Raven* in *Pater-Noster-Row*, 1706.

図10　イギリス初の幽霊物語。ダニエル・デフォーが築いた虚実ない交ぜの作風は、1712年の税法変更のあと、禁止になった。つまり幽霊物語は、始まると同時につまずいてしまった。

く。そして、ひげの男たちが、背を丸めた冷たい死者として魔法円のなかに立ち、こちらに近づいてくる。

文学としての幽霊物語は、イギリスから世界へのすばらしい贈り物だ。それは後期ヴィクトリア朝時代、そしてエドワード朝時代に、児童文学として隆盛を極めた。初期の物語は、あからさまな狂気や錯乱を伴うゴシック的なメロドラマに染まっていた。物語はたいてい、誰かがふだん使われていない呪われた部屋に入れられ、恐ろしい夜を過ごしたあと、家族の肖像画を見て幽霊の正体がわかる、というものだった。

その好例は、ウォルター・スコットの『つづれ織りの部屋』だ。『贈答用装飾本《ザ・キープセイク》』と呼ばれる、毎年冬に刊行されていた文学叢書で、一八二九年に最初に発表され、M・R・ジェームズは誤ってこれをイギリス初の幽霊物語と見なした。[2]

しかしじつのところ、最初の正式なイギリスの幽霊物語は、ハイパーリアルでも、幻覚的でも、恐怖をいだかせるものでもなく、穏やかで家庭的だった。幽霊が〝お茶〟をしに来るのだ。

『ヴィール夫人の亡霊』は一七〇六年、匿名で出版された。著者のダニエル・デフォー[3]は市場の隙間を見つけることに精通していた。人々が求めているのは本物の幽霊物語で、日常的であればあるほど望ましい。そのほうが真実らしく思えるからだ。

一七〇五年九月八日土曜日、マーガレット・バーグレーヴ夫人は、カンタベリーのセントジョージ門のそばにある小さな家のなかで、ひとり座っていた。時計がちょうど十二時を打った。

衣擦れの音が聞こえたような気がして目を上げると、懐かしい親友のメアリー・ヴィールの姿があった。二年間会っていなかったので、まったく予告のない突然の訪問に、喜ぶとともに驚いた。そのときは、メアリーがナイトガウンをまとってフードをかぶり、絹のハンカチを首もとで結んでいることに特に目を留めず、気にもしなかった。マーガレットは立ち上がって抱きしめようとした――が、友人はなにやら急いでいるようで、すばやく横を抜けて、肘掛け椅子に座った。

最初、ふたりはドーヴァーでともに過ごした楽しい時間など、ありふれたことを話していたが、しだいに会話は深刻な方向へ進んだ。バーグレーヴ夫人は悲しみをこめて、夫婦間に不和があり、人生に幸せを見い出せないことを告白した。ヴィール夫人は本人にしかわからない理由から、自信を持って、すべての不運は過ぎてゆくものだから、その不運もきっと過ぎてゆきますよ、と言ってカンタベリーの友人をなぐさめた。しばらくすると、会話はふたたび方向を変え、分かち合った読書への情熱のことになった。ヴィール夫人は窓台に置かれた本に気づき、それがシャルル・ドルランクールの『死の恐怖に対するキリスト教徒の防御』だと知って喜んだ。その本は真実に満ちているという確かな意見を持っていたからだ。

最後にヴィール夫人は、弟を始めたくさんの家族に手紙を書いてください、と頼んだ。そして、宝石と指輪のいくつかを弟から誰それに渡してほしい、キャビネットのなかの財布から金貨を二枚、いとこのワトソンに渡してほしいと伝えた。[4] どういうわけか、バーグレーヴ夫人はこの願いを奇妙だとは思わなかったらしい。

一時間と四十五分ほど過ぎて、バーグレーヴ夫人は玄関口まで友人を送り、別れを告げた。そして、ヴィール夫人が通りから、角を曲がって姿を消すまで見送っていた。

翌日、バークレーヴ夫人は地元の葬儀屋から、ヴィール夫人がじつは亡くなっていたことを聞かされた。まさに金曜日の正午ちょうど、バーグレーヴ夫人がその目で友人の姿を見たときに、発作を起こして亡くなったという。ヴィール夫人の幽霊と和やかなおしゃべりをしながら楽しい午後を過ごしていたころ、体はすでに冷たくなり始めていたのだ。

この物語の初版は、一七〇五年のクリスマスイヴに《ザ・ロイヤル・ポスト》に掲載された。両面に地方と国外のニュースが印刷された一枚刷りの新聞だった。最近の古文書保管の努力によって、全体像がかなり明らかになってきた。一七〇五年九月十三日付けの手紙は、幽霊事件の騒ぎとうわさが広まる最初の徴候を伝えている。その手紙によると、マーガレット・バーグレーヴは法律家の妻で、存命中のメアリー・ヴィールはドーヴァーで過ごした子ども時代の親友だった。メアリーは未婚で、三十歳のころ亡くなったという。また、ドーヴァーの税関の上級職に就く弟ウィリアムの世話をしていた。

子ども時代に比べて、メアリーの生活は改善したが、マーガレットの人生はどんどん悪化していった。ほぼすべて、結婚した男のふるまいのせいだった。夫は失業した意地悪な酒飲みで、とうとうふたりはドーヴァーから引っ越さざるをえなくなった。カンタベリーで、暗い前途と貧乏に向き合いながら、ふたりは大幅に減った収入で家を借りていた。

この手紙のなかに、とりわけ印象的な詳細がある。バーグレーヴ夫人が幽霊を見たと言った日、夫は酔って帰ってきて、何時間かあとに妻を虐待して家から締め出した。夫人は、夫のひどいふるまいを人に知られたくなかったので、玄関の外の石段に座って土曜日の夜を過ごした。そのせいで熱を出し、日曜日は寝込んでしまった。

幽霊は、古風な道徳上の目的を持っているらしかった。弟のウィリアムは手配りしてくれそうにないので、自分の遺産がきちんと相続されるように準備すること。そして両親の墓に墓石がまだないので、きちんと葬儀が行なわれるように準備すること。最後に、友人がそれほど長いあいだ不愉快な夫に耐える必要はないことを承知のうえで、バーグレーヴ夫人をなぐさめること。何年ものちの一七一四年、取材を受けたとき、バークレーヴ夫人は、幽霊との遭遇を、一七〇七年の夫の死をなんらかの形で予兆したものとはっきり認めた。お茶を勧められると幽霊は断る。夫人の夫が酔って暴れて使える磁器をぜんぶ割ってしまったのだろうと考えたからだ。

葬儀と遺産の心配をする幽霊は、昼間に現れる幽霊と同じく、古典文学にさかのぼることができる。幽霊が真夜中に現れることは誰でも知っているが、それが真昼にも当てはまり、伝統的に、時刻が大きく切り替わる瞬間に幽霊が呼び出されることを知る人はあまりいない。昼食前に幽霊を見ることもあれば、寝る前に見ることもある。後年、この伝統は廃れてしまった。幽霊が夜と切り離せなくなったらしいからだ。この時代の幽霊の全般的な性質は、世界が暗くなったときに地面から立ちのぼる蒸気と結びつけられた。[6]

文書館にある、一七〇五年十月九日付けの別の私信を見てみよう。著名なカンタベリーの公証人の娘、ルーシー・ラキンの手紙だ。ルーシーは二十五歳くらいで、セントメアリーブレディンに住んでいた。バーグレーヴ家の家主、オートン家とも知り合いだった。ルーシーによると、バーグレーヴ夫人は、幽霊の〝目のまわりが見たこともないほど奇妙に黒ずんでいた〟のを思い出したそうだ。ヴィール夫人の幽霊は〝とても青ざめた顔をしていた〟。ルーシーはさらに、バーグレーヴ家が幸せそうではなかったことを裏づけるとともに、ヴィール夫人の私的な形見について、いちばん上等なドレスとペティコートをいとこに与えたという情報をつけ加えている。

ハロウィーンまでには、物語はすでに社会の上層にも広まっていた。十月三十一日、アン女王の主治医ジョン・アーバスノットが、王立グリニッジ天文台の創設者で初代の王室天文官であるジョン・フラムスティードに手紙を書いた。[7] アーバスノット医師は、一七〇四年に王立協会の会員に選出され、アイザック・ニュートンやジョナサン・スウィフトと同僚で、友人でもあった。医師はフラムスティードに、手紙の写しをセントジェームズ宮殿に送るように頼んだ。奇妙な成り行きで、万霊祭（訳註：諸死者の記念日、通例十一月二日）の前夜に、アン女王が主治医に幽霊物語を求めたというわけだ。

じつのところ、女性である国王の興味は、物語の男女の諍いという側面にぴったり合っていた。このエピソードで印象的なのは、バーグレーヴ夫人と幽霊になったヴィール夫人の女性同士の結束だ。しかも、手紙を書いている人たちによると、地元で事件を話題にしているのはほとんど女性らしかった。

この物語が発表されたあと、ふたりの主人公の人生に登場する男たちが中傷に対処し始めるのに、それほど長くはかからなかった。一七〇六年九月八日には、デフォーの物語はすでに第四版まで刊行されていた。大英図書館に収められている一冊には、身元不明の持ち主によって手書きの注釈が加えられている。[8] それによると、物語のなかでひどい悪役にされたふたりの男は、女の目撃者たちの信頼性を傷つけようとたくらんだ。〝ヴィール氏は、うわさをもみ消すためにできるだけのことをしている〟とある。〝姉の死後、バーグレーヴ夫人にはいっさい近づかず、友人の一部は彼女を大うそつきと呼ぶ〟。

その年じゅう、ウィリアム・ヴィールは姉の幽霊など存在しなかったと主張していた。言われたとおりキャビネットをあけたが、なかに金貨は入っていなかったという。さらに、辛辣な口調で、問題の土曜日の午後二時、バーグレーヴ夫人が歩み去る友人を見送ったとき、通りで幽霊を目撃した人はほかに誰もいなかったと言った。ウィリアムにはいくぶんか、腹を立てる理由があった――姉の幽霊に、弟は親不孝で頼りにならないうえに、家族の墓の世話もできず、遺産については当てにできないと、暗に責められたからだ。政府の租税徴収業務に就いていたので、そういう逸話が職業上の評判を傷つける恐れもあった。またウィリアム・ヴィールは、姉の友人には以前から何度も幽霊を〝見る〟怪しげな習慣があったとも主張した。ある現代の解説者によれば、バーグレーヴ夫人が何度も見ていた幽霊は〝じつのところ、理不尽な配偶者の不義に駆り立てられた思い違いだった〟という。[9]

女王がたいへんな興味を示したので、フラムスティードは間接的には女王自身のために、物語の動きを追う調査員をカンタベリーでひそかに雇っていた。アマチュア科学者スティーヴン・グレイは、ケンブリッジ大学トリニティ・カレッジの天文台で多少は研究をしていたものの（ほかならぬアイザック・ニュートンの推薦で）、家業のカンタベリーの染物屋に戻らなければならなくなった。のちに電気伝導についての研究で知られるようになり、一七三二年にはついに王立協会の会員に選出されるのだが、この時点では植物染料に膝まで浸かっていたので、天文学者フラムスティードにできるかぎり熱心に奉仕して、この知的な一本の生命線を保つよう努めた。

そういう手紙の一通で、グレイはその地区をかぎ回り、後援者兼友人に、バーグレーヴ夫人が夫とウィリアム・ヴィールに悪いうわさを広められていることを伝えた。マーガレット・バーグレーヴがあちこちで幽霊を〝見て〟いるとウィリアムが考えた理由には、痛ましい物語が関わっている。

ある晩、マーガレットは家に帰ってこない夫を捜しに出かけ、カンタベリーから数キロ離れたところまで行って、宿屋で飲み騒いでいる夫をようやく見つけた。夫人は泥酔した夫だけでなく、庭のほうへ回ったとき、女が急いで壁を乗り越えて出ていくのを見た。

目にしているもの――夫の腕のなかから消えた売春婦――を信じたくなかったバーグレーヴ夫人は、最初それを〝幻影〟だと考えた。グレイが不愉快そうに記したところによると、夫は妻の非現実的な考えを正すことは何もせず、〝自分の悪事を妄想のなかに隠せる機会を喜んでいた〟。バーグレーヴ夫人は、現実があまりにつらくて耐えられなかったので、幽霊を信じてしまったらしい。

ＥＢという身元不明の書き手（ほぼ間違いなく女性）とルーシー・ラキンはどちらも、貧しく不幸なバーグレーヴ夫人の苦境に大きな同情を寄せた。少なくともこの物語は、夫の妻に対する恥ずべき扱いを明らかにした。とはいえ、今日とても奇妙に思えるのは、〝幻影《アパリション》〟の宗教的な性質だ。デフォーは、幽霊《ゴースト》ではなく幻影とすることにこだわった。〝幻影〟という言葉は、幽霊を意味する上流階級の言葉であるだけでなく、その訪れをいくぶんか天使に似たものに感じさせたからだ。

ヴィール夫人がある意味で天使と見なされていると知ったうえで、ＥＢは、バーグレーヴ氏が妻の経験を〝悪魔との対話〟と見なしていた――つまり、妻を魔女と考えていたと書いた。それはれっきとしたプロテスタントの見解だったが、カンタベリーではまったく相手にされなかった。なにしろそこは、英国国教会の拠点であり、中枢であり、心のよりどころだったからだ。

出版業者たちは、ありとあらゆるエピソードでたっぷり儲けた。物語のなかで触れられているドルランクールの宗教書『死の恐怖に対するキリスト教徒の防御』と抱き合わせにして販売した者もいた。ところが、一七三二年には、《ザ・ユニバーサル・スペクテーター》誌が『ヴィール夫人の亡霊』の著者を、自分の利益のために話をでっち上げたと非難した。一七一二年の印紙税法は、単純に税金上の理由（ニュース記事は課税対象）で事実と虚構を区別していた。しかし、デフォーの場面設定と、服装や会話の細やかな描写は、できごとに物語の感覚をもたらした。とにかく、当時は見られないものだった。それが重要なきっかけとなって、デフォーはジャーナリズムから率直なフィクションへ移行し、今日までその名を知られる作家となった。『ロビンソン・クルーソー』はアレクサンダー・セルカークの現実の冒険をもとにしていて、その主人公は幽霊について考えることになじみがあるようだ。[10]

この物語の古風な面には、驚くほど普遍性がある。いつの時代のものかわからない日本の物語を例に取ってみよう。[11]桑折《こおりん》寺《じ》の僧侶の女房が、ひとりで台所仕事をしていると、足音が近づいてくるのが聞こえた。最近、豆腐屋の娘がひどい火傷を負って死にかけていると聞いていたが、驚いたことに、扉があくと、その娘が戸口に立っていた。新しい着物を着て、まったく死にかけている者には見えない。女房は豆腐屋の娘を招き入れ、お茶を飲んでいきなさいと言ったが、台所から茶碗を運んでくると、娘は消えていた。〝そのとき村から男がやってきて、豆腐屋の娘がさっき死んだと伝えた〟。

注目すべきなのは、こういう幽霊がその時代のしきたりを守っているということだ——完全に生身の人間として、日中に現れて目撃される。また、危機や死に見舞われた者の幻影でもある。そういう物語は、ヴィクトリア朝時代にたくさん書かれた——たとえば、遠隔地で帝国のために戦う男が、イギリスにいる親族のもとに現れる。

グラスゴー生まれの数学者ジョージ・シンクレアは、著書『発見された悪魔の見えない世界』で、一六七四年十一月の朝、ウィルトシャーのマールバラで起こった事件について語った。トマス・ゴダードという織工が、町を出てオグボーンメイゼイに続く道を歩いていると、義父のエドワード・エイヴォンが柵にもたれているところに出くわした。近づいていくと、エイヴォンが挨拶した。厄介なのは、エイヴォンが半年前に死んだという事実だった。ゴダードは恐怖を覚えたものの、少しのあいだ幽霊と家族のことを話した。それから、幽霊は、ほったらかしにしてきた娘に二十シリングか三十シリングやってくれと頼んだ。ゴダードは断って逃げた。しかし、幽霊にはまだ言いたいことがあった。

翌日の晩七時ごろ、幽霊がやってきて、ゴダードの店の窓をあけた。前日と同じ服装で立ち、ゴダードの顔を眺めたが、何も言わなかった。さらに翌日の晩、ゴダードがろうそくを手に、裏の建物に入っていくと、幽霊がまたもや同じ姿で現れた。しかしゴダードはおびえて家に駆け込み、そのあとは何も見なかった。ところが、当月十二日木曜日、チルトンからの帰り道、マナーハウスとアクスフォード農場のあいだの丘に馬を走らせていると、目の前をウサギか何かが横切った。馬がびっくりして、ゴダードを泥のなかへ放り出した。なんとか起き上がったとたん、あの幻影がふたたび同じ姿で現れ、八フィートほど先の行く手に立っていて、また口を開いた。

事態はエスカレートして、幽霊は殺人を告白し始めた。そして指示を出し始めた。ゴダードは義理の兄弟――ウィリアムという靴屋――を呼んで剣を借り、アルトンバーンズの村に近い、指定された森に行った。[12]

それからゴダードは剣を地面に置いて、幻影が茶色のマスチフらしきものと並んで立っているのを見た。幻影が近づいてきたので、ゴダードは二歩ほど後ずさった。幻影が言った。「わたしはおまえに近づく許可を得たが、触れてはならないと命じられている」。そして剣を取り、先ほどと同じようにマスチフのとなりに戻ってから、剣先で地面を示して言った。「この場所に、わたしが一六三五年に殺した男の死体が埋まっている。今では朽ち果てちりとなっているだろう」。そこでゴダードは言った。「あなたに尋ねたい。なにゆえ殺人を犯した?」。幻影が答えた。「この男から金を盗み、争いになったので、殺したのだ」。

のちに義兄弟のウィリアムは、幽霊との遭遇を自分の視点から語った。ゴダードが何者かに話しかけ、ひずんだ音の答えがどこからか返ってくるのが聞こえたが、何も見えなかったという。〝ゴダードの声が聞こえ、何を言っているのかがわかり、別の声が何か言っているのも聞こえたが、言葉は理解できず、幻影は見えなかった……〟。

ゴダードは、その週に起こった数々のできごとにすっかり動揺して、十一月二十三日にはエドワード・リピアット市長と、マールバラのセントピーターズ教会の牧師ジョシュア・サシェヴェレルに宣誓証言を行なった。

昔は昼間に幻影を見ることがどれほどふつうだったかがわかり、興味深い。たとえば、ジョン・オーブリーの『雑録』にも逸話がある。一六四七年、ムーンという紳士が午前十時にチェルシーでの決闘に向かう途中、待ち伏せされて殺された。ちょうどその時刻に、コヴェントガーデンのジェームズストリートにいた愛人が、ムーンの姿を見た。そのころ本人は、今のエブリーストリートで倒れて死にかけていた。愛人は、ムーンが質問には答えずに、〝ベッドわきに来て、カーテンを引き、こちらを見てから立ち去る〟のを目にした。別の事件では、一六九三年、コニングズベリー卿の義弟が、フリートストリートにいる妹のところに現れた。そのとき本人は、ヘレフォードで殺されていた。

一七〇六年十二月、ノーフォークの主任司祭ロバート・ウィザーズは、それとよく似たできごとを、ブリスリー教会の記録簿に記入した。その年の七月二十一日、ショー氏という男性が、オックスフォードシャーの自宅の書斎で、パイプをくわえて読書をしていた。真夜中近くになったとき、かつてセントジョン教会で同僚だった、四年前に死んだはずの男が入ってきた。不思議なことに、ショー氏は旧友を見てもそれほど怖がらず、ふたりは二時間ほど話した。あの世では誰か知り合いといっしょなのかと訊かれると、幽霊は否定したが、「オーチャード氏がまもなくやってくるだろう」と言った。また訪ねて来るかときかれると、幽霊は三日間の休暇のあいだかなり忙しいので、無理だと答えた。オーチャード氏は、その後間もなく亡くなったそうだ。ショー氏は主任司祭ウィザーズと知り合いで、ウィザーズはこの話をすべて真実だと信じた。それはヴィール夫人の物語が《ロイヤル・ポスト》に発表される数日前の十二月十二日に書かれ、もうひとつのクリスマスの幽霊物語となった。

フォークロアと、静かならぬ墓へのカトリックの埋葬とともに、古典文学はイギリスの幽霊小説の発展に大きな影響を与えた。チャールズ・ディケンズはウォルター・スコットと同じく、基本的に懐疑主義者だったが、常にそのジャンルに引きつけられずにはいられなかった。最高傑作は『信号手』だが、いちばん有名なのは『クリスマス・キャロル』だろう。それは、何千年ものあいだ巡り巡ってきた物語を下敷きにしている。

プリニウス（訳註：古代ローマの将軍・博物学者）が、詩人マルティアリスの後援者でトラヤヌス皇帝の右腕でもあった友人のルシウス・ルキニウス・スッラに宛てた七月二十七日付けの手紙がある。プリニウスはスッラに、幽霊を信じるかと少し懐疑的な調子で尋ね、それから三つの異なる幽霊話を語っている。そのひとつはプリニウスの自宅のなかで起こった。奴隷の少年たちの訴えによると、幽霊の床屋が夜中に寝室の窓からやってきて、髪を切るのだそうだ。これはおそらく、使用人が幽霊物語で主人をあからさまにからかう昔ながらの伝統の、文学史上初の事例だろう。[13] ふたつめは、予言する幽霊の話だ。アフリカの霊が〝人間より大きく美しい〟姿になって、ローマのクルティウス・ルフスという無名の人のところへ現れ、いずれ汝《なんじ》がわが王国の統治者となるであろうと予言した。三つめは最も長く、まさに現代的な初の幽霊物語になっている。

アテネに、〝評判の悪い空気のよごれた〟〝がらんとした大きな屋敷〟があった。そこに滞在した人々は、鎖の音が遠くから近づいてくるような音を聞いた。そして、〝長いあごひげと乱れた髪の、やせ衰えたきたならしい老人〟の幽霊が、足かせを掛けられ、手首を鎖で縛られた姿で現れた。手首を揺すって、音を立てるのが気に入っていたらしい。屋敷の住人たちは睡眠不足で具合が悪くなった。病気で死んだ者もあった。近くにいないときでも、幽霊は人々の心を絶えず苦しめた。とうとう屋敷は売りに出され、空き家となった。

プリニウスは、次のように書いている。哲学者アテノドルスは、〝広告を見て、値段の安さを聞いて不審に思い、いくらか問い合わせをした〟。けれども、幽霊話に怖じ気づいてあきらめるどころか、そこに住んで自分で調べることにした。ある晩アテノドルスは、書物と筆記用具を用意し、二、三時間研究に励むことにして、使用人たちを〝屋敷の奥〟に下がらせた（のちの似通った物語の典型とは違って、ひと晩休みを与えるのではなく）。

〝暇をもてあます頭に愚かな恐怖が生まれてはならないので〟研究に励むと決めたのだ。これで、ひとりの学者が書斎で幽霊の到着を待つという舞台が整った。M・R・ジェームズやシェリダン・レ・ファニュにはおなじみのイメージだ。学者や牧師が書き物に熱中していると、ろうそくがちらちら揺れて、あたりに影が浮かび上がる。

最初、すべては静まり返っていた。すると、遠くのほうから鎖の音が聞こえ、徐々に近づいてきた。ガチャガチャという音が大きくなった。プリニウスが特に強調しているのは、哲学者が努めてそれを無視したことだ。〝ガチャガチャという音はさらに大きくなった。今ではそれは、戸口から聞こえた――そして彼のいる部屋に入ってきた！〟。アテノドルスは振り返って幽霊を見てから、ひるまずに仕事に戻る。幽霊が手招きする。哲学者はそっけなく手を振り、少し待つように言う。憤慨した幽霊は詰め寄り、哲学者の頭上で鎖をガチャガチャと鳴らす。アテノドルスはもう一度振り返り、しつこく手招きする幽霊を見る。

そしていら立った様子で立ち上がり、ランプを取って幽霊のあとを追った。幽霊はうんざりするほどゆっくり進み、屋敷の中庭に着くと、姿を消した。アテノドルスはその場所に、〝草と葉で〟目印をつける。翌朝、法官が呼ばれ、中庭に穴を掘るよう命令が下される――そしてもちろん、人骨が朽ちた鎖とともに発見される。〝骨は集められ、公開で埋葬された。儀式が執り行なわれたあと、屋敷が霊に悩まされることはなくなった〟。

死体――たいていは地下室に埋められる――のせいで屋敷に幽霊が取り憑くことは、繰り返し何度も起こっている。十九世紀のニューヨーク州でのフォックス姉妹に関わる事件、一九七四年のアンドーヴァーのポルターガイスト、そしてボーリー牧師館の事件などにもそれが見られる。

D・フェルトンの『ギリシャ・ローマ古典時代の幽霊物語』によると、〝鎖を巻かれた幽霊は、ギリシャ・ローマ時代から生き延びたほかの文学のなかには見られないようだ〟が、その着想はずっと存在し、つい最近まで幽霊はシーツをまとうのがふさわしい姿とされていた。十八世紀には、鎖を引きずるのは自由なイギリス人がけっしてすべきではないこととされた。古物収集家フランシス・グロース（一七三一～七九）はこう書いた。〝鎖を引きずるのは、イギリスの幽霊の流儀ではない。鎖や黒い礼服は、おもに外国の幽霊の服装であり、専制国家に見られるものだ。死んでいようと生きていようと、イギリスの霊は自由である〟。

ディケンズの『クリスマス・キャロル』に登場するマーリーの幽霊は、とても長く精巧な鎖をまとっている。スクルージは最初にその音を聞いて、〝取り憑かれた屋敷の幽霊は鎖を引きずっているらしい〟ことを思い出す。プリニウスの原作と同じように、スクルージは初め遠くにいた幽霊が徐々に近づき、部屋に入ってくる音を聞く。アテノドルスと同様、最初は懐疑的になって、幽霊が見えるのを消化不良のせいにする。マーリーがまとっている鎖はきわめて象徴的だ——そこにつながれているのは〝金庫、鍵、南京錠、台帳、証書、鋼鉄製の重い財布〟。それらはマーリーの欲深さが凝固したもので、死後もこの男に重くのしかかっている。プリニウス版では、人々は骨を掘り出して、幽霊の身元特定を助ける。フォークロア研究者のあいだでは、古来霊を〝縛りつける〟のに鉄を使ったことと、プリニウスの書いた幽霊が、あの世に行けないようにおそらく死後に縛られていたことについて、ちょっとした議論がある。

オスカー・ワイルドも、喜劇風の寓話『カンタヴィルの幽霊』のなかで自分なりの見解を示している。アメリカ人のオーティス氏は、イギリスの古びた屋敷で床《とこ》についた。ところが、金属のガチャンという音で目を覚ます。マッチで火をつけて時計を見る。一時。自分の脈を確かめる。まったく熱はない。奇妙な音は続く。ベッドから出て、スリッパをはく。化粧道具入れから、小さな瓶を取り出す。そして寝室の戸口へ行き、扉をあける。暗い廊下に、幽霊がいる――目は燃える石炭のように赤く、長いもつれた白髪が肩に垂れかかり、衣服は古めかしくよごれてぼろぼろで、手首と足首には〝重い手かせとさびた足かせ〟が掛けられている。

そして、滑稽な場面になる。

「そこのあなた」とオーティス氏は言った。「その鎖には、ぜひとも油を差すことをお勧めしますぞ。そのために、タマニー日の出印潤滑油の小瓶をお持ちしました……こうして、ろうそくのそばに置いておきますからな。もっと必要なら、喜んで差し上げますよ」。そう言い残して、アメリカの公使は大理石のテーブルに小瓶を置き、寝室の扉を閉めて寝てしまった。

道理と分別と現代生活が、霊を休ませるようだ。

第９章

幽霊物語の作法

ときどき、こんな疑問に取り憑かれるのだ。今もそこかしこの人里離れた場所には、不思議な生き物たちが寄り集まっているのだろうか。昔々は誰も彼もが、散歩に出かけた折々に、見たり話しかけたりできた生き物たちが……？

――Ｍ・Ｒ・ジェームズ

一八一六年のディオダティ荘のハウスパーティーについては多くのことが書かれてきたが、あまり知られていないのは、そのハウスパーティーとチャールズ・ディケンズとの気象学上のつながりだ。その〝夏のない年〟、バイロンとシェリー一行は悪天候から逃れて引きこもり、ライプツィヒの出版社が発行した幽霊物語を読んでいた。雨はレマン湖のほとりに鉛の粒のように降り注ぎ、六月の気温は急激に下がって、世界的な不作が予想された。現在では、遠く離れたオランダ領東インド諸島で大規模な火山噴火があったせいで、気候変動が起こっていたことがわかっている。

一八一五年、タンボラ山の活動が活発になった。これは過去二千年で最大級の火山噴火となり、八百メガトンの爆発が起こって、灰と硫黄の混合物が対流圏に注ぎ込まれた。[1] その影響は数十年にわたって続き、ディケンズの子ども時代のほとんどを形づくった。つまり、雪に覆われたグリーティングカードの全体的なイメージは、摂政時代（訳註：ジョージ四世が即位に先立ち摂政王太子として統治した時代、一八一一〜一八二〇年）の異例の天候から来ている。そのきっかけとなる、自然発生した核の冬、火山の大噴火が、熱帯のスンバワから西へ流れる大気のなかで、初の文学的な吸血鬼物語（『吸血鬼』一八一九）とフランケンシュタインの怪物を解き放った。

一五八八年、ノエル・タイピーは『幽霊についての論文』のなかで、当時プロテスタントがカトリックの煉獄を否定したことに対する怒りの告発を書いた。〝レマン湖の濁った臭い水を飲んだあの作家たちはみな明らかに、幻影や幽霊を否定する傾向にある……あの異端者たちと無知な異教の偏屈者たちの本を読めば、死者の霊魂が現れることはありえないと書かれた文章が至るところに見つかるだろう〟（訳註：レマン湖のほとりの街ジュネーヴは宗教改革の時代、プロテスタントの一派の拠点となった）。湖の水は、ヨーロッパで幽霊を信じるかどうかの問題からそれほど遠くないところにあったようだ。しかし、カトリックの極端な部分を取り上げてそれをフィクションに変えたのはプロテスタントの作家たちだった。現代の幽霊物語は、レマン湖から生まれたのだ。

一七七八年にカトリック救済法が可決されたのと相前後して現れたゴシック小説は、主として同性愛の男性たちと喘息持ちの女性たちによって書かれた文学ジャンルだった。『オトラント城奇譚』（一七六四）はホレス・ウォルポールが書いた幻想小説だ。ウォルポールは首相の息子であり、コックレーンの幽霊をみずから経験するために大急ぎで足を運んだ男でもあった。小説は、〝古くから続くカトリック教徒の家〟で再発見された古代の原稿という形を取っていて、肖像画の人物が動き出すなどの超自然現象が起こる。[2] はるかに裕福で、同じくらいそつのないウィリアム・ベックフォードは、『ヴァテック』（一七八六）で建築術的な幻想物語を書いた。

隠遁したラドクリフ夫人（一七六四～一八二三）[3] の小説――『ユードルフォの謎』など――は人気があったが、M・R・ジェームズは、夫人の書く幽霊事件が、すべて最後にはにうまくごまかされてしまう〝腹立たしいほどの小心さ〟を嘆いた。ベックフォードと同じく裕福な家庭に生まれたジャマイカの奴隷所有主の息子、M・G・ルイス（一七七五～一八一八）はベストセラーとなる『マンク』（一七九六）を書き、その翻案もロンドンの舞台で大ヒットした。ぞっとさせる恐怖の感覚と修道院を悩ませる性愛の罪が描かれた作品を、M・R・ジェームズはひどく恐れて、〝感動させることなく不快で忌まわしい〟と評した。しかし『マンク』の重要な点は、この作品のなかにドイツ文学の影響が組み込まれていることだ（ルイスは語学に堪能で、ドイツに旅してシラーやゲーテに会っている）。

ディオダティ荘で読まれていたのはドイツの短編集『ファンタスマゴリアナ』だった。ドイツの影響がイギリス文化のなかで最高潮に達したのは、ほんの数十年後、キャサリン・クローの二巻からなる『自然の夜の側面』（一八四八）が国のあらゆる本棚に置かれるようになったときだ。クローはドイツ語に堪能で、著書はドイツの鋭敏さとフォークロアのスタイルが際立っている。

多くの作家[4]が論じるところによると、ローマカトリックの伝統の深い流れは何百年ものあいだ、イギリス文化の表層のすぐ下にあった——国教と政治は、明らかにプロテスタントだったにもかかわらずだ。何世紀ものあいだ、英国国教会の要人たちは、とりわけ幽霊という話題について、労働者階級が基本的にカトリック的であり続けていることを嘆いていた。

多くの人は、カトリックの司祭だけが幽霊を祓えると信じていた[5]——厄介な霊魂を追い散らそうとするプロテスタントの努力はたいてい、なんらかの正式な儀式ではなく、長々と賛美歌を歌うことや、悪魔を追い払うことを必要とした。それは悪魔のしわざでなくてはならなかったからだ。現代の事例でも、それがルールらしい——『エクソシスト』の下敷きになった一九四〇年代の物語では、ルター派の司祭が悪魔の制御に失敗し、カトリックの司祭を呼ぶしかなくなる。ハロウィーンに教会の鐘を鳴らすのはカトリックの名残で、プロテスタントが正統とされたあとも長年続けられ、統治者たちを激怒させた。

その過程がイギリスでのローマカトリックの解放へとつながったのは、特に驚くべきことではない。最初の重要なステップは、一七七四年のケベック法と、一七七八年と一七八二年の救済法だった。一七六三年にケベックをイギリスの植民地としたことで、多数の新たなカトリック教徒がイギリスの統治のもとに置かれた。ホレス・ウォルポールの手になる初のゴシック小説が発表されたのは、そのほんの一年後だ。ケベック法は、カトリック教徒が自分たちの学校と司教を持つ権利を認めた。徐々に変化する法律へのプロテスタントの反発は激しく、たとえば一七七九年のスコットランドの暴動や一七八〇年のロンドンのゴードン暴動となって爆発した。『マンク』の出版された年が一七九六年であることを考えると、この小説はドイツ的な要素が顕著だとはいえ、ヨーロッパでのカトリック復活に対するイギリスの恐れにおもねるプロパガンダ的な物語として読むこともできる——修道士が肉欲におぼれて悪魔に魂を売り、破滅するという筋書きで……。その邪悪な修道女たちは、幽霊の姿となってイギリスに帰り、百年後にも、たとえばボーリー牧師館やブライトンのザ・レーンズなどの逸話に、似たような人物として登場する。

その小説はダブリンでも人気があり、短いあいだに何度か版を重ねた。また、その要素の多くはチャールズ・マチューリンの『放浪者メルモス』（一八二〇）でも取り上げられた。フランスのユグノーの家系でプロテスタントの聖職者だったマチューリンは、小説の悪評によって聖職者としての出世を阻まれることになった。悪魔に魂を売る学者の物語だ。

しかし、イギリスの幽霊物語に決定的な影響を与えたのは、同じくユグノーの聖職者の息子、シェリダン・レ・ファニュ（一八一四〜七三）だった。ともかく、サフォークのリヴァーメアにある父親の牧師館でその作品を読んでいた幼いころのM・R・ジェームズを感動させたことは確かだ。レ・ファニュの物語では、死は常につきまとう邪悪なものであり、ある物語では緑茶のような軽い

図11　M・R・ジェームズ。人里離れた場所に閉じこもって学究生活を送り、ほこりをかぶった子ども時代の恐怖を部屋に持ち込んだ。

刺激物をとりすぎただけで、忍び寄ってくる。死体性愛（『シャルケン画伯』）や女性の同性愛（『吸血鬼カーミラ』）を語る話もある。ほぼ無一文で、体の弱い神経衰弱の妻を抱えながら雑誌に寄稿するという不自由な生活を送ったこの作家は、アイルランドのエドガー・アラン・ポーと呼ばれてしかるべきかもしれない。

　ジャンルの祖先や子孫とは違って、M・R・（モンティー）ジェームズはまじめな学者だった——当代屈指の古文書学者で、聖書外典の専門家でもあった。賢く読書好きな少年で、奨学金を受けてイートン・カレッジに入学し、ケンブリッジのキングズ・カレッジに進んだ。そこで学部長兼学寮長になり、最後はイートンに戻って、亡くなるまで学寮長としてそこにとどまった。若くして、隠遁生活を好んでいた。

　クリスマスイヴに、キングズ・カレッジでジェームズが幽霊物語を朗読する儀式[6]は、イギリスのクリスマスの風物詩となった。一九〇三年以降、それはまず聖歌隊との午後のお茶会という形を取り、次に礼拝堂での式と、ホールでの晩餐会が続いた。そのあとモンティーと友人たちは〝社交室〟（カレッジの特別研究員のための談話室）で一時間ほど過ごし、カードゲームをして、お開きになってからモンティーの部屋へ行く。オリフ・リッチモンドは、典型的な朗読の晩を次のように描写している。

わたしたちはろうそくの明かりのなかで待っていた。誰かがピアノを数小節弾いたようだが、結局すぐにやめた……モンティーがとうとう原稿を手に寝室から現れ、ろうそくを一本だけ残してすべて吹き消した。それから、ほかの誰にもまねできないほど自信たっぷりに朗読を始めた。ほの暗い明かりに、ほとんど判読できない原稿がぼんやり浮かんで見えた。

死後に発表された作品「小窓から覗く」で、ジェームズはレ・ファニュの物語を読んだ子ども時代の経験を回想している。モンティー少年はサフォークにある牧師館の二階の自室にいた。

本を読んで、わたしは荒涼とした道をたどってみる気になった。心細さを感じながら避けようもなく、農園の門をめざした。当然ながらそこは閉まっていて、道には入っていく人も出ていく人もいなかった……門にはかんぬきを動かすための四角い穴があいていた。その穴からなかをのぞき――わたしは腹を殴られたかのような衝撃を受けた――白い、あるいは部分的に白い何かが見えたのだ。もはや耐えられそうになかったが、どうにか勇気らしきものを振り絞って――むしろ、最悪を知るべきだと決めたかのような、自暴自棄に近かった――こっそりと進み、もちろんまったく無意味なのだが、やぶの背後に隠れながら近づいて、門と穴のすぐそばまでやってきた。なんと！　事態は恐れていたより悪かった。穴の向こうから、顔がこちらを見ていた。怪物のようでもなければ、青ざめた肉体のない亡霊のような姿でもなかった。悪意に満ちている、とわたしは思った。そのとおりだったと思う。どちらにしても、大きく見開かれ、わたしに据えられた目は、充血して熱っぽかった。目のすぐ上を、頭からだらりと垂れた白い布のへりが覆っていた……ふたたび家族と顔を合わせたとき、わたしがどうふるまったかについて、きびしい質問はしないでいただきたい。

長年のあいだ、M・R・ジェームズのいちばん有名な小説は「人を呪わば」だった。オカルト信仰者の呪いの対象となる男の話だ。それは一九五〇年代のイギリス映画屈指の名作『悪魔の呪い』の下敷きとなり、もっと最近では日本のホラー映画『リング』にも影響を与えた（ちなみに、井戸から出てきて人を襲う悪魔についてば「学校綺譚」と「むせび泣く泉」、過去の超自然的な犯罪の記録がよみがえるシーンには「銅版画」と「呪われた人形の家」、髪で顔を覆われた幽霊が追いかけてくるシーンには「ポインター氏の日記帳」の影響が感じられる）。

けれども、ジェームズの最高傑作は「笛吹かば現れん」だ。これは一九〇四年に初の短編集『好古家の怪談集』のなかで発表された。それは、現実の研究で教会に関する文書の発見がベリーセントエドマンズ大修道院の発掘につながり、数人の大修道院長の失われた墓が見つかったほんの二年後だった。

物語はこんなふうに進む。偏屈な独身の学者が海辺の町にやってくる。彼の名はパーキン教授。少しばかりゴルフを楽しもうとしているようだ。しかし、風が吹きつける人けのないイーストアングリアの海岸を歩いて、草に覆われた古いテンプル騎士団の遺跡を探索しているとき、地面から突き出ている金属の笛を拾った。そこにはラテン語で〝Quis est iste qui venit ?〟と刻まれていた。[7] M・R・ジェームズがプロットの重要な場面にラテン語を使うのはまれで、しっかり勉強しないと悪鬼に捕まってしまうぞ、というすばらしい警告にもなっている。教授は〝オントグラフィー〟の専門家だ。M・R・ジェームズはその言葉をこの物語のために特別にこしらえたのだが、現在では、地形とそこに棲《す》む生物の関係を示す用語として受け入れられている。パーキンは自分のラテン語がさびついていることを認めながらも、刻まれた文字を訳せば〝こちらへ来るのは何者だ?〟になると考えた。

笛は奇妙な謎めいた音色を奏でた。ラテン語の学者なら、〝iste〟が軽蔑的な言葉で、何が来るとしてもそれは不快なものであって、もちろん人間ではなさそうなことわかるはずだ。訳すなら〝こちらに近づいてくるあの忌まわしいものはなんだ?〟とすべきだろう。[8]

この作品は、こういう物語によく登場する典型的な主人公を使っている。少し自分の興味に熱中しすぎている懐疑的な学者が、超自然にじかに向き合うことになる。学者が分別を失っていく姿は鮮烈だ。ゴルフ仲間の大佐から、笛のローマカトリック的な起源について警告されたにもかかわらず、教授は笛を吹いてしまい、あるものを目覚めさせる。その犬のような執着ぶりは、恐ろしくありがた迷惑となる。

ホテルに泊まり、使われていないシングルベッドの横で夜を過ごしたことのある人なら誰でも、夜中にベッドから〝しわくちゃのシーツに覆われたひどく恐ろしい顔〟を持つ人影が起き上がるという妄想の力を知っているだろう。M・R・ジェームズの場合、それはリヴァーメアの牧師館で暮らしていた少年のころ、シーツに縁取られた顔が自分を見据えていたあの光景の回想そのものだった。

実際、小説のなかでは、通りがかった地元の少年が、真っ昼間に窓から手を振る幽霊におびえている。[9] ジェームズがワラムの〈レッドライオンホテル〉やカンタベリーの〈カントリーホテル〉から手紙を書いたことがわかっているが、おそらくこの物語が生まれるいちばんのきっかけとなったのは、オールドバラの〈ホワイトライオン〉での一時逗留だろう。その他の点では、ゴルフをする少し軟弱で気むずかしいパーキン教授は、一部の人が考えるような自画像とはまったく違う。教授は、ろくな教育を受けていない人の典型だ。

きちんとラテン語を学んだ学者だったなら、けっして笛は吹かなかっただろう。

正午と真夜中の両方に鳴る伝統的な鐘の音が幽霊の出現を告げたように、Ｍ・Ｒ・ジェームズは真夏と真冬を同じくらい熱心に扱った。

一九二七年七月二十五日の手紙[10]では、こう言っている。〝教頭先生から、明日、車でドーセットのワーバロウ湾に連れて行ってくれるという申し出があった。ボーイスカウトたちがそこでキャンプをしている——さらに、キャンプファイヤーのそばで恐ろしい物語を読んでやってほしいという提案もあった。わたしの予想に反して生まれた作品だ〟。

ワーバロウ湾は、現在ジュラ紀の海岸と呼ばれる場所で、ドーセットがパーベック半島の海に接する位置にある。タインハムの渓谷の人里離れた神秘的な場所で、その写真は二年後の一九二九年八月、《タイムズ》紙の半ページに、損なわれていないイギリスの見本として掲載された。そこに写し出されているのは、銀色の海を背に、馬に引かせた刈り取り機が、ロンドンの教会のほとんどを飾っている岩や石を提供した土地を進む姿だ。

「むせび泣く泉」はジェームズにとってきわめて私的で異例な物語だ。少なくとも冒頭では本人が登場人物となり、最初の数ページには、当時の少年たちと特にイートン・カレッジの生徒たちの興味を引くためのユーモラスな表現がたっぷり盛り込まれている。ボンド一家（一六八三年以来、この地でおもにエリザベス朝様式のマナーハウスに住んでいた一家）が所有する土地にある、ボーイスカウトたちがキャンプをしていたらしい海岸と近くの崖に行くため、ジェームズはお茶の時間に間に合うように、車でフラワーズバロウの鉄器時代のとりでを通り過ぎ、渓谷を下っていったのかもしれない。

どうやらジェームズは、少年たちに配られた地図から発想を得たらしい。何があっても迷い込んではいけない場所に、赤で印がつけられていた。ジェームズは物語のなかでその地図を描写し、そこから物語をつくり上げ、あるうららかな夏の午後丘の斜面に寝転んでいる少年たちを登場させた。そして、禁じられた森のある一帯が、特に興味深いことを強調した。ある少年が、眼下の渓谷に生えたモミの木立に引きつけられる。明らかに、赤い輪で囲まれた禁じられた区域のなかで、地元の羊飼い、土地の言い伝えを教えてくれる人物から近寄るなと警告されたにもかかわらず、少年はそこへ行く。友人たちは遠くから、少年がふたつの骸骨のような人影にまずあとをつけられ、次に飛びかかられるのをぞっとしながら眺めている。

スタンリーは、缶で打ちつけた。それが持っていたただひとつの武器だった。破れた黒い帽子が化け物の頭から落ち、髪の房らしき染みのある白い頭蓋骨が現れた。そのときまでには、女のひとりが乱闘に加わって、スタンリーの首にロープを巻きつけて引っぱっていた。取り囲まれ、スタンリーはたちまち取り押さえられてしまった。恐ろしい叫び声がやむと、三つの人影はモミの丸い木立のなかへ去った。

少年たちは知らなかったかもしれないが、髪の房がついた頭蓋骨の描写は、ジェームズが自身の経験から得たものだ。

一九〇九年十一月、イートン・カレッジとキングズ・カレッジの創設者、ヘンリー六世の墓がウィンザー城で開かれ、ジェームズは学寮長の資格で招かれた。学寮長に就任してすぐに、十二月六日のイートン・カレッジの創立者記念日の伝統を復活させていたのだ。職務のひとつは、王の遺骨を記録し改葬の手助けをすることだった。ジェームズが遺骨を新たに白い絹の屍衣で包み、それはふたたび埋葬された。頭蓋骨のかけらのひとつに、茶色い髪が付着していたことがわかっている。一カ所だけ、血で固まったような部分があった。

ジェームズは、いつも以上の趣向を凝らし、読者にウィンクして物語を締めくくった。さて、と著者は言う。木立の骸骨たちは、真冬の夕暮れに骨がカタカタ鳴る音と泣き叫ぶ声が響くなか、次に観察されたときには、もうひとり増えていた。《イートン・カレッジ・クロニクル》（一九三六年七月号）のジェームズの死亡記事によると、〝物語の舞台はキャンプにかなりよく似ていた……その結果、何人かの少年たちは少しばかり不安な夜を過ごした〟。あの日から、地形はほとんど変わっていない。木立はおそらくルックスグローヴか、ボーキントン農場のわきへ続くウィジーベッドだろう（立入禁止で、ちょっとした沼地を横切らなくてはたどり着けない）。この地域全体が、今も立入禁止のままだ。

一九四三年、教区全体が軍に接収された。Ｄデーの演習はあの湾で行なわれたといわれる。十二月十九日、ボンド一家と村人のすべてが立ち去った。ボンド一家が先祖代々の家でクリスマスを過ごすことはもうなかった。[11] 村を去る途中、ボンド夫人は教会に立ち寄り、扉にメモを留めた。〝どうぞ、教会と家々をていねいに扱ってください。わたしたちは、多くの人が何世代にもわたって住み続けてきた家を明け渡すのです。戦争に勝って、人々の自由を守るために。わたしたちはいつか戻ってきて、村を大切に扱ってくれたあなたがたに感謝するでしょう〟。一九四八年の内務委員会で、この地域は軍の統治下に置かれることに決まった。タインハムの屋敷は、一九六〇年代に取り壊された。戦争中、そこには空軍婦人補助部隊の隊員たちが住んでいた。

現在、その地域全体が、国防省が所有する砲兵射撃場と軍用駐車場になっていて、平日は立入禁止だ（渓谷と美しい丸石が敷き詰められた湾は、チェシルビーチの幽霊で有名な場所のすぐ下にある）。村はほとんどの文学作品で〝幽霊村〟と呼ばれている。小学校の校舎には、コート掛けの下に子どもたちの名前が残っている。

そして、砲兵射撃場は？　一九六七年三月のある朝、ワラム近くのストーバラから来たふたりの十四歳の少年が、イーストホルムの射撃場の付近に迷い込み、戦車の砲弾で死亡した。今そこは、ジェームズによって〝むせび泣く泉〟を取り囲む地帯と説明されていたのと同じように、地図上で赤く線引きされている。言うまでもなく、むやみに立ち入らないのが賢明だろう。

第10章　ファニー嬢の新劇場

しかし、もし人影が現れ、特定の男が特定の場所で特定の時刻に死んだと告げ、わたしがその事実に気づかなかった、あるいは知る手段を持たなかったとして、その事実があらゆる状況についてのちに疑いなく証明されたとすれば、そのときは、超自然の存在がわたしに伝えにきたのだと納得するだろう。

——サミュエル・ジョンソン

一七六二年一月下旬。史上初めてのメディアサーカス。風に乗って聞こえてくるのは、イギリスとスペインの最近の戦争、そしてロンドンを襲うここ二十年で最悪の大嵐。テムズ川の船は木っ端みじんに砕け、家々の屋根は吹き飛び、セントセパルカーズ教会の裏通りの細い側溝には雨が降り注ぐ。

広く知られた数々の降霊会で、死んだ女性の幽霊が、生き延びた夫に対し、トントンという音を使って殺人罪を訴える。その醜聞に引かれて、上流社会は超自然現象のうわさ話を聞こうと躍起になる。聖職者はあの世の情報をしつこく求める。外では、コックレーンとホージャーレーンに怖いもの見たさの群衆が集まり、ジンで酔っぱらってそわそわと動き回る。新聞社は交戦状態で、互いの記者を奪い合い、独占記事を載せ、特ダネに金を払ったり他社のスター記者を引き抜いたりして、初期の札束ジャーナリズムを展開しつつある。芸術家たちは、ろうそくの煤《すす》を使って、風刺的な銅版画を細部まで念入りにつくり、だまされやすさをあざける。通りの行商人は、へたな詩を売る。わいわい、がやがやの大騒ぎ。ホレス・ウォルポールは皮肉を込めて、〝流行を支配〟しつつある[1]幽霊は〝幻影〟というより〝幻聴〟だと言う。幽霊は音を立てるが、姿を現してはくれないからだ。まるでコックレーンの幽霊は、十八世紀の中傷と酒浸りと妄想が途方もなく増幅して現れた何かのようだった。

現在、その路地は静かなもので、ロンドンのにぎやかな地域の忘れられた暗渠《あんきょ》となっている。ささやかすぎてグーグルアースにも写らず、今も薄暗く、西側にはかつてフリート川の岸辺だった場所へ続く急な坂道がある。屋敷自体は六〇年代に取り壊された。北には歴史上重要なスミスフィールド市場があり、南にはニューゲート監獄の跡地に立つ中央刑事裁判所《オールドベイリー》がある。角を曲がってコッ クレーンに入るとすぐに、まるで納骨堂の隙間に落ちたかのような気分になる。

九〇年代の発掘調査でわかったとおり、地下には、スミスフィールド市場から続く古代の暗渠や、ローマの埋葬地、家畜の骨、提携屠畜《とちく》業の残骸、革や革靴の切れ端などが眠っている。土壌には今も、牛の血のせいで硝酸塩が多く含まれ、屠畜場の働き手が育てていたタガラシなど植物の枯れた種が散らばっている。東端には、セントバーソロミュー病院がある。そこには、創立者ラヒアの幽霊が取り憑いているといわれる。神に救いを求めた十二世紀の旅の道化師で、今もときどき、ラヒア病棟の眠れないがん患者たちに姿を見られている。

一七五九年、立派な身分らしい男女が、労働者階級のパーソンズ家に下宿することになった。家は、ロンドン市の古い市街壁のすぐ外、コックレーンに位置していた。ウィリアム・ケントとファニー・ライネスには秘密があった。ふたりは不義の生活をしていた。どちらも衝動的で向こう見ずなところがあり、どちらもノーフォークで商業を営む中流階級の家庭の出身だった。ファニーはケントと駆け落ちしたのだった。

ケントは少しばかり遺産を相続していて、クラーケンウェルに家を買ったが、修繕が長引いていた。数日前、ケントが下宿先の家主とけんかをして、ふたりは家から追い出された。ファニーは妊娠していた。ふたりはどこで暮らせばいいのかという危機に直面した。ある日曜日の朝、セントセパルカー・ウィズアウト・ニューゲート教会に行ったとき、会衆席に案内してくれた愛想のよい教会の庶務係[2]リチャード・パーソンズと話をし、数日後には、コックレーン二十一番地の狭苦しい粗末な家に引っ越した。

ケントは感謝の気持ちから、家主にいくらか金を貸した。幽霊出没は、まさにこの借金の返済期日が来た月に始まった。それは不履行になって、脅迫につながり、最後には訴訟となった。

リチャード・パーソンズはよくいるタイプの人間だった――特に悪い男ではないのだが、酒を飲みすぎて、しょっちゅう金に困っていた。妻とのあいだに娘がふたりいて、そのひとりベティーは、のちに〝ファニー嬢の新劇場〟のスターになる。ある風刺的な論説が、コックレーンの幽霊事件をそう名づけた。

コックレーンは平穏な場所ではなかった。当時イギリスで最大の牛・鶏・豚の市場だったスミスフィールドのにおいと喧噪が絶えずつきまとい、火曜日と金曜日には家畜商人が何百頭もの家畜をロンドン郊外から街へ追ってきた。間違ってコックレーンに入ってくることもあった。『オリヴァー・トゥイスト』では、スミスフィールドには〝体を洗わず、ひげも剃っていない、むさくるしく不潔な者たち〟が群がっている。『大いなる遺産』では、ピップは自分がその状態に近いことに惨めな気持ちになる――〝汚物と脂と血と泡ですっかりよごれた恥ずべき場所が、わたしにこびりつくかのようだった〟。

ニューゲート監獄のうめき声と騒音、セントバーソロミュー病院の病人と怪我人の呼吸音（ここの婦長はのちに、幽霊に質問してノックを読み取る公共イベントのひとつを主催する）、スミスフィールド市場の屠畜の音、セントセパルカーズ教会の死刑執行を知らせる鐘……聴覚と知覚に襲いかかる発散物は、すさまじかったに違いない。

コックレーンの外れのパブ〈小麦の束亭〉は、パーソンズの行きつけの店だった。どうやら入り浸っていたようだ。何百年もたってからすべての証拠を見てみると、コックレーンの幽霊は、際限なく膨らんだパブの冗談、その後一年で急速に広まった酔っぱらいの悪ふざけだったことがかなりはっきりしている。この物語のなかで、アルコールはとても大きな役割を果たしている。ここはホガースが描いたロンドンの『ジン横丁』で、そこではあらゆる世代のロンドン子たちが、安い蒸留酒で唐突に永久に酔っぱらった。パーソンズは酔っぱらいだった。家の外の群衆は酔っぱらいだった。ほぼはっきりしているとおり、降霊会は酔っぱらいの娯楽であり、騒々しい影絵芝居であり、パーソンズ一家はめまぐるしく移り変わる連続メロドラマの中心的な役割を楽しんでいた。

パーソンズの家に引っ越したあと、ケントはファニーを寂しく不幸な状態でコックレーンに残し、仕事で家を離れることが多くなった。コックレーンの幽霊の音が最初に聞かれたのは、そういう折だった。ファニーはひとりで過ごす夜を惨めに感じて、当時十二歳くらいだったベティー・パーソンズに、二階の寝室でいっしょに寝てくれるように頼んだ。ファニー・ライネスは繊細で情熱的な女性で、ケントが妻――ファニーの姉――の死と、次に二カ月の息子の死に向き合ったとき支えとなった。とはいえ、ケントへの手紙には強迫観念をいだきがちな傾向も見られる。

ほどなく、ファニーはノックの音や引っかく音に悩まされるようになった。なぜベティー・パーソンズがそういう音を立て始めたのかは永遠にわからないだろうが、注意を引こうとしたことは確かに思える。父親に対する真夜中過ぎの嘆願は、熱に浮かされ活発になりすぎた感受性の現れのようにも見える。ベティーが混乱していたという証拠はない――むしろ、その年の後半にさらされた重圧を考えると、かなり冷静だったようだ。

リチャード・パーソンズは最初、そういう状況に置かれた人なら誰でも取るような行動を取った。筋道を立てて騒音を調べ、羽目板の奥にネズミがいないか、となりの靴屋がトントン音を立てていないかを確かめた。しかしファニーはそのどれも否定した。靴屋が日曜日に働くはずがあるだろうか？　最初に幽霊の音がしたとき、ファニーは、亡くなった姉のエリザベスが、夫と駆け落ちした妹をとがめに来たのだと信じた。それは数週間続いた。そのころまだ幽霊が活動的だったかどうかははっきりしないが、一七六〇年一月、ウィリアム・ケントはついにパーソンズに我慢できなくなった。十二ギニーの借金に対する最初の返済が三カ月も遅れていた。パーソンズはケントに、金を払うつもりはないと言い放った。もししつこく要求するなら、ケントとファニーの事情をばらすというのだ。ケントはファニーの姉とのあいだに子どもがいたので、教会法のもとではファニーと結婚できなかった。ふたりの子どもは婚外子となる。

ウィリアムとファニーはいきなり、服と身のまわりのものだけを手に、コックレーンの小石だらけの通りに放り出された。ファニーにとっては破滅的な状況となり、あっという間に天然痘にかかって、わずか二、三週間後に亡くなってしまった。ファニーについてのわずかな情報からはっきりしているのは、ベティー・パーソンズがファニーになついていたということだ。その後起こったすべてのことは、その思慕のせいとも考えられる。特に、自分のもとからファニーを遠ざけたケントに対して、子どもじみた怒りを覚えていたからだ。ファニーについて残されたものは、亡くなった姉エリザベスのノックだけだった。それから、感情が形を取った奇妙な事例として、正義を求めるファニーの声がするようになる。

一七六〇年のあいだはほとんど、幽霊はエリザベスと見なされていた。ファニーはそれほど遠くない場所で死にかけていた。パーソンズはいたずらをたくらみ、〈麦の束亭〉の迷信深い主人ジェームズ・フランゼンをからかってやることにした。フランゼンは、病的なほど霊魂の存在を怖がっていた――実際、のちの裁判では、目の前で詐欺が暴露されても、経験したことを思い出しただけでずっと恐怖に身をすくめていた。

ある晩、パーソンズはフランゼンをコックレーン二十一番地に来るよう説きつけた。フランゼンが厨房の席に着くと、パーソンズ夫人が夫は出かけていると言った。教会の庶務係はシーツをかぶって、階段を駆け上がった。この悪ふざけにベティーが関わり――フランゼンが幽霊を追いかけるのを邪魔した――パーソンズ夫人が夫の留守を装ったのだとすれば、ともかく、一家は喜んで話を盛り上げようとしていたことになる。幽霊恐怖症のフランゼンはひどく動揺してすっかり震え上がり、大急ぎで逃げ帰った。ほんの数分後、パーソンズは〈麦の束亭〉の厨房に駆け込んだ。真っ青な顔のフランゼンがそこに引きこもっていた。パーソンズは、なみなみと注いだブランデーを求めて、自分も幽霊を見たことを示し、目的をはっきりさせた。一杯のただ酒には、大きな効果があった。

一七六〇年二月二日、ファニー・ライネスは不快な状況で苦しみながら亡くなり、コックレーン二十一番地ではその年じゅう、ノックの音と引っかく音が、たいていすさまじい勢いと激しさで続いた。今回、ベティーはけいれんの発作に悩まされ始めた。これは付随的な情報だが、重要だ。ファニーの死がベティーをひどく動転させたというのは、ありそうな話に思える。父親とは仲がよかったが、ファニーが若死にしたのは父がコックレーンから追い出したせいとわかっていたはずだからだ。

新しい下宿人は騒ぎのせいで出ていき、隣人も文句を言った。パーソンズは大工を呼んで羽目板をはがさせた。つまりいまだに、誰が、あるいは何が騒音の原因なのか、見当もつかなかったらしい。時は過ぎた。幽霊はその地域でよく知られるようになった。うわさ話は間違いなく、フランゼンによってさらに広まった。おそらく〈麦の束亭〉に立ち寄った酒飲み全員に、長々と話して聞かせたのだろう。それから、長い中休みがあった。

なぜ幽霊は、また騒ぎ始めたのだろう？　ファニーとウィリアムがコックレーンを去ってから、二年近くたとうとしていた。幽霊は彼らがいなくなってからもしばらく活動を続け、それからしだいに消えた。またしてもあらゆる状況から見て、そのころ十代になっていたベティーの深刻で長引く心の動揺があった。注目すべき〝ポルターガイスト〟の事例には、必ず象徴的な存在として十代の少女がいる。そして思春期と罪の意識は、強力な組み合わせだ。おそらく、コツコツという音の

図12　コックレーンの幽霊による“幻聴”が起こったかつての寝室。何年ものちに描かれた。

復活の原因は、一七六一年十一月初旬にパーソンズ一家が知った情報にあるのだろう。ウィリアム・ケントが再婚し、さらにファニーの兄が金銭問題で彼を訴えていたのだ。ケントに対する憎しみが、ふたたび急激にかき立てられた。

パーソンズ一家はその新しい情報を知って、なぜか動揺し、あの男に対する反感を強めた。するとすると騒音が戻ってきた。フランゼンは呪われた家を訪れたとき、パーソンズ一家に、幽霊はエリザベスではなく本当はファニーだと聞かされた。一家はやや複雑な軽蔑の気持ちになり、〝自分が悪く言った人間のことは最後まで許さない〟という金言に従って、一貫性のない無計画なやりかたではあったが、ケントを少しばかり痛めつける機会を見つけた。向かいの慈善学校で生徒たちが聞いた大きな音はなんだったのだろう？　もしかすると、友だちが憎らしい夫に見捨てられて死んだと信じた少女の、意識的な破壊と攻撃だったのか？　それとも、けいれんの発作による恐ろしい無意識の大暴れだったのか？

今や騒音は、別の階級の人にも注目されていた。ジョン・ムーア師はセントセパルカーズ教会で説教をしていて、少なくとも使用人としてのリチャード・パーソンズを知っていたはずだ。ムーアはコックレーンの教会慈善学校とつながりがあり、向かいの家の幽霊について耳にしたとき、すぐさま強い好奇心に駆られた。そしてコックレーン二十一番地を訪れ、家族に幽霊について尋ねた。パーソンズが自説を展開し始めたのはこのころだった――ファニー・ライネスは内縁の夫に毒殺され、幽霊となってこの世に戻り、復讐を企てている、と。コックレーンで死んでいないことはどうでもいいらしい。ベティーが幽霊の媒介者だった。

この情報は〝ニューゲート監獄付き牧師〟をびっくりさせた（ホレス・ウォルポールのムーアについての描写はとても鋭く機知に富んでいた――本物のニューゲート監獄付き牧師はスティーヴン・ローという人で、犯罪者の告白をおぞましい筆致で記録した『ニューゲート監獄付き牧師の報告』[3]は毎年ベストセラーとなった）。ムーアが平衡感覚や自衛本能をすっかり失ってしまうまで、そう長くはかからなかった。ここまでだまされやすかったことには、文化上の明確な理由があった。ムーアは、ロンドンで屈指の古い教会の巡回牧師を務めていたとはいえ、現代的な考えを持つ人物だった。新興のメソジスト派に傾いていたのだ。

高位の聖職者たちは、とにかくこの新しい考えに懐疑的だった。また、身分の高い人々のあいだでは、大衆におもねる傾向に対していくらかの軽蔑があった。とはいえ、この時代のメソジスト派について最も興味深いのは、超自然の現実性に対する絶対的な確信だ。それは創始者ジョン・ウェスリーの特性と、子ども時代のポルターガイスト体験を反映していた。[4]

死者が生き続けて生者を観察し、正義を訴える活発な力となることを疑いもなく証明できる聖職者は、メソジスト派の世界のスターになれただろう。ムーアが虚栄心の強い人物だったことをその行動から証明するものは何もないが、自分を待ち受けているかもしれない栄誉ある報いには気づいていたに違いない。しかし、一回の降霊会のあと、パーソンズ一家の正直さを信じ、ファニー・ライネスの亡霊が本当に自分を毒殺した夫を責めていると見なしたその判断は、ムーアを破滅させ、早死にさせることになった。教育を受けた人物による、とてつもない愚行だった。コックレーンの幽霊事件は、関わったすべての人に汚点をつけた。悪意という名の生き物に触れたすべての人に。

いくつかの報告では、[5]パーソンズがムーアに幽霊の話を持ちかけたと主張されているが、最近の説得力のある分析では、[6]状況は逆だったとされている。重要な違いだ。パーソンズ一家は、隣人や友人とのちょっとした心理劇に関わっていたが、教区内での悪ふざけを街じゅうに、ましてや国じゅうに広めるつもりはなかった。リチャード・パーソンズがクリスマスの直後、すでに降霊会で入場料を取っていたことをムーアが知った時点で、警鐘を鳴らし始めるべきだったのかもしれない。

一連の誤算のひとつめとして（前払いで観覧料を取れば、すぐさま催しの誠実さが疑われるというまったく正当な判断を下して)、ムーアはパーソンズに、セントセパルカーズ教会とは別のメソジストの銀行口座から俸給を差し出した。その後パーソンズに、ケンブリッジサーカスの外れにあるメソジストの礼拝堂でもっと給料のいい仕事があるかもしれないと持ちかけてもいる。ムーアはすでに、パーソンズ一家に深入りしていた。のちに、それを後悔することになる。ムーアには、何がそれほど説得力を持つように見えたのだろう? 降霊会についての記録はどれも、似たような様子を語っている。ベティーと妹のアンはいっしょにベッドに入れられていた。片隅に一本の獣脂《じゅうし》ろうそくが灯され、部屋は暗い影に包まれている。両親はその近くに座った。客として招かれた人たち――だいたい二十人まで――はゆっくり階段をのぼり、たいてい部屋のまんなかに置かれたベッドのまわりに腰かけた。降霊会は十時ごろから始まり、ひと晩じゅう続くこともよくあった。まず初めに、家族の友人であるメアリー・フレーザー、地元の有名なトラブルメーカーが、司会役を務め、ウォルポールの言う〝パントマイム〟で霊媒師の先駆けのようなものを演じた。

さまざまな引っかき音が発生した。ある回では、猫が籐いすをほじくっているような音と描写された。トントン、ドンドン、コツコツという音もあった。ムーアは翼がはためくような音に強く引きつけられた。一七六二年一月五日に行なわれた降霊会で、ムーアは超自然の権威としてありったけの威厳をこめて自己紹介した。質疑応答のシステムができた。ノック一回がはい、ノック二回がいいえ。降霊会の詳細は見過ごされる傾向にあるが、そのなかでとても重要なことが起こっている。それは沈黙のなかで起こった。霊にインタビューしているとき、ムーアはこう尋ねた。「目的があって戻ってきたのか?」。ノック一回が返ってきた。ムーアが続けた。「生前、何者かに害を加えられたか?」。またノック一回。「そなたは殺されたのか?」。返ってきたのは沈黙だった。

約六週間後、コヴェントガーデンのある屋敷で、ベティーは管理された状況のもとで調べられ、まやかしを見破られた。ベッドのわきと自分の胸の両方をたたいて音を出していたのだ。両手のひらと拳にはたこができていた。ベティーを拘束すると、音は聞こえなくなった。とうとう、この世ならぬ音を立てるために寝具の下で使っていた木片とともに、現行犯で捕まった。それはともかく、一般には、家族全員が音の発生に関わったと考えられている。この時点まで、引っかき音やノックの音が聞こえてくる場所は、明らかにベティーとアンが寝ているベッドのあたりに限られていた。

〝はい、ファニーは何者かに害を与えられました〟とベティーはノックで答えた。しかし、ムーアがファニーに、内縁の夫に殺されたのかと尋ねると、ベティーは、〝はい〟か〝いいえ〟で答える気になれなかった。次に起こることを考えると、その質問に答えがなかったのは不可解だ。ムーアは沈黙に狼狽して――おそらくリチャード・パーソンズも――別の質問をした。「毒を盛られたのか?」。この時点で、降霊会の目撃者たちは、ノックがベッドから移動したことに気づく。そして部屋のあちこちから、少なくとも三十一回のノックの音が聞こえた。

リチャード・パーソンズは、自分の目的についてひどく厚かましかった。続く数週間の降霊会で、それははっきりしていく。新たな収入によって、いっそう酒に金を費やせるようになったのだ。ウィリアム・ケントがそういう会のひとつに出席して、本当に亡き妻が戻ってきたのかじかに確かめようとしたとき、またしても、「この家に住んでいた誰かに何かしらの危害を加えられたのか?」という質問に対してためらいが見られる。そして、「殺人者はこの部屋にいるのか?」という質問に対しても、しばらく間があいてから、一回のノックが返ってくる。この時点で、部屋の反対側に座っていたパーソンズが荒々しく割って入る。「ケント! 自分が縛り首になるかどうか、幽霊に訊いてみろ」。

ムーアがコックレーンでの降霊会について二本の記事を《パブリック・レッジャー》(興味深い選択だ——中流階級の商人を対象にした新聞だった)に発表したあと、ケントはすぐに味方集めに取りかかった——死の床にあったファニーを治療した薬剤師と医者、クラーケンウェルに妻を埋葬したスティーヴン・オールドリッチ師。オールドリッチは、パーソンズの天敵となり、おもにロンドン市長の意志にもとづいてコックレーンの幽霊を調べる委員会をつくり、パーソンズを破滅させることになった(この委員会は、サミュエル・ジョンソン(訳註:十八世紀のイギリスの文学者。愛称ジョンソン博士)を含むおおぜいの名士で構成された)。嫌疑の重大さを示すため、ケントは潔白を証明する過程の一環として、ファニーの棺をあけて腐敗した遺骸を見つめなくてはならなかった。

コックレーンの幽霊をつくり上げたのは、パーソンズではなくムーアだった。もしこの牧師が記事を書かなかったら、あるいはパーソンズのうそを奨励しなかったら、物語は地元のパブの主人をおどかすために企まれた冗談の域を超えることはなかっただろう。また、はっきりしているのは、幽霊の信憑性に関してはかなり初期から、会の最中にも疑問の声があり、少なくとも二回、割り込んで家族を弁護したのがムーアだったことだ。牧師は敵意のある目撃者が降霊会の途中で立ち去るのを止め、幽霊がオールドリッチの家での調査に同意したときには本意ではないと言い張った。どちらも、幽霊がまやかしとばれるのを防ぐためだった。市長にケントを逮捕するよう求めたのもムーアだ。そして降霊会には、仲間や名士たちを招待した。パーソンズは、まじめすぎる牧師がコックレーンに有名人を招待し続けることに苦々しさを覚えた。ほどなくまやかしが見破られることを知っていたに違いない。

コックレーンの幽霊は、ぜんぶで七カ所に現れ（コックレーンでは二カ所だけ）、とてもたくさんの人に目撃された――もし一七六二年一月ほとんど夜ごとに行なわれた降霊会に毎回二十人から五十人いたとすれば、控えめに見積もっても優に二百人を超える。近くの通りにはさらに数百人が集まっていた――ウォルポールの好意的な観察によれば、パブの主人やパイ売りにとっては恩恵だった。ケントとオールドリッチはどちらも、何度か自宅の玄関にたどり着くのに苦労し、だまされやすい野次馬をかき分けて進まなくてはならなかった。ベティーも、玄関の外でおおぜいがキャンプするなか、現代の有名人にもおなじみのやりかたで、あちこち連れ回された（ホージャーレーン近くの二軒とクラウン・アンド・クッション・コートの一軒を含む）。

しかし、物語が本当に展開したのはメディアのなか、特にリチャード・ジェームズという記者が関わってからだった。ジェームズはホージャーレーン出身の裕福な商人で、ウィリアム・ケントに対する名誉毀損で刑務所に入ることになる五人のうちのひとりだ。一七六二年一月十五日金曜日、三日前ケントが初めて出席した降霊会についてのジェームズの扇情的な記事が、世間に火をつけた。翌日、地元の新聞《ザ・ロンドン・クロニクル》と《セントジェームズ・クロニクル》も、記事を掲載し始めた。十八日月曜日には、《ロイズ・イヴニング・ポスト》が事件を扱い、その週には《デイリー・ガゼット》が、現金を積んでリチャード・ジェームズを引き抜き、自社のために記事を書かせた。二十日水曜日には、全国的な発行部数戦争が本格化し、《パブリック・レッジャー》と《デイリー・ガゼット》の両紙がコックレーンの幽霊を大きく取り上げた。国じゅうの人々が、二十一日木曜日の降霊会についての記事を夢中で読んだ。ファニーの妹アンが出席し、幽霊にファニーの棺を調べるべきだと言われたというのだ。その朝、ライネス一家は《セントジェームズ・クロニクル》でケントへの一斉攻撃を行なっていた。

翌週にかけてずっと、日刊紙を通じての戦いは続き、ムーアは、現代のプレスリリースに近いものを発表した。〝パーソンズ氏とご家族は非常にお疲れなので、ひと晩自宅への来訪はご勘弁願いたいと希望している〟。つまり、ほぼ夜通しの集まりが三週間続いたあと、月曜日の晩の降霊会は中止された。月曜日は、教区の重要な日だった。セントセパルカーズ教会が、タイバーン公開処刑場での処刑のため、ロンドンの街を運ばれていく死刑囚に警鐘を鳴らす日だ。プレスリリースは、それ自体が破滅を予兆する鐘だった。主流派は、無力なパーソンズに総がかりで反発し始めた。

五月三十日土曜日にウォルポールがヨーク公とともに最後から二番めの公開降霊会に出席したときには、すでにまやかしの程度についての議論が進行中で、ベティーは二十二日金曜日の特に騒々しい降霊会のあいだ、眠ったふりをして見破られていた。

二十三日土曜日、主要な関係者すべてがギルドホールの市長執務室を訪れ、法と秩序による最初の決定的な介入が行なわれた。市長は、ベティーをコックレーンの外へ移動させ、公平な目撃者の一団に調べさせるように命じた。その朝、オールドリッチは《ロンドン・クロニクル》に〝ノックする者の正直さ〟に対するきびしい批判を発表していた。その日、夜の降霊会はうまくいかなかった。大胆になっていたオールドリッチ師は、まやかしを防ぐため、ベッドに入っているベティーの体の上にメイドを寝かせるように命じた。その結果、幽霊の音はまったく聞こえなかった。翌日、パーソンズは、オールドリッチが娘を連れ出すのを必死になって止めようとした。しかし、もはや万事休すとわかっていたに違いない。

月曜日には、《セントジェームズ・レッジャー》にムーアのプレスリリースとオールドリッチの批判が載った。火曜日にはパーソンズが《パブリック・レッジャー》で反撃し、水曜日にはオールドリッチが《ロイド・イヴニング・ポスト》でさらに反撃を加えた。なぜこういう討論があちこちの新聞で行なわれたのかははっきりしないが、おそらく印刷の締切に関係しているのだろう。二月二日には、この戦いは新たな盛り上がりを見せた。クラークンウェルのオールドリッチ師宅でベティーが調べられ、ジョンソン博士がその報告を大急ぎで《パブリック・レッジャー》の遅版に載せた。その日の朝、先制攻撃を載せたパーソンズへの逆襲だった。

事態が異常なほど激化するなかで、パーソンズは、月曜日の晩に委員会が行なったことに目をつ

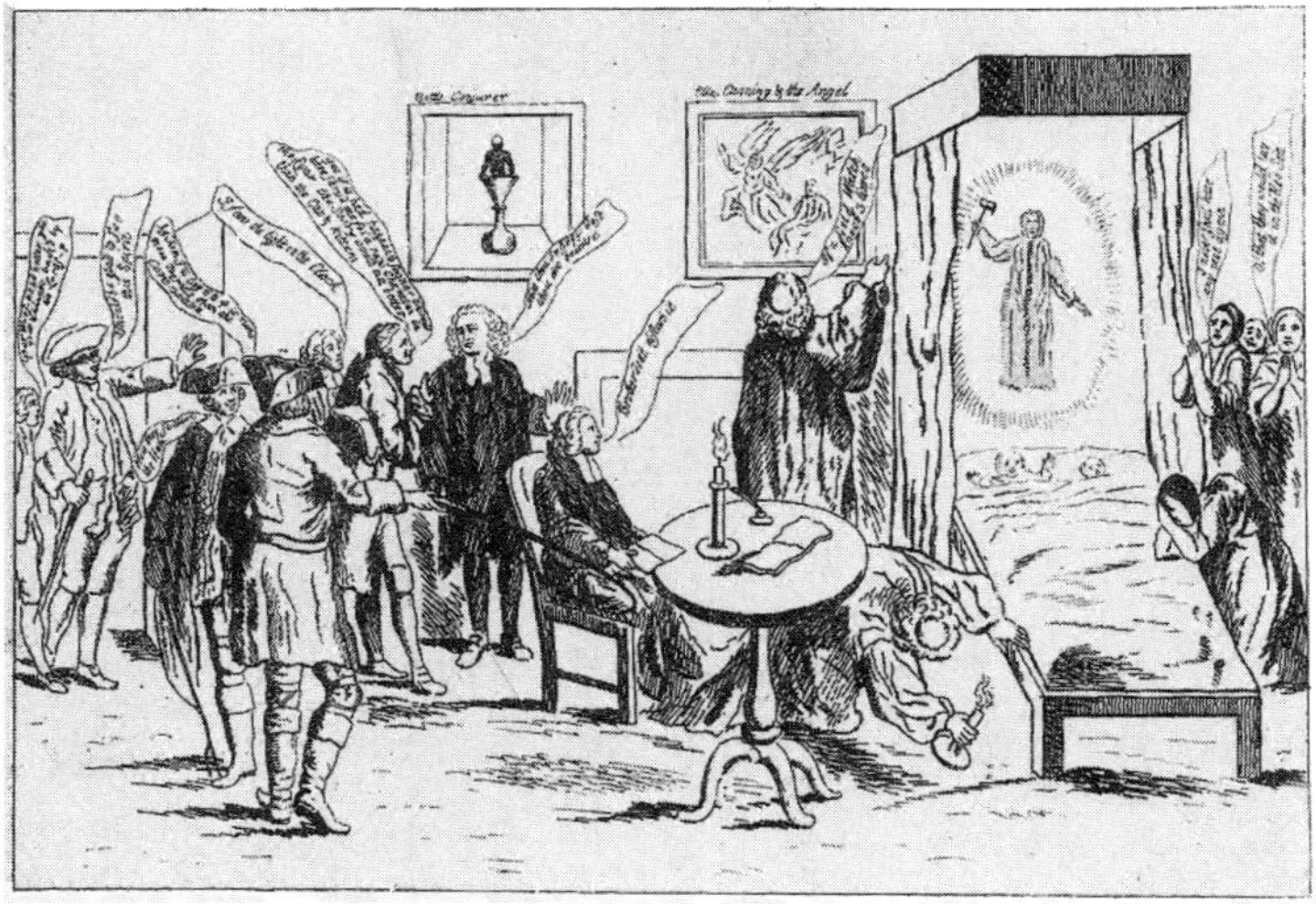

図13 “イギリスのだまされやすさと見えない幽霊”コックレーンの幽霊をみずから体験しようと駆けつけた要人たちをあざける当時の漫画。

けた。スリル満点の展開を迎えた委員会は、ノックする幽霊がファニー・ライネスの本物の棺から音を出すと宣言したあと、クラーケンウェルにあるセントジョンズ教会の地下聖堂に入り込んでいた。パーソンズは大胆にも、八人の有力な委員――ダートマス伯爵[7]、オールドリッチ、ジョンソン博士など――を、ファニーの遺体を棺から盗んだとして非難した。一月二十五日には、うわさを打ち消すために棺をあけるしかなくなっていた。《セントジェームズ・クロニクル》は、〝恐ろしく衝撃的な光景〟と報告し、ケントと〝目の前の腐敗した物体〟に同情を寄せた。

　すでに、当局が見せるいら立ちの徴候や、大きな社会的秩序の問題になってきたという認識があった。十年前、エリザベス・カニングが一カ月間誘拐されていたと言い張った事件は、まだ人々の記憶に新しかった。エリザベスはその期間にドーセットで姿を見られ、すべては作り話だったことが証明された。しかし、暴徒化した人々は判事の有罪判決を受け入れず、結果として暴動が起こった。一七六二年二月第一週、ボウストリート治安判事ジョン・フィールディングはすでに、ブロードストリートの住人から新たな幽霊出没の話を聞いて、〝ブライドウェル刑務所での労役〟に服する連中が増えるだろうと警告していた。

一般に〝暴徒《モブ》〟とは、ロンドンを治める人々に恐れを与える何かのことだった。二十年後、ゴードン暴動は、首都一帯に大きな混乱と破壊を引き起こした。[8] あるドイツ人の訪問者は、一七七〇年に急進的な政治家ジョン・ウィルクスが刑務所から釈放されたあと、ラドゲートヒルに集まった暴徒をこう描写した。〝半裸の男と女、子ども、煙突掃除夫、旅芸人、ムーア人、学者、魚売り女、上品な貴婦人、それぞれが好き勝手に酔っぱらい、狂喜して、叫び笑っている〟。しかもそれは、機嫌がいいときの様子なのだ。

二月半ばには、コックレーンの幽霊とパーソンズ一家は大詰めを迎えた。今ではほかのメディアも、事件で金を儲けていた。ウェストエンドの演劇『アポロとダフネ』は幽霊を風刺であざけった。二月十二日以降、ベティーはダニエル・ミシターという人の家に移らされた。この人物については、まやかしを見破ることに極端に熱心だったこと以外、ほとんど知られていない。

少女が現場から移動させられると、呪いは解けてしまった。ミシターはコヴェントガーデンの家で、八夜にわたって容赦なく、ベティーに対してきびしい調査と監視を行ない、両脚を広げさせたまま少女を縛りつけさえした。当然、幽霊は現れなかった。

そのときから、おもな圧力は心理的なものになった。ミシターはベティーに、音が戻ってこなければ、父親が監獄行きになるぞと言った。ドアの鍵穴から観察されていたベティーは、部屋を探し回って、暖炉のそばでやかんが置かれた木の板を見つけた。そしてそれをこっそり寝具の下に入れた。ミシターはベティーの行動を承知のうえで、少女が幽霊の引っかき音を出し始めてから、突進してベッドシーツを引きはがした。コックレーンの幽霊の舞台に、とうとう幕が下りた。翌日、市長は、ムーア、パーソンズとその妻、リチャード・ジェームズとメアリー・フレーザーに逮捕状を出した。ケントはムーアに公的な発言撤回の機会を与えたが、ムーアは自分の大計画が消え失せたことを認めず、混乱して煮え切らない態度でそれを断った。そして一年のあいだ刑務所で過ごし、ひどく健康を害して、数年後に死亡した。

その年の三月、オリヴァー・ゴールドスミスは『暴かれた謎』を出版した。数週間後、詩人チャールズ・チャーチルが『幽霊』を、ホーガースが『だまされやすさ、迷信、熱狂——その寄せ集め』と題した修正版の版画を再発行した。右隅の上に、かみそり研ぎ器とドアノッカーが合体したようなものがあり、その下にコックレーンの幽霊がいる。シーザーを始め有名な芝居がかった幽霊たちで飾られた演壇では、説教師が悪魔と箒に乗った魔女の操り人形を手にしている。ムーア師はだまされやすい人というだけでなく、劇場のトリックの糸を操る、大がかりな手品の中心として描かれている。

哀れなジョンソン博士も、こういうすべてをうまく乗り切れなかった。サミュエル・フットによる演劇『演説者たち』であざ笑われた（五月から、いくつもの関連の演劇が上演された。そのひとつの露骨な喜劇『ロンドンから戻った農夫』では、田舎者が、ノックする幽霊の降霊会に出席した話で家族を大いに喜ばせる。当代随一の役者デヴィッド・ギャリックが主役を演じた）。ジョンソン博士がいんちきを暴く委員会の一員だったことは問題にされなかった。信じるほうに気持ちが傾いていたからだ。何年ものち、ボズウェルに尋ねられたとき、ジョンソン博士はコックレーンの幽霊について話すことを拒んだ。

七月十日土曜日、十五分の審議ののち、陪審はすべての当事者に有罪判決を下した。五人全員が、ケントの損害を償えるだけの金を工面するまで再勾留された。つまり現実には、うち三人が刑務所に残され、一七六三年二月十三日にようやく、ジェームズとムーアが共同で三百ポンドと追加の費用百八十八ポンドをかき集めた。メアリー・フレーザーはさらに半年間刑務所に残り、エリザベス・パーソンズも付加的な重労働刑でそこに加わった。リチャード・パーソンズはさらに二年の刑を受け、さらし台に三回掛けられることになった。三月十六日には、コックレーンでさらし台に固定された。地元住民は煉瓦や腐った果物を投げつける代わりに、帽子を回して家族のために寄付金を集めた。

刑罰は土地の呼び物になりつつあった。二十年後には、死刑囚はニューゲートからタイバーンまで数キロ歩く必要はなくなり、セントセパルカーズ教会のすぐそばに処刑のための絞首台が建てられた。パーソンズがさらし台に掛けられた場所のすぐ近くだ。一八四〇年に、ディケンズはそういう絞首刑のひとつを見物した。コックレーンからほんの数メートルの場所、スノーヒルで暴徒たちを眺めたこの経験が、貪欲で残忍なおおぜいの人間への生涯にわたる恐怖心を植えつけた。ディケンズの作品に出てくる群衆の一部は、間違いなくコックレーンの幽霊を見にいったはずだ。

図14　ホーガースの『だまされやすさ、迷信、熱狂――その寄せ集め』

コックレーンの幽霊事件に直接関わったすべての人々は、裁判の決着がつくとすぐに視界から去っていった。ロンドンにウィリアム・ケントという名前の人はたくさんいるが、のちにホルボーンで出版業を営んだ人物が彼であってもおかしくはない。長生きはしなかったようだ。未亡人は、一七八五年にソーホーのセントアンズ教会で再婚した。パーソンズ一家は離れることなく、ほぼ中断していた場面からそのまま生活を続けた。ムーアは一七六八年、三十五歳という若さで亡くなった。

事件が決着して二年後、ホレス・ウォルポールは『オトラント城奇譚』を発表した。超自然をテーマとした現代の小説は、すべてこの作品を原点としている。やはりどうしても、ウォルポールの超自然への興味は、嘲笑を含みながらも、コックレーンの大騒ぎに刺激されたものだと考えずにはいられない。

百年後、露天商はいまだに、その物語を詳しく伝えるおどろおどろしい冊子を売っていた。地元住民の多くは、幽霊が本物で、お上が保身をはかったのだと信じ続けていた。ベティーは二度結婚したが、チジックの教区で若くして亡くなった。頼まれればいつでも喜んで、タイミングのいいコツコツ音と引っかき音で、何年も前の熱狂的な数週間、どうやって国じゅうをだましたのかを実演してみせたという。

第11章

瀉血《しゃけつ》と脳の鏡

幽霊を見ること、それ自体が、医者の扱う題材である。
――チャールズ・オリア　一八四八年

診断は、激しいめまいだった。

ベルリンの本屋フリードリヒ・ニコライには、ひとつの習慣があった。その習慣とは、年に二回、瀉血《しゃけつ》のために医者にかかることだった。当時としてはごくふつうの処置だ――体液の割合を調節するアリストテレス派の方法で、静脈を開いて一定量の血液をボウルに取る。ところがなんらかの理由で、ニコライは一七九〇年後半、いつもの予約時間に間に合わなかった。この予約を逃したことが、重大な結果をもたらすことになった。

何年か過ぎた一七九九年、ニコライはベルリンの王立協会の面前で、「心理学的な所見を伴う病気によって引き起こされる幽霊や幻の出現についての回顧録」という論文を読み上げた。そのなかでニコライは、驚くべきできごとについて説明した。一七九一年のある朝、ブリューダー通りにある新居で、ストレスと憂うつの時期にあったらしいニコライは、ふと目を上げ、自分のそばに幽霊が立っているのをはっきりと見た。しかし、同じ部屋にいた妻は見なかった。ニコライはまったくおびえたりせず落ち着いて、できるかぎり客観的にその現象を研究することにした。

それは二、三週間にわたって続き、さらに多くの幻影が話しかけてくるようになった。どう考えても、度が過ぎる経験だった。四月になると、ニコライはいつもの医者に瀉血をしてもらいに行き、肛門にヒルをあてがわれた。手術室で処置を受けている数分のあいだに、ニコライの疑いは正しいことが証明された。ヒルが仕事をすると、幻覚が薄れ始め、夜までには幽霊がすっかり消えてしまったのだ。

ニコライの観察は、一八〇三年に英訳されたあと、医学界にとても真剣に受け止められた。幽霊を見る人たちは、これまで考えられていたのとは違って、必ずしも道徳的に怪しかったり、知力が弱かったり、精神に異常があったりするわけではなかった。誰にでも起こりうる心身の不調に悩まされているだけなのだ。ニコライが自分の目に見えているものを信じなかったことは、広く賞賛された。次の段階は、もちろん英語圏であるマンチェスターで展開した。

マンチェスター生まれの医者ジョン・フェリアーは、一八一三年に「幻影の理論についての小論」[1]を発表し、人は幽霊を見ていないふりをしても無意味で、なぜなら明らかに見ているからだというまったく理に かなった所見を述べた。フェリアーの洗練された理論は、知覚のありかたと、客観的に見えると思っているものの多くを脳がつくり出す方法を中心に展開していた。幽霊は〝外的な印象の書き換え〟によって説明できると、フェリアーは考えた。つまり基本的に、情報処理ではなく知覚の障害を示している。脳内で視覚認知が連続的に重なると、活発な視覚の経験に記憶が置き換えられるとフェリアーは考えた。機能不全に陥った記憶が見えるのだ。

フェリアーの理論は、一八二四年に別の医師サミュエル・ヒバートによって発展した。その著書『幻影に関する理念の概要――身体的原因による幻覚を追跡する試み』は、幽霊を白日夢と同じカテゴリーに入れた。幽霊がたいてい現代的な、あるいは歴史に無関係な服装で現れるのは、知覚する人の頭のなかで幽霊がつくられるからだとヒバートは論じた。心霊主義者なら、生者の心が死者の霊魂に服を着せているだけだと反論するだろう。

じつのところ、幽霊の服装の問題――服を着ているかどうか、もし着ているならどんな服か――は、少なくともトマス・ホッブズの時代にまでさかのぼる難問だ。ホッブズは一六五一年に『リヴァイアサン』でそれを取り上げた。一七六二年に出版された『反カニディア』では、匿名の合理主義者が超自然的な信仰を批判し、魂は間違いなく裸であると主張した。幽霊は、暖かくするための服を必要としない。一八五六年、《サタデー・レヴュー》紙に寄稿した解説者は、服自体に幽霊が憑いているという発想について考え、こう茶化している。〝洗濯屋から戻ってこないすべての靴下、海水浴場に置き忘れてきたすべてのくたびれたブーツや靴、交差点の掃除夫にやってしまったすべての古い帽子……なんという天国――広大な古着屋だ〟。

長年のあいだ、幽霊は墓に入れられたときの服装――つまり埋葬布――で現れると考えられていた。したがって、十七世紀と十八世紀の通俗本や刊行物のなかの幽霊は、一般にそういう姿で描かれている（じつのところ、裕福でないかぎり、遺体はその布だけに包まれて埋葬され、棺はないことが多かった）。

心霊現象研究協会の草分け的存在のひとり、エレノア・シジウィックの発見によると、幽霊を見たと言う人は、服装のことをきかれても、まるで幽霊が〝どの特定の時代にも〟結びつかない服を着ていたかのように、あまりよく思い出せなかったという。また、幽霊が、実際の死の瞬間にまとっていたもの、つまり寝具をまとっていることもあまりなかった。

ディケンズの挿絵画家ジョージ・クルックシャンクはその問題を大いに懸念して、一八六三年に激しい批判を発表し、〝着飾った〟幽霊の〝はなはだしい不合理〟を嘆いた。アンブローズ・ビアスも、『ハムレット』の鎧《よろい》を着けた幽霊についての議論で、同様の意見を引用しながら、そのことを書いている。心霊主義者ニュートン・クロスランドは、説明のために〝心霊写真理論〟を提唱した。それによると、現実のあらゆる瞬間は画像として保存されていて、一定の状況でアクセスできるという。しかしほかの心霊主義者たちは、基本的に、無生物も魂に似た何かを持っているはずだと論じた。風変わりなヴィクトリア朝時代の地質学者ウィリアム・デントンは、ニコライ自身の服が幽霊の経験をつくり出したのであり、ニコライにはサイコメトリック能力、つまり外見上の無生物から振動とイメージを受け取る力があるとまで論じた。とはいえ、根っからの懐疑主義者がじつは自己嫌悪に陥った霊能力者であるという考えは、今日でも広く聞かれる。[2] 過去には、ハリー・フーディーニについてのさまざまな物語で同じことが言われた。コナン・ドイルはずっと、フーディーニが霊媒師のいかさまの暴露を熱心に追求しているときでさえ、無意識に霊能力を使っていると主張していた。

じつのところ、ニコライはただの本屋ではなく、当時の精鋭といってよい哲学サークルで活動し、偶然にも、ゲーテと同じくイルミナティ（一七七六年創設）の会員だった。また、裕福な出版業者で、好戦的な低教会派（訳註：英国国教会のなかで、自由主義的、プロテスタント的傾向の強い人々）でもあった。つまり、幽霊の存在をけっして受け入れるつもりはなかった。イマヌエル・カントを含む新たな価値観を持った作家や思想家の多くは、強い疑いを持って、ニコライを高慢で保守的な流行の仕掛け人と見なした。空想家に好意的な人物でもなかった。だからこそ、ニコライが幽霊に対する現代のあらゆる懐疑主義の水源になったことは興味深い。もっと興味深いのは、その幻覚を治すために受けた治療には、まったく科学的な根拠がないことだ。

多くの小論文や研究が、ニコライのあとに続いた。最先端の研究の多くは、フランスで行なわれた。ジャン・エチエンヌ・ドミニク・エスキロールは、一八三〇年代、幻覚と錯覚のあいだの違いを探究した。著書『精神障害』（一八三八）は、精神障害を負った人たちが突然の幻覚に向き合ったときの驚きの欠如という問題を取り上げた。エスキロールは、盲人が幻視を見るらしいこと、目覚めたまま夢を見られる人がいることに興味をそそられた。スコットランドの医学界が、これに注目した。グラスゴーの医者ロバート・マクニッシュは、霊魂についてのあからさまな冗談をうまく避けて、〝幽霊を見たという錯覚〟は〝振戦譫妄《しんせんせんもう》〟（訳註：アルコールなどからの離脱で起こる幻覚などの急性発作）の徴候にすぎないのではないかと考えた。

エディンバラの医者ロバート・パターソンは、ある上位中流階級の患者が三十分間にわたって父親の幻覚を見たことを語った。診断は、消化不良か、おそらく〝脳膜〟の鬱血が原因だろうとのことだった。ディケンズと同じく超自然とは複雑な関係にあったウォルター・スコットは、一八三〇年代、幽霊を見ることのほとんどは〝精神異常の徴候〟に関わっていると言った。一八三〇年から一八五〇年までは、幽霊を信じることは廃れ、科学と良識がついに幽霊を追いやってしまったかに思えた。

霊魂の仕事を偶然にもふたたび活気づけたのは、ひとりの医者だった。フランツ・メスメルは、一七三四年にシュヴァーベンの林業者の息子として生まれた。メスメルは、人体に対する惑星の影響を強く信じていた。法律と医学の両方を学んだが、医学界には変人と見なされていた。それでも、一七六八年に十歳年上の裕福な未亡人と結婚したことで、モーツァルトのパトロンになれるほどの金持ちになった。一七七〇年代、メスメルはしだいに磁石を使った健康の増進に興味をいだくようになり、体質に強い影響を及ぼす隠された力という考えそのものに熱中し始めた。体を磁石あるいは熟練者なら手で撫でれば、みずから名づけた〝動物磁気〟を呼び起こせると信じた。その磁石は、ハンガリーのイエズス会の司祭で天文学者でもあるマキシミリアン・ヘルというすばらしい名前の人物から入手したものだった。

メスメルは、ウィーンでの成功の頂点にあるとき、危うく破滅しかけた。宮廷顧問官の娘で、十八歳の盲目の有名なピアニストがいた。サリエリから音楽教育を受けたこともあった。名前はマリア・テレジア・フォン・パラディス（一七五九～一八二四）といい、すでにありとあらゆる十八世紀のぞっとするような医療の実験台になっていた。メスメルは自宅にマリアを呼び寄せ、目の治療を始めた。しかしほどなく、〝メスメリズム〟の磁石で撫でる治療が、胸もとに近すぎる位置に施されているといううわさが立った。

両親にとっては耐え難いことだった。娘の純潔を守るために、との名目だったが、おそらく皇后からの障害者年金を失うことを恐れて——視力が戻れば確実に打ち切られる——フォン・パラディス夫妻はメスメルの家に押しかけた。父親は剣を振りかざし、母親は帰らないと言う娘を〝頭から壁に〟打ちつけた。メスメルは失意のどん底に落とされ、ウィーンと、広大な私有地と、医業を手放し、妻とも永遠に別れてしまった。見えない力の操作が性的に不適切という非難につながったのは、これが最後ではない。実際、ヴィクトリア朝ロンドンとアメリカの降霊会は、そういう非難によって引き裂かれることになる。

アマン・マリー・ジャック・ド・シャストネ、別名ピュイゼキュール侯爵（一七五一～一八二五）は裕福な貴族で砲兵隊将校でもあり、メスメルが失脚する前から、磁石療法の実験を始めていた。正当な意味で現代の心理療法の創始者がいるとすれば、それはピュイゼキュールだ。フランス北部のソアソン近郊にある領地で、侯爵はヴィクトル・ラースという二十三歳の農夫を治療し、〝はなはだしい変化〟を見出した。患者は夢遊病のような睡眠状態になって、施術者の命令を実行し、ふたたび目を覚ますと、自分のしたことを思い出せなかった。ピュイゼキュールのひらめきのおかげで、メスメリズムは急速に広まった。一八四三年には、その技術はエディンバラの医者ジェームズ・ブレイドによって〝催眠《ヒプノティズム》〟と改名された――ブレイドはのちにその言葉をさらに〝神経骨相学《ニューロフレノロジー》〟に変えようとした。アメリカでは、メスメリズムは骨相学と、さらに広く心霊主義と結びつくようになり、ウィリアム・ジェームズに影響を与えた。一般には精神医学の父と見なされ、本書ではアメリカの心霊現象研究協会を設立した重要人物だ。

ピュイゼキュールはフランス革命に巻き込まれて、七年間投獄された。今では初期の心理療法の先駆者と見なされている。ラースはトランス状態で、いつもの状況では主人に認めなかったはずの個人的な問題について認めた。ピュイゼキュールは覚醒させる前に解決のしかたを教えた。ラースはこの意識下への忠告に従って行動し、妹と言い争っていた問題を解決した。さらにラースは催眠下で、呼吸器系と考えられる自分の病気を診断しただけでなく、ほかの人の病状についても意見を述べた。このように意識的な自己から遠く離れることが、当時のメスメリズムや催眠術の大きな特徴となった――夢遊状態で、人はまったく異なる人格の態度や声、階級まで身につけるようだった。この受容力のある超俗的な状態でなら、テレパシーや透視も可能になるのではないかという考えが生まれた。メスメルは一貫して、どんな性質の超自然現象も働いていないと言い、きちんとした科学的なモデルにこだわったが、晩年には、自分の研究のほとんどが、神秘的なもの、おそらくは死者につながるパイプとして使われるのを眺めていた。

エドガー・アラン・ポーは、この説得力のあるアイデアを、自分の小説「ヴァルデマール氏の病気の真相」（一八四五）で使った。催眠状態で死んだ人物が、ふたつの世界のあいだにとらわれてしまう物語だ。

奇妙な話だが、ピュイゼキュールの治療法のひとつに、やはりフランス北部のビュザンシーにあるニレの古木を囲む集団治療があった。〝心霊化され〟磁化されたニレに、農夫たちが、ある種の（おそらく金属製の）ロープで、失神状態にあるメイポールの踊り手たちのようにくくりつけられたらしい。好奇心の的となった古木は、一九四〇年の嵐に襲われるまで立っていた。嵐が収まると、奇跡のような春がやってきた。ニレの木は最後の最後まで、癒しの力を持っていたといわれる。根こぎになったとき、地元住民は急いで駆けつけ、大切な木を断片に切り分けた。

死後、ピュイゼキュールはソアソンの外では忘れられていったが、のちに有名な医学者が興味をいだき、その草分け的な研究について書いた。フランス生まれのシャルル・リシェ（一八五〇〜一九三五）は、アナフィラキシーを発見し（もちろんその言葉もつくり）、自己免疫とアレルギー反応、もうひとつおまけに胃に塩酸が存在することも発見した。これらの発見によって、リシェは一九一三年にノーベル生理学・医学賞を受賞した。[3] 詩と文学、そして当時としてはめずらしくもないが、オカルトにも強い興味を持っていた。〝エクトプラズム〟――ヴィクトリア朝時代の人々の多くが信奉していたかぎりでは、常に暗闇のなかでだが、霊媒師の鼻や口から発される煙のような物質――という言葉は、どうやらリシェが一般的な細胞生物学から借用して考え出したようだ。副業めいたものとして、リシェはヘリコプターも発明した。[4]

医学生だったリシェは、外科医になるつもりだったが、一八七二年に病棟で女性集団に対する催眠術の実験を目撃したことで、人生の行路が永久に変わった。一八三七年にユニヴァーシティ・カレッジ・ロンドンで同様の実験が行なわれ、ジョン・エリオットソン教授（一七九一～一八六八）は公の場でアイルランドのオーキー姉妹（十代の少女たち）に催眠術をかけ、ふたりの痙攣性《けいれんせい》のてんかん症状を抑えたようだった。一八三八年五月には、数人の貴族や下院議員たちへの治療を実演し、その結果は《ランセット》誌で広く報道された。[5]

数年後、リシェはその技術を習得して、現代では超心理学と見なされるものを体系化した。早くも一八八四年には統計的手法を採用し、マリ・キュリーや物理学者ジャン・ペランらとともに、カードの図柄当てを使ったごく初期の実験をしたり、霊媒師の実地テストを行なったりした。たとえば一九〇五年には、ユーサピア・パラディーノを試験した。のちのノーベル賞受賞者たちが来世の謎を解決し、いんちき霊媒師の正体を見破ったのではないかと期待するかもしれないが、そうはならなかった。ナポリの農家出身の抜け目ない霊媒師パラディーノが、彼ら全員より一枚上手だった。[6]

一九〇五年には、リシェはロンドンの心霊現象研究協会会長になっていた。〝訓戒〟という概念を初めて説明したのはリシェだった。それはこの分野の科学者たちの正統的信念になった――真実を告げる幻覚としての訓戒、あるいは、通常の感覚以外の方法でものごとを知ること。幻影やトランス経験の分野を研究する科学者たちにとって、たいていの霊魂や霊媒能力の経験には、テレパシーや読心術という強力な要素が絡んでいることがはっきりしてきた。

一般に後期ヴィクトリア朝時代の科学者たちは、魂が戻ってくるという考えにあまり関与したがらなかった。リシェが言ったように、維持するための生理学的な器官がない状態では、精神が生きながらえる可能性はないと思われた。後期ヴィクトリア朝時代の科学者たちは、幻覚を、既知の科学とは合致しない情報収集によって媒介され、左右され、伝えられるものとして信じていた。もし何人かがひとつの幽霊を見るとすれば、原因となるひとりが幻影を生み出し、その幻影をテレパシーで伝えているというのだ。多くの科学者にとって、それは悪い選択肢ではなかった。

このころ――正確には一八九四年――ジョージ・デュ・モーリア（ダフネの祖父）は、売上面ではブラム・ストーカーの『ドラキュラ』に次ぐ熱狂的な人気を博した小説『トリルビー』を書いた。《ハーパーズ・マガジン》に最初に連載されると、その小説はセンセーションを巻き起こした。そのタイトルは、チョコレートバーや歯磨き粉、石鹼、ソーセージ、いちばん有名なところでは紳士の上品な帽子の名前になった。フロリダ州のある町はその本にちなんで名づけられ、ヒロインの顔が扇子や原稿用紙に描かれた。アイスクリームバーはヒロインの足に似せてつくられた。夜会が催され、ファンたちが登場人物の服装をして、小説を朗読した。ロンドンのヘイマーケット劇場では、ハーバート・ビアボーム・トリーが製作者となって、演劇版を成功させた。

トリルビー・オファレルは美しい娘だが音痴で、ふだんは画家のモデルとして働いている。アイルランド系で、住まいはパリのカルチェラタンにある。ユダヤ人の催眠術師スヴェンガーリ（この名が〝人を操る者〟を意味する言葉の語源になった）に頭痛を治療すると称して深いトランス状態にされたトリルビーは、並外れた才能を示すすばらしい歌手になる。〝催眠術をかけられているあいだ、トリルビーはヨーロッパの王族たちの前で歌い、親しい友人に道で会っても素通りした。起きているあいだはひと声たりとも歌えなかった〟。デュ・モーリアは、この状況の恐ろしい面を惜しみなく描いた。〝スヴェンガーリに支配されたトリルビーが歌っているとき――あるいは歌っているように見えるとき――本物のトリルビーは存在していなかった……トリルビーは眠っていた……じつのところ、トリルビーは死んでいたのだ〟。

トランス状態にある人間は、ある意味で死んでいたのか？　それは興味深く驚かされる考えであり、〝状態派〟（トランスを催眠に必要な特質と考える人々）と〝非状態派〟（トランスを人間の生理学の領域とは無関係の不要なものと考える人々）のあいだでいまだに続いている議論に刺激を与えた。

十九世紀にかけていくぶん修正されたとはいえ、幽霊を見たり信じたりする人はよくて認識力が不足しているか、悪くすると臨床的に精神異常であるという基本的な偏見は、根強く残っていた。

むしろそれに拍車をかけたのは、ヴィクトリア朝のイギリスに降霊会がもたらされる直前、幽霊を信じることを社会に浸透させた作家のひとりが、精神病の症状を見せていたことだった。

キャサリン・クローにとって、ドイツがイギリスに与えたのはクリスマスツリーだけではなかった。それはフォークロア、古代アングロサクソンの時代からあまねく知れ渡った森の暗闇だった。〝イギリスの科学者たちとジャーナリストの一部はこの現象の報告を否定し、あざ笑ってきたが、ドイツの最も高名な医者たちは静かにそれらを研究し、調査してきた〟。おそらく宮廷へのアルバート公（訳註：ヴィクトリア女王の夫。ドイツ出身）の影響力に対応して、クロー夫人は『自然の夜の側面』にドイツの物語をたくさん盛り込んだ。そのほかの点ではまさにイギリスの伝説の本であり、みずから集めた物語、詩、うわさ話からなっていて、これまでに書かれたなかでも指折りの奇妙な詩文集として存在する。本のタイトルはドイツ語からの直訳――太陽から最も遠い地球の側面を意味する天文学用語〝Nachtseite〟の翻訳だ。

キャサリン・クローはすでに、一八四五年に『プレフォルストの女見霊者』を英語に翻訳したことで名を顕していた。作者は医師のユスティヌス・ケルナーで、のちに精神医学の歴史家アンリ・エレンベルガーによって、無意識を実際に〝発見〟したことで評価された。この本のなかでケルナーは、一八二七年からフリーデリケ・ハウフェという若い〝幽霊を見る人〟を観察したことを書いていた。女性は拒食症になって生死をさまよっているように見え、一八二九年に死亡した。クロー夫人は序文で、懐疑主義に対する攻撃に少しばかり時間を取り、特にフェリアーの「幻影の理論についての小論」とサミュエル・ヒバートの『幻影に関する理念の概要』（一八二五）に狙いを定めた。それらの論文は、幽霊がなんらかの形で投影された記憶の模倣だという立場をとっていた。フェリアーは、その問題への対処に臆面もなくかなりのあざけりをこめていた。これがとりわけクロー夫人を怒らせたようだ。序文でこう書いている。〝もしわたしが数人の有能な人を説得して、そういうものを笑うのではなく、見る気にさせたなら、目的は遂げられ、時間を有意義に使えたと思えるだろう〟。

クロー自身の本は、ありとあらゆる状況での幻影や幽霊や生き霊の寄せ集めだ——殺人を告白するために戻ってきた者もいれば、重要な情報を伝えにきた者もいて、あらゆる伝統的な役割を果たす。けれども、よく見られる傾向として興味深いのは、感傷的な役割だ——幽霊になった親が戻ってきて、あとに残された子どもに支えや愛や援助を差し出す。まるで死をもってしても子育てが終わらないかのように。

クロー夫人は、かなり変わった人だったらしい。たとえばトマス・ド・クインシーなどの社会規範から外れた人と親しくし、おそらく麻薬を常用し、そのせいでスコットランドを訪れたハンス・クリスチャン・アンデルセンから非難された。一八四七年八月十七日、アンデルセンは、クローがパーティーで別の女性といっしょにエーテルを吸う姿を描写している。[7] そして女性不信ぎみの恐怖に身震いしながら、〝いかれたふたりの女を前にしたときの感覚といったら——その女たちが死人の目を見開いて、にやりとした……〟と書いている。

しかし一八四八年に本を出版して数年後、キャサリン・クローはまずい立場に置かれた。ディケンズはその事件について、何通かの手紙で触れている。《エグザミナー》紙に書評を書いて以来、本とその著者に強い興味を示していた。一八五四年三月七日付けのジェームズ・ホワイト師宛ての手紙で、ディケンズは、当時クロー夫人が住んでいたエディンバラでのある事件について書いた。

クロー夫人は、霊の指示によって、完全にいかれてしまった——そして完全に裸になった。先日、通りで、貞節とハンカチと名刺だけを身につけた姿で発見されたのだ。どうやら霊に、そういう身なりで出かければ、目に見えない存在になれると告げられたらしい。クロー夫人は現在、精神病院にいる。救いようのないほど正気を失っていると思われる。夫人の奇妙な症状のひとつは、黒いものを一切受けつけないことだ。病室の火に石炭をくべるだけでも、恐ろしく手間がかかるという。

現在では一般に、クロー夫人にはなんらかの精神病の徴候があったと考えられている。催眠術師の雑誌《ゾイスト》は当時、少しおもしろそうに、霊が夫人を駆り立てて、公衆の面前で裸にさせたうえに、正気を失わせたと報告した。ヴィクトリア朝時代、それは二重の追放を意味した。くたびれ果てた女性作家は、グレートモルヴァーンの温泉から損害を抑えるための手紙を新聞各社に書いたが、うわさ話はいつまでも残り、人々のあいだに伝わっていった。

クロー夫人は〝胃の〟病気のせいで霊についておかしなことを口走ってしまったと主張したが、その言い分を信じる人は誰もいなかった。キャサリン・クローは舞台から姿を消し、ディケンズはこのできごとを、心霊主義者の調査に関わる危険と、それが精神に害を及ぼす可能性を説明するのに使った。この事件を受けてパリの有名な精神科医マルセル・ヴィオレが主張したところによると、遺伝的に神経質な人は、蛾が炎に引きつけられるように幽霊の話題に引きつけられがちで、それが弱い意志をさらにしおれさせ、弱い知力を損なうという。中流階級が力を増していくと、幽霊への興味は恥ずべきものになっていった。

同じ一八五四年、アメリカの《デイリー・ニューズ》は、二十六人が〝テーブルをコツコツたたく降霊術によって〟オハイオ州の精神病院に入ることになったと報告した。アメリカ流の降霊術に対する疑いの種はまかれていた。大西洋の向こうのイギリスから飛んできたのだ。

アルベルト・フォン・シュレンク＝ノッチング男爵（一八六二〜一九二九）は、シャルル・リシェの同調者のひとりだった。ノッチングはミュンヘンで教育を受けた医学者でもあった。最大級の掘り出し物は、アドルフ・ヒトラーと同じ小さなオーストリアの町出身のふたりの霊媒師、ルディーとウィリーのシュナイダー兄弟だった。ノッチングは最初、心理学者として知られ、一八九六年のミュンヘンの殺人に関わる裁判では専門家としての意見を求められた。[8] リシェと同様、医学

図15　1909年、“幽霊男爵”がエヴァ・カリエールを調査している写真。

生だったときに催眠術に興味を持ち、ふたりは一八八九年にパリで親しくなった。一八九一年、ノッチングは、リシェのテレパシーに関する研究をドイツ語に翻訳して出版した。

実験室の条件下で霊媒師に対する試験を行なって、研究の多くを開拓したのはこの〝幽霊男爵〟だった。たとえば、霊媒師たちには実験の前に鮮やかな色の食品を食べるように命じた（エクトプラズムを装って吐き戻せばモスリンの服に染みがつくので）。一九〇九年、パリで霊媒師エヴァ・カリエールを調べたあと、ノッチングは、特にヴィクトリア朝時代の心霊写真に欠かせなかったエクトプラズムが、白血球でできていると信じるようになった。ノッチングはまやかしの可能性を排除するため、体に密着する衣装をつくった。霊媒師たちに衣装を着せてから縫い合わせることもあった。しかし、男爵はスキャンダルから名誉を回復できずにいた。実験でカリエールがトランス状態にあるときに撮られた写真（画像そのものは捜し当てられなかったが）には、頭の上から現れた幽霊が写っていると言われた。しかし、この風船形の霊の反対側から同時に撮った別角度の写真には、“LE MIRO〟という文字が読み取れた。《ル・ミロワール》誌のバックナンバーをめくってみると、その顔が紙面から切り抜かれたものだったことがわかった。

おそらく超常現象に医学界が興味を示した最大の証拠は、今日も使われているひとつの機械にある。脳波計（ＥＥＧ）はもともと、テレパシーを検出するために開発された。

ハンス・ベルガーの物語は悲劇的だ。一八七一年五月に生まれたハンスは夢見がちな少年で、数理天文学に夢中だった（祖父は有名なドイツの詩人で、若いころは天文学を志していた）。数学を学ぶためにイエナの大学に進んだが、その後間もなく、休みを取って騎兵隊に入隊した。

ある日ベルガーは、危うく死にかけた。訓練中に馬が暴れて振り落とされ、ちょうどそこへ騎馬砲隊の列が迫ってきたのだ。ぎりぎりのところでどうにか、大砲を引く馬が止まった。まさにその瞬間、何キロも離れたところにいたハンスの姉が突然、何か恐ろしいことが弟の身に起こったというぞっとする確信にとらわれた。ひどく心配した父親が電報を打ち、ハンスはその晩兵舎でくつろいでいるときにそれを受け取った。

どういうわけか、ハンスの強い恐怖が姉に伝わったのだ。何年ものちに、ベルガーは書いた。

〝これは無意識のテレパシーの事例だ。命にかかわる危険に見舞われ、避けられない死を思ったとき、わたしは思念を送り、特にわたしと親しい姉が受信者の役割を果たした〟。騎兵隊を除隊したあと、ベルガーは大学に戻り、医学を学び始めた。あのとき何が起こったのかを突き止めて、テレパシーの事例を見つけ、最終的にそれを解明するというただひとつの目的のために。

長く孤独な探究のすえに、ベルガーは脳波を記録できる機械を発明した——今アルファ波として知られている脳波は、しばらくのあいだ、ベルガー波と呼ばれていた。ベルガーは同僚のあいだでは評判が悪かった。彼らは、電子工学をほとんど理解していない精神科医が、そんな機械を完成させるなどありえないと考えた。一九二九年にベルガーが、頭皮にセンサーをつけるだけで脳の活動を観察できると発表したとき、その新事実は嘲笑で迎えられた。

ベルガーの Hirnspiegel（脳の鏡）が、テレパシーの存在を証明することはなかった。しかし、一九三四年にエドガー・エードリアンによって試験と装置が復元され、脳波が認識されたのちに、脳の電気信号の科学はようやく受け入れられた。ところが、あまりはっきりしない理由から、ベルガーは一九三八年に解雇された。とはいえ、自国で栄誉を与えられなかった理由の大半は、支配的なナチ党に明らかな反感をいだいていたせいと思われる。また、変わり者と見られていたことは、ナチの超心理学に対する公式の方針に合わなかった。超心理学は、一九三七年三月から、新たな北欧ゲルマン系民族の科学と考えられていたからだ。ボン大学はその年、〝ドイツ国内とゲルマン民族のあいだで発生する超自然現象を調査するため〟超心理学研究センターを設立した。

やや不可解な状況下で（ナチスに追われていたという話もあれば、本人が親衛隊の将校で優生学者だったという話もある）、一九四一年、ベルガーは働いていた病院の南棟で首つり自殺した。姉がハンスの死を感じ取ったかどうかは、わからない。

カナダのオンタリオ州に、ベルガーのテレパシー装置をさらに発展させた神経科学者がいる。心霊現象を引き起こす機械を開発した人物だ。

ローレンシア大学のマイケル・パーシンガー博士は、長年のあいだ、側頭葉の微小発作とテレパシー能力者が描写する経験との関係を研究していた。本格的なテレパシー経験の事例では、当事者は、すぐそばに肉体のない存在や圧倒的な幻覚を感じたり、宗教的な至福を味わったり、肌をくすぐられるような感触を覚えたりすることがある（ゴーストハントに出かけた人がよく報告する現象で、『最も呪われた屋敷《モスト・ホーンテッド》』などのテレビ番組では欠かせない経験――それが幽霊に首をくすぐられることだ）。

一九七七年、パーシンガーは、地質学と地殻変動の影響によって人間の脳に幻覚――この場合はUFOと聖母マリアの幻――を起こす場ができるのではないかという仮説を書いた。一九八八年には、幻覚と電磁波障害、つまり地中の地震活動や太陽フレア[9]や巨大な発電機などの人工の機械によって脳内に生じた影響との関係について、さらに踏み込んだ主張をした。ここにどんな科学があるのかははっきりせず、太陽フレアが人間の生理機能に及ぼす影響についてはまだよくわかっていない。しかし、一九九一年のある論文によると、三月と十月の太陽フレアがピークになる月には、幻覚を経験しやすくなるという。

パーシンガーは、ジョン・ガイガーに著書『サードマン』で〝スリーピースのスーツで着飾りすぎた〟〝やせこけた男〟と描写されている。また同僚のひとりにも、しかつめらしくダンディーな人物で、〝芝を刈るときでさえ〟そういうスーツを着ていたと描写されている。神経神学（信仰に関連した脳活動の科学）のウィリアム・バロウズとでも呼べそうな印象がある。

側頭葉を刺激するためにパーシンガーが考案した通称〝神のヘルメット〟は、技術者のスタンリー・コレンによってつくられ、もっと正確に〝コレン〟ヘルメットと名づけられている。スノーモービル用のヘルメットに修正を加えたもので、磁気コイルが右側頭葉の上に来るよう設置されている。働く磁気の強さと持続時間は、実験室で開発されたコンピュータープログラムで制御される。被験者は防音室のなかに座らされ、世界から切り離される。

コレンは、ローザンヌ病院での観察を、自分の科学の基礎に置いた。医者たちは、てんかんの二十二歳の女性に開脳手術を施すあいだ、弱い電流で脳の〝側頭頂〟部を刺激するたびに、患者が近くに誰かが立っていると感じることに気づいた。

ジュネーヴ大学病院の、手術前のてんかん患者ユニットでも、同様の電気刺激技術を使ってこの〝錯覚による人影〟を再現することに成功し、《ネイチャー》誌の二〇〇六年九月号にその報告が発表された。別の場所でうまく再現されたことはないが（二〇〇五年にスウェーデンで試みられた）、その結果はかなり印象的だ――被験者の八十パーセントが超自然的な経験をし、その多くは亡くなった親族や、イエス・キリストなど宗教的な存在を見たり感じたりした。科学者で無神論者を公言しているリチャード・ドーキンスは、ＢＢＣに送り込まれてオンタリオ州にある同様のユニットに入ったが、まったく何も感じなかった。しかし超心理学に懐疑的なスーザン・ブラックモア博士は、同じ装置に掛けられて強烈な経験をし、そのリアリティを現在もかなりの熱意を込めて支持している。[10]

この経験は特に、北極探検家のあいだでよく見られる――多くの場合、生きるか死ぬかの瀬戸際でもがいているとき、親しい存在が現れて、励ましたり安全なところへ導いたりしてくれる。興味深いことに、イートン・カレッジの舎監でＭ・Ｒ・ジェームズの友人だったＨ・Ｆ・Ｗ・タサムは、まさにそれをテーマにしたほとんど知られていないジャンル小説『雪上の足跡』（一九一〇）を書いた。こういう経験をした多くの北極探検家と登山家のなかで、おそらく最も有名なのはアーネスト・シャクルトンだろう。こんなことを書いている。

あの日々を振り返るとき、わたしは神が導いてくださったことを確信する。雪原を越えたときだけでなく、サウスジョージア島の船着き場からエレファント島まで、嵐で視界の利かない海を渡ったときも。わかっているのは、名もない山々とサウスジョージア島の氷河を越えるあの長く過酷な三十六時間の行進のあいだ、わたしたちは三人ではなく、四人だったように思えたことだ。[11]

パーシンガーが〝天使のスイッチ〟と呼ぶこの現象は、なんらかの夢や眠りの経験を引き起こすこともあるようだ。ベッドで目を覚まし、たいてい体が麻痺しているとき、部屋のなかに何かの存在を感じる。ふつうは当たり障りのないものだが、ときには強い悪意を持つものもある。睡眠麻痺を生じる、あるいはベッドに立ったり座ったりしている存在が感じられる（しかし見えない）のは、脳のほかの部分が眠っているあいだ、側頭葉だけがはっきり目覚めた状態にあるからかもしれない。

側頭葉は、その部分のてんかん発作が宗教的な経験や幽霊を見ることに関係しているらしく、またその部分と催眠と半醒半眠時の幻覚との関係にひとつの鍵があるらしく、人がどんなふうに幽霊を経験するかという謎の中心であり続けている。

作動記憶、計画、抑制、評価が働いている背外側前頭前野《はいがいそくぜんとうぜんや》（ＤＬＰＣ）も、特別な興味の対象になっている。ＤＬＰＣのある部分を損傷すると、子どものようなふるまいと思考に逆戻りしてしまう。

白衣を着て鞄を持った医者たちは、謎を追いかけて走り続けている。真実を告げる幻覚と最近のマイクロ睡眠の発見[12]は、人間の生物学の片隅にある問題へと医者たちを導いているようだ。

第12章

幽霊の下品さについて

昔から奇跡を好んできた下層階級の人々はそれを、どこかの悩める霊魂による超自然的な訪問だとすっかり信じ込んでしまう。こうして、無数のこの上なく突飛な性質のうわさ話が広められてきた。

――《ウェスト・ブリトン》一八二一年

人々は、窓辺に立つマリア・マニング夫人の幽霊を見た。通りからその姿をちらりと目にした。夫人は生気のない人殺しの目で、こちらを見下ろしていた。

マニング夫人は、一八四九年十一月、ホースモンガーレーン監獄の絞首台に向かって歩いたときに着ていたのと同じ黒いドレスをまとい[1]、マニキュアをした両手を保護する同じ長手袋をしていた。手袋は、こういう状況ではふつう目にしない衣料品だったので、ヴィクトリア朝時代の紳士たちを少なからずぞくぞくさせた。チャールズ・ディケンズは、この処刑を見物する群衆の残忍さに震え上がった。人数はおそらく三万人から五万人ほどもいただろう。[2] ディケンズはのちに、この傲慢で危険なスイス人の侍女をホーテンスとして『荒涼館』に登場させ、不滅の存在にした。[3]《タイムズ》が〝バーモンドジーのマクベス夫人〟とあだ名をつけた女の舞台が、死後にバーモンドジーに戻ってきた。それは、今日ではほとんど知られていないものの、百年前にはごくふつうだったある現象の引き金となった。幽霊見物に来た野次馬の群れだ。裁判のすばらしいショー、それに続く公開処刑、それでも民衆の欲望は満たされなかった。マリア・マニングは第三幕に戻ってこなければならなかった。審判を下され、唾を吐きかけられ、今はサテンをまとった悪魔を演じていた。

新聞はその逸話に飛びついた。そこには王室との細いつながりがあった。[4] マニングは上位の使用人として、身分を超えて出世し、お高くとまった態度を取り、のちにどん底に突き落とされた女だった。ジュネーヴに生まれた外国人、愛人を殺した姦婦。[5] 現代的な発明である電報が、その逮捕にひと役買った。

裁判はハロウィーンの直前、十月二十九日に始まった。

マニングは、殺して厨房の敷石の下に埋めた男について、〝あの男が好きじゃなかったので、のみで頭蓋骨を打ちつけてやった〟と話した。愛人は河川税の収税吏で、けちな犯罪者だった。群衆にとって男は、やりくりに務めているたいていのバーモンドジーの人々と大差なかった。

墓に埋められて二十年がたち、マニングはバーモンドジーの家に戻ってきた。そして、自分の死を熱望していた群衆とよく似た群衆を眺めていた。

ほどなく、家の外には毎晩およそ四百人が集まるようになった。そこはマニングが住んでいた家でさえなかったが、それはどうでもよかった。空き家の窓を何かがちらりとよぎるたび、なんらかの動きがとらえられるたび、叫び声があがった。〝幽霊がいる！　黒い幽霊がいる！　マニング夫婦だ〟。

かなり大きな警察の介入があった。暴力と混乱があちこちで起こり、ロンドン南部は夏の暴動が発生する寸前だった。

図16　マダム・タッソー館にあるマニング夫人の蠟人形。一点を凝視するその目は、ヴィクトリア朝時代の民衆を強く引きつけた。

〝黒い幽霊がいる〟。ヴィクトリア朝時代まで、幽霊はけっして黒い服を着なかったが、流行が変われば、幽霊も変わる。ボーリー牧師館事件を始め、〝修道女〟についての多くの逸話はこの時代から始まる。心霊現象研究協会への報告によると、黒い服を着た女性の幽霊を見たという事例は十九世紀後半に急増している。

おそらく、マニングの事件がひとつの原因だろう。[6]

中世の西欧では、幽霊は煉獄を経る旅のいちばん最初から黒い服をまとった姿で見られ、白い服を着るころには清めが終わりに近づいていた。つまり、黒い服の幽霊と強い不快感、もしかすると邪悪さとのあいだには、根深い結びつきがあった。スーザン・ヒルの小説[7]『黒衣の女』には、不吉で下品な邪悪さを象徴するマリア・マニングとその光沢のある絹のコルセットが、モチーフとして使われている。その女の幽霊は、中国の妖狐《ようこ》に似た力強さと危険さと恨みを示す。

幽霊を見ようと群衆が殺到し、家の外に集まる人数が増えていくことは、まったくめずらしくなかった。過去十年の研究で最大級の再発見は、ヴィクトリア朝のロンドンや、マンチェスター、ハル、ノリッジなどの大きな街で、幽霊見物に野次馬が集まった現象だった。

人々は常に、おもしろいショーを見たがってきた。野次馬たちは常に、うわさを聞きつけて幽霊が取り憑いた家や墓地の外に集まってきた。労働者階級の人々が幽霊に引かれることについては、長い歴史がある。リチャード・バクスターは『霊魂の世界の確実性』で、一六四六年二月、石を投げる幽霊に取り憑かれたラターワースの家の外に集まった大群衆について書いた。ジョージ王朝時代には、〝ハマースミスの恐怖〟があった。

ハマースミスの幽霊は、一八〇三年十二月初旬に、ロンドン西部に出没し始めた。当時のハマースミスはかなりの田舎だった。住人のなかにはスイス出身の画家で、ドルリー・レーン劇場の舞台装置家のフィリップ・ド・ラウザーバーグもいた。オカルトへの関心が深かったので、おそらくこの事件にも興味を示しただろう。地元の新聞《モーニング・クロニクル》によると、幽霊は喉を掻き切られた男のさまよう霊魂なのだという。埋葬布や、ときには動物の皮をまとっていることもあった。ハマースミスの家々のほとんどは、当時建てられたばかりで、そこは都市と田舎が接している場所だった。新しい白い家々の向こうには、境界の生垣と木立があった。

ハマースミスの幽霊のころから、人々の幽霊に対する態度は対立的になってきた。若者たちは恐怖を克服しようと努めた。毎晩、いくつもの集団が周辺をうろついて幽霊を探した。薄い衣服をまとっている者は誰でも、幽霊として標的にされる可能性があった。

煉瓦積み職人のトマス・ミルウォードは、この職業のしきたりどおりの服装をしていた――白いリネンのズボン、白いフランネルのチョッキ、白いエプロン。ある晩、夕暮れのなか帰宅する途中、通りすがりの馬車に乗った紳士ひとりと女性ふたりが驚いた声で叫んだ。「あそこに幽霊がいる！」。ミルウォードはその金切り声に荒っぽく反応し、馬車に向かって悪態をつき、男の頭を殴るぞと脅した。

義理の母親が、毎日そんな服装で帰ってくるのは危ないと注意したが、ひどく頑固だったミルウォードは聞こうとしなかった。

ミルウォードはブラックライオンレーンを歩いているとき、フランシス・スミスというおびえた収税吏に猟銃で撃ち殺された。スミスは近くのパブ〈ホワイトハート〉で地元の夜警ウィリアム・ガードラーと飲んで、けしかけられたのだった。ふたりは、錠前屋の妻を恐怖のあまり死なせた幽

図17　当時制作されたハマースミスの幽霊の版画。埋葬布をまとっている。

霊の情報を交換し、幽霊を見たショックで重病になった別のふたりの話もしていた。スミスは殺人罪で投獄されたが、ほんの数カ月後に国王の恩赦を受けた。異常な状況だったので哀れみをかけられたようだ――ここにも、幽霊問題に対する長年続く王室の強い興味が見て取れる。[8]

ハマースミスをとらえたヒステリーについては、いくら大げさに言っても言い過ぎにはならないほどだ。幽霊探しの武装集団をつくってあたりをうろつく人もいれば、おびえるあまり日が暮れたあとは家から出ない人もいた。しかし、公の幽霊騒ぎを好む傾向は強まっていった。ハマースミス騒ぎが決着したわずか数日後の一八〇四年一月十三日金曜日、《タイムズ》は、セントジェームズ公園に配置されていた近衛連隊の兵士が、兵舎の近くで午前一時から二時に首のない女の幽霊を見たと報じた。その兵士は、あまりのショックに翌日病院へ連れて行かれた。その後、別の兵士たちも、同じ幻影を見たという宣誓供述書に署名した。そのひとり、ジョージ・ジョーンズは、ボウストリートの治安判事裁判所に呼ばれ、話を繰り返したが、調査が行なわれたのち、《タイムズ》は謎が解明されたと伝えた――ウェストミンスター・スクールの学生ふたりが、バードケージウォーク近くの空き家で幻灯機を操作していた。鍛え抜かれた老練兵たちが、おもちゃを持った十代の子どもたちにおどかされたのだ。

一八二一年、コーンウォールのトルロにある補給所で、軍はふたたび超自然現象事件らしきものの中心にいた。幽霊が石を投げつけ、そのあとに〝硫黄〟のにおいが漂ってきたというのだ。律儀に集まってきた野次馬たちが、ぽかんと口をあけて現場を眺めた。多くの市街地では、こういう野次馬の群れがしょっちゅう現れるようになった。人口が急激に膨れ上がっていたロンドンは、たいていの人気ドラマの背景になっていた。ホルボーンのセントアンドルーズ教会では、一八一五年八月、大群衆が幽霊を見るために集まり、確かに見たと思う者もいた。《タイムズ》がやや不愉快そうに伝えたところでは、〝おびただしい数の巧みなスリが横行するようになり、そうした恥ずべき行為を防ぐため、警察の最大限の警戒が必要となった〟。一八三四年八月、タイバーンで処刑される罪人の古い護送経路にある、ホルボーンのはずれのスラム街セントジャイルズでも、おおぜいの群衆が集まる同様の幽霊騒ぎがあった。しかし、数人の男たちが柵を越えて墓地に入ると、そこにいたのは幽霊ではなく、息子に先立たれ、その墓を死体盗掘者から守っていたアイルランド人の母親だった。

幽霊見物に集まる野次馬は、間違いなく貧しい地域で最もよく見られた。当時は悪臭のする皮なめし工場とキャラコ工場が多かったロンドン南部の不快な地域、バーモンドジーでは、少なくとも大きな事例が三度あった。この時代の記録によると、おおぜいの貧しい日雇い労働者がそこに住み、たいていはひと部屋に五人で寝ていた。幽霊物語は、当時の連続メロドラマだったのだ。

一八三〇年七月、グレーンジロードの家の外に毎晩二千人近くが集まったときには、バーモンドジーの警察の一部署がまるごと動員された。そこは最近死亡した牧師の家で、幽霊に取り憑かれているらしかった。群衆は当局に立ち退かされて、ひどく不満だった。幽霊を見るために何キロも歩いてきたのに、と大声で文句を言う者もいた。

しかし、警察と治安判事の見かたは単純だった——幽霊見物は、治安の乱れと無知と臆病さがもたらす迷信が不運にも重なり合ったものだ。ヴィクトリア朝時代のデューズベリーのある治安判事は、同じように群衆に導かれた伝染性の熱狂の事例についてこう言った。「知的で思慮深い人はみんな、十一月五日の祝い（訳註：ガイ・フォークス・デイのこと）とは無関係だ」。

一八六八年八月、ふたたびバーモンドジーで、テムズ川から死体が引き上げられ、検死陪審を招集するためセントジェームズ教会近くの法定死体仮置場に運ばれたときには、夜中に死人が起き上がって教会墓地を歩き回るといううわさが、あっという間に広がった。結果として、およそ二千人が毎晩外に集まった。教区の牧師と職員が群衆を追い払おうとしたが、まったくむだだった。警察が到着したとき、ジェームズ・ジョーンズという十九歳の男が手すりにのぼって、ざわめき興奮する群衆に向かって叫んだ。「行くな——ほら見ろ——あそこに幽霊がいる！」。ジョーンズはすぐさま逮捕された。

地方でも、それは起こった。一八四三年二月、サンダーランドじゅうに、マートル号に乗った船員が、死んだ姉の訪問を受けたというニュースが広まった。船が真夜中に波止場に着くと、姉が墓から起き上がって、波止場まで歩いていくというのだ。およそ千人が教会墓地を取り囲み、それが起こるのを待った。《ノリッジ・マーキュリー》紙によると、ノリッジでは一八四五年十月、塔のなかに消えていく幽霊が目撃され、おもに少年からなる四百人がその幽霊を探そうとした。一八五二年十月下旬には、二千から三千人が毎晩ハルのウェリントンレーンに集まり、そこの安アパートで報告された幽霊のノックを聞こうとした。

〔《ハル・パケット》紙によると〕昨夜、霧雨の降るどんよりした寒い日だったにもかかわらず、現場には次々と群衆が押し寄せ、凍えて濡れながらも幽霊屋敷から百ヤードほどのところに立って、幽霊の訪問のあらましと目的について熱心に話し合い、前回いつノックがあったのか、警察から、あるいは幸運にも家に近寄れた者たちから情報が得られるのを辛抱強く待っていた。

ふたたびロンドンでは、一八六五年五月、《タイムズ》が、午後九時にサウスワークのセントジョージズ教会の前に集まる〝野次馬たち〟について報告した。彼らは、翌朝午前四時まで解散しなかった。本通りを取り締まる交通整理に呼ばれた短気な警察が、ずっと「ほら幽霊だ！」と叫び続けている男を逮捕した。二年後、九人の若者が、ウーバンスクエアで取っ組み合ったあと、乱闘と逮捕への抵抗の罪で告発された。これも、幽霊のうわさが原因だった。男たちはスクエアの各戸を回って、一軒ごとに扉を蹴り、幽霊に出てこいと荒々しく要求していた。

こういう混乱は、一八七四年七月（真夏とクリスマスの時期がしつこく出てくることに注意）、ウェストミンスターのブロードウェイでクライスト教会の墓地に幽霊が出るといううわさが広まったとき、頂点に達した（ロンドン大空襲で教会が破壊され、今では公園になっている）。賢い誰かが紙でつくった幽霊を近くの木にピンで留めると、ひと晩に五千人から六千人がそれを見にやってきた。

幽霊を信じるというのは、昔から下品なことで――病気と同じくらい下品とされた。そのふたつは昔から、外見上よく似ていた。幽霊をどう考えるか、どう感じ取るか――いや、感じ取ったものをどう処理するか――は、かつてはその人の生まれや職業、そして親の職業しだいで決まった。現在でも、ある程度まではそうだ。研究によると、一九四〇年代以降、幽霊の存在を信じると告白することが、社会的に広く受け入れられるようになってきた。しかし、過去数百年の大半は、上流階級と下層階級だけが、幽霊を信じる傾向にあった。

中流階級は昔から、幽霊という考えを嘆かわしく思ってきた。懐疑主義者を公言する人はたいてい、この社会層の出身だ。中流階級の懐疑主義者は、上流階級の人が幽霊を好むのはそれが退廃のしるしだからで、下層階級の人が好むのは彼らがろくに教育を受けていないからだと言う。

幽霊に取り憑かれたイギリスの風景の両極性を見れば、それがはっきりわかる。取り憑かれたパブと、取り憑かれた壮麗な屋敷。ビール貯蔵室のポルターガイストと、大広間のバルコニーに出る白い貴婦人。貧乏なら、幽霊を信じるのは未来に期待したいからだ。貴族で金持ちなら、幽霊を信じるのは過去を信頼しているからだ。イギリスの幽霊の王と女王は、ディック・ターピンとアン・ブーリンだった。ディック・ターピンはたくさんのパブに取り憑き、アン・ブーリンはたくさんの宮殿や壮麗な屋敷に取り憑いている。ショアディッチの、わたしがこれを書いている場所から二百ヤードも離れていないところに、ターピンが取り憑いたパブ（現在は使われていない）がある。

誰もが幽霊を、実在する重要なもの、または研究や議論にふさわしい対象と考えているわけではない。十八世紀後半から、中流階級はますます、超自然現象について率直で懐疑的な路線をとるようになり、亡霊や幻影を信じることを本質的に不健康で役に立たないと考え始めた。信じやすいことは、教育の不足や幼稚さ、もしかすると精神障害に関わる何かのしるしだった。

幽霊は、ひとことで言えば、恥ずべきものだった。

一九三四年、アーネスト・ベネットは『幻影』のなかでこう書いた。〝一部の中流階級のあいだでは、おどけて口にする場合を除けば、幽霊について触れるのは礼儀に反すると一般に考えられている。ある程度の自信を持って来世の永遠の幸福を期待する敬虔なキリスト教徒の多くは、肉体を離れた霊魂についてのどんな話題も、不快で気が滅入るものと見なす〟。

社会学者ジェフリー・ゴーラーの一九五〇年代の研究によると、貧困層と上位中流階級で、幽霊を信じている人が多かった。ところが、過去六十年のマルチメディア時代で、事態は変わった。幽霊は民主化され、無階級になった。とはいえ、昔の社会的地位による区分は、現在でも興味深い。ゴーラーによれば、幽霊に最も懐疑的な人たちは、裕福な労働者階級の男性だった。なんと言っても、急進派の社会主義者のあいだでは、若いころの迷信を笑い飛ばすのがふつうだった。〝おれがどれほど遠くまで来たか見てくれ！〟とでも言いたげに……。ただし、初期の社会主義、フェビアン主義と、ヴィクトリア朝時代の降霊会とスピリチュアリスト教会の世界には、はっきりしたつながりがあった。

今では忘れられた作家エリザベス・ボンホート（一七四四〜一八一八）は、労働者階級の人々が迷信的な恐怖にとらわれ、取り乱すほどおびえて、自分の影にもひっきりなしに驚いている姿を描いた。『親としての監視』（一七八八）にはこうある。〝太陽の光が消えたあと、月の明るい輝きが道を照らしているにもかかわらず、彼らはあらゆる木に、門に、柵に、想像上の幽霊を見る。ひとりで部屋に戻っても、絶え間ない恐怖のなかにいて、もしやカーテンが、目に見える、もしくは見えない亡霊の手で引きあけられはしないかと心配している〟。

数年後の一七九一年、同じような善意の作家メアリー・ウェイトマンの『友人としての監視、あるいは幽霊への恐怖に立ち向かう若者のための対話』は、よき中流階級の家庭から〝おとぎ話〟を追い払うことに熱意を傾けた。セーラ・トリマーとマリア・エッジワースのふたりも、迷信の一掃について意見を寄せた。そして、親向けの本を書き、子どもの頭にたわごとを吹きこむ子守に目を光らせるよう嘆願した。ボンホートは〝無知な子守〟の敵であり、残念なことに、女性使用人とその恐ろしい幽霊や霊魂の話が子どもたちを軟弱にするという考えを広めるのに一役買った。エリザベス朝時代の作家レジナルド・スコットは『魔術の暴露』で、一部の男性が幽霊を頭に描くのは幼いころの育児に問題があるせいだと考察した。大人の男が幽霊を信じるのは〝軟弱さと愚かさが育てられた〟証拠だという。

したがって、一八八一年に設立された心霊現象研究協会の創始者たちが上位中流階級の出身だったことが、いっそう興味深く思える。一般に、ヴィクトリア朝時代の降霊会は、ケンジントンの大きな屋敷に集まった貴族や当時の要人のあいだで行なわれ、おおむね金持ちのばかげた習慣だったと考えられている。

実際のところ、現在一般に知られている霊媒の能力は、一八五三年にダーリントンの織工の息子によって初めてイギリスに伝えられた。そのデヴィッド・リッチモンドという男が世話役を務めた結果、何年ものあいだヨークシャーの労働者階級のあいだで降霊術が人気となった。なにしろ、叩《こう》音《おん》降霊術を発明したフォックス姉妹は、鍛冶屋の娘だった。初期の心霊主義のこの労働者階級的な面と、初期の社会主義やフェミニズムや奴隷解放との奇妙な関係は、この時代のほとんど知られていない面のひとつだ。

もしSPRの会員がリッチモンドに会っていたら、おそらくその人物の何もかもに仰天しただろう。リッチモンドは生涯にわたって、独学者、自己鍛錬者、菜食主義者、反権威主義者であり、反体制の靴屋、各地を移動する羊毛のすき手でもあった。リッチモンドの死亡記事にはこんな言葉が引用された。〝もしあらゆる男がわたしのようであれば、政府を求める必要はなくなるだろう〟。リッチモンドは生涯、〝共同体主義的社会主義者〟であり続けた。

SPR――ちなみに現在も存続している――は多くの面で飛躍的に進歩し、別の面では時代の完璧な鏡となった。ハリー・プライスがSPRのなかであまり成功できないとわかったおもな理由のひとつは、エレノア・シジウィックがプライスを〝紳士的ではない〟と評したからだ。

ＳＰＲは一貫して、不正を疑うことに熱心だった。とりわけ〝子どものように〟いたずらに引かれてしまう下層階級の不正を懸念した。ＳＰＲが設立され、超自然現象の証拠を集め始めたとき、使用人たちによる幽霊出没や超常現象の話は採用しなかった。使用人たちはだまされやすく、ときにはあからさまな悪意を持てると考えられていたからだ。ＳＰＲの創設会員のひとりは、一八八九年十一月の会合で、〝教育のない人〟より教育を受けた人からの証拠のほうが好ましいと言った。一八八五年の《ＳＰＲ会報》には、どれほど使用人たちが幽霊や殺人や呪いなどの言い伝えに影響されやすいと一般に見なされているかについての議論が載っている。結果として、言い伝えのフォークロア的な現実性と、心霊現象の厳格な調査とのあいだの分断は、今日まで続いている。人は、どちらかのグループに属することになる。

創設後にＳＰＲが設けたいくつかの委員会のうち、霊媒師たちについての委員会が最も苦労した。当時のロンドンやおもな都市にいた数百人のうち、考慮に値する候補者はいないことがすぐに明らかになったからだ。立派な上位中流階級の科学者たちが、少しばかりいかがわしい者たちも含まれる労働者階級の霊媒師たちを調査しようとするとき、性別や社会階級が忘れられることはなかった。

ずっとそうだった。十八世紀には、ベネディクト会修道院長カルメが、幽霊出没は〝幽霊を装って盗みや放蕩を隠す手癖の悪い、あるいは自堕落な使用人〟のしわざと判明することが多いと書いた。一八一八年には、グレートグランズデンの教区牧師が、幽霊への恐怖を〝よこしまな使用人たちのまやかし〟のせいにした。

ピムリコでは一八二三年、クイーンストリートで石を投げるポルターガイストが発生し、使用人のマリア・ハーバートが疑われたが、確かな証拠がなく無罪放免された。一八二五年には、いたずらな使用人アン・ページが、ニューイントンで窓を割った罪で刑務所に入れられた。当時、地元住民はそれを幽霊のせいにしていた。一八七八年には、若い女性使用人がサマセットの農場で偽の幽霊騒ぎをしくんだかどで起訴された。騒ぎの最中には、陶器類が動き回ったり、干し草の山に火がつけられたり、不可解にも豚の飼い葉桶がゴートハーストの農家の玄関まで移動していたりした。

一八五九年にはメードストンの使用人が、売春婦というもうひとつの仕事を隠すために、雇い主の屋敷の扉を揺すったり、呼び鈴を鳴らしたりした。一八三九年にはトテナムコートロードで、質屋の主人が幽霊騒ぎのいたずらのカモになった。メイドが、生きた人間の恋人を夜間家に忍び込ませるため、幽霊のせいにするというユニークな方法を思いついたからだ。

ヴィクトリア朝時代屈指のすばらしい題名の本『常軌を逸した集団妄想と群衆の狂気』(一八四一)を書いたジャーナリストのチャールズ・マッケイも、一七七二年にストックウェルで起こった同様のできごとについて語っている。一般には〝ストックウェルのポルターガイスト〟と呼ばれている話だ。

ヴォクソールの近くに、ゴールディング夫人という老婦人が、使用人のアン・ロビンソンとふたりだけで暮らしていた。クリスマスのころ、じつに驚くべきできごとが起こり始めた。〝カップやソーサーが煙突のなかをガラガラと落ちていった〟とマッケイは書いている。〝ポットやフライパンが階段の下へ、あるいは窓の外へグルグル回りながら飛んでいき、ハムやチーズやパンが、まるで悪魔が乗り移ったかのように床で踊った〟。ゴールディング夫人は隣人たちの助けを借りて悪霊と戦ったが、かえって騒ぎはひどくなり、椅子やテーブルが動き、陶磁器は木っ端みじんになった。アン・ロビンソンが解雇されて、ようやく破壊が収まった。のちにアンは地元の教区牧師に、自分がすべてを仕組んだことを告白した。トテナムコートロードの少女と同じように、アンは恋人と会いやすくするために幽霊騒ぎを計画したのだった。陶磁器をかすかな揺れで落ちるように棚の端に置いて、ものに馬の毛を貼りつけ、ぐいと引っぱって飛ばしていた。

こういう筋書きはめずらしくなかった。カルメが考えたように、中流階級のなかでは、幽霊や呪いの話は、下品な下層階級が犯罪や金儲けや放蕩などのふらちな行動を隠すのに使うものとされた。辛辣な中流階級の超自然現象に対する嫌悪には、常に前景として、まやかしと犯罪による不名誉があった。

貴族のなかには先祖の幽霊に心を寄せる人もいるが、志の高い人はこれからも幽霊を下品と見なして認めないだろう。行政権や国教会に近い人たちには、模範を示し、手堅く冷静に対処する義務がある。

ジェームズ・ボズウェルについての逸話がひとつある。一七七三年にアーガイル公爵夫妻と晩餐をともにしているとき、会話が死と復活のあいだの〝中間状態〟のほうへ進んだ。ボズウェルは、予測とは違って、誰もが千里眼と幽霊を信じているわけではないことを知った。そして、みずからの思うところを率直に話した。師と仰ぐジョンソン博士と同様、幽霊を信じていたからだ。「あなたはメソジストですのね」と公爵夫人がきびしく言った。〝公爵夫人がわたしにおかけくださった言葉はそれだけだった〟。ボズウェルは、少し悲しげに日記に書いた。有力な人たちは幽霊を信じない。その必要がないからだ。

早くも四世紀には、キリスト教護教論者ラクタンティウス（三二〇年ごろ）が、上流階級の異教徒たちに直接攻撃を仕掛け、幽霊や超自然現象を信じるのは無知な下層民にのみふさわしいと言った。ラクタンティウスは〝死者の魂が墓のまわりをさまようと信じている〟庶民をあざけり、当時はふつうだった、魂が〝肉体からゆっくり解放され、足から先に上に向かっていく〟などと信じることはばかげていると考えた。幽霊を信じる人々の階級構成について学術研究を行ううえで、妨げになるものはほとんどなかった。とはいえ、ＩＱと幽霊を信じることのあいだに、なんらかの相関関係があるという証拠もない。最近、イギリスで人気のタブロイド紙は、ＢＢＣの初代会長リースの思想が生きていた時代に並べ立てていた非難の調子を、徐々に落としてきた。とはいえ、掲載する記事の多くは、ヴィクトリア朝時代に知られていたものとほとんど同じなのだが。

幽霊は今もタブロイド紙にとって、とりわけ不況の時期には頼りになるお決まりの素材だ。たとえば二〇〇九年一月、《サン》紙は幽霊を一面に掲載した。〝呪われた病院、祈禱師を呼ぶ〟と書き立て、ダービーにある新築の市立総合病院で交代勤務従業員が、ローマの兵士らしき黒マントをまとった幽霊を見たときの状況を明かした。オンライン版にはさらに詳しく論じるスペースがあり、

〝ゴーストバスター〟のマイケル・ハロウェルが、どうすれば〝迷惑な霊を追い出せそうか〟について助言した。確かな情報によると、ダービーは〝病院のお化けが現れる前から、イギリスで最も呪われた街なのだ！〟

もっと昔なら、ボーリー牧師館の幽霊事件とエンフィールドのポルターガイストの両方について書いた《デイリー・ミラー》などの新聞が、心霊現象研究協会に電話したかもしれない。そしてカメラマンと、どこかの時点でレポーターを送り込みながらも、この基本的に懐疑的な立場と科学にもとづく組織に従っただろう。

昨今の『モスト・ホーンテッド』や『モスト・ホーンテッド・ライブ』などの番組の人気ぶりを見ると、ヴィクトリア朝時代の野次馬の群れが戻ってきたように思える。信用ならない労働者階級の霊媒師の役も戻ってきた。たとえば、デレク・アコラなどだ。[9]もちろん今は、教会や、窓の破れた空き家の外に行く必要はない――テレビ中継で見たり、ウェブフィードの固定カメラでライブ映像を確かめたりできる。『モスト・ホーンテッド』の、快い恐怖感をあおりながらも、現象の現実味についてはかなりあいまいなままにする傾向は際立っている。[10]説明や分析はまったく提示されない――物語だけだ。今は亡き人の物語、彼らの人生の物語。霊能者サリー（やはりテレビ出演している）のような旅する霊媒師は、かなりしっかり労働者階級の人々を引きつけている。客席の人たちは、自分たちが知っている名前が口にされるだけでうれしいようだ。特におもしろい情報や大きな秘密、ましてやあの世の秘密などは明かされない。業界のお目付役であるイギリス情報通信庁《オフコム》からの二〇〇六年の批判的な報告に続いて、『モスト・ホーンテッド』は今では〝エンターテインメントとしての目的のみ〟の番組であるというお断りのテロップで始まるようになった。番組は、本物の調査を行なう姿勢を見せるのをいつの間にかやめて、代わりに感情に焦点を合わせ、この分野で高名なレギュラーの超心理学者キアラン・オキーフに、冷静な社会学の立場からできごとを評価させるようになった。

そして、批評家や科学者ほど中流階級的な職業はまずないので、両者は当然、懐疑主義的な立場を強く主張する。こういう番組に対する新聞や他の自意識過剰なほど分別のあるテレビ番組での反発の声は常に、労働者階級の迷信に不平を言う十八世紀の小冊子のような辛辣さを帯びている。

しかし、紳士階級や貴族階級の人々は、地元のゴーストハントに熱心なグループに喜んで大邸宅を貸し出しているようだ。人々がお金を払って呪われに来ることに感動している。かつて誰も寝ていなかった色あせた寝室で、よこしまな伯爵が毎晩のように幼児を殺し、ずっと前に死んだおばが、墓のなかで伸び続ける長い髪にブラシをかける。エマヌエル・スウェーデンボリ伯爵など、貴族のなかには、現代の霊界を発明したといってもよい人もいる。ドイツのアルベルト・フォン・シュレンク＝ノッチング男爵を始め、それを調査した人たちもいる。のちにイギリスの首相になるアーサー・バルフォアは、カールトンガーデンズに霊媒師たちを試験するための特別室と革ひも付きの椅子を用意していた。ビュート侯爵は一八九六年、〝スコットランドで最も呪われた屋敷〟と呼ばれたパースのバレチン・ハウスを調査した。しかし、ノエル・カワードが滑稽な歌『イギリスのお屋敷』で澄まして指摘したように、現代において、超自然現象をめぐって異なる階級の人々がすばらしい団結を見せてきたのは、商売のためだ。朽ちていく大きな屋敷と古いパブの持ち主はどちらも、呪われた部屋をまったく望ましいものとして宣伝する。基本的に、幽霊は下品なものであり続けている。

第13章

わななくテーブルの秘密

それらの現象に働く力が恋と同様、〝どんな障害も乗り越える〟ことを信じるだけの根拠はある。

――サー・ウィリアム・クルックス

一八四〇年代以降、イギリス北部に新しく現れたスピリチュアリスト教会は、労働者階級による初期社会主義の運動だった。キースリーの町は、この心霊主義への新たな信仰が根を下ろす場所となった。熱烈な信者は決まって、この町を、女性の参政権や生体解剖反対など、ごちゃ混ぜになった反体制の立場と結びつけた。ロンドンでは、状況はまったく違った。裕福な人々のサロン、シャンパンの泡のように楽しげで豪華なピカデリーのホテル、みだらに盛り上がる演芸館と並んで立つぜいたくに装飾されたハイドパークの邸宅やイーストエンドの屋敷では、降霊会がほぼひとつのテーマを中心に行なわれていた。セックスだ。

暗い部屋、階級の混成、ささやき、秘密とうそ——すべてが密会の約束を象徴していた。肉体的な親密さが生まれるのは、部屋のなかで肌と肌がかすかに触れ合う降霊会のひとつの流れだった。意識と興奮が高まった状態での戯れは、ありふれたことだった。

最初にアメリカから入ってきたとき、降霊会は性的なものではなかった。それは形式ばっていて機能的だった。降霊会を発明したのはカナダ出身のフォックス姉妹、マギーとケイトで、一八四八年にはニューヨーク州ハイズヴィルの小さな農家で父とともに暮らしていた。引っ越して数時間のうちに、家族は物音を聞き始めた。ドンドン、ガタガタという音が眠りを妨げ、足音が地下室のなかへと続き、ついには恐ろしいことに、氷のように冷たい手が、寝ていた姉妹のひとりの顔を撫でた。ケイトは幽霊に〝スプリットフット氏〟という名前をつけた。悪魔を意味するあだ名だ。その後に大きな影響を与えたできごととして、ケイトは幽霊に手拍子をまねるように頼み始め、次に質問をして、ノックでアルファベットの文字を示すか、単純に肯定か否定で答えるように求め始めた。

これぞ、現代の西欧文化の始まりだった。何世紀ものあいだの慣例では、死者に話しかけてはならず、彼らを恐れて家から追い払うことがどうしても必要だった。彼らは侵入者なのだ。ローマカトリックは正式な悪魔祓いと清めの儀式を行なったが、プロテスタント教会でさえ、幽霊を追い払う方法を考案した。たとえそれが、何日間も詩篇を朗読し続けることだけだったとしても……。迷える死者や、死者を装う悪霊を完全に追い払うとは、紅海へ追放することだった。[1] 超常現象の領域で最悪の犯罪者は、アルカトラズに送られた。

うわさが広まった。ほどなくフォックス姉妹は、偉大な興行師P・T・バーナムにスカウトされ、活気あるニューヨークの会場、〝バーナムのアメリカ博物館〟で占い師として出演することになった。ふたりはきちんとした白い襟付きの黒っぽいドレスを身に着けて座り、一回に一ドルを請求した。『モヒカン族の最後』の著者ジェームズ・フェニモア・クーパーが姉妹を訪ねて来て、亡くなった姉に関する質問の答えにひどくうろたえた。ほどなく、フォックス姉妹は、制御した状況下で〝能力〟を試したいと考えた委員会に調査されることになった。女性たちが、コツコツ音を出すための道具がないかどうか、姉妹の下着を確かめた。ややベンジャミン・フランクリン風の間違った言葉遣いが、敵意を持つ懐疑主義者のグループに露骨にからかわれた。こういう事例では初めてではないが、姉妹は関節を鳴らして幽霊の音を立てているらしいといわれた。

一八五一年三月、ついに男性が姉妹の体に手を触れた。バッファローから来た少なくとも三人の医者が、マギーが超常現象を起こそうとするあいだ、その脚と膝を一時間しっかり押さえていた。これが先例となった。専門職に就く中流階級の男たちは科学の名のもとに、それ以降、視界のなかにいる下層階級の女性霊媒師の服や体を縛ったり、くくったり、針金で留めたり、押さえたり、妨げたりする機会を逃さなかった。コルセットを確かめ、手や脚や靴を調べ、つつき、小突き、威圧した。

おそらく、医者たちは自分がしていることを、より大きな利益のためと考えていたのだろう。ほとんど読み書きのできないふたりの少女にだまされるつもりもなかった。しかし、あらゆる努力にもかかわらず、またチャールズ・アルフレッド・リー博士が組織し、特別よく鳴る関節を持つ男が[2]主催した懐疑主義者たちの巡回興行まで行なわれたにもかかわらず、ますます高まる降霊術への人々の熱狂が鈍ることはなかった。

一八六八年のエイプリルフールの日、大法官庁で始まったスキャンダラスな裁判事件が、降霊会の流行にきっぱりと終止符を打つことが期待された。降霊会を流行させた男、ダニエル・ダングラス・ヒュームが、まやかしと詐欺で訴えられたからだ。《スペクテーター》はそれを確信していた。係争の中心は、〝霊能者〟という呼び名が初めて与えられたあの軟弱な霊媒師でも、彼を訴えている裕福な未亡人でもなく、心霊主義そのものだったからだ。

このときまでには、降霊会はイギリスで十五年以上にわたって、そこかしこで見られるようになっていた。ますます派手な見世物を大衆が求め続けると同時に、スキャンダルの興奮も続いた。心霊現象に興味を示したせいでキャリアに傷がついた立派な科学者や医者の名簿は、驚くべきものだ。心霊主義の先駆けとなったメスメリズムは、すでに高名な医者ジョン・エリオットソンのキャリアを奪っていた。一八四〇年八月、レディ・ブレッシントンの屋敷、ゴアハウス（ロイヤル・アルバートホールの敷地にある）で、チャールズ・ディケンズに人をトランス状態にする方法を教えたのはエリオットソンだった。作家は、ひとつの治療技術として興味をいだいた。とはいえ、初期の熱中は、のちに物理霊媒やトランス霊媒全般を極端なほど恐れる理由にもなったようだ。

一八五二年十月、アメリカから舞台監督たちが到着し始めた。ひとりめは、ボストンの新聞社オーナーの妻、マリア・ヘイデン夫人だった。ほとんどあらゆるメディアに嘲笑されていたにもかかわらず、降霊会はロンドンや周囲の諸州でひそかに繁栄していた。ヘイデン夫人は、肉体を持たない魂が立てるコツコツ音（肯定なら三回、否定なら二回）を余分な要素なしで実演し、キャヴェンディッシュスクエアでお茶の時間にテーブルを傾かせたが、それはダニエル・ダングラス・ヒュームという奇跡を体現する本命登場までの余興にすぎなかった。この男は死者と話し、重い家具を浮かせ、暖炉から燃える石炭を飛ばして取ることができた。

ヒュームは一八五一年から、ヘイデンの家でパフォーマンスを行なっていた。W・R・ヘイデンの新聞による後援が、ヒュームの名声を高めるのに大きな役割を果たした。それを決定的にしたのは、翌年の夏の降霊会だった。コネティカット州サウスマンチェスターにある裕福な絹工場主の大きな屋敷で、ヒュームが呼び出した霊がテーブルを、まるで〝猛烈な大嵐〟に襲われ、砕ける波が船を海に放り投げたかのように転がした。そのあと、〝いつもの重苦しい衝撃〟が広がった。テーブルはひっくり返り、ヒュームは投げ捨てられたものの上に超然と立ち、絶え間ないコンコンという音が、場違いな太鼓の連打のように部屋じゅうにとどろき渡った。のちにわかったのは、降霊会に出席した誰かの親族の水兵ふたりが、海で行方不明になったことだった。

ダニエル・ヒュームは一八三三年三月、スコットランドのエディンバラで生まれた。ダニエルの揺りかごのまわりには、いつも死者が群がっていたといわれる。まるで見えない手に揺らされているかのように、ひとりでに揺りかごが動いていたそうだ。ヒューム一家は製紙工場の裏の小さな家に住んでいた。その工場で働いていた父親のウィリアム・ヒュームは大酒飲みで気むずかしく、自分が第十代ヒューム伯爵の婚外子だと確信していた。母方では、ダニエルは、十七世紀の神秘主義者でスコットランドのノストラダムスと呼ばれるブラハンの予言者と血縁関係にあった。この予言者は、おもにインヴァネス北部の地方にまつわる予言を書き残した。大人になると、ダニエルはしきたりとして、自分のタモシャンター（訳註：スコットランド人がかぶるベレー帽）に銀のバッジを着けた。そこには、母親の氏族の格言が刻まれていた――〝征服か、死か〟[3]（Vincere aut mori）。

病弱だったダニエル・ヒュームは、なんらかの事情で、スコットランドの町ポートベロのおばの家に預けられ、のちに大西洋の向こうのコネティカット州グリーンヴィルに住む別のおばに引き取られた。超常現象のコツコツ音が始まると、おばはダニエルに椅子を投げつけた。家族も続いてアメリカに来たが、ダニエルはおばのもとにとどまった。のちにおばは、家に悪魔を呼び込んだと甥を責め、組合教会主義とバプテストとメソジストの聖職者三人組に救いを求めて、清めの儀式を執り行なってもらった。聖職者たちが気取った赤毛の少年に同情的であることがわかると、おばのメアリーはますます腹を立て、家からダニエルをたたき出してしまった。こうしてヒュームは、あらゆるヴィクトリア朝時代の人々のなかでも際立って奇妙な旅回りの人生を送り始め、降霊会の料金はいっさい受け取らず、崇拝者の思いやりと気前のよさに頼って暮らした。

変幻きわまりない幽霊ショーで、ヒュームの右に出る者は誰もいなかった。もちろん、トントン、コツコツという音があっただけでなく、降霊会用の部屋に霊的な光が漂い、肉体のない奇妙な手が出席者と握手したり、椅子を動かしたり、霊的な音楽を奏でたりもした。ヒュームは物質化（訳註：霊魂を具体的な形として出現させること）が起こるあいだ、出席者に自分の手や足を握るよう促した。自分の体をドラマの一部として使い、引き延ばしたり縮めたりしてみせることもあった。一八五二年八月には、最も有名な出し物を演じた——肉体浮遊だ。ジャーナリストのE・L・バーは、ヒュームの正体を暴くために送り込まれたが、困惑して立ち去ることになった。

そのときわたしは彼の手を握っていたが、両足が触れるのを感じた——それは床から一フィート浮いていた。彼は喜びと恐れという相反する感情で頭の先からつま先まで震え、言葉を詰まらせた。一度、さらにもう一度、床から浮き上がり、三度めには部屋の天井にまで達し、両手と両足が軽く触れた。

ヒュームの名声が高まるにつれ、たくさんの人が降霊会に出席するようになった。なかには、ニューヨーク大学教授ジョージ・ブッシュ[4]もいた。のちにアメリカ大統領になるブッシュ親子の親戚だ。一八四五年にエマヌエル・スウェーデンボリの著作を英語に翻訳し、それによって独力で心霊主義が栄える環境をつくったと言ってもいい。その年には、ヒュームもスウェーデンボリ派、当時〝新教会〟と呼ばれた教派に改宗した。スウェーデンボリは十八世紀のスウェーデンの貴族で、多くの著作のなかで、人知の及ばない霊界のようすについて論じた（ただし基本的に、聖書を読むカルヴァン主義者であり続けた）。スウェーデンボリの重要な幻視が一七四五年にロンドンの居酒屋で起こり、おそらくヒュームがその街へ行きたがった理由のひとつはそこにあるのだろう。のちに、訪れたのは健康上の理由と、東海岸で有名になりすぎたので騒ぎから逃れるためと話したが、生まれ故郷でキャリアの第二部を楽しみたいと考えた可能性も大いにある。

ヘイデン夫人はロンドンに数カ月滞在し、ヒュームが進出する地ならしをした。ヒュームは一八五五年にイギリスへ渡り、興味と理解を示す人々によって自分の志す道が完璧に整えられていることを知った。招待を受けて、ジャーミンストリートのコックスホテル[5]の部屋に足を踏み入れた瞬間、オーナーのウィリアム・コックスがすかさず、指折りの有名な招待客、ロバート・オーエンを紹介してくれた。オーエンはヒュームをよく知っていて、ある報告によると、まるで父親が息子を迎えるように温かく迎えたそうだ。

ロバート・オーエン（一七七一～一八五八）は空想的社会主義者の鑑で、現在ではおもに協同組合運動の先駆者として記憶されている。工場労働者の福祉に関するその急進的な考えは、大きな影響を及ぼした。社会主義的な共同体をつくろうと、はるばるアメリカのインディアナ州に赴きもした。友人や崇拝者は、オーエンが八十代になって心霊主義に転向すると言い出したとき、驚きと困惑を覚えた。

ほどなくヒュームは、オーエンとその有力な友人たちのためにホテルで降霊会を行なった。出席者のなかには、元大法官のブルーアム卿や、作家で社交界の名士であるサー・エドワード・ブルワー＝リットンなどもいた。根無し草のフォックス姉妹や田舎じみたヘイデン夫人とは違って、ヒュームはゆったり自信ありげで上品だった。そのせいか、ヴィクトリア朝時代の名士の一団にとても気に入られた。とある伯爵の非嫡出の孫だというわさも、たぶん少し役に立ったのだろう。乱れた赤い髪と、空想にふける詩人のような物腰と、しゃれた服装で、ヒュームは心霊界のアルジャーノン・スウィンバーンとでも呼ぶべき典型的人物になった。

しかし、同時に数人の強力な敵もつくった。イーリングで催された有名な降霊会では、霊の手がエリザベス・バレット・ブラウニングの頭に、詩人としての栄誉を称えるため花の冠をのせた。夫のロバート・ブラウニングがのちに書き記したところによると、妻のドレスまでが〝よくわからない方法で――まるでなかに入った何かが操作したかのように――少しだが間違いなく持ち上がった。妻に気づかれずに入り込んだとは考えにくい〟。

破滅の種はまかれた。降霊会が行なわれていたダイニングテーブルからヒュームが立ち上がると、ロバート・ブラウニングは、ヒュームへの鎮めがたい嫌悪を示しながら立ち去った。妻の死後には、〝霊媒師の汚泥氏《スラッジ》〟と詩人らしい辛辣な言葉で嫌悪をはっきり表現している。妻とともに家に戻ると、ブラウニングは花の冠を窓から投げ捨てた。

一部の人が指摘するように、それは霊たちが自分ではなく妻に冠をかぶせたことに対する嫉妬だったのか？　この問題についてのちに語ったところによると、どうやらブラウニングのヒュームに対する激しい嫌悪は性的な何かに関係があり、この霊媒師を不道徳な男と見なしていたせいだったらしい。妻のドレスに何か細工をしたうえに、暗い降霊会の部屋を利用して女性参加者に触れていると考えたのかもしれない。とはいえ、霊媒師に対して感情的な反応を示したのは、ヒュームを同性愛者と確信していたせいである可能性のほうが高い。

ヒュームは信じがたい突飛な状況下で二度結婚し、息子をひとりもうけたようだが、少なくともそのうち一回の結婚は、フランスで一八五八年に〝風俗犯罪〟[6]で投獄されたといううわさが広まった直後のことだった。ブラウニングは天敵の〝めめしさ〟や、外見への極端な心配り、ほっそりした両手を飾るたくさんの指輪など、多くの人に軟弱さを連想させるものを強調することにこだわっていた。

一八六八年、ヒュームは、現在ウェストミンスター大聖堂が立っている場所のすぐ近く、アシュリー・ハウスの三階にあるアデア子爵の部屋で、男性ばかりの同居人たちと暮らし始めた。アデアは、ガリー医師の家で行なわれた降霊会に参加していた。ガリーはホメオパシー医で、モルヴァーン温泉の診療所を訪れた患者のなかにはチャールズ・ダーウィンやフローレンス・ナイチンゲールもいた。第三代ダンレーヴン伯爵のひとり息子であるアデアは、心霊主義に魅了された。そしてヒュームときわめて親しい関係になった。現代人の目にはかなりきわどいものに映るかもしれないが、ヴィクトリア朝時代の寄宿学校の世界では、少しもめずらしくはなかった。

成人男性たちは寝室を共有し、お休みのキスをし合っていた。ヒュームは暖炉で両手を温めてか

図18　ハムレットの扮装をして、死者に話しかける演技をするダニエル・ダングラス・ヒューム。

らアデアにマッサージをしてやり、そのあいだ肩越しに振り返っては、自分を導いてくれる霊の助言を聞いていたという。あるときには、生前ふたりが知り合いだった亡き女優に取り憑かれた。アデアはそのときの様子をこう描写した。〝彼はゆっくりベッドのところまで歩いてきて、横にひざまずき、わたしの両手を取って話し始めた。体じゅうをぞくぞくさせるような彼女の話しかたを、わたしはけっして忘れないだろう〟。

イートン・カレッジ卒業生で第二十五代クローフォード伯爵のひとり息子であるリンジー卿が、三人めの居住者だった。やはり心霊主義者で、当時まだ二十一歳だったものの、近衛歩兵第一連隊に入隊し、その後ロンドン塔に配置された。[7] 十二月半ばのある晩、三人の男たちは、四人めの友人、アデアのいとこのチャールズ・ウィンとともにアシュリー・ハウスにいた。次に起こったことは、感情的でロマンチックなかすみに包まれた、神経質で暗示にかかりやすい男たち四人が浸る温室のような雰囲気をよく伝えている。

その冬の晩、ヒュームは強烈な心霊現象を見せていた。体を超常的に引き延ばし、地面から浮かんで、上がったり下がったりしているようだった。それから唐突に命じた。「恐れるな、そして絶対にその場を離れるな」。そう言って廊下へ出ていった。リンジーが叫んだ。「たいへんだ、何をやるつもりかわかったぞ。なんて恐ろしい！」。話しかけてきた霊によると、ダニエルは別の部屋の窓から外へ出て、自分たちがいる部屋の窓から戻ってくるつもりらしい。リンジーは仲間たちにそれを伝えた。

三人は隣室の窓があく音を聞き、次にヒュームが部屋の窓の外にまっすぐ立って、吸血鬼が入室を請うかのようにのぞきこんでいるのを見た。ヒュームが窓をあけ、笑いながら入ってきた。なぜそんなことを？とウィンが尋ねた。ヒュームの答えは、空中浮揚しているところへ〝警察官が通りかかって顔を上げ、空中を壁に沿ってぐるぐる回っている男を見たら〟どうするだろうと思ったからだ、だった。空中に浮いているのではなく、壁に沿って回っていたという記述は、特に不気味に感じられる。この逸話は何年も一般には知られていなかったが（翌年のダンレーヴン伯爵の私家版の小さな本に出てくるとはいえ）、現在でもヒュームの最も驚くべき離れ業のひとつとされている。[8]

ヒュームを擁護して評判を危うくした科学者のひとりに、クロムウェル・フリートウッド・ヴァーリーがいた。ヴァーリーは、イギリスとアメリカのあいだに大西洋横断ケーブルを敷くうえで、技術的難題を解決する責任を負った一流の電気技術者として、最もよく知られている。また、電子の〝前史〟における重要人物とも考えられている。一八七一年に発表した論文『王立協会議事録』で、すでに陰極線の性質について触れていたからだ。[9] ヴァーリーはリンジー卿と知り合いで、のちに研究をともにし、大きな磁場が人体に生理的影響を与える可能性について調べた。その研究は、なんらかの形で今日まで続いている。

降霊会の部屋でのコツコツ音や動きを自然の新たな力の証拠と信じたのは、ヴァーリーだけではなかった。となりには、進化論の共同創始者であるアルフレッド・ラッセル・ウォレス（先に理論を発表したチャールズ・ダーウィンとは紳士協定を結んでいた）が立っていた。一八五〇年代、ヴァーリーはメスメリズムを独学し、妻のエレンにしっかり催眠術をかけられるようになっていた。エレンはその状態にあるとき、初めて自分に霊媒の能力があることに気づいた。妻がそれを追求した結果、ヴァーリーは一八六九年、降霊会の部屋で幽霊を見たこと、霊から予言的なできごとだけでなく、自分しか知り得ないことを伝えられたと公に発表した。

ヴァーリーは、ヒュームが詐欺で裁判にかけられたとき、身元保証人となることになんのためらいも見せなかった。そして証言台で、〝ヒュームとほかの者たちについて、［超常現象を］明るい光のもと、みずから決めた条件下で、検査・試験し、この上なく慎重かつきびしい精査を行なった〟と述べた。これはヒュームにとって重要な切り札となり、おそらく彼を破滅から救った。ヴァーリーは知らなかったはずだが——科学技術に熱中するまじめな人物だったので——この裁判は降霊会と同じく、本当は性的なものを中心としていた。あるいは性的なものの不足を。

〝心霊学術研究会〟は何よりも、ヒュームに給料を支払うためにつくられた。ヒュームは常勤の秘書という仕事と、スローンストリート二十二番地の新しい住まいを受け入れた。ある日六十代の女性が前触れなく訪ねて来ることがなかったなら、ここで一生を送ったかもしれない。

一八六六年十月二十二日、老年期に差しかかった背の低いふっくらした女性が、学術研究会のオフィスに入ってきた。ヒュームに手紙に書いたが、返事が来ないのでみずから赴くことにしたのだという。名前はジェーン・ライアン夫人といった。チャールズ・ライアンはチーズ屋の婚外子だったが、伯爵の孫と結婚することでうまく苦境を脱していた。チャールズ・ライアンは一八五九年に亡くなり、妻に大きな遺産を残した。夫は、新婚旅行でも滞在したグラームズ城のボーズ＝ライアン家の一員、つまりエリザベス二世の遠戚だった。またライアン夫人は、オックスフォードのクライスト教会主席司祭リデル博士の義理のおばでもあった。つまり、『不思議の国のアリス』が生まれるきっかけとなったアリスの大おばということだ。

ヒュームは、心霊主義への興味とみずからの霊媒師としての技能について語るライアン夫人の変人ぶりに、かなり好奇心をそそられた。夫人はヒュームの貴族とのつながりに興味があったらしく、実際に彼が貴族に尊敬されている証拠を目にした。ヒュームによると、ライアン夫人は〝そんなにたくさんの立派な人たちを知っているんだから高慢でうぬぼれているだろうと思っていたけど、あなたのことはとても好きだわ、あなたもわたしを好きになってくれるといいけど〟と言ったそうだ。

夫人は二日後にまたやってきて、さらに話をしたあと、だしぬけに、あなたを養子にして将来の財政困難から救ってあげましょう、と提案した。どうやら、少し孤独な人で、肉親が気に入らず、話せる友だちがほとんどいなかったようだ。ヒュームによると、それから夫人は〝わたしに両腕を回して、キスをした〟。異常なほど熱烈に。十月七日には、事態がどちらへ向かうかがはっきりしてきた。ヒュームはかなりきっぱりと、母親として夫人を愛すると誓った。夫人は同じくらいきっぱりと、〝そういう愛は少なければ少ないほどいいわ〟と答えた。

　十一月までには、ヒュームとライアン夫人はベイズウォーターからいっしょにタクシーに乗り、霊界からの楽しげな承認のコツコツ音に伴われながら、財産をめぐる署名をするため街の弁護士の事務所へ行った。ライアン夫人は遺言にヒュームを加え、莫大な財政的援助をした。[10] ヒュームは捺印証書に署名して、ダニエル・ヒューム・ライアンに改名することに同意した。夫人はヒュームへの肉体的な欲望をあらわにする機会を逃さず、晩餐会の出席者や、財産の半分近くを譲る決断に目を丸くしていた弁護士たちを当惑させた。

　ほどなく、夫人の真の目的が明らかになった。ヒュームの宝石箱を自由に使い（ヒュームは宝石をとても大切にしていた）、亡き妻サッシャの服を自分が着られるように仕立て直した。どうしてヒュームに対する評価を急に変えたのかはわからないが、ライアン対ヒュームの訴訟を振り返ると、ヒュームが自分をベッドに誘う気がないことにようやく夫人が気づいたのは明らかなようだ。六月十日、ヒュームはついに夫人の好意を完全に〝はねつけ〟、夫人が結婚をほのめかすと、こう叫んだ。「生きているあいだは絶対にありえないね！」。それはライアン夫人の聞きたい言葉ではなかった。

翌日ライアン夫人はヒュームに手紙を書き、金を返すよう冷ややかに求めた。六月十二日、ヒュームは〝親愛なる母上〟とおだてる手紙を書き、平和的な解決に向けた条件を申し出た。宝石と指輪ふたつは返すが、三万ポンドは自分のものとしたい。抜け目のない取引は、夫人を無慈悲にさせた。

ブラウニングは、ヒューム失墜の知らせをほとんど見苦しいほど喜んだ。最新のうわさ話は、主任司祭リデルから伝わった。リデルは〝ヒュームのあらゆる悪事と、いかにして当人の信じがたい愚かさと強欲さが破滅を招いたかを話してくれた〟。執行官がヒュームを〝楽しい夜会の席で〟逮捕して、ホワイトクロスストリート刑務所に連れて行き、その後ロンドン市の債務者監獄に送り込んだ。

宣誓供述書でライアン夫人は、ヒュームに金を与えて便宜を図り、事務弁護士をひどく驚かせた唯一の理由は、そう指示する亡き夫のメッセージを受け取ったと考えたからだと言った。言うまでもなく、そのメッセージは夫人の自宅で頻繁に行なわれていた降霊会で、ヒューム自身から伝えられた。あとになって、〝被告にだまされた〟と気づいたのだそうだ。

《タイムズ》は、一般市民の大きな関心を集めた訴訟について最前列から報告し、傍聴席に座れた幸運な者たちは期待を裏切られなかった。ウェストボーンプレース十八番地にあるライアン夫人の屋敷での暮らしぶりがあらわにされた。夫人はシムズ夫人とペッパー夫人のふたりと同居していて、彼女たちはヒュームが降霊会を催しているあいだ食堂の外に身を潜めて、一言一句に聴き入っていた。意地の悪い親戚たち、ふたりのフェローズ夫人も、ヒューム氏に対する低い評価を法廷で表明した。詐欺が行なわれていたとふたりが考えているのは明らかだった。しかし、使用人のイライザ・クレッグナウは、女主人が亡き夫の霊に影響されたふりをしてお金を取り戻す、と大声で宣言していたことを証言した。ライアン夫人はすぐさま反撃し、イライザを〝生意気で、汚らわしい、危険な、うそつきのふしだら女〟と呼んだ。

主張があり、反論があり、原告と被告はどちらも、相手が結婚をたくらんでいたと言い張った。ヒュームは、ライアン夫人に絶え間なく撫で回されていたことを詳しく語った。ライアン夫人は、キスをねだるヒュームの声をまねて応戦した。《ポリス・ニューズ》によると、それは〝大きな笑いを誘ったようだった〟。夫人は日記を取り出し、ヒュームについて〝強欲で、おべっか使いの、こそこそした、うそつきの偽善者〟と書いた部分を示した。決定的瞬間となったのは、ヒュームが検察官から霊のコツコツ音を聞かせるように求められたときだった。新聞報道によると、〝特に婦人たちの側で〟静まり返った人々が身を乗り出して聴き入ったが、沈黙という結果に終わった。

裁判官は評決で、ライアン夫人の証言をきびしく非難したが、それ以上に心霊主義全体をきびしく非難した。〝一方では見栄っぱりで意志が弱く愚かな者をあざむくため、他方では貧困者やペテン師のたくらみを援助するため、綿密に計算されたばかげたいたずらである〟と考えていたからだ。それは数年前に《ランセット》が、メスメリズムの魅惑にとらわれやすい人々について書いたとき表明した意見と同じだった――〝利口な少女たち、哲学に通じたボヘミアン、頭の弱い女たち、もっと頭の弱い男たち〟。

ヒュームは六万ポンド返さなくてはならなかったが、ライアン夫人もかなりの訴訟費用を払わなくてはならなかった。多くの人は、これを心霊主義にとって致命的な打撃だと考えた。しかし、それは間違っていた。

ヴィクトリア朝時代の降霊会で撮られた貴重な写真がある。女性の幽霊が、高齢の男性を見下ろしている（図19）。幽霊は白い服を着て、白い髪飾りかシーツのようなものをかぶり、耳の後ろにたくし込んでいる。下を向く表情は穏やかだ。左腕を伸ばして、ヴィクトリア朝時代の聖職者らしき人の手を握っている。男性はそのひとときに熱中して、唇を結んで目を閉じ、少しもうろうとした様子で、はげかかった頭をうつむけている。男性が死者と交信中と考えていることはわかるだろう。

この聖職者は実際には医者で、裁判でヒュームの性格証人のひとりとなったジェームズ・ガリー医師（一八〇八～八三）と確認された。[11]幽霊は、フローレンス・クックに呼び出されたケイティー・キングだ。ケイティー・キングは、海賊サー・ヘンリー・オーエン・モーガンの霊的な娘といわれた。モーガン、またの名をジョン・キングは、アメリカのあらゆる幽霊ガイドのなかで最も有名で、浅黒い肌に長いあごひげという完璧な海賊の姿をして、多くの降霊会のテーブルに現れていた。

図19　幽霊のケイティー・キングが、ガリー医師とされる嘆願者を見下ろす写真。チャールズ・ダーウィンも、この医者にかかったことがある。

ダニエル・ダングラス・ヒュームが名誉を失って、心霊主義と降霊会のドラマは廃れつつあると思われたそのとき、ハクニー出身の十代の少女が、その魅力を復活させた。一八七一年六月、ダルストンの心霊主義協会の秘書、トマス・ブライトンは、秘蔵っ子フローレンス・クックについての記事を発表した。

フローレンス・クックは一八五六年、ロンドンに生まれた。父はケントから引っ越してきた印刷会社の植字工だった。つまり階級でいえば、下層中流だ。家族は少なくとも使用人ひとりを雇っていた。十四歳までに、フローレンスはしょっちゅうトランス状態に陥るようになり、両親と三人のきょうだいを困惑させた。

一八六五年にハクニーとロンドンを結ぶ鉄道が開通し、ハクニーのすぐ南にあるダルストンに住んでいた鉄道職員、トマス・ブライトンは地元の心霊主義協会を運営するようになった。たいていはナヴァリノロード七十四番地で毎週会合が開かれた。

クックはのちに、霊界への立ち入りと没入を〝熱病にかかったよう〟と表現した。ベテランの霊媒師フランク・ハーンとチャールズ・ウィリアムズは、海賊ジョン・キングの妻を霊界の案内役としていた。クックは彼らと接触したあと、キングの娘を霊界の案内役にして、暗がりからいろいろな顔を登場させるようになった。ほどなく、クックは降霊会の部屋からキャビネットへ移動した。基本的に、戸棚の扉を外してカーテンを掛けたものだ。これで霊媒師は、霊的な事象を起こすときプライバシーを守りやすくなった。

現代人の目でこの霊的なキャビネットを見ると、まやかしを可能にする滑稽な仕掛けに思える。しかし、ヴィクトリア朝時代の心霊主義者にとって、死者を呼び出して物質化するにはたいへん繊細な手順を踏まなければならず、その手順から少しでもそれたり、トランス状態の霊媒師を少しでも邪魔したりすれば、心と体をひどく傷つけかねないと考えられていた。もし懐疑主義者や科学者が部屋にいて、状況を監視したいときには、たいてい霊媒師をキャビネットのなかで縛り、凝った結び目や革ひもを封蠟や何かで注意深く封じた。

ヴィクトリア朝時代の降霊会の出席者たちは一般に、互いに知り合いで定期的に顔を合わせる同好の士だった。たいてい、まじめな降霊会は、お祈りか、『天使たちと手をたずさえて』やロングフェローの『天使の足音』などの陽気で現代的な賛美歌で始まった。次に、出席者は手をつないで円をつくった。なんらかの超常現象が起こった最初のしるしは、テーブルの上を冷たい風が吹き抜けるとか、出席者の腕や肩が自動的にぴくりと動くとかいうものだった。ある描写によると、テーブルが〝脈打って〟見えることもあった。動き始めることもあった。この時点で、気むずかしい者たちは、霊媒師がごく軽くしかテーブルに触れていないことを確かめ、霊の活動を助けてはいないかどうかを調べた。心霊主義者たちがそれをテーブルの〝わななき〟と呼んだのも不思議はない。歓喜の瞬間に見えたのだ。

一八七三年夏、フローレンスはまったく新しいことをした。たいてい降霊会の部屋では、肉体のないいくつもの手や腕や、目を見開いた顔がふわふわと飛んでいた。《デイリー・テレグラフ》はこのときまでに、記者をフローレンスの降霊会に出席させていた。幸運にもその記者は、〝完全な形で物質化した〟ケイティー・キングを目撃した。〝わたしたちはB嬢を縛って椅子にくくりつけておいたが、スカート部分がややゆったりしたふつうの黒いドレスを着た背の高い人物が、古風な白いドレープをまとい、腕と脚をあらわにして……彫像のようにわたしたちの前に立っていた〟。このエピソードは〝物質化第一号〟と呼ばれた。

瞬く間に、おなじみのパターンが続いた。ほどなく、ハクニーの小さな部屋の扉は、数人のきわめて地位の高い人々に開かれるようになった。たとえばアーサー・ラッセル卿とその妻、ケースネス伯爵とその妻子などだ。クックはパリでの休暇や私有のヨットでのクルーズを提供された。とても若く[12]、快活できれいだったこと、降霊会を気軽で楽しいものにするのが好きだったことも役立った。裕福なマンチェスターの実業家チャールズ・ブラックバーンは、幽霊とひそひそ話をするこの〝ロリータ〟にすっかり魅了されて、不労所得を差し出した。おかげでクックは、リッチモンドロード近くの学校での教職を辞めることができた。ブラックバーンは、クックの妹ケイトを遺言で裕福にした[13]。

この行動によって、クックは〝私的霊媒師〟となった。本人にとっては理想的な地位だった。無理もないが、ヴィクトリア朝時代の多くの上品な人々は、公的な霊媒師を売春婦も同然の、ひどく道徳観の低い女として見下していた。けれども霊媒師が裕福な男に保護されている場合は、意見をはっきり口にしにくくなった。それでもやはり、この関係には、クックがブラックバーンに雇われ、所有物に近いものになったという側面がある。ブラックバーンは、クックがいつどこでどんなふうに降霊会を催すかを完全に管理しようとした。パークフィールドの田舎屋敷にいるあいだは、この義務を友人のJ・C・ラクスモアにゆだねた。しかしラクスモアはすぐに、この管理を別の男に任せた。その人物の名は、ウィリアム・クルックスだ。クルックスによるクックの超常現象の調査は、性的な執着になっていった。その後何年も、似たようなことが繰り返されていく。ジョージ・キューカーはその関係についての映画を撮ろうかと考えたが、代わりに、かなり似たテーマの『マイ・フェア・レディ』(一九六四)をつくった。

一八七三年から七四年にかけて、科学者でのちに王立協会の会長となるクルックスは、十代の霊能者を研究した。その時間の大半を、クロムウェル・ヴァーリーとの共同研究に費やし、ヴァーリーの精巧な回路遮断器を安全装置として使った。それは降霊会の室内の条件下で、特別な水準の監視を可能にした。不正をする霊媒師が、慣例として体に巻かれたロープや鎖からなんとか抜け出しても、理論的に、その動きが検知されるのだ。この装置の変形が、一九二〇年代、ハリー・プライスがみずから設立した心霊研究所でも使われていた。システムは、二液電池と抵抗コイルふた組と反射検流計からなっていて、検流計はキャビネットの外に置かれ、回路が正常かどうかがリアルタイムで読み取れた。

一八七三年には、クルックスはすでに世界的に有名な科学者になっていた。一八六一年には、新たな元素(タリウム)の発見に貢献した。真空管の利用とブラウン管の開発の先駆者でもあった。

要するに、テレビの始祖だ。威厳があってとても尊敬されていたが、クルックスはおもに独学で成功した人だった。つまり、ヴィクトリア朝のロンドンで、そういう地位にある男性にふつう期待されるような、社交の慣例に通じていなかった。タリウムには強力な神経毒があるので、多くの人はクルックスの死者への興味は、その元素を扱ったせいで脳を毒された証拠だと考えた。一八六七年、弟が、キューバからフロリダまで電信線を敷く仕事の最中、二十一歳という若さで亡くなったせいで、あの世の者たちとの接触を渇望するようになったともいわれる（もうひとりの高名な科学者、サー・オリヴァー・ロッジも、第一次世界大戦で息子のレイモンドを亡くし、同様の影響を受けた）。

受け身な性格に見えるクックだったが、ロンドンの女性霊媒師たちの中傷と陰謀があらわになったひどい事件のあとは、自分で主導権を握ったようだ。狭い世界だったし、ガッピー夫人など年上の霊媒師たちは、若い女が参入して自分の顧客を奪うのがおもしろくなかった。一八七三年十二月九日、ダルストンのいつもの降霊会に、ウィリアム・ヴォルクマンという客がやってきた。一年間ずっと、出席を狙っていたのだ。降霊会の最中、ケイティー・キングの幽霊が恒例によって、ヴォルクマンの手を取った。しかしヴォルクマンは——あとでガッピー夫人のスパイとわかるのだが（実際、のちに結婚した）——「こいつはクック以外の何者でもない」と大声で叫びながら、幽霊の腰をつかもうとした。

薄暗いガスの光が完全に消され、クックの支持者たちが男に飛びかかって、激しい乱闘になった。

ヴォルクマンはひげの一部を根元からむしり取られた。五分の休憩のあと、キャビネットの扉があけられた。クックが苦しげな様子でそこにいたが、降霊会が始まったときと変わらず、腰のまわりをテープで留められていた。

結局のところ不正がばれたわけではなく（それはもっとあとになる）、クックに多くの同情の声が集まったものの、降霊会に出席していたブラックバーンはこのできごと全体を不快に思った。そしてクックに、〝支払いを停止する〟とだけ書かれた手紙を送った。こうして、クックの暮らしそのものが深刻な危機に陥った。

信じられないほど大胆で決定的な動きとして、クックは独断で、モーニントンロード二十番地にあるクルックスの家をひそかに訪ねることにした。[14] そして、何を言ったのか、どんな悪知恵を働かせたのかはわからないが、自分に科学的な検査を受けさせることをクルックスに同意させた。クルックスはクックを〝若く、感じやすく、無邪気〟と見なして、ヴォルクマンの手荒な扱いは〝恥ずべきできごと〟だったと話してから、決断した。

クックは、クルックスの家の管理された条件下で半年間の降霊会を始めた。ときにはまるまる一週間そこにいることもあった。外の側線を、ユーストン駅に向かう列車がガタガタと通り過ぎていった。ある降霊会は、新しい友人で霊媒師仲間でもある、もうひとりのきれいで軽薄な十代の少女、メアリー・シャワーズとともに行なわれた。クルックスは、人間であれ幽霊であれ、触れれば温かい肌をしているこういう少女たちをひとり占めした。少女たちは、まるで女学生のように腕を組んで踊り跳ねていた。クックはのちに、自分たちの情事を率直に認めた。この家で、クルックスは、ガリーとともにいる霊としてのケイティー・キングを写真に撮った。[15] 四十四枚の写真のうち、四枚を除くすべては、のちにガリーの科学界での評判を守ることに熱心な遺言執行者たちによって処分された。多くのヴィクトリア朝時代の紳士の図書室から、性愛文学が抜き取られるのと同じように……。クルックスは一八九〇年代にナイト爵に叙せられ、一九一〇年にはメリット勲位を授けられた。死後、SPRが当時の会長レイリー卿の名のもと、クルックスの超常現象研究をたたえる演説を行なったが、そこでさえフローレンス・クックの名前はあえて出されなかった。

ヴァーリーとの共同の実験は、ハイドパーク近くのグロスタースクエア十六番地にあるJ・C・ラクスモアの家で行なわれた。ヴァーリーは、心霊主義を真剣にとらえるようクルックスを最初に説得した人物といわれている。クックの両腕には一枚ずつ一ポンド金貨がゴムバンドで留められ、そこに白金のワイヤーをつなげ、回路がつくられた。ケイティー・キングが滞りなく現れたとき、ボルト数がわずかに下がったものの、回路は維持され、トリックも維持されているようだった。次にクルックスは、クックを試験するため、装置を自宅に移した。懐疑主義の作家トレヴァー・ホールの考えでは、この時点でクックは完全に科学者を性のとりこにしていたという。信じがたいことに、クルックスはクックの正式な試験を終えるずっと前に、正真正銘の能力を保証する手紙を書いていた。クックがクルックスを説きつけて、このきわめて危うい中間報告を書かせたのは間違いないようだ。一八七四年二月三日、クルックスはこう書いた。〝クック嬢にきびしい評価を下しがちな人々は、わたしが疑問を解決するにじゅうぶんと考える確証を提出するまで、その判断を保留にしていただきたい〟。クルックスのなかではすでに、クックがペテン師でないことは決まっていた。

一八七三年一月には、ガッピー夫人は我慢の限界に達していた。その時点まで、夫人はロンドン一有名な女性霊媒師だった。専門は〝アポール〟だ。たとえば、テーブルにいきなり露に濡れた花がまき散らされたりする。一八六九年には、霊に砂糖菓子を色分けさせた。アドルファス・トロロープ夫妻が参加した降霊会では、トロロープ夫人の両手と両腕がキズイセンで飾られた。アルフレッド・ラッセル・ウォレス博士は、六フィートのヒマワリを要求し、根のまわりに土がついた状態で受け取った。ナポリのマルゲリータ王女の仮の姿として、とげだらけのサボテンが現れた。氷のかたまりや、液状のタール、生きたロブスター、たくさんのチョウやヒトデも現れた。

一八七三年一月、ガッピー夫人は、当時オールドケベックストリートに一時滞在していたネルソン・ホームズ夫妻というアメリカ人霊媒師をいきなり訪ねた。フローレンス・クックを失脚させるもくろみに加わってもらいたかったからだ。〝お人形顔〟の少女に対する中年夫人の怒りは切実だった。ガッピー夫人は、手先を三人降霊会に参加させ、ケイティー・キングの顔に酸を浴びせて、幽霊がクック自身だとばらし、いちばん大切な顔を永久に損なってやるつもりだと話した。ホームズ氏はガッピー夫人に出ていくように命じてから、苦情の手紙を書いた。

ホームズ夫妻は、今やガッピー夫人の敵となった。手先のひとりジェームズ・クラークは、夫妻の降霊会のひとつにもぐり込み、マッチを擦った。ちょうど、楽器を出席者の頭上に浮かべるパフォーマンスが実演されていた。楽器はすさまじい音を立てて床に落ちたが、不正は見つからなかった。しかし、ひどく見苦しい場面になった。

ホームズは激怒した。そして〝ガッピー夫人とハイドパーク一番地に住むエミリー・ベリー嬢との恥ずべき取引の詳細〟を明らかにできること、夫人が〝下劣な目的で霊媒師になりすまして、いかがわしい連中との密会の便宜を図るためだけに降霊会を催し、みだらな性癖を助長している〟ことを書き記した。数年後の一八七六年、ダニエル・ヒュームは、ガッピー夫人の降霊会が性の戯れのためだけに催されていると言い、女性霊媒師のほとんどが、スカートのなかに〝アポール〟の材料を隠していると話した。誰も下着のなかを探りはしないとわかっていたからだ。二十世紀初頭には、数人の女性霊媒師は、女性器から生えてくる〝仮《か》足《そく》〟と呼ばれるエクトプラズムを得意としていた[16]。

図20　本の表紙に、丸々太ったガッピー夫人が“ヴィーナスの通行”として、霊たちに支えられて空を飛ぶ姿が描かれている。

霊媒という仕事のあからさまに性的な面は、メスメリズムのもとでかなり早くに確立された。一八三七年、エリオットソンが実験を行なっていた病院の女性病棟には、男性の観察者が見とれるような、豊かな亜麻色の巻き毛をした二十歳のてんかん患者がいた。トランス状態になると、女性はつねられたり、つつかれたり、性的ないたずらをされたりした。医者は女性の鼻孔にものを詰め込み、耳のそばで叫んだ。患者は、死人のように大きく口を開くこともあった。「ああ、なぜ頬が赤くなるのかしら」と半分眠りながら誘うように歌い、トランスから目覚めた。格言めいた言葉やわいせつな言葉を口にすることもあり、付き添いの者たちに巫女と呼ばれた。ヴィクトリア朝の紳士たちは、この見世物に引きつけられずにはいられなかった。霊媒師のエマ・ハーディング・ブリテンには〝さまざまな男たちがつきまとい[17]、それぞれが彼女こそ長いあいだ求めてきた魂の片割れだと確信していた〟。彼らはエマに情熱的なラブレターを送り、エマは彼らに対して法的な手段をとらざるをえなくなった。

女性霊媒師のなかには、男性の服を身に着ける者もいた。降霊会の環境は、同性愛者の男女にとって魅力があったからだ。アニー・フェアラムは黒いあごひげを着けて〝ジョージ〟となった。ジョージは女性たちにキスすることを好み、意中の人を招待してキャビネットのなかで戯れた。フェアラムは霊のミニーに取り憑かれると、男性にキスしたがった。フェアラムの友人の霊媒師ウッド嬢が物質化させたインド人の少女の霊ポッカは、出席者のひとりだった雑穀商を抱きしめ、ハンサムなエドマンド・ガーニー[18]には、ドレープ越しに二、三度、それから唇でじかに何度もキスをした。

のちの女性霊媒師たちも、自分の性的魅力を、役立つ戦術として使った。SPRに二度調査された霊媒師ユーサピア・パラディーノは、気取らないナポリ出身の女性で、いつも熱っぽく汗ばんだ興奮状態で憑依《ひょうい》から目覚め、男性参加者の膝に乗ることもあった。ドレスは大きく膨らんだ。〝仮足〟が臀部から人工の男性器のように伸び、よりによってフレデリック・マイヤーズの脇腹にぶつかった[19]。幽霊の恋人に絶頂まで導かれて喜びに震え、調査中のケンブリッジの学者たちをまごつかせ、居心地悪くさせることもあった。こういうさまざまないたずらにもかかわらず、パラディーノは誰にも説明のつかない現象を起こし続けた。

フーディーニも、一九二〇年代にボストンの霊媒師ミーナ・クランドンを調査しているとき、同じ問題に出会った。クランドンはおてんば娘で、薄いドレッシングガウンとスリッパと絹のストッキングだけという、想像の余地を残さない服装で出席者を迎えた。いくつかの降霊会を全裸で催したというううわさもあった。詐欺的な霊媒師たちと生涯にわたる戦いを繰り広げていたフーディーニは、研究者たちにクランドンに〝恋を〟しないようきびしく警告した。

これほどたくさんの女性霊媒師がいた理由については、さまざまな文章が書かれている。それは、多くの女性が、これまでになかった形で家庭から公の場へ出ていったことをはっきり示した。もっと重大な形では、女性の参政権や平等権の推進力とも結びついていた。霊媒師たちはしばしばかなり反体制的な態度を取り、いくつかの降霊会団体ははっきり反キリストと反宗教を掲げていた。同時に、アメリカから入ってきたのは、女性の秘儀司祭という考えかただった。ジョアンナ・サウスコットなどによってイギリスで生まれた考えだが、根づいたのは新世界だった。

初期のクエーカーは超自然現象に相反する見解を示していた。十八世紀のクエーカーの分派であるシェーカー派(最近では上品な家具でよく知られる)[20]は基本的に母権制で、アン・リーと呼ばれる女性によって創始された。両性具有の神という思想は、スウェーデンボリ派や空想的社会主義[21]の教義からも現れた。シェーカーの信仰は間違いなく、初期の社会主義者デヴィッド・リッチモンドに影響を与えた。リッチモンドは一八五〇年代のイギリスの労働者階級に、心霊主義をもたらしたといえる。

ほぼ例外なく、ほとんどの霊媒師はペテン師、あるいはペテンを実行できる人間と暴露された。そのふたつは同じではなかった。心霊主義者たちは、霊媒師たちが霊の物質化をねつ造できることをよく知ったうえで、重圧のなかで生計を立てている者たちがときおり本物の霊を呼び出せないのも無理はないと擁護した。霊媒師たちは、懐疑主義者があきれるような形で支持者たちに許されている。SPRに所属する威厳あるケンブリッジの学者たちは、パラディーノがありとあらゆる機会に何かをねつ造していることをよくわかっていたが、このほとんど読み書きもできないイタリア人女性は、管理された条件下で、誰にも説明のつかない現象を起こしてみせた。

フーディーニ自身も、じかに目撃しているときでさえ、ペテンらしきものを見破るのに苦労することがあった。ヒュームは仕事——奉仕と呼んでもいいが——を続けるあいだ、降霊会で一度もお金を取らなかったといわれている。なんの結果も出せないこともよくあった。ビアリッツでの疑わしい降霊会についてうわさが広まりはしたが、まやかしを暴露されたことは一度もなかった。ヒュームは自分の公的人格に苦しめられていたようで、何度も別の職業に就こうとした。SPRがどれほど努力しても、大暴露は実現しなかった。SPRの攻撃犬で極端な懐疑主義者のフランク・ポッドモアはこう書いた。〝ヒュームは公的には一度もペテン師として暴露されなかった。個人的にペテンを見破られたというなんらかの重要な証拠もない〟。ヒュームは一八八六年に亡くなった。慢性的な結核による長患いのあとの死で、フランスに埋葬された。今でも比類のない正体不明の人物だ。

一方、フォックス姉妹の人生は、徐々に茶番劇へと変わっていった。霊との交信ビジネスを立ち上げた女性たちは、惨めな生活を送ることになった。ケイトはニューヨークで酩酊して逮捕されたあと、子どもたちを取り上げられた。一八八八年、マギーは舞台上で、すべてがまやかしだったこと、関節を鳴らして霊のコツコツ音を出していたことを告白した。そして、ニューヨーク州のアカデミー・オヴ・ミュージックの静まり返った講堂で、妹のケイトが見つめるなか、それを実演してみせた。しかしその後一八九一年に、マギーは撤回したことを撤回して、すべてでっち上げだったと言えば大金が手に入るという話を持ちかけられたと主張した。マギーは二年後に、無一文で亡くなった。

もっと利益をもたらした告白もあった。霊媒師のアニー・エヴァ・フェイは、やはりクルックスに調査され、本物だと断定されたが、じつは霊能者ではなくずっと奇術を行なっていたのだと公言したあと、舞台に復帰した。やがて、マジックサークルの女性名誉会員に選ばれ、のちにはハリー・フーディーニに、ヴァリーとクルックスの回路検査をどうやってあざむいたかを話して聞かせた。[22]

ケイト・フォックスと同じように、多くの霊媒師はアルコール依存症になった。フローレンス・クックの友人メアリー・シャワーズもそうで、最後には半分酔っぱらいながら降霊会を催すようになった。メアリー自身の母親が、娘もクルックスと性的な関係にあると言っていたが、クルックスはメアリーに宛てたとされる手紙を偽造だと言い張った。科学者として大いに尊重されていたクルックスは、心霊主義者としての時期を無傷で切り抜けた。

一八八〇年一月九日、フローレンス・クックが催した降霊会に、のちにサシャヴェレルとエディス・シットウェルの父となる二十歳のサー・ジョージ・シットウェルが出席した。完全な物質化を行なうクックの降霊会に参加したのは三度めだった。クックは六年前にケイティー・キングを引退させて、今はマリーという名の陽気な少女を出現させていた。以前の降霊会で、シットウェルは、ほんの十二歳とされているマリーの幽霊がコルセットを着けていることに気づいた。時機を待つことにしたシットウェルは、今回、幽霊の体をつかんでみた。そして、下着だけになったクックの体を捕まえていることを知った。キャビネットのカーテンを引きはがすと、クックのストッキングとブーツ、そのほかの服が、誰も座っていないウィンザーチェアのまわりに散らばっていた。

ふたつの世界戦争の合間に、降霊会のリバイバルがあった。けれど、その期間の降霊会は、妖しい魅力や興味をそそるできごと、何よりヴィクトリア朝時代には見られた性的なスリルに欠けていた。これまでに催されたなかで最も印象的な降霊会は、一九三〇年十月、アイルランド人霊媒師のアイリーン・ギャレットが、ハリー・プライスの前で行なったものだ。アーサー・コナン・ドイルを呼び出すために計画されたのだが、現れたのは空軍大尉H・カーマイケル・アーウィンだった。ほんの数日前、山腹に墜落して四十八人の犠牲者を出した飛行船R101の船長だ。大量の技術的な詳細が出てきたことに、民間航空局のオリヴァー・ヴィラーズ局長はきわめて強い印象を受けて、特別に二度めの降霊会を開くよう頼んだ。仕事に余計な飾りをいっさい用いないギャレットは、降霊会サロンの全盛期が過ぎたずっとあとに、霊媒師のなかでも指折りの際立った存在となった。

有名な降霊会の最終回は、一九四四年一月十九日、スコットランド出身の霊媒師ヘレン・ダンカンの主催で行なわれた。ポーツマスで会を催していたところへ、警察が踏み込んできた。ダンカンは一七三五年の魔法行為禁止法のもとで起訴され、七日間の裁判にかけられた。首相ウィンストン・チャーチルは、道徳的な誠実さに欠ける裁判と、戦時の貴重な資源の浪費に激怒した。こうして、〝地獄のネル〟と呼ばれたダンカンは最後の魔女となり、ほぼ最後の物質化霊媒師となった。今日、ほとんどの人が思い浮かべる霊媒師の姿、女優のマーガレット・ラザフォードが演じてみせた姿は、ダンカンのイメージだ。ヴィクトリア朝ロンドンの、軽薄な十代の妖精たちではなく。

第14章

上空の天使と深海の悪魔

わたしは、七倍にも熱せられた拷問と死と苦悶と恐怖のかまどを見ている気がした。燃えさかる火のただなかに、イギリス軍がいた。彼らは炎のなかで焼き尽くされながらも栄光に輝き、灰のようにばらまかれながらも勝ち誇り、殉教者となって永遠の名誉を与えられた。わたしには、兵士たちが光をまとっているかに見えた……。

アーサー・マッケン

それはドイツのＵＢⅢ型潜水艦で、一九一七年六月二十六日にハンブルクで進水式が行なわれ、夏のバルト海で試運転された三週間後に就役した。ＵＢ−65は、現代の基準では小さな潜水艇だ。五百十トン、六気筒ディーゼルエンジンとジーメンス・シュッケルト社製電動機を備え、最高速度は十四ノット以下だった。魚雷発射管は艦首に四門、艦尾に一門あり、搭載魚雷は合計十本、少なくともその一部には磁気起爆装置がついていた。居住環境は最低限のもので、カーテンで仕切った化学処理のトイレなど、衛生設備はひどかった。甲板には、艦が浮上して進む際に使えるよう、標準の八十八ミリより大きい百十ミリの機関砲が固定されていた。そしてUB-65には、もうひとつ特徴がある。その潜水艦は呪われていた。恐ろしく呪われていた。

一九六二年七月、このほかならぬ戦時の幽霊物語の最もよく知られた版は、《ブラックウッズ・マガジン》で最初に発表された。「幽霊船U65」（訳註：書名ではU65だが、潜水艦の正式な名称はUB-65）は、六〇年代と七〇年代に何度も選集に入れられ、子ども向けの漫画雑誌にも登場した。作者はG・A・ミントーだ。この作者についてはほとんど知られていないが、長年にわたる公職を退いたあと、執筆に手を染めたようだ。[1]一九五五年、ミントーは意欲的な駐ビルマ領事として国際メディアに登場し、カモ猟に出かけて海賊に誘拐された退役陸軍将校ペロット大佐のためにラングーンで身代金の受け渡しをしている。

ミントーは体制派の、分別と権威のある人物で、地図帳と『ジェーン海軍年鑑』を好んだ。その語り口には、少しばかり厭世的で、嫌悪に近いものが感じられる。〝わたしは職業人生のほとんどを国に捧げてきたこともあり、つい最近まで、いかに異国的であろうと、どのような政府活動にも驚かされはしないと信じていた〟。ところが、〝明確な印刷物の形で、今も人々の記憶に残る話として、ドイツ海軍本部がこともあろうに、公式に幽霊を真新しい潜水艦に乗せていたことを知って〟

図21　第一次世界大戦の呪われた潜水艦。のちに漫画雑誌に描かれたもの。

仰天したという。

ミントーの話は次のように展開する。一九一五年、ドイツ帝国政府の海軍政策は、イギリスのきわめて強力な海軍と戦うため、潜水艦の利用を重視する方向へと変わった。最初、この戦術はとてもうまくいった。その新しい潜水艦のひとつが、UB－65だった。しかし、起工された瞬間から、この艦の何かが死を引き寄せているようだった。[2] ある日、艇庫で、重い鋼鉄の大梁が鎖から外れて落下し、ひとりが即死、ひとりが致命傷を負った。別の建造中の事故では、バッテリーを設置していた三人の男が、機関室で発生した有毒ガスによって死亡した。

〝試運転でも、さらなる悲劇に見舞われた〟とミントーは言う。ヘルゴランド湾では悪天候に遭い、水兵ひとりが艦外に転落した。潜航中には、バラストタンクから水漏れし、半日浮上できなくなった。そのあいだにふたたびバッテリーから有毒ガスが発生した。あわやというところでようやく浮上し、乗組員全員が窒息死することは免れた。ふたりが肺損傷で亡くなり、潜水艦の乗組員の死者数は八人になった。

これほどの不運続きにもかかわらず、ドイツの戦争準備の必要性がまさり、潜水艦はついに、カール・ホニヒ中尉の指揮下で就役した。しかし、食糧や補給品を積み込んでいる最中に、一本の魚雷が爆発して、副司令官が死亡、ほか九人が負傷した。そしてある日の昼食後、UB－65がまだドックに停泊しているとき、死人がタラップを歩いて艦に乗り、姿を消すのを数人の水兵が見た。

艦は出航し、敵の船を沈めた。しかし、狭苦しい潜水艦の乗組員たちは、UB－65が呪われているという話を頭のなかで膨らませていった。魚雷室に入っていく男が三度目撃されたが、三度ともなかには誰もいなかった。一九一八年一月、航海中、暗くなってから天候が荒れ始め、風と波がさらなる暗闇をもたらしたとき、粗末な小さい展望塔の帆布の裏にうずくまっていたふたりの見張り人が、盛装を凝らして無蓋甲板の上に立つ将校の姿を目撃した。将校は防水服を着ていないのに、少しも濡れていなかった。それは、ヴィルヘルムスハーフェンの墓地からふたたび任務に就いて、水平線をじっと見つめる副司令官だった。

トイレの悪臭と低酸素の空気が、揺るぎない陰鬱さに加わった。水兵たちは至るところで幽霊を見ただけでなく、話しかけられさえした。潜水艦がひそかにベルギーのブリュージュに到着するまでには、ホニヒ中尉はきっぱり辞職するつもりだった。しかし、空襲がすべてを止めた。ホニヒは街の防空壕へ走る途中、爆撃で死亡した。頭のない遺体がUB－65に運び込まれ、中尉の幽霊もリストに加わった。夜の乗組員はゆっくりと、艦を支配しつつあった。

ドイツ海軍本部は、ルター派の牧師フランツ・ヴェーバーを呼び、UB－65の悪霊祓いをさせた。しかし、乗組員を安心させるどころか、すべての騒ぎが彼らをさらに動揺させたらしかった。新任の司令官として、シェル少佐が特派された。少佐は潜水艦の幽霊騒ぎに対して現実的な態度を取り、きびしい罰で取り締まった。しかし六月には、また幽霊が目撃された。水兵ふたりが脱走して軍法会議にかけられ、西部戦線の懲罰部隊に送られた。

休戦まであと数カ月という七月十日の朝早く、アメリカの潜水艦L2号は、ケープクリア島とアイルランド南岸周囲をパトロールしていた。潜望鏡深度を航行中、海上にドイツのUボートを発見した。アメリカ軍の艦長が攻撃開始を命じると同時に、まったく思いも寄らないことが起こった。巨大な爆発がドイツの潜水艦をばらばらに破壊したのだ。あとには夏の空に映る油膜が残るばかりだった。その艦、UB－65は、乗組員もろとも沈没した。

ミントーによると、一九二一年、ヘクト博士は、UB－65にまつわる一部始終を調査中、ドイツの公文書を参照した。博士は〝科学界の人間として〟何が起こったのかについてじゅうぶんな説明はできなかったが、報告を少し調子外れの『ハムレット』の引用で締めくくった。ミントー自身もそこで筆を置いている。〝海には、哲学では計り知れないものごとが、まだたくさんあるのだ〟（訳註：第一幕第五場）。

二〇〇三年、イギリスのチャンネル4は、『難破船探偵』という潜水ショーの第二シリーズを制作した。イネス・マッカートニーが、パドストウの六十マイルほど沖合に国籍不明の潜水艦の残骸を発見し、謎めいたその正体が興味を呼んだので、現場がエピソードのひとつに選ばれた。スキューバダイビング用具の限界に達する深い潜水だったが、艦が沈んでいる海は水晶のように澄み切っていた。

温かいコーンウォール地方の海の下で、潜水艦の残骸は、沈没の明らかな手がかりを何も示していなかった。ドイツの潜水艦だった。第一次世界大戦のものだった。爆発や、攻撃による損傷の形跡は何もなかった。船尾のハッチはあいていて、まるで乗組員が逃げ出そうとしたかのようだった。プロペラが回収され、シリアルナンバーが確認された。間違いない。ＵＢ－65だ。謎を解明するどころか、潜水艦に爆発による損傷が見られなかったことで、さらに謎は深まった。戦没者の墓とわかった時点で、ダイバーの立入はすぐさま禁止された。番組のプロデューサーと、潜水艦のまわりを漂ったダイバーたちには、それが史上最も呪われた軍艦だったとは、知る由もなかった。[3]

この物語の起源は、ヘクター・Ｃ・バイウォーターの一九三二年の本にある。バイウォーターは、両大戦間に活躍した海軍専門家のなかでも興味深い人物で、イギリスの情報機関と深いつながりがあり、大国の海軍について他の追随を許さないほどの知識を持っていた。一九二五年という昔に、日本によるアメリカの海軍基地への奇襲について書き、真珠湾攻撃と太平洋での日本の覇権掌握を〝予言〟したことで、陰謀理論家の中心に特別な場所を与えられた。《テレグラフ》紙や《ニューヨーク・ヘラルド》紙は、しばしばバイウォーターの意見を求めた。一九四〇年八月にロンドンで謎の死を遂げ、日本の上層部の命令で東洋の毒を盛られたとうわさされた。アメリカの誰もがバイウォーターの一九二五年の予言を無視していたわけではなく、それは太平洋戦争の早期終結に役立ったのかもしれない。一九二六年、バイウォーターは、アメリカ海軍協会から金メダルを授与された。

バイウォーターの本『隠された目的——海戦のドラマと謎』は、《デイリー・テレグラフ》に送ったたくさんの記事から部分的に抜粋して書かれた。第二章「ものごとの奇妙な側面」に、最も古いと思われるUB-65の話が出てくる。尊敬されている海軍記者のまじめな本なのだから、この話が含まれていること自体が不思議だ。バイウォーターは一九三二年四月付けの序文の最終段落で、読者の疑いを退けようと努めていた。〝呪われたドイツの潜水艦の章に対するご批判には、この題材についてわたしが入手したデータが慎重に精査され、使用前にできるかぎり確認されたことを前もって述べておきたい〟。

では、〝不運な〟潜水艦のバイウォーター版はどんな話か?

著者はUB-65の逸話がいまだに〝ドイツのUボート部隊の退役軍人たちによって声をひそめて〟語られていた、と書く。そして、ヘクト教授が〝戦後に発表した〟小論文を読んだことに触れ、UB-65の事件を〝きわめて多くの証拠書類がそろっている海の怪談〟と呼ぶ。とはいえ、実質はフォークロアのような話だ——多くが形を変えて語り直されているが、証拠書類はほとんどない。

ＵＢ‐65は、フランドル沖で活動するために設計された二十四隻の中型潜水艦の一隻だった。乗組定員は、将校三名、水兵三十一名。バイウォーターは建造中の不運について触れ、艦が就役する前に大梁の落下でふたり、試運転のガス漏れで三人が死亡したことを語っている。水兵ひとりが大波にさらわれた処女航海のあと、身元不詳の二等航海士が魚雷の爆発で死亡する。数週間後、〝パニックに陥った水兵が上級士官室に駆け込み〟、〝中尉殿、亡くなった将校が乗ってます！〟と叫んだ。ピーターソンという名の水兵が、幻影を目撃して、展望塔の陰にうずくまっていた。その事件は、乗組員の士気に悪い影響を与えた。

バイウォーターは、ミントーよりずっと多くの乗組員の名前を挙げている。ところがおもしろいことに、悪霊祓いをしたルター派の牧師と、戦後に逸話を書いた〝高名な心理学者〟ヘクト教授をひとりにまとめている。おそらく、元の資料を隠して、自分の物語をじかに経験したかのように生き生きと描くためだろう。

一九一八年一月二十一日の夜、ゼーブリュッヘへの平穏無事な航海のあと、将校の制服を着た男が甲板に立ち、真正面から暴風雨に向き合っているのが目撃された。艦長自身も見た。

全乗組員への心理的影響は、すでにあらわになっていた。汽船を攻撃し、その船が損傷して救命艇を下ろし始めると、艦長はいつもどおりとどめの一撃を加えることをためらった。不意に、あれは〝Ｑシップ〟――潜水艦を狙う偽装船だと確信したからだ。ＵＢ‐65が呪われていると信じるようになった艦長は、あえて危険を冒さないことにした。

この戦意喪失の直後、UB－65はブリュージュの防空施設に入り、ふたたび補給を受けた。そのとき、空襲警報が鳴った。司令官は艦を離れていて、将校のクラブかカジノに向かう途中だった。しかし警報を聞いて、引き返した。それが失敗だった。砲弾か爆弾の破片が司令官の首を切り落とした。乗組員は〝司令官の遺体を船まで運んだ〟。

この潜水艦のまわりで起こっている事件のうわさは、今や潜水艦隊隊長の耳にも届いていた。隊長がルター派の牧師へクト教授に〝悪霊を祓う特殊任務〟のために潜水艦に乗るよう命じた。もちろん、ルター派の教会に悪霊祓いの儀式はない。だからもし本当に行なわれたとすれば、なんらかの祈りが唱えられたと推測するしかない。

新任の司令官はあまり長くとどまらなかったが、状況を鎮静させることには成功したようだった。〝あのくだらないたわごと〟を広めた者には、恐ろしい罰を加えると約束した。二度の巡航は、うまく切り抜けられた。もしかすると本当に、すべては集団ヒステリーだったのかもしれない。一九一八年五月、シェル少佐が司令官を引き継ぐと、不運にも、同時に幽霊も戻ってきた。その後の数週間について、UB－65が〝楽しい艦〟だったことは一度もないと裏づけた兵曹は、のちにこう描写した。〝数人の水兵はしょっちゅう幽霊を見たが、ほかの者たちには見えなかった。たとえ、数フィートも離れていないところに立っていると指摘されても〟。艦長は、見るように言われて、何も見えないとはっきり答えたが、将校のカジノでは艦が〝悪霊に取り憑かれている〟と話していた。

イギリス海峡を巡航していた五月は、最悪の月だった。魚雷射手のエーベルハルトが〝完全に正気を失ったので、縛り上げなければならなかった〟。この魚雷射手は幽霊が追いかけてくると叫び、艦長にモルヒネを与えられた。目を覚ましたときには、よくなったように見えたが、縄を解かれるとすぐさま海に飛び込み、行方不明になった。アシャント島沖では、機関長が転んで脚を折った。また別のときには、浮上中に不定期貨物船を発見して、甲板砲による砲撃を開始したとたん、大波にのまれ、リチャード・マイヤーという水兵が艦外にさらわれて溺死した。〝その航海のあいだ、わたしは三度幽霊を見た。何人かの食事仲間も同様だった〟と兵曹はバイウォーターに語った。作家は名前を出さずに、兵曹のことばを長々と引用している。〝水兵たちはひどくふさぎ込んで、夢遊病者のように歩き回り、機械的に義務をこなして、いつもと違う音がするたびにびくりとした。生きて戻れるとは誰も期待していなかったと思う〟。

誰もが最悪の事態を予想していた。同時期に建造されたUB－55は破壊され、UB－33とUB－79も同じ海域で沈んだ。イギリス海軍は、ドーヴァー沖でUB－65を発見したようだった。ほどなく、潜水艦は爆雷を浴びた。照明が粉々になってあたりが暗闇に覆われ、潜水艦は二十五度傾いた。艦長のローマンは足場を失い、配電盤に激突して、内部損傷で三週間後に死亡した。

無名のドイツ人の情報提供者は、重大な転機についてバイウォーターに告白した。ふたたびブリュージュに停泊したとき、思いがけない幸運で同氏は病院に送られ、潜水艦の沈没から逃れることができた。そのころには、全乗組員が、死の願望をいだいていた。〝UB－65が出航する前日、食事仲間のヴェルニッケがわたしに会いにきました。二度と戻れないとわかっていたから、別れを告げに来たのです。わたしにもわかっていました。彼はわたしに所持品のほとんどを預けて、「知らせが届いたら」妻に送ってほしいと頼みました〟。

七月三十一日、UB－65は行方不明と発表された。

難破船探偵たちに発見された艦は、アメリカの潜水艦L2号の乗組員が語ったUB－65の致命的損傷の話とは一致しない。ゴスポートにある王立海軍潜水艦博物館の元館長のリチャード・コンプトン＝ホール中佐によって書かれた重要な目撃談だが、出典がはっきりしなかった。アメリカ海軍の報告書からの引用らしい中佐の話によると、敵対する艦の位置は逆だったらしい——実際にはアメリカのL2号は浮上し、ドイツのUB－65は潜航していた。L2号は遠方にブイのようなものを見つけて、調査のために進路を変えた。そのとき、すさまじい爆発がアメリカ艦を揺さぶり、すぐそばで空中に二十メートルもの水柱が立った。敵に体当たりしようと潜望鏡で見ていたフォスター大尉は、すぐさま潜没を命じた。すぐそばを高速でプロペラが通過する音が聞こえた。Cチューブソナーは、潜水艦が二隻いることを示しているようだった。そして、沈黙が訪れた。モールス信号交信者は何度も、ひとつのメッセージを送り続けていた——ツーツーツー、トン（アルファベットに直すと〝OE〟）で、〝意味のあるメッセージではなかった〟。このときまでにはUB－65は海の底に沈み、一平方インチあたり百三十五ポンドの圧力を受けていた。

もしかすると、誰かが正気を失って、重要な装置を壊したのかもしれない。もしかすると、またバラストタンクが破裂したのかもしれない。もしかすると、またバッテリーから有毒ガスが漏れ始めたのかもしれない。
あるいはもしかすると、幽霊《スプーク》の艦長と幽霊《スプーク》の副司令官と幽霊《スプーク》の艦長が、船を海の底へ引きずり込んだのかもしれない。そして水兵たちは今も、パドストウ沖の深い海の底、鉄の棺のなかで眠っている。

地上にも、幽霊はいた。

本当だよ、姉さん。ぼくたち全員が見た。最初は、黄色い霧みたいなものが、ドイツ兵たちの前に立ちこめたみたいだった。やつらは丘のてっぺんに、一枚壁のように進軍してきた——数え切れないほどの兵士がいきなり地面からわいて出て、硬い壁をつくったんだ。ぼくは観念した。全ドイツ民族と戦ったってどうにもならない、と思った。ぼくたちはもう終わりだ。でも次の瞬間、不思議な光の雲がやってきて、それが晴れると、白い馬に乗って金の鎧をまとった金髪の背の高い男が現れた。男は剣を掲げて、口を開いた。まるで「さあ、きみたち！　悪魔どもをたたきつぶしてやるぞ」と言っているみたいだった。……それを見たとたん、ぼくたちは勝つだろうとわかった。本当に、勇気がわいたよ——そうさ、姉さん、ありがとう。今はすごく落ち着いた気分だ。
ランカシャー・フュージリア連隊の歩兵から看護婦のフィリス・キャンベルへ

《ロンドン・イヴニング・ニューズ》一九一五年七月三十一日

一九一四年八月二十二日、イギリス陸軍は、ドイツの前進を食い止めよという命令を受けて、モンス＝コンデ運河近くにつくられた最前線に沿って防衛陣地を配置した。翌朝早く、ドイツ軍はイギリスの戦線を攻撃したが、ミドルセックス連隊とロイヤル・フュージリアーズ連隊の兵士たちに速射で瞬く間に倒された。ドイツの佐官たちは、イギリスが機関銃を使っていると報告した。特級射手によるリー・エンフィールドを使った射撃だった。またイギリス軍は、塹壕《ざんごう》をすばやく掘れる道具を持っていた。ドイツ軍はまだ入手していないちょっとした道具だ。しかし、こういう利点にもかかわらず、イギリス遠征軍はゆっくり容赦なく圧倒されていった。

一九一四年八月三十日、《タイムズ》は、戦争がイギリスにとって悪い始まりかたをしたというきびしい見解を述べた。戦況はよくなかった。むしろ、きわめて悪かった。〝戦いは始まり、これまでのところ連合国に不利な展開となっている……昨日は凶報ばかりの一日だった。それが今後も続くに違いないと危惧される〟。記事はさらに、イギリス軍の〝大損害〟について説明し、ドイツ軍のおびただしい数の兵士は〝大波以上に止めようがなかった〟と続いた。

不安定な情勢にもかかわらず、八月二十三日から二十六日までに、イギリス海外派遣軍の第二軍団は、ル・カトーまでどうにか整然と撤退した。国民は、イギリス軍が間一髪で生き延びたこと、援軍がどうしても必要なことは間違いないと悟った。誰もが期待していたような、残忍なドイツ兵に対する栄誉ある最初の一撃でなかったことは確かだった。
《ロンドン・イヴニング・ニューズ》のあるライターが、フランスでのできごとに強い好奇心を示した。名前は、アーサー・マッケン（一八六三〜一九四七）。グウェントの教区牧師の息子で、ケルトとウェールズの神秘主義に深い興味をいだくオカルト信仰者で、優れた小説家でもあった。一九一四年九月二十九日号に、マッケンが書いた「弓兵」という小説が掲載された。三ページめに、十七コラムインチの大きさで載り、直接取材の記事という体裁をとっていた。イギリス海外派遣軍が、かつて百年戦争でヘンリー五世の指揮のもとアジャンクールで戦った弓兵たちの霊に、いかにして救われたかという物語だ。それはほぼ間違いなく、ラドヤード・キップリングの小説「失われた軍隊」[4]へのオマージュだった。死んだイギリスの兵士たちが丘の軍隊を攻撃し、待ち伏せされ全滅しかけた仲間たちを救うという筋だ。

　マッケンの小説では、語り手のイギリス人トミーが、最悪の瞬間に、何よりもロンドンのセントマーティンズレーン三十七番地にある菜食レストランを思い出す。そのレストラン〈オレンジ・グローヴ〉（ちなみにジョージ・バーナード・ショーの行きつけだった）のディナープレートには、縁にラテン語が記され、愛国的な模様が施されていた。のちにこの建物は〈セントジョージズ・ハウス〉と改名する。トミーは、ディナープレートに書かれた言葉をつぶやいた。〝Adsit Anglis Sanctus Georgius（聖ジョージよ、イギリスを救いたまえ）〟。そして〝身震いか電撃のようなものが体を走り抜ける〟のを感じ、ある種の静寂に気づいた。聖ジョージの加護を祈るおおぜいの声があがり、イギリス軍の戦線の前、塹壕の向こうに、〝光をまとった〟武装兵士たちが現れた。そして百年戦争当時のままに鋭い霊界の矢を、幾度も幾度も一斉放射し、一万のドイツ兵をなぎ倒した。兵士たちの体に傷は見られず、ドイツ軍の最高司令官は、毒ガス攻撃による死亡としか説明できなかった。

この驚くべき物語はにわかに人々の興味をそそり、《イヴニング・スタンダード》は二カ所から転載の要請を受けた。ひとつは心霊主義者の雑誌《ライト》から、もうひとつは《オカルト・レヴュー》からだった。しかし各地では、イギリス国民の心に輝かしい夢があおり立てられつつあった。いかにもふさわしいことに、その小説は教区雑誌に載り始めた。

エドワード・ラッセル神父は、ホルボーンにある殉教者セントオルバン教会のローマカトリック助祭で、セントバルナバの看護組合の施設付き牧師と、〝教区雑誌の管理人〟も務めていた。「弓兵」を載せた号が売り切れたので、ラッセルはその話を小冊子の形で発行する許可を求めた。そして、記事の情報源にも興味を示した。マッケンは辛抱強く、自分がひとりで創作した小説であることを説明した。しかし、神父は信じようとしなかった。マッケンは愕然として、小説の技巧を明確にすべき作家として失格であるような気がしたと書いた。とはいえ、じつのところ、故意にあいまいな形で紙面をつくったのは《イヴニング・ニューズ》のほうで、この新聞社は今や使用料を独占していた。マッケンは初めて、〝うわさの雪玉〟が〝とてつもない大きさ〟に膨れ上がったことを認識した。

歴史学者のグランヴィル・オールドロイドは、モンスからの撤退後の一九一四年十月、陸軍に所属していた新兵にインタビューした。〝彼は地元でも西部戦線でも天使についてなど聞いたこともなかったが、話は一九一四年のクリスマスまでには広まっていた。実際に目撃した人は誰もいなかったものの、別の連隊のある兵士は何かを見ていた〟。ここにはふたつの大きな力が働いていた――クリスマスに幽霊物語をするイギリスの伝統と、廃れる寸前と思われたときに大きく復活し始めた心霊主義だ。最初の八週間でイギリスは危うく戦争に負けそうになり、それは国民にとって危機の際に現れる幻影のようなものだった。イギリス軍は、民間の伝説に出てくる馬丁や従僕や田舎者の徴集兵ではなく、熟練の職業軍人としてドイツ兵に裏をかかれたのだ。ドイツ兵のベルトのバックルには、〝神はわれらとともにあり〟と刻まれているという。神がどちらの側についているのか、はっきりさせる必要があった。

この話を広めるうえでおもな役割を果たしたもうひとつの教区雑誌は、ブリストルのクリフトンにあるオールセインツ教会のものだった。司教代理M・P・ギルソン師が書いた記事によると、教区民のメラブル嬢が、ふたりの陸軍将校に会い、〝モンスから撤退するとき、押し寄せてきたドイツ軍から、天使が戦線の左翼を守ってくれるのを見た〟という話を聞いたそうだ。将校のひとりは、〝それ以来、人が変わったように〟なったという。

その幻影はもはや、聖ジョージとおおぜいの弓兵ではなく、天使の雰囲気を漂わせていた。この変化は、オカルト雑誌《ライト》に原因があると考えられる。一九一五年の聖ジョージの日（四月二十三日）に、「見えざる同盟者——前線から届いた奇妙な物語」という見出しの記事を載せたからだ。記事の筆者によれば、最近、陸軍将校の訪問を受け、〝マッケン氏の物語がまったくの作り話なのかどうか〟を説明されたそうだ。将校の話によると〝確かにいくつかの兵舎では、数人の将校と兵士がモンスからの撤退に関して不思議な現象を目撃したとの話があった。ドイツ軍とイギリス軍のあいだに割り込んだ奇妙な雲が形を取り……〟。

この話は、一種の強い高揚感を誘った。全国と地方の新聞記事が書き立てたとおり、一九一五年春までには、モンスの天使を信じない者は愛国心がないことになっていた。クリフトンには世界じゅうから、物語が載っている小冊子を求める手紙が届いた。有力な非国教徒のR・F・ホートン師は、六月にマンチェスターでの説教で、こう話した。〝本当の現代人なら、疑うなどというばかげたことはしないだろう……その経験を幻覚だとあざ笑うことも〟。

ほどなく、現れたのは天使なのか、アジャンクールの死んだ弓兵の幽霊なのかについて混乱が生じた。メラブル嬢の話では、天使が現れて兵士たちをただ危害から守ることになっていて、弓兵が積極的に敵を殺すマッケンのオリジナルとはだいぶ違う。情報源を明かすことはできない、といわれていた。明かすと、戦争中である国の安全がおびやかされるからだ、と。マッケンの考えでは、大きな転換点になったのは、一九一五年五月の《オカルト・レヴュー》にアルフレッド・シネットが書いた記事だった。〝光り輝く者たちの隊列〟という表現があったからだ。

ことの真相としては、本物の矢が、マルヌ川に向かって進む多数のドイツ兵を殺していた。交戦状態になった最初の月に、矢弾《フレシェット》と呼ばれる鋼鉄製の矢が、ドイツ軍の頭上に落とされた。およそ二百五十弾が入った弾筒が、連合軍の航空機の翼下に積まれた。ロンドンの《デイリー・ニューズ・アンド・リーダー》は、一九一四年九月二十一日にそれを記事にした。マッケンが小説を発表する一週間前のことだった。

航空兵二名が、国境付近にいたドイツ軍連隊の五百フィート上空を飛び、野営中の兵士たちの頭上に矢の雨を降らせた。航空兵二名は五十本の矢を放ち、十三名の兵士を負傷させたと推定される。矢は鋼鉄製で、毒は塗られていなかった。

わたしの目の前に、《オカルト・レヴュー》の編集者ラルフ・シャーリーが書いた『モンスの戦う天使』の廉価版がある。一九一五年に出版された、赤みがかったオレンジ色の表紙の薄い小冊子だ。裏表紙には、『大戦の予言と前兆』（〝十月三十一日以来二万部の売上〟）六ペンスなど、似たようなテーマの本の広告がある。もう一冊は『カイゼルの終焉』で、ドイツ皇帝の運命が三百年前からどのように予言されていたかが書かれている。

シャーリーは、幻覚の可能性を認めている。あの日の天候は暑く、長い行進が続いた。若い将校の手紙を引用している。〝夜に行進すると、驚くべき幻覚を見る。つまりわたしはぐっすり眠って

図22　アーサー・フォレスティアが描いたとても空想的な“モンスの天使”。《イラストレイテッド・ロンドン・ニューズ》に掲載された。

いたのだろう。誰もが道路をよろめきながら歩き、いろいろなものを見ていた〟。次の晩には、〝ありとあらゆるものを見た。巨大な男たちがわたしに向かって歩いてきた。光や椅子やそのほかのものが、道路に散らばっていた〟。

興味深いことに、シャーリーは、マッケンの小説という微妙な話題を退けはせずに、真っ正面から扱っている。シャーリーによると、マッケンが創作したというのはありえず、〝そういう話はモンスからの撤退当時、フランスでは広く伝えられていた――マッケンの小説が発表される約ひと月前だ〟。シャーリーは、ある一等兵のこんな話を伝えている。暑く晴れた夜の九時、〝三つの影を見た。まんなかのひとりは大きく広げた翼のようなものを持っていた……彼らは金色の長くゆったりした上着をまとっているようで、ドイツ軍の戦列の頭上でこちらを向いていた〟。

その幻影は四十五分間続いた。穏やかな雰囲気が漂い、実際の戦闘は行なわれなかったらしい。フュージリア連隊の歩兵は、天使の幻影を、危害と敵の狙撃兵から自分たちを隠してくれる雲に近いものとして描写した。ウェイマスの牧師が読んだ兵士からの手紙には、ドイツ軍の進行から逃れて隠れた石切場のてっぺんに、天使の一群が立っていたと書かれていた。ローマカトリックの新聞《ユニヴァース》も、カトリックのイギリス人将校が、弓を構える兵士たちを目撃したうえに、あるドイツ兵に、白い軍馬にまたがるあの男は何者だと尋ねられたという話を引用した。それとなく、聖ジョージの姿だったことが示されている。フランスの軍隊は、聖マイケルとジャンヌ・ダルクの両方を見たようだ[5]（ジャンヌの故郷ドンレミ出身のあるフランス人兵士は、丘の上に立つジャンヌ・ダルクが剣を振りかざして、「回れ！　回れ！　進め！」と叫ぶ姿を見た）。ロシア人兵士が自分たちの超自然的な救い手を見たさまざまな話もある。

さらに、看護婦のフィリス・キャンベルについても触れられている。キャンベルはシャーリーに、従軍看護婦としての経験の記録を渡し、それは《オカルト・レヴュー》の一九一五年六月号に掲載された。シャーリーは、若いフィリスとおばのレディ・アーチボルド・キャンベルのどちらも、雑誌によく寄稿していたことには触れていない。一九一三年、フィリス・キャンベルは、フランスの幽霊話についての記事二本をシャーリーに発表させた。つまりこれは、無邪気な若い女性による思いがけない驚異の報告ではなかった。キャンベルは、超常現象に強い興味を持つ作家の令嬢だった。

とはいえ、サン＝ジェルマン＝アン＝レーにある病院で負傷者を看護する本物の看護婦でもあった。当時ドイツ軍が到達していた西方のポイントからおよそ九マイルの場所だ。キャンベルは魅力的な目撃者だった。ある人は彼女を、〝とてもきれいで――子どもっぽく、感性豊か〟と描写し、若いのに〝多くの人の頭をおかしくさせるような〟場面を目撃したとつけ加えた。キャンベルは、聞いてくれる人にならば誰にでも、フランスの新聞には天使の話がたくさん載っていると請け合った。《イヴニング・ニューズ》のジャーナリストは、キャンベルが〝話をほんの少し脚色〟したくなる誘惑を退けたことに感心した。奇妙なことに、キャンベルがモンスについてはひとことも触れず、ヴィトリー＝ル＝フランソワについて話していたことには誰も気づこうとしなかった。キャンベルが説明したのは、モンスからの撤退の三週間後、九月八日ごろ、マルリーの森にある鉄道の停車場の応急手当所で働いていたときのことだ。

その場面を思い描いてもらいたい。キャンベルは側線の家畜車のなかで、ランプを掲げて、わらの上に横たわる負傷兵たちを眺め、彼らがあげる声を聞いている。午前四時三十分、あるイギリス兵が〝神聖な絵〟を欲しがっていると耳にする。兵士は家畜車の隅で、片肘を立てて起き上がっていた。左腕は農家の主婦のハンカチでしばられ、頭には新しい包帯が巻かれている。いいや、と兵士は言う。ぼくはカトリックではない。ウェスリー系メソジスト派だから、聖ジョージの絵が欲しい。明るく輝く金色の鎧で盛装して、白い軍馬にまたがって軍隊を呼び集める聖ジョージを見たんだ。「さあ、きみたち！」と聖ジョージは叫んだ。「悪魔どもをたたきつぶしてやるぞ」。

言うまでもなく、そういう話を奨励することは、フランスとイギリスの戦争努力にとって都合がよかった。《シェフィールド・テレグラフ》のイギリス人記者は、一九一五年五月、ノルマンディーのアルフルールで行なわれた野外でのジャンヌ・ダルク記念祭について報告した。多くの人がメダルを身に着けたり、明るい青と白のジャンヌの衣装をまとったりしていた。歓喜と献身に満ちた空気のなか、カトリックの礼拝堂付き牧師が聴衆に向かって演説し、ミサが催された。フランスの主任司祭は、ドイツ軍がパリから引き返したのは奇跡であり、当日の軍の合い言葉は〝ジャンヌ・ダルク〟だったと話した。それが祈りのように何度も何度も繰り返され、ついにジャンヌ・ダルクが姿を現したというのだ。

同じくイギリス海峡のそちら側で、准将ジョン・チャータリスもこのできごとに関わった。一九三一年に出版された回顧録『総司令部にて』では、初めて実話が語られたかに思えた。マッケンの考えとは違って、物語が創作ではないという証拠があるらしかった。チャータリスは、一九一四年九月五日付けの家族への手紙で、イギリス海外派遣軍のあいだでモンスの天使がうわさになったことに触れた。マッケンの小説が発表される三週間前、キャンベルが看護している部隊から直接の体験を聞いていたころだ。ところが、デヴィッド・クラークが、『モンスの天使』を執筆するための調査で、初めて手紙の原本を見つけ出した。どうやらチャータリスは、一九三一年になっても、表向きの路線を押し通していたらしい。九月五日付けの手紙は存在せず、はがきだけで、九月七日付けの手紙に天使のことは書かれていなかった。著作のなかで引用した手紙は、戦争が終わって何年もたったあと、本人が空想したものだった。

一九一五年から一九一七年にかけて、チャータリスはフランスの総司令部の首席情報官で、当時はとりわけおぞましいイギリス政府のプロパガンダを操作していた――ドイツ軍が〝死体工場〟を運営していて、そこで死体をばらばらにし、動物の餌のために栄養分を、ろうそくや備品のために脂肪を抽出している、というものだ。この話はイギリス人の心にあまりにも深く浸透したので、第二次世界大戦中も、そこで働いたことがあると主張するサマセットのある労働者によって、語り直されていた。

一九二五年、そのころには退役して下院議員になっていたチャータリスがアメリカを訪れ、正餐後のテーブルスピーチを行なった。《ニューヨーク・タイムズ》の報告によると、チャータリスは〝ドイツ死体工場〟の物語を創作したのは自分の功績だと述べた――葉巻とブランデーの場面になった晩餐会用の、ちょっとした逸話として。チャータリスは抜け目ない計画を立て、ドイツ兵の日記までねつ造していた。一方で、天使の現実性を保つことは、最後まで続けた。少なくとも、そう見える。大成功したプロパガンダとして、それは世界じゅうに広まった。もしかすると、人生の後半になってあれはうそだったと認める気になれなかったのかもしれない。あるいは、晩年には実際に起こったのだと信じるようになったのかもしれない。それが、物語の力というものだ。

クラークはこう結論づけた。〝モンスの天使について書かれた手紙の原本が、チャータリスの所蔵品のなかになかったことから、証拠が示す日付は一九一四年ではなく一九三一年であるという結論に至った〃。

シャーリーは小冊子のなかで、イギリス帝国の高潔さが天使に祝福された同様のできごとを思い起こしている。

興味深いことに、現在の戦争で起こった現象と似たようなできごとが、北京《ペキン》の義和団《ぎわだん》によるイギリス公使館の包囲について語られてきた。公使館の居住者たちは、建物が居住に適さないと知って、別の場所に移らざるをえなくなった。移転の最中だったので、イギリス人たちの姿は中国人の反乱分子たちから丸見えになっていた。当然ながら、反乱分子たちは彼らに向けて発砲するはずだった。ところが驚いたことに、それはうまくいかなかった。現場に居合わせた、中国語を流暢に話せるイギリス人がのちに機会を得て、中国人兵士になぜあのような好機を逃したのかと尋ねた。中国人兵士はその理由として、〝自分たちとイギリス人のあいだに白い服を着たたくさんの人がいたので、撃つ気になれなかった〃という事実を挙げた。

実際、当時は多くの人が、モンスの物語の真実を立証しようと懸命になった。心霊現象研究協会は、独自に公式の調査を行なった。

直接の証言については、何も見つからなかった……うわさがあまり信用されなくなってからは、わずかな証拠が残っているのみだ。それによると、どうやらモンスからの撤退に加わった兵士たちの一部は、あのとき超自然的な何かが起こって、驚くべき人物を目撃したと心から信じているらしい。[6]

奇妙なことに、コナン・ドイルの義弟マルコム・レッキーは、モンスで最初に戦死したひとりだった。ドイルは第一次世界大戦で多くの身内を失って以来、極端なほどの心霊主義者になった。二度めの結婚式で新婦付添人を務めたひとり、リリー・ロダー＝シモンズは数年後、レッキーの霊と交信できるようになり、この経験が、シャーロック・ホームズの創造主から疑念をすべて取り払った。当時の最も偉大な超自然現象の伝道者にとって、もしモンスの天使を語れる人がいるとすれば、それは実際にモンスにいた義理の弟の幽霊だったはずだ。しかし、どこからもその話は出なかった。

すべてのできごとの裏にある真実とは？　直接得られた話はひとつもなかった。アラン・S・クールソン、マイケル・E・ハンロン、リン・マクドナルドなどの歴史学者たちは、何千もの筆記録と千五百時間に及ぶ音声記録を調べたが、この件については何ひとつ明らかにできなかった。しかし、絶妙のタイミングで嵐が起こり、以前にフランスで報告されたジャンヌ・ダルクと聖マイケルによる救済が、人々の頭のなかでアーサー・マッケンの小説と混じり合った。その混合に、イギリス軍の最初の敗北を取り繕い、陸軍への入隊呼びかけに熱心な政府が加わって、それは人々を鼓舞する完璧な物語となった。カトリックの司祭と職員は、数世紀にわたる中断のあとイギリス社会にカトリックを広げる役割を感じ、神知論者は新たな夜明けを熱心に求め、心霊主義者は弱まる立場を支える道があると信じていた――そういう人々がみんな、この物語に強い関心を示した。さらに、物語が伝えられるうちにどう変わるか、物語がどう伝えられたがっているかという、フォークロアのいつもの役割があった。今日でも人々は天使を信じたがり、今日でも人々はその日天使が翼を広げたと思っている。

帝国戦争博物館はその件について、〝情報源をたどって裏づけ話を探せば、霧のなかへ旅することになる〟[7]と結論づけた。ケヴィン・マクルーアによる最近の原資料調査は、こう結論づけている。〝モンスからの撤退中に何が起こったのかはまだわからない。この先も永遠にわからないのだろう〟[8]。

二〇〇一年、《サンデー・タイムズ》紙の記事は、ある日記とちょっとしたフィルム画像がモンマスで発見されたことを報じた。[9]モンスの天使と、何年もあとにコッツウォルド丘陵の有名な幽霊屋敷、ウッドチェスター・マンションに現れた天使の存在を証明しているらしきものだという。日記とフィルムは第一次世界大戦の兵士、ウィリアム・ドイジの持ち物だった。マーロン・ブランドが興味を示して、古い白黒のフィルムを三十五万ポンドで買ったらしいとうわさされると、《ヴァラエティー》紙もその逸話を取り上げた。ダニー・サリヴァンという男によれば、モンマスのアジャンクールスクエアの店で古いキャニスターと書類箱を見つけ、たった十五ポンドで買った。そこには、モンスの天使を撮ったと思われる写真があった。この天使は、ウッドチェスターの演習場で二十人のアメリカ兵が死亡したあと、コッツウォルドに現れ始めた。《サン》紙は見開きでその写真を掲載した。

サリヴァンはのちに、すべてでっち上げだったと告白した。ウッドチェスターのオカルト史についての著書を売るためにねつ造したのだ。ところが興味深いことに、モンマスのがらくた屋〈ボニータズ〉の店主、ジョン・リード・スミスは、その品物とサリヴァンが買ったことを覚えていた。しかし、サリヴァンは困惑した。店の存在は知っていたが、そこで何かを買った覚えはなかったからだ。この逸話もまた、創作者の手を離れて大きくなり、人々の心と認識のなかで独自に生き続けている。

古典文学には、呪われた戦場と、戦場に取り憑く悪霊がいくつも出てきた。手足を切断された死人〝ビーオサナティ〟[10]は、あなたが出くわすかもしれない四種類の幽霊のひとつだ。〝むしろ、貧者の家の使用人となるほうがましだ〟と、アキレスの幽霊はユリシーズに向かって嘆く。〝そして生きていたい。死者を統べる王のなかの王になるよりも〟。アキレスは生きていたときも、幽霊に関わる経験をしている。恋人パトロクロスの幽霊が彼のもとに現れた。アキレスがその体をつかもうとすると、パトロクロスは〝何かつぶやき、泣きながら地のなかへ〞消えた。
ルカヌスの『内乱』は、紀元前四九〜前四八年にシーザーとポンペイウスとのあいだに起こった内乱を描いた叙事詩で、エリクトーというギリシャの魔女が、内乱の最終的な勝者を予言させるために捜し出されたことが語られる。エリクトーは、暑さのなかですぐに腐敗していく死体から適切なものを選ぶ。選択は慎重に行なわれる。顔、唇、肺、喉が損傷していない死体が必要だ。魔女はひとりの兵士の体を選ぶ。内臓は〝致命的な傷〞のせいで引きちぎられていたものの、肺は無傷だった。

エリクトーは兵士の体の空洞に魔法の材料を詰め、霊魂に〝降臨せよ〞と呼びかける。男の幽霊が現れる。悪夢から目覚めたばかりの子どものようにおびえて、自分の傷ついた体にふたたび入ることをひどくいやがる。しかし、無理強いされる。魔女が生きたヘビで鞭打ち、ののしり、脅して生き返らせようとする。幽霊は恐れをなして、損なわれた体にすべり込み、顔を涙で濡らしながら悲しげに予言する。そのあとエリクトーは褒美として、兵士の遺体を火葬し、二度と眠りを妨げられないようにしてやる。

大昔から、幽霊の軍隊同士が暗闇のなか激突するというモチーフは、鮮やかな印象を残してきた。なかでもいちばん有名なのは、パウサニアスによるマラトンの血みどろの平原についての報告だ。夜になっても、まだ戦闘が続いているかのように、馬と戦う兵士たちの音が聞こえていたという。[11]
プルタルコスによると、戦闘にも幽霊が現れた。〝マラトンでペルシア人と戦ったギリシャ人の多くは、鎧をまとったテセウスが味方となって野蛮人どもと戦う幻影を見たような気がした〟。

アテネには、テセウスが冥界からよみがえって戦う姿が描かれた柱廊もあった。ヘロドトスは、超自然の手助けがそこでは終わらなかったことを報告している。ペルシア人がクセルクセス一世の指揮下で戻ってきたとき、奇跡の幻影がふたたび現れた――今回はフィラカスとオートノウスの幽霊だった――〝人間の背丈より大きいふたりの重装歩兵が、ペルシア人を追いかけ斬り倒した〟。

一六四三年、興味深い小冊子が発行された。題名は、「天国の偉大なる驚異、ノーサンプトンシャーはケイントン近くで目撃されたエッジヒルの戦いの幻影と大音響。州治安判事ウィリアム・ウッド郷士、ケイントンの福音伝道者サミュエル・マーシャル、そのほか高位の人々による証言」とある。小冊子は、できごとが目撃されてからひと月、実際の戦闘が一六四二年十月二十三日に起こってからはちょうど四カ月ですばやく印刷されていた。

聖ルチアの日（訳註：十二月十三日）からクリスマスイヴまでのある晩、真夜中に、初めて羊飼いたちほか数人がその音を聞いた。勇ましく太鼓を打ち鳴らす音と〝死に際のうめき声をあげる兵士たちの声〟だった。最初に分厚い音が聞こえたあと、はるか上空に人影が現れた――大砲、馬、火を吹くマスケット銃、すべての戦いが再現され、すべてがあまりにも真に迫っていたので、田舎の住人たちは身動きひとつできなかった。イングランド内戦のなかでもとりわけすさまじいエッジヒルの戦いに臨む、怒り狂った兵士たちの注意を引きたくなかったからだ。戦いが終わり、クロムウェルが勝利して王が敗走するまで待たなくてはならなかった。羊飼いたちはケイントンまで走り、治安判事の家の扉をたたいて、空で行なわれていた戦争の大騒動の話をした。治安判事は起き上がって彼らの話を聞き、隣人も呼んだといわれている。それから、クリスマスイヴにおおぜいの地元住民が幻の戦いの現場まで歩いた。そこで人々は、まるで雲に映画を映したかのように、すべてを初めからもう一度見た。著者は特に、幽霊の兵士たちの〝悪意と恨み〟を強調している。

国王がオックスフォードでこれを耳にした。そして数人の侍従を送り込んで立ち会わせた——ルイス・カーク大佐、ダドリー大尉、ワインマン大尉、その他三名。クリスマスから新年まで幽霊ショーは休止していたが、それがまた始まり、国王の侍従たちは兵士たちの顔まで見分けられた。その戦闘で死亡したエドマンド・ヴァーニーもいた。のちの作家たちは激怒した。特にニュージェント卿は『ジョン・ハムデンの思い出』（一八三二）のなかで、その物語を裏づけた将校たちについて〝まったく不可解な空想の所業〟としている。ニュージェントの見解では、〝農民の愚かさ〟への対処にはもっと分別を持つべきだった。こういう物語にさえ、階級は存在する。

小冊子の著者の結論では、それは議会派の勝利を永遠に繰り返すよりも、両者が和を請うべきという神の審判だった。政府のプロパガンダとしては、とても筋が通っている。当時の敬虔なプロテスタントは、幽霊を信じなかったからだ。しかもじつのところ、エッジヒルの戦いは一般に王党派が優勢だったと判断されているので、幽霊の議会派の勝利は作り話だった。戦いの日、議会派の騎兵隊隊長のひとりはオリヴァー・クロムウェルだった。国王はこの戦いでまずい判断を見せ、主導権を握ってロンドンまで進むことができず、戦争に負けることになった。

実際の戦場のほとんどは、国防省の所有地として立ち入り禁止のままで、兵士の戦闘訓練に使われている。

現在は大英図書館に保管されているモンスの天使についての小冊子の著者は、こう結論づけている。〝なんらかの奇妙な形で、大きな戦争は霊的な感覚の新しい経路を開く。大きな軍隊の肉体的な苦闘は、常に精神面の苦闘を伴うようだ〟。


モンスの天使とＵＢ－65の幽霊は、第一次世界大戦の章の始まりと終わりを告げ、そのあいだにヨーロッパの風景と精神は永久に変わった。今日の目から見れば、どちらの物語もプロのジャーナリストの作品だ。ただし、一方は小説とオカルトを志向する作家で、もう一方は幽霊の話など発表したこともない軍事アナリストだった。モンスの天使では、後期ヴィクトリア朝イギリスそのままの筋書き、教区の信心深さと帝国の愛国心の誇示が見られる。戦争終結までには、モンスの物語からフォークロア的な無邪気さが消えた。そこではふつうの兵士たちが、まずふつうの兵士たちの霊を呼び出し、次にイギリスの守護聖人を呼んだ。そして戦争終結までには、ＵＢ－65の物語は現代の戦争の話、部分的にはテクノロジーの話になった。

艦そのものは幽霊ではなく、動く幽霊屋敷であり、乗組員が逃げ出せないという特別なひねりがある。何年にもわたる殺戮のあと、この段階に至るまでには、もう誰も神と天使のことは話さなくなり、悪意と人工物のことだけを話した。ＵＢ－65の幽霊たちはみんな陰気で途方に暮れているようだ。将校たちは甲板で海を眺め、恐怖と悲運の感覚が周囲を満たしている。戦争は祝福で始まり、呪いで終わった。大戦が終わるまでには、かつて劇場と舞台だけで見られた超自然とテクノロジーの関係が、主流となってきた。

第一次世界大戦中、サー・オリヴァー・ロッジは、さまざまな霊媒師を通じて、迫撃砲による攻撃中に戦死した息子のレイモンドとの交信を試みた本を書き、それはベストセラーになった。『レイモンド、あるいは生と死』は、終戦までに九版が出版された。マルコーニと同じく、ロッジは無線電信の開拓者のひとりで、〝コヒーラー〟検波器の発明者だった。あるふたりの戦争捕虜にとって、ロッジの本は自由への切符となった。アナトリアのヨズガトの野営地に投獄されたインド軍のＥ・Ｈ・ジョーンズ中尉とイギリス陸軍航空隊のＣ・Ｗ・ヒルは、監禁中に本を手に入れた。ふたりはくだらないと考えたが、それを偽の計画書として使うことを思いついた。ヒルとジョーンズは、霊と交信ができるふりをして巧みに野営地の司令官とその副官モイズをだまし、近くに埋蔵されているとトルコ軍が信じるアルメニアの財宝を当てもなく探し回らせた。じつのところ、ふたりの計画は、単に頭がいかれたと思わせることだった。ついにトルコ人たちは財宝を探すのをやめて、ふたりの頭がいかれているという結論を下した。ヒルとジョーンズは、診察に当たったトルコ人の医者たちを、精神病の権威を含めてひとり残らずうまくだました。そしてエジプトのイギリス軍当局のもとに、正式に釈放された。

二年後の一九二〇年十月、トマス・エジソンは、おそらくロッジを意識して、《アメリカン・マガジン》にこう語った。〝わたしはかねてより、この世を離れた人々との交信が可能かどうか確かめるため、ある装置の作成を研究してきた〟。

同月、《サイエンティフィック・アメリカン》にはこう話した。

わたしは、人間が別の存在や領域へ移動するとは主張しない。その問題については何も知らないので、何も主張しない。その件については、知っている人間はひとりもいないのだ。しかしわたしは、きわめて精密な装置を作成することは可能だと主張する。もし別の存在や領域に人がいて、こちら側の存在と領域にいるわたしたちと交信したがっているとすれば、その装置が少なくとも、現在交信の唯一の手段と称されている傾くテーブルや、コツコツ音、ウィジャボード（訳註：心霊術で用いられる占い盤）、霊媒師、その他の粗野な方法より、よい機会をもたらすはずだ。

戦争は、深い悲しみの遺産を残した。テクノロジーはその悲しみを癒すどころか、むなしい望みとともに、それを育ててしまったようだ。

第15章 レイナム・ホールの茶色の貴婦人

たとえこの目で見たとしても、わたしは幽霊を信じない。
――アルバート・アインシュタイン

一九三六年晩夏のある朝、タウンゼンド侯爵未亡人グラディスは手紙を開封していた。一通は、アンドル・シーラという男からだった。本人いわく、ピカデリーのドーヴァーストリートに事務所を構える〝宮廷写真家〟で、のちに侯爵未亡人が思い出したところによると、事件が有名になった当時、侯爵家の大邸宅レイナム・ホールを訪れて幽霊の写真を撮ることに強い興味を示していた。レディ・タウンゼンドは、レイナム・ホールに一泊したいという要望は断ったものの、訪問の許可は与えた。そこで早くも九月十九日には――その日、大昔の痕跡の発見を期待して敷地を公式に訪問したノーフォーク考古学協会にこっそり紛れて――アンドル・シーラとその妻、友人のプロヴァンド大尉が、レイナム・ホールの扉をたたいた。そして日暮れまでには、おそらくこれまでに撮られたなかで最も有名な心霊写真を撮影していた。

アンドル・シーラはすでに、〝茶色の貴婦人〟の物語についてすべてを知っていた。侯爵未亡人自身が、友人のモード・フォークスと共同編集した『真実の幽霊物語』でそれについて書いていた。本は、家族の幽霊に対する侯爵未亡人の見解で始まる。〝茶色の貴婦人〟とは、イギリスの初代首相サー・ロバート・ウォルポールの不幸な妹ドロシーのことだ。ドロシーは二十六歳のとき、第二代タウンゼンド侯爵チャールズと結婚した。甘やかされ、何ひとつ不自由なく育てられた女性だった。家族の記録には、大量のシフォンの生地を購入したことが書かれている。レディ・タウンゼンドは、〝彼女の名前にはわずかな醜聞も結びつくことはなかった〟ときっぱり述べた。

しかし、伝えられるところでは、夫は嫉妬深く不愉快な男で、新妻がウォートン卿[1]の愛人になったことを知ると、悲劇が起こった。ドロシーは屋敷の一室に監禁されたといわれる。別のもっと奇妙な話では、レディ・ウォートンがドロシーを人質にしたという説もあった。ドロシーは一七二九年三月に亡くなった。原因は、天然痘にかかったとも、階段から転げ落ちたとも、ウォートン卿に梅毒をうつされたともいわれる。

レディ・タウンゼンドが繰り返し語る家族間の伝説によると、ドロシーは自分の子どもたちを育てることを許されず[2]、祖母のもとに預けさせられ、その後餓死したのだという。ノーフォークのような田舎の地方では、たった一、二世代の家族のなかでさえ、伝説は瞬く間に大きくなる。しかしたいていは、そのどこかにわずかな真実が含まれている。うわさに関して一致しているのは、ドロシーが不幸な境遇で早死にしたということだ。

肖像画のドロシーは茶色いブロケードのドレスを着て、大きな黒い目をしている。夜になると、その目は用心深くきらりと光るらしい。[3] 一九〇四年、肖像画は玄関広間に飾られていることで知られた。しかしそれ以前は、軽率にも寝室に掛かっていた。

うわさによると、おそらくドロシーに関連があるもうひとつの屋敷、ホートン・ホールで、のちのジョージ四世がある晩目を覚まして〝茶色の貴婦人〟を目撃し、すぐさま屋敷を立ち去ろうとしたそうだ。一八四九年のクリスマスの時期には、ドロシーの幽霊はタウンゼンドの親戚であるロフタス少佐[4]の前に現れた。最初、少佐はチェスの長いゲームを終えて夜更けにベッドへ向かい、階段を上がっているとき、友人のホーキンズに指摘されて、踊り場に貴婦人が立っていることに気づいた。少佐が挨拶すると、貴婦人は姿を消した。翌日の晩、ロフタスは寝ずに幽霊を待ち、〝茶色の貴婦人〟がするすると視界に入ってくると、家の間取りを知り抜いていることを生かして近道をとり、幽霊の逃げ道をふさいだ。

そしてロフタスは、わきの廊下にいる貴婦人に正面から向き合った。ランプを掲げると、恐ろしいことに、目があるべきところには黒い空洞しかなかった。のちに少佐はその姿をスケッチし、翌日人々に見せた。その話が使用人部屋に伝わると、全員が退職を願い出た。タウンゼンド卿自身も幽霊を見たのに、主人はすべてを悪ふざけだと信じるようになり、〝有能な探偵のスタッフ〟を雇った。探偵たちは、なんの異常も見つけられないまま数カ月レイナム・ホールにとどまった。

その後、一八三六年に、マリアット海軍大佐の事件が起こった。マリアットは、近隣のランガムにある私有地に住むようになっていた。若きタウンゼンド准男爵がレイナム・ホールを手に入れ、改装して、家はパーティー続きで忙しかった。〝困ったことに〟とマリアットの娘フローレンスは何年ものちに書いた。〝彼らが到着して間もなく、家に幽霊が出るといううわさが立ち、招待客たちはひとり残らず（まるで寓話のように）口実をつくって帰ってしまった〟。

ヒントン・アンプナー事件とそっくり同じように、近所の海軍士官は、密輸業者か犯罪分子につながる詐欺が行なわれているに違いないと考え、幽霊の出る部屋に張り込むことにした。

マリアットは、当時は肖像画が掛かっていたその部屋に泊まり、枕の下に装塡したピストルを置いて寝た。二夜は、何も起こらなかった。三夜め、服を脱いでいると、准男爵の甥ふたりが扉をノックした。少し奇妙なことだが、ふたりは、ロンドンから新しい銃が届いたので、大佐もご覧になりませんか、と言った。マリアットは、〝茶色の貴婦人〟に会うといけないので自分のピストルを持っていかなければ、と冗談を言った。ふたりは自分たちも後ろから武装してついていきますよ、と冗談を返した。

廊下は長く暗く、家の明かりはすべて消されていた。三人の男たちが廊下の中間地点までたどり着くと、ちらちら光るランプの明かりが近づいてくるのが見えた。子守のひとりに違いないと考えたマリアットは、きちんと服を着ていなかったので、寝室の扉の陰で甥たちの後ろに隠れ、女が通り過ぎるのを待った。
扉の隙間から、人影がやってくるのが見え、かなり近づいてからようやく、マリアットはその服装に気づいた。茶色のドレスを着ている。肖像画と同じ顔だった。女は通り過ぎるとき、立ち止まってまっすぐマリアットを見て――にやりとした。男たちは前へ飛び出し、マリアットはピストルを発射したが、弾は女の体を通り抜けて、反対側にある寝室の内側の扉に撃ち込まれた。
にやりと笑う幽霊は、一九〇三年にも見られたといわれる。一九一八年には、ウェストレイナム教区の牧師が、オトリーのウェストン教区の牧師にこう書いた。〝聞いたところによると、屋敷の子どもたちが――何年も前に――しょちゅう部屋にやってくる茶色い服の貴婦人は誰なのかと尋ねたそうだ〟。一九三六年、レディ・タウンゼンドはこんなふうに語った。

つい最近、義兄（ジェームズ・ダーラム氏）の妹シリル・フィッツロイとその娘も、彼女を目撃した……前回は、ほかならぬわたしの息子ジョージのもとに現れた。まだ幼かった息子と、アメリカ人の小さな友だちウォルター・ロザーメルは、階段のところで貴婦人と会った。ふたりはおびえただけでなく、戸惑った。ジョージが言うには、貴婦人を通して階段が見えたからだ。

レディ・タウンゼンドだけでなく、ほかにも広く発表されたさまざまな資料が、レイナムの幽霊たちの話を伝えた。たとえば、〝モンマスの間〟は、〝赤い騎士〟となって現れる公爵の幽霊に取り憑かれていた。〝石の居間〟には子どもの幽霊がいて、レディ・タウンゼンドとのドイツ人家庭教師バウマー女史に目撃された。ある日の午後、レディ・ノラ・ベンティンクとふたりの小さな子どもが訪ねて来たとき、車から降りた彼らのそばに三人めの子どもが立っていた。家庭教師は、あの〝きれいなワンピース〟を着た少女は誰かと尋ねた。三人めの子どもなどいなかった。

一九三五年十月、モード・フォークスは、スパニエルの幽霊の足音を聞いた。〝王族の寝間〟では、朝になると、まるでひと晩じゅう賭けごとが行なわれていたかのように、重い椅子がテーブルのまわりに配置されていた。

そしてもちろん、オーク製の古い羽目板張りの階段があった。第五代侯爵が亡くなったとき、レイナム・ホールは貸家になっていた。居住者たちは〝たくさんの人たちが階段を上り下りする足音で起こされ、調べてみたが、うねるような暗闇がわきを流れていっただけで、誰の気配もなんの音もしなかった〟。次の晩も同じことが起こった。そして翌朝、侯爵がパリで亡くなったという知らせが届いた。

レディ・タウンゼンドがどのくらい好奇心旺盛な訪問客たちの相手をしたかはわからないが、屋敷と、どうやら敷地のまわりでもたくさんの写真を撮った長い一日が終わり、晩夏の日が暮れる午後四時ごろ、シーラとプロヴァンドは大階段のところにいた。

プロヴァンド大尉が写真を一枚撮り、わたしはフラッシュをたいた。大尉が別の場面に焦点を合わせ始めた。わたしはその横でカメラのすぐ後ろに立ち、手に閃光器を持って、まっすぐ階段を見上げていた。そのとき突然、この世のものとは思えない、ヴェールをかぶった人影がゆっくり階段を下りてきた。わたしは少し興奮して、甲高い声で叫んだ。「急げ、急げ、何かいる」。わたしは閃光器のスイッチを押した。フラッシュがたかれ、シャッターが切られると、プロヴァンド大尉が頭からかぶり布を取り、振り返って言った。「何をそんなに興奮してるんだ？」。

わたしは階段のほうを示して、そこにはっきり人影を見たことを説明した――透き通っていたので、その姿を通して階段が見えたが、それでも輪郭はとてもくっきりしていて、わたしには完全に存在が感じられた。大尉は笑って、幽霊が見えたと思い込んだのだろうと言った――もうその姿は消えていた。

プロヴァンドはシーラのふるまいに戸惑い、のちに、説明を聞いたときは疑問を覚えたと語った。車でロンドンへ戻る途中も言い争いを続け、プロヴァンドは徐々に、シーラの主張が公になると自分の評判を損ねるのではないかと心配になった。

ピカデリーのドーヴァーストリート四十九番地に戻ると、ふたりはいっしょに暗室に入って、ネガを現像した。プロヴァンドが驚いたことに、確かにネガには不可解な人影が写っていた。シーラはひと目見て、階下の薬局〈ブレーク、サンドフォード&ブレーク〉の経営者、ベンジャミン・ジョーンズを第三者として呼ぶことにした。

その後、写真は《カントリー・ライフ》誌十二月二十六日号と、アメリカの《ライフ》誌十二月号に掲載され、ほぼ一夜にしてセンセーションを巻き起こした。〝ジョーンズ氏、プロヴァンド大尉、わたしの三人が、いかなる形でもネガに修正を加えていないことを保証する。何人もの専門家によって念入りに調べられた。幽霊のような人影が写っている理由を説明できる人は誰もいない〟とシーラは記事で語った。[6]

数週間のうちに、SPRが独自の調査を開始した。C・V・C・ハーバートという人物がまとめたファイルは、今もケンブリッジの文書館に収められている。ハーバートは、使われた旧式なカメラを調べ、レンズを確かめ(無収差レンズ)、使われたフィルムの種類をSSオーソ(ISO感度100、オルソクロマティック)と特定した。ハーバートが出した最終的な結論は、古いカメラの〝蛇腹〟が細い光を取り込んだのかもしれないというものだった。とはいえ、奇妙な視覚上の効果には戸惑っていた。幽霊が写っているちょうどその場所の手すりが、まっすぐ並んでいないように見え、二重露出らしきものを思わせたからだ。

これはつい最近の二〇〇六年にも問題として取り上げられ、トム・ラッフルズが簡単に家の見取り図とトリミングしていないくっきりしたプリントの調査をして、それを解決した。[7] 階段の十三段めのすぐ上に小さな踊り場があり、手すりがまっすぐ並んでいないように見えるのはそのせいだっ

図23　1936年に撮影された有名なレイナム・ホールの“茶色の貴婦人”の写真。

た。階段上に肖像画がもう一枚あるように見えるのは、実際には踊り場に位置する羽目板の一部だった。

一九三七年一月八日から九日にかけて、人々に尊敬される心霊研究家ナンドー・フォドー博士が、アーサー・キングストン氏というカメラ製造者を連れて、レイナム・ホールに立ち寄った。当時フォドーは、国際心霊研究所の調査官だった。妻と娘も一日楽しく過ごすつもりでついてきた。

問題の階段を見つけた一行は、有名な写真をもう一度撮ろうとした。謎のひとつは、なぜ幽霊がぶれていないのかということだった。六秒の露出のあいだに、階段の三段めから十三段めまで移動していたはずだからだ。フォドーは一ショットで十三段めに立ち、次に妻が同じことをした。おそらく家族は、あの肖像画の前で立ち止まって、想像を巡らせたことだろう。

一月十四日、ハーバートは報告書を清書した。書類の束は長いあいだ、ほとんど忘れられていたが、一九八九年、ＳＰＲのケンブリッジの文書館で再発見された。フォルダーには約四十点の文書があるが、重要な二枚の心霊写真はずっと昔に盗まれていた。重大なのは、ハーバートがアンドル・シーラについて、スコットランド人であること以外、身元を明らかにしていないことだ。この奇妙な判断が、シーラの身元の確かさと写真の真実性を立証することをほぼ不可能にしている。事実の証明に熱心な組織の調査官にしては、不思議なことだ。ハーバートは、カメラと、その日階段で撮られた写真二枚のネガの両方を調査していた。〝シーラもプロヴァンドも、うそはついていないと思われる〟。この事件を調査した、ハリー・プライスを始めとするそのほかの人々と同じ意見だ。

歴史上、これはSPRが行なった調査のなかでも特に不備が多い。フォドーがレイナム事件について客観的な評価を下す可能性もまったくなかった。博士がレディ・タウンゼンドの友人であるという単純な理由からだ。驚くべきことに、侯爵未亡人の『真実の幽霊物語』を開くと、フォドーが滔々と語っている序文が見つかる。〝小さなアルフレッドとウィリアムが残酷なジョン・クレーヴンを呼び続ける話では、これまでにない不吉な雰囲気を味わえる〟。フォドーは、さまざまな爵位を持つ裕福な人々から集めた物語のひとつについて書いている。〝怖いものにすっかり慣れた愛好者も、ケンサルグリーンの×番の墓所には新鮮な身震いを覚えるだろう〟。序文の日付は一九三六年八月一日、写真が撮られる六週間前だった。

レディ・タウンゼンドはフォドーに、心霊写真のことを聞いて驚いたことを打ち明けた。シーラは、プロヴァンドが旧式のカメラのかぶり布を頭からかぶっているときに人影を見たと主張しているが、その日は何も言わなかったからだ。[8]

それでも、レディ・タウンゼンドは最初、それを聖母マリアの幻影と考えた。おそらく階段の下に、香を焚く個人的なカトリックの祭壇を設けていることから思いついたのだろう（レディ・タウンゼンドの本によると、香の香りもときおり家に取り憑くそうだ）。侯爵未亡人はフォドーに〝美しい幻影〟だと言い、シーラが幽霊をでっち上げて評判を危うくすることはないだろうとつけ加えた。

その評判がどんなものだったのかを知るのはむずかしい。話のなかでは、宮廷写真家アンドル・シーラはドーヴァーストリートの薬局の上に住んでいたが、一九三六年のロンドンの住所氏名録を見ると、そこは事務弁護士ウィリアム・マーシャルの事務所になっている。〈ブレーク、マーシャル&ブレーク〉という薬局もリストに載っていて、ここでも〝マーシャル〟の名前が伏せられている可能性がある。もしかすると、シーラは事務弁護士だったのだろうか？　だからレディ・タウンゼンドは、彼が〝でっち上げ〟で〝評判を危うくする〟ことはないと考えたのだろうか？

多くの幽霊事件と同じように、女性に注目しよう。役割が少しばかり見過ごされている重要な女性がふたりいる——レディ・タウンゼンドとアンドル・シーラの妻だ。レディ・タウンゼンドは、その朝、ふたりの男とともにやってきた女性について触れ、さらにこう書いている——〝家じゅうに、えもいわれぬ神秘的な力が働いているとわたしに説明し……まるで霊能者のようにふるまった〟。では、午後四時、あの有名な写真が撮られたとき、彼女はどこにいたのか？　ひょっとして、なんらかの理由で階段を下りてきたのでは？

レディ・タウンゼンドの本は、間違いなくその宣伝のおかげでよく売れたはずだが、写真が発表されたのは十二月二十六日になってからで、一年でいちばん本が買われる季節はすでに終わっていた。もし計画的なタイアップだったのなら、一カ月早く発表されていた可能性が高い。とはいえ、アンドル・シーラは《カントリー・ライフ》の記事を額に入れて家の外に飾っていた。フォドーがそれを見て、レディ・タウンゼンドにこう言った。「アンドル・シーラは、あなたの幽霊を利用するつもりですよ」。しかもシーラは商魂たくましく、六切の写真を一枚一ギニーで人々に売った。

わたしが思うに、もし写真が偽造なら、それはシーラとプロヴァンドの共謀だろう。彼らが三十年の経験を持つ宮廷写真家だというのは疑わしい。彼らの仕事が実在した証拠はほとんどないように思える。ＳＰＲの調査官は、シーラには確かな写真の知識はないと判断した。プロヴァンドの仕事も、アマチュアっぽく見える。事務弁護士マーシャル（つまりシーラ）が、事務所の下にいるおそらく親戚の薬剤師（つまりプロヴァンド）と共謀した可能性のほうがはるかに高い。《カントリー・ライフ》の記事が額に収められ、薬局の外の手すりに飾られていたことがわかっている。つまり、少なくとも住所は偽物ではなかった。

もし写真が偽造なら、シーラ夫人が二重露出のために階段でポーズを取ったか、これまでにもいわれてきたように、ふたりが聖母像か何かの写真を撮り、その画像を使って新しいネガをつくったのだろう。階段に対する人影の大きさからすると、身長約四フィートほどと考えられる——もうひとつの奇妙な点だ。しかし、どういうわけかＳＰＲの報告書では重大な詳細が隠され、すべては永遠に解決できない謎となった。だとすれば、これぞ幽霊といえるのかもしれない。

心霊写真の歴史は、美しい間違いに始まり、ほとんど産業レベルの詐欺に終わる。初期の写真は、臭化銀ゼラチンをガラス板に塗る必要があった。このガラス板は再利用できたので、きちんとふき取らないと、前回の写真が染み出て、幽霊の姿が写ることが多かった。最初期の心霊写真は、今では残っていない。サー・アーサー・コナン・ドイルは『心霊主義の歴史』のなかで、史上初の心霊写真が撮影されたのは一八五一年としている。ロシアの心霊主義者アレクサンダー・アクサーコフは、一八五〇年代半ばごろとしている。

このころ、物理学者サー・デヴィッド・ブルースターは、一八四四年にヨーク大聖堂の前で撮られたカロタイプ写真（フォックス・トールボットが特許を取得した手法の名前）を調査していた。ブルースターは、石段の上に座った半透明に見える少年に、目を引かれずにはいられなかった。確かにゴーストだが、それは単に、画像を撮るための長い露出時間のあいだに子どもが立ち去ったからだった。

壮麗な教会の建造物の前に座る幽霊の少年、ゴシック様式の背景に収まる幻の子どもから発想を得たブルースターは、著書『立体鏡』を一八五六年に刊行した。〝楽しみという目的のために、写真家はわたしたちを超自然の王国にさえ連れて行くかもしれない〟とブルースターは書いた。〝その技術によって写真家は、いくつかの画像に霊的なものを写し、それらを見えない存在として表すことができる〟。視覚のトリックに興味を示した『立体鏡』は、エンターテインメントや娯楽目的の３Ｄの利用について語った、ごく初期の入門書になっている。

ブルースターが発展させたアイデアは、一八五五年、チープサイドの〈ロンドン・ステレオスコピック・カンパニー〉によって商業化され、色つきの幽霊を見せる彼らのショーはたいへんな人気となった。一八五七年冬には、商品の海賊版を買わないように注意する広告を出さなくてはならないほどだった――記録に残る最初期のエンターテインメントの著作権侵害騒ぎだ。写実的にしようという試みは行なわれなかった――幽霊はみんな芝居がかっていて、中世の死体のように埋葬布に包まれ、両手を宙に掲げて恐怖と災いを招いていた。ブルースターの意見と同じく、漫画のようなフォークロアの亡霊で観客をだます試みは行なわれなかった。むしろ、幽霊を信じることの〝愚かさ〟を証明するという傲慢な態度を取り、ショーの教育的な性格を強調していた。幻灯ショーの衰退と映画の登場に挟まれたこの短い期間、幽霊は一般庶民を引きつけるよい方法だった。アメリカでも似たようなショーが、一八六〇年代半ばに立体画像を扱う出版社〈アンダーウッド&アンダーウッド〉によって催された。その社名は、のちに現れるイギリスのベテラン心霊研究者の

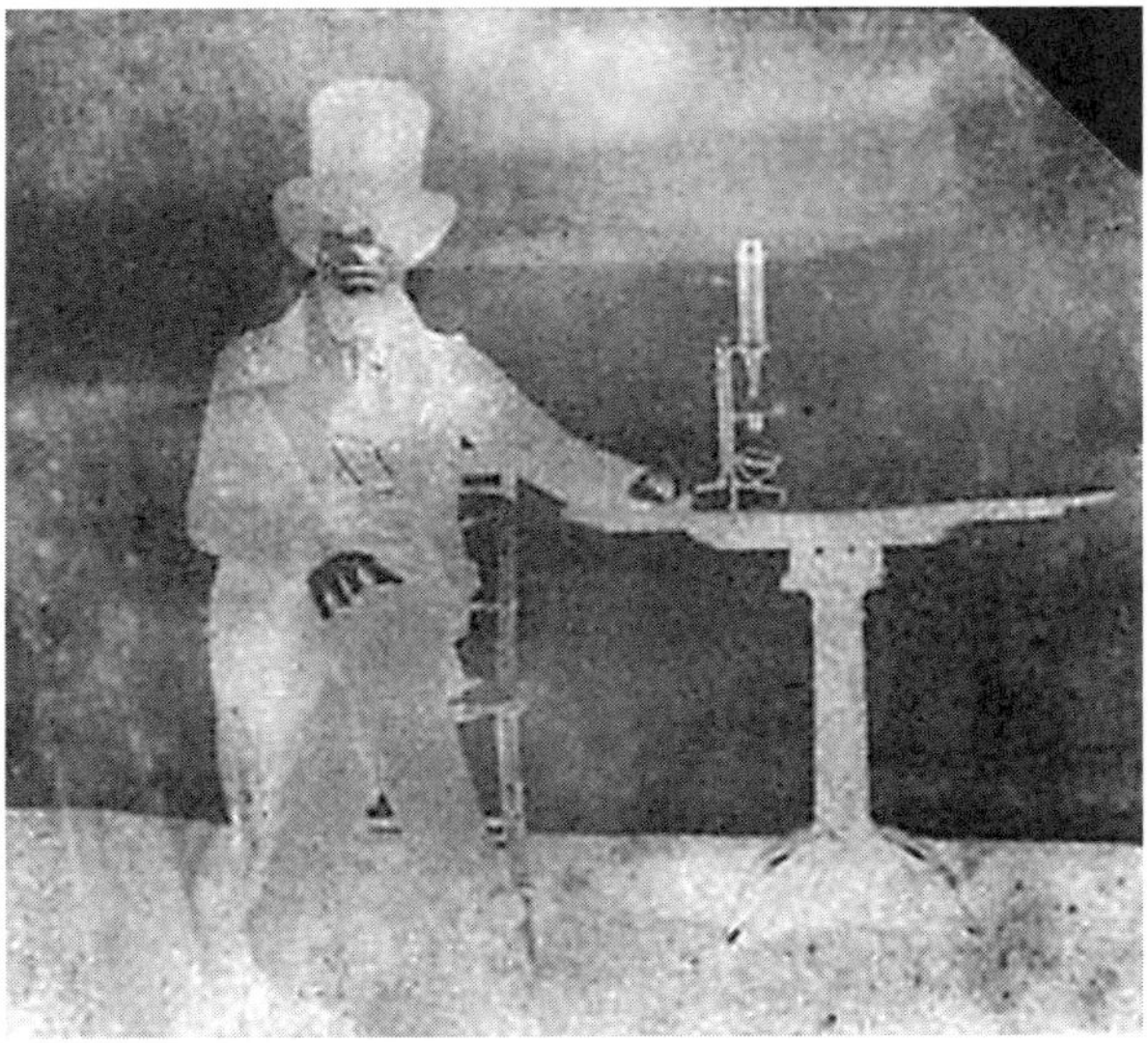

図24　レイコック・アビーのなかで腰かけるサー・デヴィッド・ブルースターのカロタイプ写真。1842年撮影。

名前を示す喜ばしい前触れのようでもあった。

この期間には、並行してもっと暗いものも開発された。そちらは確かにだます意図があった。心霊主義はヴィクトリア朝世界を表す大きな風景のひとつであり、心霊主義者たちは死者の霊と交信する手段として新しいテクノロジーを使うことに夢中になっていた。あらゆるでっち上げのなかでいちばん有名なのは、ボストンの彫刻師ウィリアム・マムラー（一八三二〜八四）のものだった。マムラーは一八六一年、友人の写真機材を使っているとき、死んだいとこの幽霊を知らないうちに撮影していたと発表した。

瞬く間に人々からの依頼が殺到し、マムラーは彫刻師としての本業を辞めて、ボストンでフルタイムの心霊写真屋を開業した。それはとてつもない成功を収めた。最も有名な顧客は、エイブラハム・リンカンの未亡人だ。亡き元大統領は、マムラーが写真を撮ったときに滞りなく現れ、関わった全員を満足させた。

しかし、一八六九年には暗室に光が射し込んだ。マムラーは詐欺で起訴され、撮影された霊界からの来訪者のひとりは死んでさえいなかったことが証明されたが、驚いたことに無罪放免された。[9]弁護士たちは、現代の裁判においてこれが最初でも最後でもないが、サムエル記のエンドルの魔女を引用して、預言者サムエルも、機会さえあれば喜んでカメラを使ったはずだと述べた。一八七五年、ロンドンのベーカー街とパリのモンマルトル大通り五番地にスタジオを持つ写真家、エドワール・ビュゲは、パリで詐欺を働いたかどで起訴され、その供述は当時イギリスとフランスの両国で広く報道された。幽霊らしきものをつくるビュゲの方法は、まずガーゼに包んだ木製の人形に予備的な露出を行ない、厚紙にかなりぞんざいに貼りつけた顔の写真をつけ加えるというものだった。スタジオに踏み込んだ警察は、二百四十種の写真を見つけた。レイナム・ホールの幽霊が人形のような外観をしているのは、この方法が使われた可能性を示しているのかもしれない。とはいえ、顔に明らかな偽造の痕跡は見られないが。

じきに、心霊写真を撮ることは、心霊主義者がほかの心霊主義者のためにやるもの、霊の来訪を熱心に信じる閉じた世界でのできごとになった。フランスの心霊主義者の定期刊行物《ルヴュー・スピリート》の一八七一年十月号は、〝霊媒写真家〟たちが出てくることを願い、その後、多くの霊媒写真家が本当に有名になった。一八九五年、ジャーナリストのウィリアム・ステッドはそういう写真家のひとり、リチャード・ボースネルの前に座った。写真を撮られるあいだ、ずっとボースネルの指導霊ジュリアのことを考えていた。美しい女性の姿が折よく現れた。ただし、ステッドは、のちにいつもの自動書記という経路を通じてその指導霊と交信したが、その姿は本物のジュリアではないと告げられた――ただの〝思念形態〟だと。ときに思念形態写真、または念写《ソートグラフィ》と呼ばれるもの[10]は、二十世紀半ばに興味の対象となり、多くの人が、カメラを使わずに思念だけで化学フィルムに画像を直接焼きつけられると信じた。〝念写〟という言葉は、二十世紀初め、東京帝国大学心理学助教授の福来友吉《ふくらいともきち》がつくった。これも、レイナム・ホールの写真を説明するもうひとつの説になるかもしれない――近くにいた誰かが生み出した心的イメージと考える説だ。

あらゆる念写能力者のなかでいちばん有名なのは、テッド・セリオスというベルボーイだった。セリオスは一九六〇年代前半、シカゴのホテルで働いていた。のちに懐疑主義者たちは、信用できない要因として、アルコール依存症と社会病質の前兆があったことを指摘した。セリオスは箱型カメラと、のちにポラロイドフィルムにイメージを焼きつけられることを発見し、デンヴァーの精神科医で超心理学者のジュール・アイゼンバッドの調査を受けて、何千回もの試験に耐え、何百枚もの謎めいた写真を生み出した。セリオスは、ファラデーケージ（訳註：外部静電界の影響を防ぐ装置）の設置を含む管理された環境でイメージ――デンヴァーのヒルトンホテル、交差点、立っている人々――を生み出しただけでなく、何百枚もの真っ黒な写真や真っ白な写真を撮った――極端に露出過剰か露出不足の写真だ。

とりわけ興味をそそるのは、デンヴァー郊外のアイゼンバッドの牧場を撮ったもので、セリオスが〝念写〟すると、写った家にはアイゼンバッドが数年前に取りつけた白いシャッターがなかった。納屋にも違いがあり、ダッチドアがなくなっていた。もしかすると超自然的な過去の写真かもしれないが、同時にそれはアイゼンバッドに、精神病患者たちの夢の歪曲を思い出させた。一八四五年、医師のアレクサンドル・ド・ボアモンは幻覚の研究を発表し、そのなかで幽霊を単なる〝物質の具象化、思念の銀板写真〟と説明した。そして、銀板写真が現れたわけだ。

写真のなかのセリオスは、痩せこけて神経が弱った様子で、薄くなった黒髪を垂らし、小作りの疲れた顔をしている。一九六七年六月、セリオスは突然能力を失い、すべては終わった。最後に写

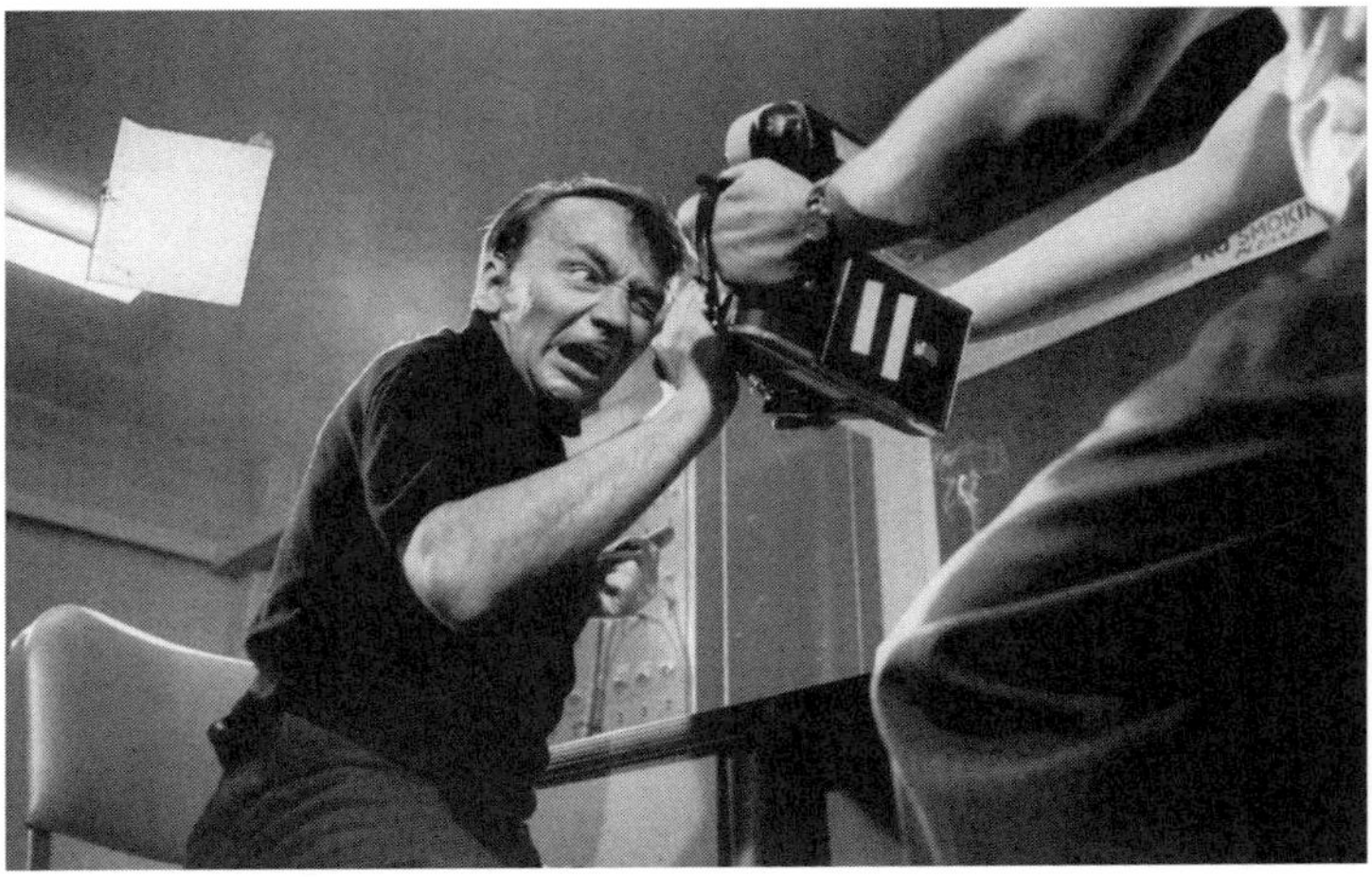

図25　心的イメージをカメラに送り込むテッド・セリオス。

したイメージはカーテンだった。根っからの懐疑主義者ジェームズ・ランディーがセリオスの念写を再現してみたことは広く報道されたものの、唯一知られている一九六七年十月四日の『トゥデイ』での試みは、失敗に終わった。[11]

二〇〇五年九月、ニューヨーク近代美術館は、数あるなかでパリのヨーロッパ写真美術館と共同して、〝完璧な霊媒師——写真とオカルト〟というタイトルの展覧会を催した。多くの意味で、それは二重露出の墓場だった。その年以降、化学フィルムの使用がほとんど完全に廃れたというのがおもな理由だ。今も写真はひょっこり現れ、ウェブサイトで積極的に集められている。そしてニュースで取り上げられることもある。特に、金融危機や社会的な不安が生じたときには……。心霊写真は今やデジタルになり、なおさら人々の信用を得にくくなっている。

エクトプラズム、体に入り込む動物の肉片、偽霊媒師によるガチョウの脂を塗られた綿の吐き戻しなどは消え、代わりに今では飛び回るオーブがある。イメージの操作に興味を持つアマチュアのために、ますます洗練されていくグラフィックプログラムも用意されている。現代の茶色の貴婦人は、携帯電話でとらえられ、数分以内にインターネットにアップされるのだろう。

第16章 ボーリー牧師館の殺人

あらゆる幽霊物語は、恋物語で始まる。
――ステイシー・ホーン

一九五八年二月末のある晩遅く、ひとりの探偵が、ノースダコタにあるホテルのロビーで座っていた。〝ボーリーの未亡人〟とも呼ばれるマリアン・フォイスターを待っていたのだ。粗野な魅力を持つこの探偵が雇われたのは、フォイスターが男性の美しさに目が利くことで知られていたからでもあった。謎めいた、少し邪悪な女性だった。魔性の女、重婚者、たぶん殺人者でもあり、二十世紀屈指の有名な幽霊事件の中心にいた。戦争が終わるころ、みごとに行方をくらまし、当時あとを追っていたサフォークの警察の取り調べを巧みに逃れた。しかし今こうして、雪に覆われた冬の通りからホテルに入ってきた。ふたつの世界の衝突。レイモンド・チャンドラーの小説から抜け出したような探偵が、アガサ・クリスティーの小説から抜け出したような牧師の妻にインタビューする。

正体が暴かれたと気づいたとき、うろたえたフォイスターの最初の反応は、自殺すると脅すことだった。無理もなかった。秘密がたくさんあった。数え切れないほど法を破っていたから、イギリスに強制送還され刑務所に入れられるかもしれないと恐れていた。しかし穏やかに交渉され、安心するように言われて、養子に対する教育資金の設定まで約束されると、インタビューを受けることに同意した。イギリスで最も呪われた屋敷、ボーリー牧師館での経験について。


一九二九年六月のある朝、《デイリー・ミラー》の編集副主任は、紙面の質疑応答欄に宛てたエセックスの教区牧師からの手紙を開封した。牧師は公表するつもりはなく、じつのところ、心霊現象研究協会に連絡する方法を教えてもらいたいだけだった。ガイ・スミス師はインド国籍の丸々と太った温厚な元官僚で、一九二八年十月、ボーリー牧師館に住み始めた。

神経が弱っている妻の健康を取り戻すためでもあったこの新生活は、恐ろしい失敗に変わろうとしていた。イギリスの田舎の文化になじめず、雨の多い冬にはうんざりだった。そしてもうひとつ、それよりはるかに奇妙な問題があった。牧師館は幽霊に取り憑かれていたのだ。《デイリー・ミラー》はすぐさま、記者とカメラマンを送り込んで、さらに情報を得ようとした。彼らは一週間滞在して、現象が本物だと確信し、一面記事をつくり始めた。

九カ月にわたって、スミスと妻はあらゆる超常現象に悩まされていた。引っ越してきた当初、メイベル・スミスは、図書室で茶色い包装紙に包まれた頭蓋骨を見つけた。それが事態を悪化させた。幽霊を見ると、使用人たちは出ていった。女らしき人影が庭を歩いたり、幻の馬車が玄関の前に停まったりした。使用人用の呼び鈴が、厨房の廊下でひとりでに鳴り響いた。ほかにも、不吉な〝シューシューというささやき声〟や、襲われているかのような女性の声など、耳をふさぎたくなる音が聞こえた。

スミスが、たとえば上役のチェルムスフォード主教ではなく新聞社に接触したのは奇妙に思える。しかし、イギリスにはほとんど友人がいなかった。事前に屋敷を見ずに、ボーリーへの赴任を受けたのだ。一八六三年にヘンリー・ブル師によって建てられたボーリー牧師館は、切り盛りするおおぜいの使用人がいても、ほとんどまともに機能しなかった。すでに二十人の牧師がその職を辞退していることや、だだっ広い二十三室の大邸宅に水道も電気も通っていないことを、スミスはまったく知らなかった。

要するに、スミスはできるだけ早く引っ越したかった。しかし、主教にきちんとした理由を伝えなくてはならなかったので、主張を裏づけてくれる立派な組織の報告書が必要だった。SPRは、ヴィクトリア朝時代の設立当初の大きな力を少しずつ失ってはいたが、当時もまだ、立派な科学者と人脈に恵まれた少数の貴族が運営する基本的に懐疑主義の組織として、とても高く評価されていた。現代ではありえないだろうが、当時の主教なら真剣にとらえたかもしれない――会員に権力機構の有力人物が含まれていたとすれば。

玄関扉をあけたスミスは、うろたえた。記者が鉛筆を構え、頼りになる相棒のカメラマンがフラッシュをたいた。スミスが公にされては困ると訴えると、新聞社は、微妙な状況を扱うのにもっとふさわしくない人物を送り込んだ。

青ざめた顔をした、俗っぽい祈禱師のような物腰のハリー・プライスは、イギリスの辺鄙な場所にあるこの醜い建物が、その後二十年にわたって自分の人生を支配するとは考えもせずにやってきた。プライスはスミスに、幽霊の活動について報告書をつくり、主教に見せられるようにすると請け合った。[1]

プライスの発見によれば、建物は比較的新しかったが、土地には幽霊出没の伝説があった。屋敷はもともと、その場所にはまったくふさわしくない都会風の設計をもとに建てられ、すぐに別の翼棟が増築された。

牧師館を建てたヘンリー・ブルは、日曜日ごとに聖職者の衣を身に着けることを退屈に思い始めた。サドベリー周囲の土地から収入を得て（少なくとも）十二人いる子どもたちを養えるようになると、家は徐々に建て増しされていった。ブルはよく、軽装二輪馬車に乗って鞭を振るいながら田舎を疾走したり、芝地で跳ねるウサギを図書室のあいたフレンチドアから手当たりしだいに撃ったりした。また、芝地にあずまやを建てて、本人いわく、夜明けに敷地内のレバノンスギの下を散歩する修道女の幽霊を眺めた。その木は、かつて別の屋敷が立っていたころからあるらしかった。幽霊の話は家族間の冗談で、特に七人の娘たちとの話題にしていたようだ。

同じヘンリーだが、便宜上たいていハリーと呼ばれる息子は、父が亡くなると、その暮らしを引き継いだ。ハリー・フォイスター・ブル（一八六三～一九二七）は神経質な人で、どちらかといえば頼りなく、父親の代役を果たすのにひどく苦労した。

これ見よがしに口ひげを生やしていたハリーは、地元の若者に金を払って牧師館を訪ねさせ、ボクシングをした。飼い猫を教会に連れて行き、おそらく伝道のためにときおりロンドンのイーストエンドに赴くこともあった。貧民街で強盗目的の若者たちに襲われたときには、かなりうまく身を守ることができた。ハリーは四十九歳のとき、突然結婚した。全員未婚の妹たちは、ボーリー牧師館での日々が終わることを大いに期待していたが、あっさり屋敷を出ていくように言われた。新妻アイヴィーと継娘のコンスタンスは、エセックスの田舎暮らしが退屈でならなかった。ハリーが亡くなると、妹たちは妻が殺したのだとうわさし始めた。妹たちのおもな目的は、遺言に疑いを差し挟むことだった。紫紺色のドレッシングガウンをまとい、遺言が入っているに違いない小さな書類入れを持ったハリーの幽霊が、牧師館の見えない住人のなかに正式に加えられた。

ハリーは存命中、妹たちに遺言で遺産配分を定めておくと約束していたが、亡くなってみるとそうはしていなかったようだった。憎むべき妻といけ好かない継娘は、荷物をまとめてボーリー牧師館を出ていき、ハリーの収入を持ち去った。

というわけで、妹のひとりエセル・ブルは、プライスがやってくることを聞くと、図書室の上にある青の間、屋敷の主寝室で降霊会を開こうと言い張った。ヘンリーとハリーはふたりとも、この部屋で亡くなった。ブル姉妹は、アイヴィーが金のために兄を殺したのだと主張し続けた。だから、青の間での降霊会でアイヴィーが本当に人殺しだと確かめられても、たいして驚きはしなかった。プライスは当時、名誉毀損になるという理由でその詳細を発表せず、妹たちが兄の霊と〝個人的な問題〟について一時間ほど交信した、とだけ触れた。

経験豊富な（しかもきわめて疑り深い）ゴーストハンター、ハリー・プライスは、この幽霊事件に関わるほぼすべてがフォークロアだと知っていたのかもしれない。修道女の幽霊がのぞき込むのを防ぐため、ヘンリー師によって煉瓦でふさがれた食堂の窓、屋敷で発見された人間の頭蓋骨、修道士と駆け落ちして純潔を失った修道女が監禁された話、たまに首のない男が御している幻の馬車、庭をうろつく首のない男、地下トンネルのうわさ、そして足音――必ず足音が聞こえる。これらはすべて、当時の典型的な幽霊だった。

ブル姉妹がボーリー牧師館の幽霊に初めて出会ったのは、子どものころだった。一九〇〇年六月二十八日、エセルとフリーダとメイベルが、サドベリーでの午後のパーティーから戻り、東門から牧師館の敷地に入ると、芝地に立っている人影がはっきり見えた。ロザリオを〝つまぐって〟いる修道女のようだった。初め姉妹は、母親と見間違えた。それから、父親がよく見ていた人影だと気づいた。幽霊だ。真っ昼間だというのに……。三人はもうひとりの妹エルシーを呼んだ。エルシーがやってきて、幽霊を見た。「ばかばかしい！　行って、話しかけてみるわ」。エルシーが近づくと、修道女は目を上げ、跡形もなく消えた。

幼少のころ、ボーリー牧師館で過ごしたヴィクトリア朝時代の盛夏を、ブル姉妹はけっして忘れなかった。男兄弟のアルフレッドとウォルターはずっと、屋敷に幽霊などいないと言っていたし、ハリーの妻も継娘も十年のあいだ何も経験しなかった。しかし妹たちと同じく、ハリーは幽霊という考えに心地よさを感じた。ある隣人の意見では、〝ハリーはわたしが友人に挨拶するのと同じくらい気楽に幽霊に挨拶できた〟という。ハリーは夏の夜遅く、あずまやで何時間も過ごし、幽霊と会って〝語り合い〟たいと願っていた。

学生のころから、ハリーは突然眠り込んでしまうことで知られていた。もしかすると、過眠症を患っていたのかもしれない。しかし、呼吸器に問題を抱えていたこともわかっているので、睡眠時無呼吸症に悩まされていた可能性のほうが高い。そのせいで、多くの時間を白日夢のなかで過ごしていたのだろう。

修道女が初めて目撃されたのは、一八四三年だった。もともと敷地に立っていたジョージ王朝様式の牧師館が焼け落ちた、ほんの二年後のことだ。二十年以上も再建されず、教会のそばにはずっとがれきが残っていた。その後、牧師館をめぐる幽霊物語が地元で語られ出したとしても、驚くには当たらない。修道女はけっして屋敷のなかには入ってこないようだった。ただし、ときどき足音がしたり、扉が開いたり、錠が下りたりするのは幽霊のせいとされた。「昨夜は、修道女がとても活動的だった」。ハリー・プライスは、まじめくさった顔で人々に語った。

ブル一家が住んでいたころの家具が置かれた古い屋敷の写真を見ると、ヘンリー・ブルが大博覧会で買ったらしい暖炉がある。子どもたちが食堂で食事をするときはいつでも、暖炉がそばにあった。炉床の両側の石には、聖職者の衣装をまとって祈りを捧げる人物が彫り込まれている。ひとりは剃髪した修道士、もうひとりはカウルのフードをかぶった修道士で、まるで壁から抜け出した幽霊のようだ。

子どもがたくさんいて、こういう謎めいた彫像について物語をつくるのがうまい父親がいる家庭なら、どうやってこの種の伝説が生まれ、伝えられていくかが容易に理解できる。ヘンリー・ブルがはっきり言ったように、この部屋の窓を煉瓦でふさいだのは、前の道路から通行人にベーコンエッグを食べているところを見られてしまうからではなく、修道女にのぞき込まれるからだった。[2]

プライスは、ボーリー牧師館への六月の訪問で興味をそそられ、好奇心をかき立てられた。メイドのメアリー・ピアソンは最初、信用できる目撃者に思えた。六月十二日、プライスは夜に大階段の上からものが投げ落とされるのを目撃し、切断されている呼び鈴がひとりでに鳴り出すのを聞いた。しかし、もっとよく調べたいというプライスの希望はくじかれた。事態が公になって、《デイリー・ミラー》に記事が六回載り、馬車の団体がやってきて屋敷をじろじろ眺めていることに主教が激怒して、これは英国国教会の評判を落とすものであると断じたからだ。一九三〇年四月二十日、スミスはボーリー教会で最後の説教を行ない、牧師館にはその後誰も住まなくなった。

エセル・ブルは機会をとらえ、裏から手を回して、母方の親戚であるライオネル・フォイスター師を教区牧師に任命させ、教区と牧師館への家族の影響力を取り戻すことに成功した。フォイスター師はカナダから、ずっと年下の妻とともにやってきた。洗礼を施してやった七歳の少女をのちに妻にする人間はほとんどいないだろうが、フォイスターはそういう人間のひとりだった。その少女こそ、何年もたってから、例の探偵がノースダコタのホテルで会った逃亡者だ。

長期間続いているように思える幽霊事件ではいつでも、家庭内の状況に似たパターンがあるかどうかを見てみると役に立つ。ここでもやはり、微妙な性的指向を持つ気の弱い国教会の聖職者と、冷静なカトリックの若い妻が登場する。そして、ハリー・ブルと同じく、フォイスターも不健康で、おそらくその病気が精神状態に影響を与えていた。

スミス一家が去って、事件に終止符が打たれ、プライスはボーリー関連の仕事が終わったと考えたはずだ。しかし、幽霊事件の第二段階が始まろうとしていた。

一九三〇年十月、職人たちがボーリー牧師館の改築に取りかかったが、屋敷を快適にするためにできることはほとんどなかった。職人たちが去ったあと、次から次に事件が起こり始めた。大手術から快復しかけていたマリアンは、名前が呼ばれるのを聞いた気がした。足音がした。見慣れない賛美歌集が現れた。鉄器、石、糸巻、杖、石炭が放り投げられた。なかでもひどく不吉なエピソードは、マリアンが〝怪物のような〟何かに肩を触られたことだ。祈禱で屋敷から悪霊を追い払おうとしたが、恐ろしい勢いで石が降ってきただけだった。結婚指輪（持ち主不明）などの物体が、現れては消えた。厨房のテーブルは逆さまになり、寝室の窓は勝手に閉まった。

煉瓦が一個、夕食をとるフォイスター師の皿のわきに落ちてきた。もう一個が、バスルームから出てきたマリアンをつまずかせた。使われていない部屋の床で、ものが燃えているのが見つかった。夫妻はよく、朝日を覚ますと、枕のまわりに石の山が並んでいるのを見つけた。丸太が厨房のなかを転がり、石が階段の下へ落ちていった。〝マリアン〟と書かれた紙切れが家じゅうに現れ、壁にまで、マリアンに祈るよう求める言葉が書かれた。

スミス夫妻と同じく、フォイスター夫妻も幸せではなかった。ライオネルの健康は悪化していた。地元の名士たちは夫妻の地元住民に対するなれなれしさを不審に思い、地元住民のほうは浮浪者への彼らの親切が気に入らなかった。五月になると、幽霊の出没があまりにも激しくなったので、フォイスター夫妻は牧師館から逃げ出し、近所のサー・ジョージやレディ・ホワイトハウスの家に駆け込んだ。レディ・ホワイトハウスは心霊主義者だった。その甥のエドウィンは、戦争後遺症を患って修道士になる修行中だったが、牧師館のポルターガイストに心を奪われ、不健康なほど牧師館に入り浸るようになった。

九月二十九日、聖ミカエル祭の日、プライスがメイフェアの心霊研究所で仕事をしていると、エセル・ブルと姉妹のひとりが訪ねてきた。数日後、姉妹の強い勧めで、フォイスター師はプライスに、生々しい幽霊出没を直接見にくるように誘う手紙を送った。

一九三一年十月、プライスはボーリー牧師館に到着したが、歓迎はされなかった。マリアンは、意気揚々と到着したプライスを見てぎょっとした。同伴者を連れ、ひと晩じゅう徹底的に監視するつもりでサンドイッチの大型バスケットを持ってきたからだ。またプライスは、数日前に敵のSPRの専門家が来ていたことを知り、それに対する怒りをほとんど隠そうともしなかった。さらに悪いことに、フォイスターはSPRの忠告を受け入れて、自分たちと屋敷についての公式発表を制限する書類を作成し、プライスに署名させた。

プライスは、牧師館で見つけたものに感心せず、ばかにされたように感じた。そこで、その気持ちをフォイスター師にはっきり伝えた。プライスの考えでは、あらゆる現象はマリアンのでっち上げだった。こうして、険悪な雰囲気のなかでフォイスター夫妻と別れたあと、プライスはもう牧師館には近づかなかった。[3]

マリアンのなかに、プライスは好敵手を見つけていた。プライスと同じように、マリアンは自身について空想物語をいくつもこしらえていた。数ある奇行のなかから例を挙げると、二倍近く年上のフォイスターと結婚するときには、最初の夫と離婚するのを怠った。ボーリーに来て間もなく、愛人のフランク・ピアレスを厚かましくも下宿人として招き入れた。ピアレスは、ストークニューイントン郊外で花を売るイーストエンド出身の詐欺師だった。自分の息子に向かって平然と、マリアンを〝色情狂〟と評していた。廊下で聞こえた足音の一部は、死者の訪問というより、寝室をうろつく住人に関係していたのだろう。

フォイスター師は関節炎で足が不自由になり、ボーリーでの在職期間の最後には、車椅子生活を送っていた。夫妻は、困難に立ち向かう手助けとして、ますますカトリックの手法に頼るようになった。アルスの主任司祭ジャン＝バプティスト・ヴィアンネ（一九二五年に聖者の列に加えられたフランスの司祭）の遺物を、フォイスターはどこにでも持っていき、幽霊が錠を下ろした扉をあけるのに使った。霊に説教の邪魔をやめさせるには、聖書のなかにそれを挟んでおくしかないと、フォイスターはＳＰＲのソルター氏に話した。

著書『幽霊屋敷での十五カ月』のタイプ原稿で、フォイスターはエドウィンが夫妻に贈った小さなスカプラリオメダルについても触れている。ふたりはめいめいそれを下着にピンで留め、〝寝間着に着替えるときはつけ替えた〟。寝室での騒ぎが続いていたことを考えると、ふたりが下着にそれほど信頼を置いていたという逸話は興味深い。

レディ・ホワイトハウスはのちに、マリアンを正気ではないと評して、あの女が牧師の妻でいるのは甥にとって〝恐ろしくよくない〟ことだと言った。確かに、ボーリーのせいでエドウィンは頭がおかしくなり、しばらくのあいだセントジョンズウッドの精神病院に入院していた。

一九三二年前半、マリアンはハリー・ブルの幽霊を見たあと失神したが、それより恐ろしい幽霊は、しだいに危うくなっていくフォイスターの財政状態だった。ますます自暴自棄になり、ますます正気を失ったふたりは、かなり奇妙な金儲けの計画をもくろみ始めた。

冷静に計算された動きとして、マリアンは牧師館で過ごす最後の年に、三重婚者になった。一九三五年二月二十三日、マリアンはイプスウィッチのヘンリー・フィッシャーというセールスマンと結婚し、自分の旧姓を〝ヴォイスター〟とした。ほとんど詐欺だったが、フォイスターも一枚かんでいた。[4]ある時点で、マリアンはフィッシャーをボーリー牧師館に迎え入れ、フォイスターは自分をマリアンの父、養女と養子をマリアンのきょうだいと言ってごまかした。フォイスターは教会で説教をしているときに倒れてから、これまでの生活をあきらめて、妻と新しい夫の住むイプスウィッチに移るしかなくなった。マリアンはこの当時のフォイスターを〝気がふれている〟と描写した。牧師は罪についてとりとめもなくしゃべったり、わめいたりしていた。

しかし、精神病院に行き着いたのはフィッシャーで、ほどなくフォイスター師も亡くなった。マリアンの犠牲者のリストは長くなっていった。[5]フォイスターの死亡証明書によると、息を引き取ったとき、牧師はひどい床ずれを起こしていた。マリアンは以前、フィッシャーを結婚する気にさせるため、赤ん坊を養女にして自分の子だと偽った。そしてライオネルの死後たった四カ月で、ロバート・オニールというアメリカの軍人と出会って結婚したときも、同じ手を使い、また別の赤ん坊を養子にした。[6]その当時はまだフィッシャーと結婚していたはずだが、まるで数週間以上重婚から逃れるのは耐えられないかのようだった。[7]

少なくとも有名な幽霊物語に興味がある人たちにとってはとても奇妙な偶然によって、マリアンはイギリスでの最後の時間をハンプシャーの軍事基地で過ごした。アメリカ兵とその妻用の一時滞在キャンプだ。キャンプの名前はティッドワースといって（元の名前はテッドワース）、ゾウチ・マナーというよりテッドワース・マナーとしてよく知られるかつての私有地にあった。[8]屋敷は当時、将校の営舎として使われていた。かつて悪魔の鼓手が十七世紀の家族をおびやかした場所で、今は

〝ボーリーの未亡人〟がイギリスを発つ準備をしていた。

そのころエセックスでは、ボーリー牧師館が国教会財務委員会によって貸し出されようとしていた――ハリー・プライスに。

幽霊屋敷。暇と知性、勇敢さと批評眼があり、偏見を持たない信頼の置ける人物募集。ロンドン近郊にある幽霊屋敷と呼ばれる場所を、一年にわたって昼夜調査する立会人名簿に登録されたし。印刷した指示書を配布。科学教育の経験、あるいは簡単な器具を操作できる人優遇。屋敷は人里離れた村にあり、自家用車は必須。応募は私書箱H989まで。《タイムズ》EC4

プライスの一九三七年の広告は、チェルシー・フラワー・ショーの告知とテリア用犬小屋の広告のあいだに載った。いかにも一九三七年らしかった。

プライスのもとには、ぜんぶで二百通もの応募があった。一部はスリルを求める退屈した社交界の貴婦人たちから、別の一部はジャーナリストや、活動への報酬を求める退役した陸軍将校たちからだった。ある友好的なオカルト信仰者は、牧師館の朽ちかけたたくさんの部屋に潜んでいるかもしれない悪霊からの〝保護〟を与えるため、縫いつけた五芒星形《ごぼうせいけい》を送ってきた。しかしプライスは結局、シドニー・グランヴィルから届いた最初の手紙にこだわり続けた。

グランヴィルは顧問技師として特に適任というわけではなかったが、プライスによれば、一六六一年にテッドワースの鼓手を調査したすばらしい人物の〝傍系子孫〟だった。[9] グランヴィルはその後、〝イギリスで最も呪われた屋敷〟で、とりわけプライスに信頼される調査者となった。

多くの人が困惑したことに、プライスは当初から、ボーリーのプロジェクトにはあまり深入りしたくないとはっきり説明していた。単に、半年から一年、屋敷の秩序立った見張りのようなものを管理・監督するつもりだった。そういう試みがこれまでに行なわれたことはなかった。新しい人員のために指示書を用意して、ひとりひとりに、この経験で得た何かを私利のために使う能力を制限する宣言書に署名させた。また、場所や屋敷の名前を明かすことも禁じた。しかし、《デイリー・ミラー》に一面記事が掲載されたあと、屋敷はすでに有名になっていた。参加者は、許可なしでは敷地内の写真を撮ることや、スケッチすることさえできなかった。何より重要なのは、彼らが費用を自己負担して、滞在費の詳しい計算書をプライスに提出していたことだ。

物議を醸したことに、プライスは幽霊出没の歴史も要約して教え、鳴り響く呼び鈴や修道女の幽霊など、さまざまな既知の超常現象にも触れた。後年、このせいでプライスは、明らかに印象を操ったとして責められた。

一九三七年六月二日、プライスは有望な新人のひとり、エリック・ハウ[10]を伴って、サセックスの自宅からボーリーまで車を飛ばした。ハウはその後、第二次世界大戦中、イギリスの特殊作戦執行部のためにドイツの印章を偽造するようになる。プライスは、呪われた青の間の下にある図書室に

図26　プライスが住んでいた当時のボーリー牧師館の玄関広間を撮影した写真。たくさんの物体が上から広間に投げ込まれていた。

〝作戦室〟を設けて、意識を集中した。その図書室は、ヘンリー・ブルが芝地を跳ねるウサギを手当たりしだいに撃った部屋であり、その息子ハリーが家庭内の祈りを行ない、背後のフランス窓の外で庭師が顔をしかめていた部屋でもあった。その窓には大きく頑丈な鎧戸が設置されていて、部屋に要塞のような雰囲気を与えていた。

　プライスは、近くのサドベリーで必需品を仕入れたあと、〝作戦室〟をどうにかくつろげる部屋に整えた。金属の折りたたみ式ベッドにマットレスを敷き、テーブルランプと変性アルコール、やかんとお茶、コンデンスミルクと砂糖を用意した。退屈しのぎ用に、無難な主題の〝読みやすい〟本も二十冊あった。

　プライスとハウは、屋敷のまわりにいくつもの誘発物を配置した――現代のゴーストハントにはおなじみの手法だ――幽霊に興味を持たせて、動かす気にさせそうなものを置く。プライスはそれらを、〝マッチ箱〟と〝カートン入りの煙草〟――明らかに喫煙者を引きつけるつもりだ――そのほかさまざまな〝がらくた〟と記録している。

　ふたりは、誘発物や〝比較対照物〟を始めとする家のあらゆるもの、壁に書かれたあらゆる文字を、色チョークを使って注意深く円で囲んでいるとき、二階で青の間の扉に掛かったみすぼらしい毛織りの上着[11]を見つけた。プライスが前回屋敷にやってきた二週間前には、そこになかった。不可解な衣服がどこからともなく現れたことは当時大きな話題になったが、ポルターガイスト現象のランダムなアポールというより、空き家で密会していた地元住民の痕跡だろう。

屋敷を調べ、敷地を確かめたあと、ふたりは寝ずの番をすることに決めた。九時過ぎ、すぐ外の廊下からコツコツという音が聞こえ始めた。彼らが廊下を確かめた直後、上階で二度、大きなドスンという音がした。まるで誰かが重いブーツを脱いで、片方ずつ床に投げたかのようだった。そしてバタンと扉が閉まった。

シドニー・グランヴィルが最初にしたのは、屋敷の一階と二階のきちんとした見取り図を描くことだった。次にシドニーと息子のロジャーは、屋敷じゅうの扉を蜜蠟と粘着テープで封じ始めた。親子は、あまりの静けさに重苦しく不安な気分になった。屋敷は世の中から遠く隔絶していた。〝聞こえるのは、何匹かのネズミが急ぎ足で走る音と、木立からときおり響くフクロウの悲しげな鳴き声だけだった。ごくまれに、遅い時刻に走る車が小道を

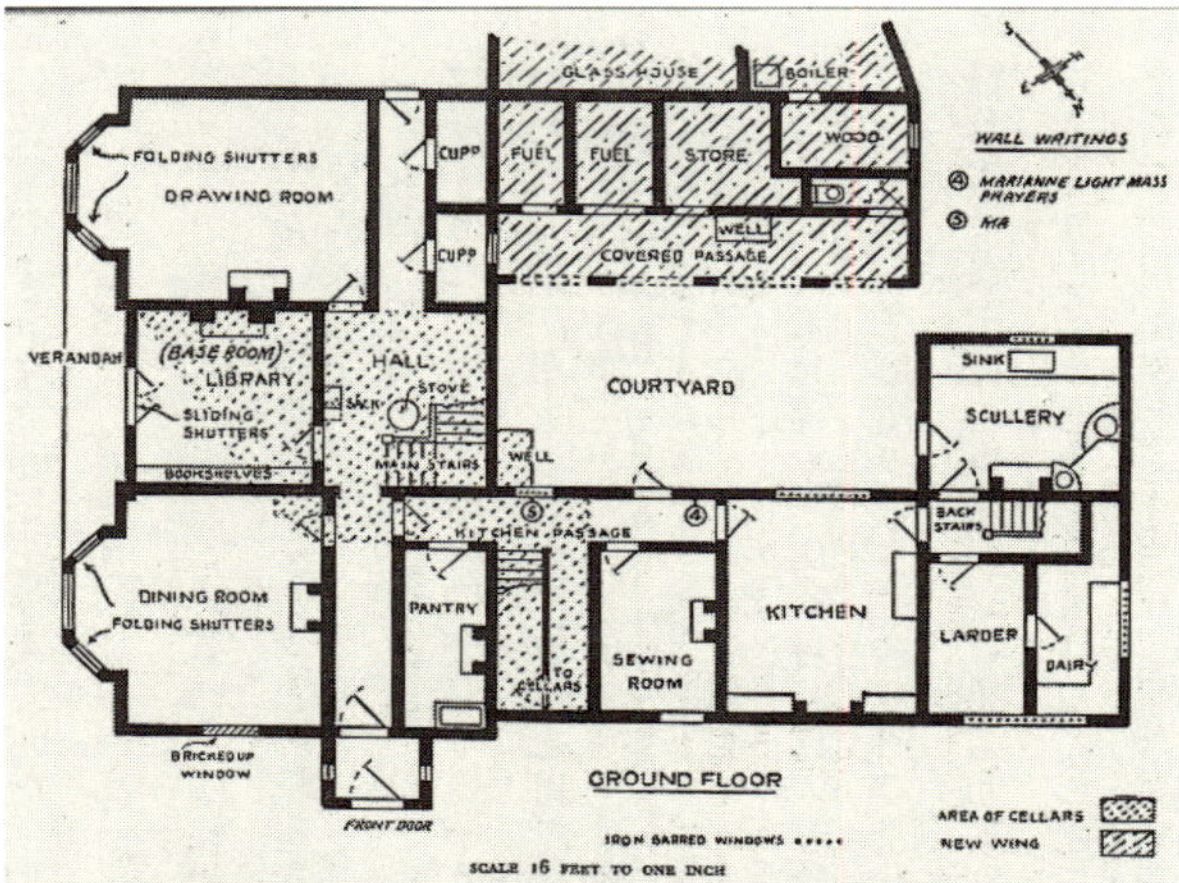

PLAN II: PLAN OF GROUND FLOOR OF BORLEY RECTORY, SHOWING AREA OF NEW WING, CELLARS, ETC., AND WHERE THE WALL MESSAGES APPEARED
Drawn by S. H. Glanville.

図27　シドニー・グランヴィルが作成したボーリー牧師館一階の見取り図。マリアンのメッセージが現れた場所を示している。

抜けていった〟。親子は、定期的に屋根裏や地下室も含めて屋敷じゅうを見て回り、あらゆる扉の封印を確かめた。

シドニーはのちに、〝特に最初の二、三夜は、音をとらえようと耳を澄ますことに絶え間ない緊張を覚えた〟とぼやいた。音のなかには、簡単に説明できるものもあった——窓をこするイバラ、水の滴る蛇口、たまに壁や床を引っかくネズミ。

説明できない音もあった。

九月、人間の犯罪者が居間の窓から押し入ったようにしか見えない事態が起こった。屋敷は、制御された環境として機能していなかった。それでも、グランヴィルと息子のロジャーは行き来を続けた。ある日、イギリス空軍将校の友人がふたり訪ねてきた。[12] その日の午後、グランヴィルは近くの町にランプ用のオイルを買いに車で出かけた。

戻ってくると、残って屋敷を警備していた空軍将校たちは、扉をあけたまま作戦室でくつろいでいたとき、〝軽く弾むような足音〟が階段を下りてきて、ぴたりと止まるのがはっきり聞こえたと報告した。ふたりはその直前まで、蓄音機でレコードを聴き、いっしょに歌っていた。階段は座っている場所からほんの八フィートのところにあった。しかし、そこには誰もいなかった。

九月十八日までには、グランヴィルはプライスに〝超常現象はここのところ明らかに減っている〟と書き送った。さらに、〝おそらく、わたしがまったく霊能力を持たないことが、悪影響を与えているのだろう〟とつけ加えた。

プライスがグランヴィルをボーリー牧師館に配置したのは、霊能力を持たないからこそだった。じつを言えば、プライスの心は別のところにあった。本を書き終える寸前で、自分の心霊研究所をボン大学に売却するための重要な最終段階に入っていたらしい。プライスは長年にわたってこの〝研究所〟をまとめ、相当な量の大がかりな器具を備えていた。ボン大学に売れればかなりの大金が手に入るうえに、なんらかの学究的な地位が得られるかもしれない。そうすれば人生が一変し、心から望んでいたすべてを達成できるだろう。すでにまやかしだと判断していたエセックスのみすぼらしい牧師館の幽霊事件は、優先順位が低かったのだ。

一方グランヴィルは、几帳面で科学に傾倒していたことを考えると意外だが、テーブルとウィジャボード[13]を使った降霊会を七回催して、事態を拡大させることにした。降霊会でわかったことによると、修道女は屋敷の下に埋められていて、屋敷の霊たちは牧師館を焼き払う計画でいるようだった。

結局、ボーリー牧師館が焼け落ちることはなかった――少なくとも、ウィジャボードで予言された晩には。プライスの在任期間（まるで教区牧師のひとりだったかのように、文献のなかではそう呼ばれている）が終わりに近づいていた。一九三八年四月、比較対照物のいくつかが動かされ、コツコツ音が聞こえたものの、期限は迫っていた。国教会財務委員会が調査したあと、ボーリーは現代の聖職者の目的には適わないと見なされ、牧師館はその年の十月、ウィリアム・ハート・グレッグソン大尉に売却された。プライスとグランヴィルは器具を運び出した。

十二月、プライスは、いちばん大切な夢が破れたことを知った。ナチの友人が興味を失い、研究所をドイツに移せないことがはっきりしたのだ。器具はすでに時代遅れだったし、アメリカではJ・B・ラインがデューク大学で研究を進め、プライスの成し遂げたほとんどすべてが稚拙で古臭いものになっていた。研究所の備品は八十七個の茶箱に詰め込まれて片づけられ、大きなX線機器はガイ病院に売却された。研究所の貴重品のなかには、霊媒師ヘレン・ダンカンの仮足から切り取った心霊体の瓶や、携帯用ゴーストハントキットなどがあるといわれる。柔らかいフェルトのスリッパや、頭痛薬、煙草もある。ヒトラーのためのイギリス心霊研究所はまだそこにあり、送り出される日を待っている。

一九三九年二月二十七日、ボーリー牧師館は焼け落ちた。どうやら霊たちは、過ぎゆく日々の感覚があやふやらしく、単に日付を間違えていたらしかった。

一九三九年の夏至の日、ボーリー教会基金の資金調達のため、牧師館あとの廃墟わきで〝心霊祭〟が催された。

プライスは何食わぬ顔で、グレッグソン大尉に愛想を振りまいた――なんというふたり組だったことか。プライスは個人的にヒトラーに手紙を書き、ニュルンベルク決起集会への出席を希望した。グレッグソンはボーリーへ移る前、モールドンでは、モズレー率いるファシスト党とイギリスファシスト連合の地域組織者だった。

　何年ものちに、グレッグソンの息子は、父が保険金詐欺のために屋敷を焼き払ったと公言した。確かに、保険会社は、グレッグソンが五百ポンドで買った家に一万ポンドの保険金を請求したことに強い疑いをいだいた。グレッグソンの言い分は、虫干しのために床に広げていた本の山を整理していたとき、石油ランプを倒したというものだった。ボーリーには、新しい幽霊が出没していた――燃える屋敷の炎を背にした山高帽の男、そして廃墟と化した建物の、呪われた青の間、というより青の間があった場所に影絵のように現れる女。

　ボーリーは、昔も今も、不安定な病的状態を引き寄せる渦らしい。一九九〇年代には、マリアンの息子ヴィンセントが、ボーリー牧師館幽霊事件の極めつきのインターネットサイトを運営していたが、突然すべての活動を引き上げてしまい、観光客が地元住民の生活を邪魔しているので、もうボーリーへの観光を奨励したくないと発言した。今ではどんな公のコメントも、その件についてのやり取りも断っている。

　二〇〇二年、『わたしたちはボーリーの幽霊をでっち上げた』という本が、その挑発的なタイトルで文芸編集者たちをざわめかせたが、結局それ自体がでっち上げで、もうひとりのナルシスト、自称ルイス・マイヤーリング（本名ジョージ・カーター、ロンドンのウッドグリーン生まれ）の創作だとわかった。本人いわく、神童と呼ばれたバイオリニストで、マリリン・モンローとジョージ・バーナード・ショーと知り合いで、T・E・ロレンスのオートバイの整備を任されていて、皇太子とシンプソン夫人の運転手付添人として働いていたというマイヤーリングは、じつのところ一度もボーリーに行ったことがないらしく、もちろん牧師館でフォイスター夫妻やスミス夫妻、ブル夫妻のもとに滞在したこともないらしい。

まやかしこそが、ボーリーに取り憑いている幽霊だ。ハリー・プライスでさえ、証拠をねつ造した。

一九四四年四月、プライスはボーリー牧師館に最後となる訪問をした。屋敷は破壊された当時のままだった。のちにプライスはそのときのできごとを『ボーリー牧師館の終焉』で回想した。

シャーマン氏がカメラのシャッターを作動させるボタンを押したとき、煉瓦が、あるいは煉瓦のかけらが突然、残っていた厨房の通路で四フィートほど空中に跳ね上がった……わたしたちが通路のほうへ行ってみると、たくさんの煉瓦があたりに転がっていた……そのどれにも糸や針金はついていなかったし、牧師館のこちら側には職人の姿はひとりも見えなかった。

今や有名になった煉瓦が飛んでいる写真は、こんなキャプション付きで発表された。〝もしこれが本物の超常現象なら、ポルターガイストによって飛ばされたものを撮影した初の写真を手にしたことになる〟。

ほとんど法律文のような、如才ないバランスの取れた文章に気づいただろうか。プライスはのちに写真について異議を申し立てられ、特有の怒りっぽく痛烈な言葉で、どなりつけるような返事を書いた。

もし貴殿がそれをでっち上げと証明できるのなら、貴殿が挙げるどの慈善事業にでも千ポンド差し上げよう……考えられる唯一の説明は、煉瓦が遠い場所から投げられた……あるいは〔《ライフ》誌にボーリーについて記事を書いた〕レッドシャム女史、デイヴ・シャーマン、そしてわたしが共謀したということだ。彼らは現在も対応可能であるし、どこの裁判所に出ようとまやかしなどなかったと誓うはずだ。

プライスはここでも細心の注意を払って言葉を選び、裁判所について触れた部分には暗黙の脅しがあった。一九四八年にプライスが死亡したあと、敵対者たちは十年もかからずにプライスを完全にたたきつぶした。最も説得力のある証拠は、ボーリーの煉瓦だった。一九五六年、彼らは「ボーリー牧師館の幽霊事件」という報告書を発表し、プライスの挑戦に応じて、あの四月の一日を思い出してもらうために、レッドシャム女史と実際に連絡を取った。レッドシャム女史は当時のことについてまだ腹を立てていた。

わたしは、故ハリー・プライスによる最も露骨なまやかしをじかに経験しました……プライ

図28　1944年４月５日に撮影され、プライスが“ポルターガイストによって飛ばされたもの”と強く示唆した有名な空飛ぶ煉瓦（丸印）写真のトリミングなしバージョン。煉瓦を投げる職人（こちらにも丸印）の姿が見える。プライスが発表したバージョンでは切り取られた。

ス氏はシャーマン氏が撮影した謎の空飛ぶ煉瓦について語っています。本人が指摘したように、糸も針金もついていませんでした。しかし彼が言わなかったのは、壁の後ろで筋骨たくましい職人がまだ働いていたことです。わたしたち三人は全員、撮影場所へ向かって屋敷の前を抜けるとき、その職人を見ました。空飛ぶ煉瓦のいくつかは一定の間隔を置いて飛んできましたが、あの職人が解体作業の一環としてそれを放り投げていたのは間違いないでしょう。

カメラマンがその話を裏づけた。エピソード全体が、雑誌記事のための冗談だったのだ。シャーマンは、腹を立てるというよりおもしろがっていた。「わたしたちはのちに、冗談に加わったプライス氏が、あのできごとを厚かましくもポルターガイストの絶対的な証拠と言い張っていることを知ったんです」。

ここ二十年で発表されたほかの証拠もきわめて不利だ――図28のボーリーの煉瓦写真のトリミングなしバージョンでは、〝空飛ぶ煉瓦〟[14]写真が撮られた解体現場の隅に、職人が写っている。アメリカの公文書に残ったマリアンの筆跡見本は、ボーリー牧師館の壁に現れた〝マリアン助けを呼んでくれ〟という文字とほとんどそっくりな署名を示している。その筆跡見本は、ボーリーの煉瓦と同じく、六〇年代から七〇年代に出た超自然現象の本で何度も取り上げられた。今では、意識的にか無意識にか、どちらにしてもマリアンが書いたという説が有力だ。

たとえマリアンが壁にメッセージを書いたのだとしても、それは本人がいないときでさえ何度も現れたように思えた。とはいえ、地元住民が屋敷に押し入っていたのは間違いなかった。プライスとグランヴィルは、手遅れになるまで地下室に続く跳ね上げ戸に気づかなかった。屋敷はその歴史のなかで何度も長期間にわたって空き家になっていて、恋愛中のカップルや、肝試しをする子ども

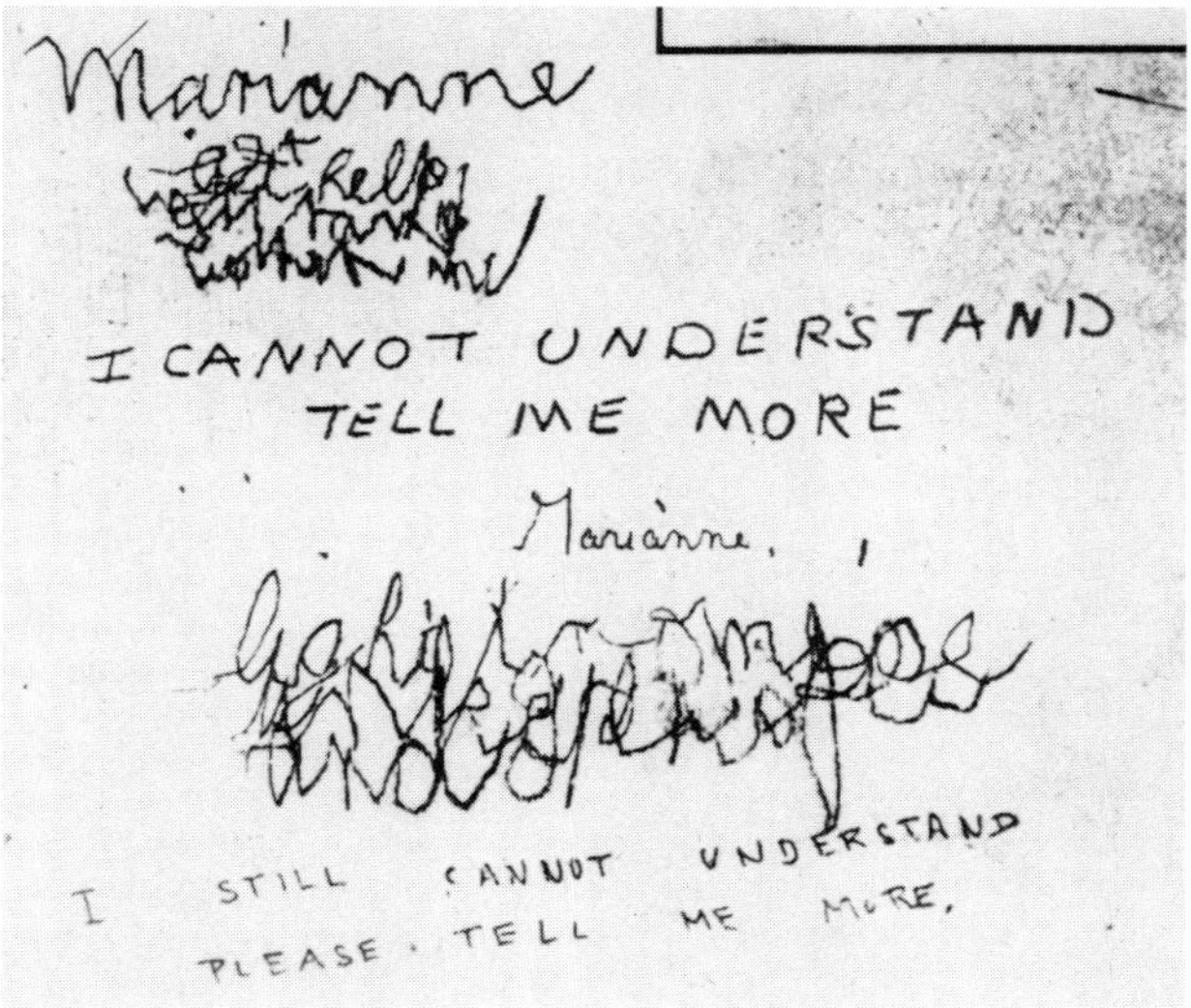

図29　ボーリー牧師館の壁に書かれた“マリアン”の文字。のちに、マリアンの筆跡がほとんどそっくりであることがわかった。

たち、通りから忍び込む貧しい人などに利用されていた。外の扉はぜんぶで四枚、さらに地下室に続く跳ね上げ戸の入口があった。マリアンがのちに主張したところでは、自然発火の多くは浮浪者たちが寝室で火を焚いたせいだったという。しかし、誰も捕まらなかったのが不思議だ。たくさんの人々が比較的長期間にわたって屋敷を観察し、耳を傾け、目を凝らし、足音に向かって突進したというのに。

屋敷が崩壊しても、幽霊出没は止まらなかった。グレッグソンは、牧師館の敷地にテントを張る人々に料金を請求することでさらに金を儲けた。一九四七年六月二十七日、ＢＢＣはボーリー幽霊事件についての番組を放送した。プロデューサーのピーター・イートンとアラン・

バージェスが録音した牧師館の地下室から響くコツコツ音も流れた。多くの人は、幽霊が教会に移動したと考えるようになった――誰もいない教会で、コツコツ、トントンという音がしたり、ものが動いたり、オルガンの演奏が聞こえたりしたからだ。修道女も、牧師館のわきを車で通る人々に――たとえば一九六五年には、参事会員レスリー・ペナルに――目撃され続けていて、運転している車に機械的な故障が起こることも多かった。

ハリー・プライスは、一八八五年から一九四三年の期間に合計十七人が幻影を見たと強調しているが、話にいっそう説得力を持たせるため、幽霊物語の一部に手を加えてもいた。エセル・ブルが姉妹たちと夏の芝地で修道女を見たという有名な逸話は、夕暮れから明るい昼間に設定が変更された。プライスはさらに、修道女が悲しい顔をしていたという描写をつけ加えた。修道女の顔も、つまぐっていたとされるロザリオも目撃されてはいなかった。

ボーリー牧師館には、信用できない目撃者が目立って多い。エセル・ブル、マリアン・フォイスター、メイベル・スミス、そしてメイドのメアリー・ピアソンなどの最重要人物の多くが、初めの発言を取り消したか、すべての真相を話してはいないとほのめかした。ハリー・プライスは、フォイスター夫妻の期間だけで、超常現象と見なした二千回以上のできごとをリストにした。そして『イギリスで最も呪われた屋敷』にも、膨大な数の目撃談と経験談を記録している――たとえば、修道女の幻影や、ハリー・ブルの幻影のほか、背が高く色黒の男、白あるいは青の服を着た少女、黒い手、首のない男、老人、山高帽をかぶった人、馬車、芝地に立ちのぼる煙の幻影などもあった。

音の超常現象は、もっとたくさんあった——足音、呼び鈴の音、コツコツ音、扉が閉まる音。しかし屋敷の戸締まりはけっして厳重ではなかった。厳重にするのは不可能だった。

現在、プロの超心理学者五十人ほどのうち、研究室から外へ出て、定期的に幽霊屋敷での張り込みに関わっているのはほんの数人しかいない。ボーリー牧師館は、ありふれた環境を厳重に管理することも、誰かに頼って正確な観察をさせることも不可能だと証明した。

ボーリー牧師館は、伝染性のある幽霊屋敷と呼んでもいいかもしれない。人々は幽霊を〝見つけた〟。SPRが真っ先に明らかにしたとおり、フォイスター師の幽霊話を信用できないものとする事実が、本人の原稿『幽霊屋敷での十五カ月』のなかにある。プライスが自身の著作の大半を書くのにそれを利用し、マリアン・フォイスターによれば、夫妻から原稿を盗んで、返却を求められると〝なくした〟と言った。そのなかでフォイスターは、ある心霊主義者団体のボーリーへの訪問を小説化して、登場人物のひとりに〝ティード〟という変わった姓を与えている。この名前は偶然にも、一八七八年の〝大いなるアマーストの謎[15]〟の中心にいた女性、エスター・コックスの義理のきょうだいの姓でもある。フォイスター夫妻はカナダにいたときアマーストの近くに住んでいたので、その話を知っていたのかもしれない。〝ティード〟というたったひとつの単語が証拠として挙げられ、フォイスターは作り話を広めていたとされている。

ヘニング師もボーリーの幽霊について本を書き、エリザベス・グージが序文を添えた。自費出版だが、多くの関連書のなかでも指折りの趣ある作品として残っている。

SPRの調査員エリック・ディングウォール[16]が、ボーリーへ日帰り旅行したときに池の対岸の小屋で買ったヘニングの『呪われたボーリー』[17]を参照すると、第十章に悪意をごく控えめにした書き込みが見つかる。そのなかでディングウォールは、独自の考えを詳しく語っている。〝ボーリーでの超常現象は、悪魔のミサか魔術、あるいはその両方を行なったことが原因だろう……ある高齢の教区民の話によると、四十年以上前ボーリーを訪ねたところ、魔法使いといわれる者がいた――女ではなく、男だったそうだ〟。わたしの知るかぎり、これまでのボーリー関連の著作には記録されていないことを、ディングウォールは、青インクを使ったきめ細かく流れるような筆致で、謎めかして書いている。〝もし悪魔のミサが行なわれたとすれば、それはハリー・ブルのしわざだ〟。

プライスは調査の一環として、教会の秘められた地下納骨所も探っていた。一九四三年八月十七日、屋敷の地下室が掘り起こされる前、プライスは教会に行って、ウォルドグレーヴの地下納骨所を簡単に調べた。

十七世紀に建造されたウォルドグレーヴの地下納骨所は、教会のなかでも際立った存在感を示し、現在でも超自然現象の中心と伝えられている。M・R・ジェームズが小説「マグナス伯爵」でつくり上げた地下納骨所と、それほど大きな違いはない。その大詰めの場面は、ボーリーからほんの三マイルのベルチャンプ・セントポールで起こる。[18]

チャンセル（訳註：祭壇の周囲で、聖職者や合唱隊の席）の踏み段の下に敷かれた大きな平たい石がせり上がっていたが、その下には砂以外何も見つからなかった。しかし、関わった石工は、この平たい石が教会の元の祭壇で、宗教改革のあいだ隠されていたのかもしれないと指摘した。

戦後、一九四七年に、ヘニングは祭壇を復元する計画に取りかかった。それが牧師にできるせめてものことだった。プライスは資金を募るために講演をしようと申し出た。講演の日はうだるような暑さだった、とのちにヘニングは回想した。プライスが復元された祭壇を見たがったので、ヘニングは夕方五時半に教会まで案内した。周囲には誰もおらず、ふたりは教会に入り、西側の扉をあけておいた。


わたしたちが祭壇について話しながら立っていると、西端近くで鳥がギャーギャーとしつこくいつまでも鳴く声に言葉をさえぎられた。塔に覆いかぶさるニレの木々に棲むミヤマガラスが、恐怖に叫んでいるかのようだった。鳥が巣を出入りするときいつもの声で騒ぎ立てるのはよく耳にしていたが、そのとき背後で起こっていた絶え間ない大騒ぎとはまったく違った。

プライス氏が「いつもあんな調子なのか？」と尋ねたので、わたしの知るかぎり、あの騒ぎは尋常ではないと答えるしかなかった。思うに、わたしが言わんとしていたのは、鳥たちとその騒ぎにすっかり慣れていたので、いつもなら気づかないということだった。鳴き声に気づいたという事実が、ふつうではないことを示していた。

しかし鳴き声はやみ、鳥たちがふたたび眠りについたあとの静寂のなか、ポーチから足音が聞こえてきた。わたしは胸のなかで〝これは困った。邪魔されずに話したいときに、訪問者がやってくるとは〟とつぶやいた。わたしたちは人々が姿を現すのを待ったが、誰もやってこなかった。誰かがわたしたちの声を聞いて入りにくくなったのだろうと考え、わたしは急いで入口へ向かった。しかしポーチに誰もいないことを知って、わたしは驚き、すばやく庭を探して、道路を見渡した。人影ひとつ見つからなかった。

まさしく、M・R・ジェームズの小説の一場面だ。教会内部の人工物が動かされていた。ウォルドグレーヴの地下納骨所では、何かが起こっていた。そして、ハリー・プライスの死へのカウントダウンが始まる。たぶんミヤマガラスたちをあれほど怖がらせた足音は、パルバラまでプライスのあとを追っていったのだろう。そこでプライスは、まっすぐ座ったまま死んでいるのを発見された。わずか半年後の、一九四八年三月十九日のことだった。

ボーリー牧師館についてひとつ確実にいえるのは、その場所が幽霊を引きつけたのかそうでなかったのかはともかく、よい題材を探している書き手を引きつけたのは間違いないということだ。八〇年代初めにデニス・ホイートリーの蔵書が売りに出されたとき、そのなかの『ハリー・プライス——あるゴーストハンターの伝記』に、次のような注釈がつけられているのが見つかった。〝超自然的な背景のある物語を書くときに使用〟。アプトン・シンクレアは、一九四七年に十ポンドでプライスとの契約書に署名したあと、ボーリーについての原稿を書いた。[19]ボーリーの舞台に立つ役者たちのほとんどには、虚言症らしきものが見られる。だから、彼らが牧師館の物語を書きたくなったとしても驚くには当たらないだろう。

プライスの秘書、ルーシー・ケイ――プライスと愛人関係にあった――はボーリーを舞台にした未発表の戯曲を書いた。[20]メイベル・スミスはのちに、小説を出版社に売り込むのを手伝ってくれなかったプライスと仲たがいした――手書きの小説は『牧師館の殺人』というタイトルで、ブル姉妹に聞かされた下品な物語がもとになっていた。マリアン・フォイスターは、本を読むのも自分で書くのも好きだったらしく、絶えず自伝を書く計画を立てるとともに、〝偉大なアメリカの小説〟を書きたがっていた。

トレヴァー・ホールは、プライスとマリアン・フォイスターの両者の天敵となり、『シャーロック・ホームズ最後の事件』という忌まわしい小説を発表した。そこでは、探偵がボーリー事件に関わることになり、ハリー・ブル師の死について調査し、妻アイヴィーによる毒殺だと指摘する。消化されていない大量の調査が、フィクションとして飾りつけられたものだ。ホールはのちに、マリアン・フォイスターの追跡に尽力したが、最後に笑ったのはマリアンのほうだった。ホールは事実上、ひどく中傷的な本を出版できるようになるまで、マリアンが死ぬのを待っていた。しかし、マリアンはホールより長生きしてみせ、一九九二年に九十三歳で亡くなった。雪の降る二月の夕方、影のなかからノースダコタのホテルに現れてから、四十年が過ぎていた。

第17章

恐怖の王とテクノロジーの話

こういう不穏な現象は、通常の科学的な発想をすべて否定するかのようだ。信用に値しないと断じられればいいのだが！　残念ながら、統計上の証拠は、少なくともテレパシーについては歴然としている。

——アラン・チューリング

長いあいだ、幽霊を見ることはとても感情的で神経症的とされてきたので、幽霊の存在を証明するいちばんの方法は、科学とテクノロジーを使うことであり、実際に長年にわたって、実験室を基盤にした研究の一分野が、その仕事に専念してきた。しかしテクノロジーは、そういう問題については必ずしも真実のしもべではなく、たいていはむしろ主人に近かった。

科学が超常現象の真実を明らかにできるという楽観論があったのは、特に次の三つの時代だった。

一八九〇年代のイギリスとフランス、そして一九三〇年代と一九六〇年代のアメリカとソ連だ。一八九〇年代を見てみよう。一八九六年前半、互いに数週間と空けずに、ふたつの不気味な新しいテクノロジーがロンドンにやってきた。どちらも別の世界、霊の世界への窓を差し出しているかに見えた。ちょうど降霊会の流行にかげりが見え始めたころだった。

第一の新しいテクノロジーは、ヴィルヘルム・レントゲンが開発した〝見えないものの写真〟だった。初期のX線については、医療での利用は最前線ではなかった。それが最初に置かれた場所は病院ではなく、移動遊園地やショー、あちこちの商業目的のイベントだった。人々は料金を払って機械の前に進み出た。そして動き回って、自分の骨と人の骨を見て笑った。それはおもしろかったが、もちろん恐ろしく有害だった。[1] 史上初めて、人々は白昼に踊る骸骨を見られるようになった。

三十年前の一八六六年、ライオネル・ビールは、ハンドルを回すだけで骸骨が踊る光学玩具[2]をつくっていた。帽子のように頭をつけたりはずしたりする化け物という発想には、確かに長いフォークロアの歴史がある。幽霊との遭遇では、首のない相手は当然ながら明らかに死んでいて、そこにあいまいさはなかった。

こうして、X線装置は新年の最も暗く陰気な数週間に、大きな呼び物となった。首相のソールズベリー卿もやってきて、そのころ〝スキアグラフ〟とか〝影写真〟と呼ばれていたもので手の骨を写した。ほどなく、ライバルが現れた。[3] 一八九六年二月、リージェントストリートにある王立科学技術学院で、リュミエール兄弟がイギリス初の映画の公開映写を行なった。すぐさま一般大衆も、この第二の発明品を見るために集まってきた。

しばらくのあいだ、影写真と映画はエンターテインメントのライバル同士と見なされていた。ふたつのテクノロジーは、いくつかの上等な演芸場では並べて置かれていた。

マクシム・ゴーリキーは、一八九六年七月にニジニノヴゴロドの祭りで同じリュミエール兄弟のプログラムを見て、映画に固有の幽霊的なものについて最初に執筆したひとりだった。〝見るとぞっとさせられるが、それは影の動き、ただの影の動きだ。呪いと幽霊、悪霊が、街全体を眠りに包み込む〟とゴーリキーは身震いしながら評した。男たちがトランプのひと勝負をしている映像については、こう言う。〝まるでこの人たちは死んでいて、その影が無言で永遠にトランプをするよう運命づけられたかのようだ〟。ゴーリキーは映画を〝影の王国〟と呼んだ。それはどこかしら、最古のバビロニア人によるあの世の描写を想起させる。そこでは影のような者たちが、砂のなかをゆっくりと歩いているのだ。[4]

一年間、X線はエンターテインメントの一形式として映画の強敵であり続けた。だからこそ一八九六年、ジョルジュ・メリエスは、映像のなかで女性が骸骨になる『ロベール＝ウーダン劇場における婦人の雲隠れ』[5]という映画をつくった。一九〇〇年には、トマス・エジソンが『お化けホテルのジョシュおじさん』[6]などの映画を発表した。不吉な連想をさせる俳優チャールズ・マンリー[7]が主演で、骸骨の顔をしたいたずら者に悩まされる話だ。エジソンとメリエスの初期の映画は、その多くが骸骨や首をはねることについての冗談をめぐって展開する。じつのところ映画史上初の特殊効果が使われたのは、一八九五年、アルフレッド・クラークの映画でスコットランド女王メアリーの首がはねられる場面だ。

何世紀にもわたって、テクノロジーと幽霊を信じることのあいだには、一致する部分があった。早くも一五三〇年代には、神秘主義者コルネリウス・アグリッパが、鏡を使って舞台上で錯覚を生み出す方法について書いた。さらに、そういう手順を制御して人の心を簡単にだませることに対する楽しみを表現した。〝無知な人〟が〝霊や魂の現れ〟と信じるものを見るとき、彼らはそれらの像に〝生命がない〟とは思いもしない。

ルネサンス時代には、カメラ・オブスクラという、箱に凸レンズを設置して暗い部屋で白い表面に投影する装置が、太陽と日食の観測に使われた。ナポリの貴族で博学者のジャンバッティスタ・デッラ・ポルタ（一五三五？～一六一五）は、像が逆さにならないよう技術に修正を加え、風景と太陽を映してみせた。[8]

幻灯機を発明した強力なライバルは、博学者で数学者のクリスティアーン・ホイヘンスで、土星の環の発見者でもある。しかし幻灯機を世の中に広めたのは、イエズス会の司祭で発明家のアタナシウス・キルヒャー（一六〇二～八〇）だった。

カプチン会の修道士からルター派の聖職者に変わったヨハン・グリンデルも、ニュルンベルクでの幻灯機ショーで有名になった。記録によると、イギリスで初めて映写が行なわれたのは、一六六六年八月十九日、ロンドン大火の二週間前、シーシングレーンのサミュエル・ピープスの家でのことだ。幻灯機に光を灯したのはロンドンの光学機器製造者リチャード・リーヴズだった。映像の一部は幽霊だったと思われる。ホイヘンスは映写のために一連の画像を描いていたからだ――それは踊る骸骨の画像だった。[9]

ライプツィヒでは、喫茶店経営者のヨハン・シュレプファーが煙に画像を映していた。もしかすると〝スモーク・アンド・ミラー〟（錯覚を起こさせるもの、偽装工作）という慣用句はこの技法から来ているのかもしれない。この技法を十八世紀半ばに最初に開発したのはフランスのエドム＝ジル・ギヨーで、ショーは〝魔術幻灯《ファンタズマゴリア》〟と呼ばれることが多かった。

シュレプファーの〝幽霊製造器〟は、フリーメーソンの芝居がかった側面への興味から生まれたものでもあったらしい。[10]シュレプファーは、そういう新しいテクノロジーを好んでまやかしに使ったことで知られる最初の人物だった。観客に、死者をよみがえらせる魔術師のような力を持つと信じさせたがった。魔法使いの装いをして、降霊術を行ない、妻と助手の一団に舞台袖で雰囲気のある不穏な音を立てさせた。腹話術師として声色を変える技術にも熟練していたらしい。ヴィクトリア朝の霊媒師たちが同じことを始める一世紀も前のことだ。また、煙を立てるため熱い石炭に投げ込まれる香のなかにはアヘン剤があり、きわめて敏感な観客を、いつ幻覚を起こしてもおかしくない状態にさせていたようだ。

　おもに内輪だけのこういうショーは、ほどなく儲かる公開の見世物になった。エティエンヌ＝ガスパール・ロベール（一七六三～一八三七）は、もともと司祭になるための教育を受けていたが、一七九七年、パリのヴァンドーム広場近くの放置されたカプチン会修道院の地下室でショーを催した。骸骨が近づいてから後ずさりするように見せるため、つるしたスクリーンの裏でカメラを四輪の〝ドリー〟にのせて移動させ、ピントを維持した。現代の映画撮影で熟練した撮影助手がやっていることと、ほとんど同じだ。ロベールは、ベルギーからフランス革命後の不安な社会へやってきて、大成功を収めた。社会的なストレスが大きい時代には、幽霊を信じる事例が広範囲で増えるようだ。ロベールは、一部のショーが反革命的と見なされたあと、廃業してフランスを離れ、イギリスへ渡った。

一八〇一年、ドイツの発明家ポール・フィリドール（またの名をポール・ド・フィリップサール）によるファンタズマゴリアの上演は、ロンドンのストランド街にあるライシーアム劇場で始まった。フィリドールもパリで成功を収めていたが、作品に反革命的なメッセージがあると受け取られ、一七九三年のショーのあと、当局の取り締まりがきびしくなった。現代の映画でもときどき使われる技術、動く背景映写を発明したのはフィリドールだ。《ブリタニック》誌が述べたとおり、〝たどたどしい英語と卓越した通訳者の助けを借りて、フィリドールは自分の影を、瞬く間に大量のイギリスのギニー金貨に変えてみせた〟。

特殊効果を最もよく示す例は、〝ペッパーズ・ゴースト〟だ。これは初の3D視覚トリックで、引退したリヴァプールの技師[11]が発明した。舞台の前の隠されたピットに役者を立たせ、観客とのあいだに四十五度の角度で板ガラスを設置して、その画像を映す。たとえばディズニーのテーマパー

図30　劇場で使われた初の３Ｄ視覚トリック“ペッパーズ・ゴースト”を描いた版画（1865年ごろ）。鏡を使ったこの光学的特殊効果は、ヘンリー・ダークスによって発明され、のちにジョン・ヘンリー・ペッパーによって改良され、さらに有名になった。

クにあるホーンテッドマンションなど、さまざまな場所で今日も使われているテクノロジーだ。

一八六三年に初めて一般公開されると、[12]それは大評判となり、王室の人々までが興味を引かれてウィンザーロイヤル劇場を訪れた。ジョージ三世の時代以来、初めてのことだった。大西洋の向こうでは、このテクノロジーはニューヨークのウォラック劇場でメロドラマ『最後まで忠誠を』で使われた。上演した興行主は〝劇場の鍵穴すべてに〟包装紙を貼りつけて、秘密を守ろうとした。[13]

ある幽霊、〝恐怖の王〟と呼ばれる骸骨は、ぞっとするような目的を持っていた。ニューヨーク市の舞台に取り憑く初の機械仕掛けの幽霊だ。当時の状況下では痛烈な皮肉と見なされた。舞台の外では、多くの南北戦争の死者が戦場で埋葬されないままになっていたからだ。[14]幽霊が現れると、照明が薄暗くなり、オーケストラが業界用語で〝スニークミュージック〟と呼ばれる曲を演奏し、小道具係が風の音を出す装置を軽く回して、低くうなるような音を立てた。一八七六年には旅の見世物師が、ショアディッチのオールドストリートのショーで、特許のあるテクノロジーを使ったかどで起訴された。その場所は、『ロミオとジュリエット』が初めて上演されたカーテンロードの旧シェイクスピア劇場からさほど遠くなかった。野外での二十分のショーは、首を切られた男が自分の頭を取り戻す話で、オルガンとときおり鳴るトライアングルの演奏がついていた。

〝ペッパーズ・ゴースト〟は、再現と模倣を繰り返して受け継がれる文化となり、スニークミュージックは姿を消す行為の定番音楽となった。一八六四年には〝ペッパーズ・ゴースト〟という名前の馬が、アスコット競馬場で走った。ロンドンでは辻馬車の御者のあいだで、その言葉が料金を払わずに逃げる客を表すスラングになった。

初めて電波に接した人がどれほどの不安を感じたか、今では想像しづらいが、それは本当に、ひどく不安な気分にさせた。機械が人間の声を空から伝えられる、静寂のなかから音が聞こえるというのは、不条理で気味悪く思えた。一八九四年、心霊主義者のサー・オリヴァー・ロッジは、〝コヒーラー〟検波器を発明した。これは、マルコーニが開発した初期の無線機の重要な部品となった。人々が無線機に精通して、空からの声を受信できるようになるという発想は突然、ありえないことではなくなり、霊媒師たちが〝心の通信〟と主張してやっていたことは突然、ほんの十年前にやっていたときほどばかげて見えなくなった。

ブラウン管や、分離した音声を放送するためのケーブルと電波の利用につながる初期のテクノロジーの多くは、ロッジやウィリアム・クルックス[15]といった人物の脳内を出発点とした。科学を、死者と連絡を取るのに、あるいはせめて、それが可能かどうかという問題をはっきりさせるのに使えるかもしれないと信じていた人たちだ。クルックスが、若い女性たちの全身物質化した幻影[16]と戯れていたことを考えれば、ホラー映画『リング』で、テレビから幽霊が這い出してきても不思議ではない。映画『ポルターガイスト』で、テレビのホワイトノイズが霊にとって最も心地よい住みかとなるのも不思議ではない。

一九三〇年代、研究は死者ではなく、生きている者たちに関することになった。超自然現象《スーパーナチュラル》は正式に、超常現象《パラノーマル》になった。[17]二十三歳のとき海兵隊の軍曹としてプレジデンツ・マッチ（アメリカ全軍の全部門で争われる狙撃コンテスト）[18]で優勝した若い学者が、一九三〇年、デューク大学に世界初の超心理学研究所を設立した。いったいどうしてアメリカ一の狙撃兵が、歴史上最も尊敬される超常現象研究者になったのだろう？

J・B・ラインは、植物学者を志したのち性科学者となったおなじみのアルフレッド・キンゼイを思い出させる異端児だった。

ラインはコナン・ドイルの超自然現象伝道に興味を持つようになったが、基本的にSPRとASPR（アメリカ心霊現象研究協会）の路線をとった。幽霊は、生きた脳組織が、情報を集めて伝えるための未知の手段を使って生み出したものという考えだ。一九三四年、ラインは超感覚的知覚（ESP）の被験者に対して行なった九万回の実験を詳述した研究論文を発表した。実験では初めて、今ではおなじみになっている丸、四角、十字、波、星の図柄をデザインした特製のジーナーカードが用意された。一部の実験では、被験者にアミタールナトリウムが注射された。

一九四三年、ラインは〝サイコキネシス効果〟についての論文を発表した。時がたつにつれ、これらの試験とその方法論はますます自動化されたが、その重要性は、膨大なデータの効率的な照合にあった。超常現象の分野では、かつて行なわれなかったことだ。

しかし最終的に、ラインは実験室の奴隷となり、いくら洗練され自動化されたとしても、基本的に同じ実験を何度も繰り返すことを運命づけられた。ある意味、見世物師めいたところもあった。ラインは超感覚的知覚についての本（一九三四）を、『紳士録』から選んだ四百人に送った。一九四九年の〝憑依〟の事例では、中心にいたルター派の司祭から招待されたにもかかわらず――対象になったのは少女ではなく幼い少年だったが、この事例は一九七三年の映画『エクソシスト』の下敷きになった――ラインは自分のテクノロジーを現場に持ち出す機会を逃した。この分野では、〝もしもあのとき……〟という可能性を考えたくなる大きな事件のひとつだ。[19] フィールドワークの実施は、何十年ものちのアメリカ国民にゆだねられることになった。

一八九〇年代がお化けのテクノロジーの十年、一九三〇年代が実験室の十年だったとするなら、一九六〇年代はベルの定理の十年だった。幽霊は、量子に関わる事象なのか？　一九六四年、ジョン・スチュワート・ベルは〝相関性定理〟についての研究を発表し、アインシュタインみずからが〝遠距離間の不気味な作用〟と呼んだ問題に答えを見つけようとした。ベルの理論を要約すれば、〝絡み合った〟ふたつの素粒子は、どんなに遠く離れても、互いと結びついているかのような動きをし続けるということだ。〝非局在性〟と呼ばれるこの理論は、門外漢にとっては、少なくともあらゆる機知の物理法則を覆しているように思える。たとえ、物理学者にそんなことはないと言われたとしても……。さらに別の面もあった。観察されている素粒子は、観察されていない素粒子と異なる動きをする。つまり、見るという行為、体の向こうにあるものを意識で浸すという行為は、ものの動きかたを変えるらしい。[20]

一九九四年、アリゾナ大学の麻酔科医スチュワート・ハメロフは、〝細胞骨格微小管〟、ニューロン内部に見つかった謎めいたナノメートルサイズの粒子が、脳内で量子効果を発生させる場所かもしれないと推測した。ことによると、タイムスリップしてきたかのような幽霊、繰り返しのループのなかにとらわれているかのような幽霊は、細胞骨格の影なのかもしれない。ことによると、そのせいで、人は知り合いの幽霊を見やすいのかもしれない。自分たちがその人たちと絡み合っているからだ（イギリスでは十八世紀まで、人は本当に知り合いの幽霊しか見たことがなかった）。

ことによると、そのせいで、ある報告によれば、エリザベス朝時代の建物の羽目板が売られるとき、幽霊が木材の組織に絡み合っていっしょに旅をするのかもしれない。最近の実験では、ダイヤモンドが量子絡み合いの状態になることが示された。[21] つまり、もっと大きい物体も、そういう力でとらえられるかもしれないということだ。オックスフォード大学のイアン・ウォルムズリーは、量子絡み合い状態にしたふたつのダイヤモンドを引き離し、結晶の格子間を伝わる共鳴振動〝フォノン〟を起こすことに成功した。あらゆる大きな物体に、そういうフォノンを生じる構造を持たせることが可能らしい。ただし、効果はピコセカンドでしか計測できない。多くの宝石が呪われているのも不思議はない。そのフォノンは人間の血で洗われてきたのだから。

また、一九六一年にレニングラード大学（訳註：現在のサンクトペテルブルク大学）の超心理学研究室からニュースが伝えられ、ロシアがＥＳＰの応用法を開発した可能性が濃厚になってきた。ロシアは一九一六年からＥＳＰを〝生物学的無線通信〟と呼んでいた。ＣＩＡとアメリカ陸軍も、六〇年代から七〇年代になるまで、同様のプロジェクトに金を費やした。しかし期待された超能力版マンハッタン計画、Ｊ・Ｂ・ラインが心に描いた莫大なアメリカ政府の研究費支出は実現しなかった。[22]

六〇年代には睡眠状態とテレパシー状態での実験が行なわれ、ここでも幽霊の核心は、それを見ている人の生きた脳にあることが示されたようだった。[23] 一九六五年、双子それぞれの脳波が相互に結びついているという説が、初めて認められた。その年、Ｊ・Ｂ・ラインはデューク大学を退職した。しかし六〇年代最大の成功は、有名な文化人類学者マーガレット・ミードの後押しで達成された。超心理学が正式にアメリカ科学振興協会（ＡＡＡＳ）に承認され、超心理学協会が組織への加盟を認められたのだ。一九六九年十二月三十日、六〇年代が終わる直前に突然、世界じゅうのすべての幽霊物語が真実になった。

現在でも、活動的な超心理学の研究所はある（イギリスには主要な研究所がリヴァプールとエディンバラの二カ所にあり、さらに超心理学センターが、ロンドンのゴールドスミス・カレッジの〝変則的心理学研究室〟ほか、ノーサンプトンなどにもある）。二〇一二年にはその訓練についてディーン・ラディンが洗練された文章で書いた一連の本が出版されたが、J・B・ラインの計画が失敗したことを感じずにはいられない。今では八十年分のデータが利用でき、カール・セーガンや懐疑的なリチャード・ワイズマンなどの科学者たちにいくつかの面について慎重な容認を得ているものの、超心理学は一度も他分野にまたがる学問にはならず、科学界を取り込めもしなかった。[24]

融通の利かない人たちは、詐欺の事例がひとつでも見つかると、すべての情報源を永遠に信用しない傾向がある。こうして、超心理学の科学が認められたほんの四年後、超心理学協会のラインの後継者が詐欺を暴かれ、繁栄は始まる前に終わった。

脳機能マッピングが年々進歩する現在、三十年から四十年サイクルの超常現象への肯定が、また高まり始めたといえるだろうか？　次の超常現象の十年は、脳の科学と理解に関わっているのだろうか？

超心理学が研究室から出ていかざるをえなくなったあと、興味深いテクノロジーの民主化が起こった。一般の、訓練を受けていない愛好家たちが、幽霊を探し始めた——しかし、超心理学界はその事態に当惑した。人々の低俗な熱心さは、尊敬すべき地位の確立をめざしてきた超心理学者たちの骨身を惜しまない研究のすべてをだいなしにしているようだったからだ。そのことに対する（たいていは中流階級の）科学者たちの態度は、数百年昔の西欧流の社会的態度と同じだった。[25]

幻影に興味を持つ数少ないアメリカの超心理学者のひとり、ロイド・アウアーバック[26]は、その点ではめずらしかった。〝トリフィールド〟メーター（訳註：電場、磁場、マイクロ波の三種類の電磁波が計測できる電磁波測定器）を使って、ある家のなかで、本人の言う〝動く電磁場（ＥＭＦ）〟を追いかけたこともあった。つまり一周回って、幽霊が一八九〇年代のような電気の原理で――あるいはもっと正確に言えば庶民版の電気によって活動するという発想に戻ったことになる。

最近のアメリカのゴーストハンターは誰もが、専門家のウェブサイトで売っているたくさんの電気検出器を装備している。ゴーストハンター完全キットは百九ドルで、ＥＭＦ測定器と、送電線の干渉を取り除くようプログラムされたガウスメーター、一体型トリフィールドメーター（あるウェブサイトによると〝これはお手ごろ価格で、交流磁場、交流電場、電波・マイクロ波のすばやく確かな計測ができる弊社選り抜きの計測器です〟[27]）が含まれている。探知と監視のテクノロジーが驚くほど強調される『ＴＡＰＳ』などのテレビ番組を見ていると、現代のアメリカで幽霊を信じることは、ダン・エイクロイド[28]の『ゴーストバスターズ』と、イギリスのジェームズ一世時代のプロテスタント神学と、アイルランドのカトリックと異教の伝統が交じったハロウィーンのお化けが渾然一体となったものだとわかる。

アメリカ人が幽霊探知のテクノロジーを好むようになったきっかけは、一九七〇年代、奇妙な現象がちょっとした熱狂を招いたときのことだ。熱狂の対象は、ＥＶＰ――電子音声現象だった。一九七一年、スウェーデン語から翻訳されたある本には、テープレコーダーをどこかで録音状態にしておき、注意深く耳を傾けて再生すると、死者のささやきが聞こえると書いてあった。その本の背後にいた男、コンスタンティン・ラウディヴ（一九〇九～七四）はウプサラの臨床心理学者で、フリードリヒ・ジューゲンソンという風変わりなアーティストにひらめきを与えられた。一九五九年、ジューゲンソンが鳥のさえずりを録音したところ、幽霊がメッセージを残していたことに気づいた。なかには妻と両親からの直接の伝言もあった。ラウディヴはジューゲンソンと共同で、そういう伝言を何万例も集めた。多くはきちんと管理され、電子的に検査された条件下で行なわれ、たいていは一語か短いフレーズからなっていた。これらのラウディヴの録音は、つい最近の二〇一一年五月、ロンドンのテート・ブリテンで催されたスーザン・ヒラーの美術展[29]でふたたび一般に公開された。

美術展の趣旨を見て取るのはむずかしくない。一九八二年にアメリカＥＶＰ協会を設立したセーラ・イーステップは、不可思議なできごとを経験するのに〝大物霊能者〟になる必要はないと述べた。つまり、科学者たちだけでなく、霊媒師たちも葬り去られたということだ。それは、真の完全なる民主化だった。トマス・エジソンも、ニコラ・テスラも、アレクサンダー・グレアム・ベルもみんな、魂が死後も生き続け、おそらく〝パラエレクトリカル〟な力となって別の世界に行くのだと信じていた。現代の電気学の父、マイケル・ファラデーは根っからの懐疑主義者だったとよく指摘される——つま先でテーブルを傾けていた霊媒師たちを試験するため、押せないテーブルを発明した——が、あまり知られていないのは、その懐疑主義が科学的な理由ではなく、キリスト教原理主義に対するものだったことだ。エジソンは、そんなためらいを感じなかった。『日記と種々の観察』のなかでエジソンは、〝この世を離れた人がわたしたちと交信〟できる装置を設計中であることに触れている。しかし、亡くなったとき、私物のなかにそんな計画は発見されなかった。[30]

最近の幽霊は、パソコンの文書作成ソフトのスペルチェック機能[31]を含め、テクノロジーを利用したいくつもの経路から交信している。ありとあらゆるジャンルの、いかにも本物めいた携帯電話の幽霊物語がある。特に、死者からのメールや、棺に携帯電話を入れて埋葬された人からの無言の電話などが目立つ。携帯電話のメールやＬＥＤ目覚まし時計などを通じて訪れるこういう奇妙な現象には、名前がある。〝電子機器による霊界との交信〟だ。

幽霊のつぶやきを聞くためにＥＶＰや同様のテクノロジーを使うことを、パレイドリア（あいまいな偶然の現象を意味のあるものと受け止めること）と呼ぶ人もいるだろう。しかし、はっきりしていることがひとつある。テクノロジー関連のものが——冷たいテクノロジーが冷たい骨に——呪いの一形態として使われることは、人間の経験史のなかでそう簡単には終わらないということだ。ヴァーチャルリアリティの世界が呪われる日が来るのも、そう遠くはないだろう。

第18章

イギリスで最も呪われた屋敷

〝つまり、間違ったことを教えられ、それが思っていたような人間の魂ではなく、修道士のうそか、悪魔の幻覚、血迷った想像、その他の軽薄で空虚な信条だと気づいたとき、人々はそれを利益と考えるだろう……そういう貪欲な詐取者に金を巻き上げられずにすんだのだから〟。

――ルイス・ラヴァーター　一五七二年

昔から、幽霊の事件《ビジネス》は幽霊の商売《ビジネス》とさほど遠くないところにあった。ホレス・ウォルポールは、スミスフィールドのパブが、近くのコックレーンの幽霊をひと目見ようと首を伸ばす群衆を相手に、うまく儲けていることに気づいた。ロンドン警視庁の意見では、ヴィクトリア朝時代の野次馬の群れは、多くの場合、スリの一味が画策して、ぼんやり幽霊屋敷を眺める信じやすい群衆を集めさせた結果だった。十八世紀、ロンドンから離れたデヴォンやサセックス、ワイト島の沿岸では、多くの幽霊物語は、海峡の向こう側から来た密輸業者たちが、不法な深夜の活動を隠すために広めたものだった。

初期の報道機関がコックレーンで悟ったとおり、おもしろい幽霊物語は新聞の売れ行きを伸ばした。その魅力は今日も続いている。超自然現象を感じ、体験し、追いかけようとまでする番組は、いくつかのケーブルチャンネルや衛星チャンネル――たとえばイギリスでは、皮肉な名前のリヴィングＴＶ――で幅を利かせている。イギリスの長寿番組『モスト・ホーンテッド』は、ゴーストハントを普及させて、儲かる商売にし、プロデューサーたちに相当な収入をもたらした。[1]

二〇一〇年、ポーツマスの物件売却が、全国紙の注目を集めた。不動産業者がその物件を〝イギリスで最も呪われた屋敷《モスト・ホーンテッド》〟と宣伝したからだ。そんな事実はなかったのだが、『モスト・ホーンテッド』のチームが第七シーズンでその家に張り込んだので、不動産業者は幽霊がセールスポイントになると考えたのだった。一九三六年にも、《タイムズ》はそれが温室やセントラルヒーティングのように特別なセールスポイントになるという明確な動機を持って、呪われた屋敷を売りに出した。もちろん、そういう行為はどちらに転んでもおかしくはない。一九四七年、ルートンの査定委員会は、幽霊が出るからという唯一の理由で、ある家の地方税を下げてほしいと頼まれた。

どちらにしても、これはハリー・プライスのつくった宣伝文句〝イギリスで最も呪われた屋敷〟[2]の力を証明している。どうして〝最も〟呪われている場所を見つけて定義する必要があるのだろう？　答えはほぼ間違いなくお金に関係している――どこにいけば、確実に幽霊体験ができるか？　もしそんな場所が特定できるのなら、あらゆる意味ですばらしく貴重なはずだ。

早くも一八五八年には、ゴーストハントは余暇活動と見なされていた。ハリエット・マーティノーは、その年出版された『湖水地方の案内』で、明らかに読者の興味を誘う意図をこめて、幽霊が出る場所に触れている。二〇〇二年、ヨークは観光客を増やす目的で、みずからをイギリスで最も呪われた街と宣伝した。ウェブページでは〈ゴールデン・フリース〉（〝ヨークで最も呪われたパブ〟）が、宿泊可能な四つの客室を宣伝するために幽霊を前面に掲げていて[3]、本書の執筆時点では、もしもたっぷりのイギリス式朝食をとる前に幽霊体験をした場合に備えて、霊能者の連絡先が張ってある。hauntedrooms.com では、滞在やニュースレターの購読ができる呪われたホテルやパブを紹介している。ケントのプラックリーは、イギリスで〝最も呪われた〟村であることをたいへんな自慢にしていて、《テレグラフ》の旅行記事で何度も話題になってきた[4]。

朽ちかけた大邸宅の持ち主が、夜のゴーストハントに所有地を貸し出して収入を得ようとすることも増えている。こうして注目が集まることで、幽霊物語の進化が加速してきた。一九七〇年代には、ワイト島のアパルダクーム・ハウスはほとんど〝呪われている〟とは見なされていなかった。修道士の幽霊が出るという、古典的なフォークロアの作り話があっただけだ。ところが、二十年後に『モスト・ホーンテッド』が屋敷を訪れ、地元のゴーストハントツアーがあったせいで、絵になるこの廃墟、醜聞にまみれた過去を持つほとんど屋根のないバロック様式の屋敷は、現在一般に公開され、それらしく見えるうえにいくらか歴史があるというだけの理由で、成功を収めた。今では広く、ワイト島で最も呪われた屋敷と見なされている。

しかし、〝最も呪われている〟という発想は、それほど新しいわけではない。メイフェアのバークリースクエア五十番地は、約百年前から〝ロンドンで最も呪われた屋敷〟として有名だった。一八七二年十一月の《ノーツ・アンド・クエリーズ》には、屋敷の幽霊を話題にした初の投書が掲載された。その質問には、陰気な第四代リトルトン男爵ジョージが答えた。

〝その屋敷についてはいくつもの奇妙な逸話がある〟とリトルトン男爵は書いた。〝筆者がそこに立ち入ることはできない〟。三年後、男爵が逸話の内容についてまったく明かさないまま階段から身を投げて自殺したとき、ヴィクトリア朝時代の新聞がその屋敷に示す熱狂的な興味は、ますます高まるばかりとなった。

一八七九年、週刊誌《メイフェア》に〝バークリースクエアの屋敷〟の記事が載った。かつてここには、ジョージ・カニング首相と当時は未婚だった娘が住んでいた。一八六五年、マイヤーズという男が屋敷を買い取った時点から、悪い評判が立ち始めた。マイヤーズは世捨て人で、婚約者に捨てられて以来、人との接触をすべて断ち、建物のてっぺんの小さな部屋で暮らして、たったひとりの使用人から食べ物を受け取るときだけ扉をあけるといううわさだった。マイヤーズは夜になると、ろうそくを手に屋敷を歩き回る習慣があった。ちらちらと光る炎は、夜道を歩く通行人をおびえさせた。一八七三年、マイヤーズは税金の未払いで裁判所に呼び出されたが、判事は、問題の家が地元で幽霊屋敷として知られていることについて触れ、寛大な処分を下した。《メイフェア》は読者に寄り添う雑誌として、舞台をどう設定すべきかよくわかっていた。

もし煉瓦やモルタルに人相学が適用できるのなら、あの屋敷は人殺しのように見えると人は言うかもしれない……立派な屋敷は、見たところ朽ちていくままに放置され、窓はほこりで厚く覆われて黒くなり、なかは静寂と空虚ばかりが広がって、そのくせ賃貸可能という掲示はどこにもない。これが〝バークリースクエアの幽霊屋敷〟として知られる場所だ。

雑誌は、（故人となった）リトルトン卿について広まっていた有名な話にも触れた。男爵は、呪われた屋根裏部屋で寝ずの番をすることになり、六ペンス銀貨を込めた猟銃二丁で武装した（銀は邪悪なものから身を守るのに役立つ）。夜中、男爵が何者かに向かって銃を発射し、それはすぐさま〝ロケットのように撃ち落とされた〟[5]。しかし、朝になると、床に弾痕が残っているだけだった。《ノーツ・アンド・クエリーズ》は、その問題について定期的な対話を展開した。一八八〇年十二月には、屋敷の邪悪な部屋について詳しく語った故サールウォール主教宛ての手紙が掲載された。それによると、メイドが恐怖のあまりショック死したあと、翌日来た男の客が〝昨夜メイドがじっと見ていた同じ場所をじっと見て〟ショック状態になり、何があったのかを話すこともなく屋敷を立ち去ったという。

逸話は生まれ続けた。ベントリー氏という人物が十代の娘ふたりとともに屋敷に住んだが、娘たちはまるで動物が家のなかをうろついているかのような獣臭いにおいがすると不満を漏らした。あるメイドの話では、来客のケントフィールド大尉が寝室で恐怖に身をすくめて「そいつを近寄らせるな！」と叫び、その後愚かにもふたたびその部屋に戻って、ショック死しているのが発見された。もっと新しいエピソードには、子ども部屋で虐待されたか死ぬほど怖い目に遭わされてすすり泣く子どもの生き霊や、好色なおじの抱擁から逃げて窓から身を投げた女の幽霊なども出てくる。一九二〇年代の別の逸話では、船乗りたちが押し入って、たいてい形のない煙のような姿と描写される幽霊[6]に死ぬほどおびやかされたという。一九七五年、ロンドンで最も呪われているという屋敷の地位は、ピーター・アンダーウッドの『英国幽霊案内』のなかで再確認された。アンダーウッドは慎重に、〝ロンドンで最も有名な幽霊屋敷〟と呼んでいる。

インターネット上では、いまだにあの屋敷は呪われていると言い張る人々がいる。なかに入ると、上階の使用はいっさい禁止という額入りの警察の告知が壁に掛かっているからだ。しかし、一九三八年からその番地で古書店を営んでいる〈マッグズ・ブラザーズ〉にメールで簡単に問い合わせてみたところ、次のような返事があった。〝直接の体験はまったく、ひとつも、ありません。虚構のほうが逆に現実に見える事例でしょう――フォークロア研究者が直示（訳註：文脈や視点の置きかたで具体的な意味が変わる言葉や言語表現）と呼ぶものと同じです〟。

バークリースクエア五十番地では、逸話そのものが受け継がれてきた。通りがかりの人にとっては、ロンドンのこれほどの高級住宅街に空き家があるのがひどく奇妙に思えるので、想像力をかき立てられたのだろう。伝染性を持つ文学作品としての幽霊屋敷の物語を、最もよく示している例のひとつだ。アーサー・マッケンとモンスの天使のように、新聞、あるいは（この場合）週刊誌で世に出た作り話が、雑誌のコラムと本を売りたい著者によって盛り上げられて、ついには〝真実〟と考えられるようになり、毎日通りかかってその虚ろな窓とペンキのはげ落ちた扉に身震いする人々が話を膨らませていった。その過程はインターネットで今日も続いていて、さまざまなウェブサイトが新たなできごとを知らせ、古い物語を飾り立てたり変えたりする。逸話が加わるたびに、その場所の評判はますます悪くなっていく。長い伝統として、しばらくのあいだ空き家になっている家は、幽霊でいっぱいだといううわさを呼ぶ。ロバート・ロバーツは、サルフォードでの労働者階級の生活を綴った回顧録で、どんな家でも〝二週間以上空き家になれば、ほぼ必ず幽霊が入り込む〟と書いている。[7]

一九七〇年代、幽霊に夢中だったころのわたしは、イギリスが最も呪われた国であるかどうかについて結論を出せなかった。その主張については、幽霊に関する本で何度も読んだことがあった。客観的に確かめる方法はない。ことがことだけに少しわびしくはあるが、それは国民の自慢の種だった。経済的には、幽霊屋敷はみんな朽ちて放棄された状態に見えたが、何はともあれ、灰色の貴婦人や、首のない御者や、ポルターガイストなど、数々の印象的なテーマパークがあった。たぶんイギリスは、最も呪われた国なのだろう。というのも、イギリスには幽霊を信じる人が多いからだ。超常現象を信じることは、現代の衰退した宗教のひとつの形になった。幽霊とは、宗教それ自体の幽霊なのだ。

きわめて特殊な一連の状況が、イギリスを格別に呪われた国にしてきた。中世ヨーロッパの全域で、死者がときどき戻ってきて生者に取り憑くらしいことは、じゅうぶんに受け入れられていた。カトリック教会は、そういう幻影が煉獄にとらわれた者の魂で、罪を償うまで安らかに眠れないのだと教えて、古代からの幽霊を信じる気持ちを合理的に解釈した（そして多くの部分を継承した）。残っていた中世の幽霊物語のほとんどは、教育の目的で聖職者に使われ、この分野の学者たち（特にM・R・ジェームズ）には〝ミラキュラ〟として知られる一ジャンルとなっている。最古の物語のひとつに、聖ベーダ（六七二〜七三五）が語るトージスと呼ばれる修道女の話がある。病身の修道女が、亡くなった女子大修道院長と交わり、数々の失敗や罪を犯しながらも、この世をいつ離れるかについての交渉を手助けしてもらう。ほかの幽霊たちのなかには、メルローズ修道院[8]の修道士ボイジルの幽霊もいて、忠告に耳を傾けそうな者たちに、ドイツではなくアイルランドへ巡礼の旅に出かけるように指示する。ここには、もっと地元の景気をよくしようという教会の意図が見える。またしても、すべてはお金に行き着くわけだ。

初期の多くの幽霊物語ははっきりとした道徳物語で、そこでは死者が罪の重荷に苦しみながら戻ってきて、生者に警告した。罰はたいていとても適切で、たとえば大酒飲みの物語では、死んだあと永遠にカップに注いだ硫黄を飲み続けなければならなかった。

中世には、教会が幽霊物語を取り締まった。死んだ親族の幽霊を見たと言い張る人々は、宗教裁判所に〝醜聞を引き起こした〟として起訴された。どんな形でもゴーストハントを試みることは、きわめて不適切と見なされた。しかし明らかに、それは続けられた。いくつかの同業組合の規則には、暗い時間に夜警が幽霊を呼び出して楽しむことを禁じる条項が含まれていたからだ。幽霊の存在はあまりにも自明の理だったから、議論の余地などなかった。

十六世紀後半のローマカトリックに対する暴力的な弾圧が、すべてを変えた。フォークロア研究者クリスティーナ・ホールが述べたように、〝宗教改革で教会の所有地が民間の持ち主に移されたあとには、いくつもの幽霊事件が付いて回った。暴力的に追放された修道士たちが死後に失われたわが家に戻ったからであり、そういう所有地がそれ自体の呪いを帯びていると考えられたからだ[9]〟。色彩に富んだ教会は白一色に塗られ、聖人の像は持ち去られて破壊され、修道女と修道士の豊かな共同体は散り散りになった。イギリスの心霊界の風景は、永久に変わってしまった。

宗教裁判所の監視をかいくぐって、幽霊たちはゆっくり修道院や教会墓地から這い出した。将来を予言する幽霊がいた（セントジェームズ宮殿では、マザラン公爵夫人が戻ってきて、友人のボークレア夫人に、死後の世界は存在し、あなたは今夜死ぬだろうと請け合った）。過去を繰り返す運命にある幽霊もいた。カトリック寄りの王党派とピューリタンがぶつかり合うエッジヒルの戦いに現れた幽霊などだ。悪魔祓いの儀式をしてもらえなかったので、人々（たとえば一七〇九年のキャンベイ島の農夫など）は、幽霊が出没すると呪術師や背教司祭に救いを求めることが増え、幽霊とは魔術の一部だという一般の考えを強調することになった。

さらに悪い方向に働いたのは、初期のプロテスタントの改革者たちが基本的な主義のひとつとして煉獄を否定し、死の瞬間すべての魂はまっすぐ天国か地獄へ行くとしたことだった。それ以降、幽霊を信じるかどうかという質問が、化体説（訳註：聖餐に関するローマカトリックの教義で、ミサにおいてパンと葡萄酒がキリストの肉と血に変わるとする説）や教皇の不可謬《ふかびゅう》説（訳註：ローマ教皇が信仰および道徳に関する事柄について教皇座からおごそかに宣言する場合、その決定は正しくけっして誤りえないとする教義）を信じるのと同じくらい強く、カトリックとプロテスタントの違いを際立たせた。多くの人は過去の幽霊物語を、カトリック教会が富と地位を拡大するために大衆の信じやすさを利用した試みと見なした。真のプロテスタントは、幽霊を信じてはいけなかった。

つまり、宗教改革後、あらゆる理屈に反して幽霊を見続けた人々は、それを真に受けないようにと教えられた。いまだに現れる幻影は、死者の魂ではなく、たいていは悪魔に送り込まれた悪霊と認識されるべきだった。キース・トマスは『宗教と魔術の衰退』[10]で、レディ・ファンショーの例を引用している。一六五〇年十一月、アイルランドで幽霊を目撃したレディ・ファンショーは、その晩夫とともにひと晩じゅう、なぜそういう幻影がアイルランドではこれほどありふれているのか話し合い、アイルランド人はひどく迷信深くて、悪魔の攻撃から身を守れるほどの信仰心を持っていないからだという結論に達した。[11]

アン・ブーリンは軽薄な人物として描かれることもあるが、その宗教的信念は強く固かった。どちらかといえば、夫のヘンリー八世よりも宗教改革に熱心だった。違反すれば死刑に処すると脅され、ひそかに信仰を守るしかなかったカトリック教徒たちは、王妃を生涯の敵と見なした。そこで、本人が懸命に押しつけようとしていた思想にあからさまに逆らって、複数[12]の首のないアン・ブーリンの幽霊[13]を国のあちこちにさまよわせるという残酷な報いを与えた。興味深いのは、同じように、エッジヒルの戦いが再現される幻影も、その後はカトリック寄りの王党派にしか目撃されなくなったことだ。

ルイス・ラヴァーターの『夜道を歩く幽霊と霊魂について』は一五七二年に出版され、シェイクスピアにもよく知られていたらしい。きわめてはっきりしているのは、幽霊を信じるように仕向けることを、著者がカトリック教徒のたくらみと考えていることだ。

しかし、幽霊に対する初期のプロテスタントの拒絶を厳格に維持するのは困難だとわかった。幽霊は、あまりにも大衆のあいだに浸透していた。『ハムレット』（一六〇一）は、亡き王が姿を現して衝撃を呼ぶ場面で幕をあける。マーセラス（訳註：『ハムレット』に登場する将校）と同じく、断固としたプロテスタントの観客はみんな、この幽霊を悪魔と見なして、結果として起こる大虐殺を、悪魔に耳を貸したせいと考えたのかもしれない。しかし、ハムレットの幽霊は幻覚ではない――その幽霊ははっきりと物理的に存在し、観客にも見える。[14]

一六六五年にラグリー・ホールに集まっていたジョゼフ・グランヴィルと思想家の一団はみんな、よきプロテスタントだった。一世紀前なら、幽霊を直接体験しようと試みることや、あらゆる幽霊事件を記録することはなかったはずだ。『サドカイ派への勝利』（この題名は、魂やあの世の存在を否定するサドカイ派に勝たなければならないという意味）のなかでグランヴィルは、魂が存在するという明白な証拠を示すため、魔術や幽霊の存在の科学的な証拠を集めるみずからの試みを弁護した。そのころ、無神論はカトリックよりも真の宗教にとっての大きな脅威になっていた。幽霊を信じることは、トマス・ホッブズなどの厳格なプロテスタントをひどく悩ませはしたが、とにかく神聖な世界をなんらかの形で信じることからなっていた。その存在の証拠を集めるのは、キリスト教自体を強くすることでもあった――あるいは少なくとも、それが計画だった。しかし、中世のカトリックが与えていた構造がなくなった

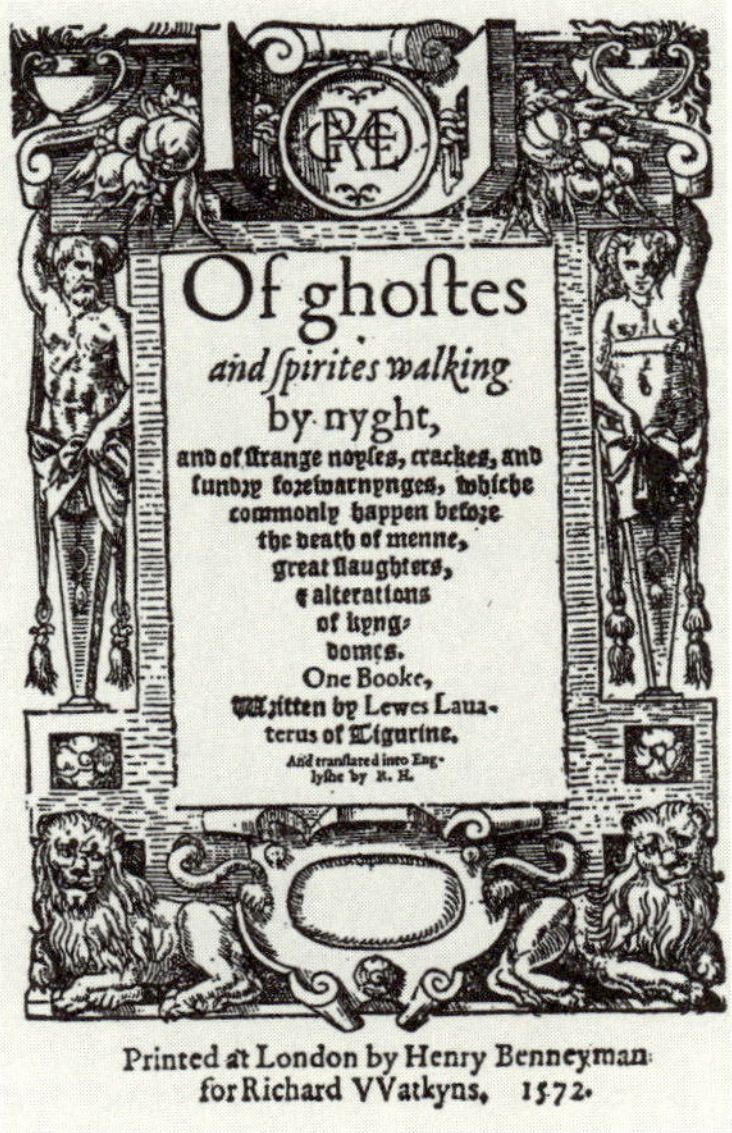

図31　ルイス・ラヴァーター著『夜道を歩く幽霊と霊魂について』（1572）の口絵。

図32　ピエール・ル・トイヤー著『幽霊の話』（1658）の挿絵。幽霊が細いろうそくを握っている。

ので、幽霊はこれまでよりずっと厄介で恐ろしいものになった。

初期の宗教改革者にとって、幽霊体験は魔術の体験に近かった。カトリック教会と違って、彼らは幽霊物語（無学な信徒たちに真に迫った道徳的メッセージを伝えられる重要な方法で、のちにメソジスト派にも取り入れられる）を持とうとせず、それらをきっぱり拒絶した。だから、幽霊の目撃がその後も続くと、物語はフォークロアと都市伝説の奥へ奥へと追いやられていった。

十八世紀にカトリックを取り締まる法律がようやく撤廃されるころには、幽霊を信じることがふたたび広く認められた。印刷機が安くなり、本や冊子が盛んに制作され始めると、幽霊目撃の逸話が初めて書き留められ、出版されるようになった。今日まで残っている冊子の数を見ても、そういう目撃話がどれほど人気だったかがわかる。

すべては実話として売られた。明らかに、逸話を語る者は誰でも自分なりのひねりを加え、人を震え上がらせたり、道徳的なメッセージを伝えたりしたが、重要なのは売上だった。デフォーはメアリー・ヴィールの物語に変更を加え、その脚色版は中流階級の人々を楽しませ、夢中にさせた。ふだんなら、そこらじゅうで売っている刺激的な冊子を買うようなまねはしない人たちだ。冊子は版を重ね、おそらくその成功のおかげで、デフォーは一七二七年の『幽霊の歴史と実在についての評論』でふたたび幽霊を取り上げる気になったのだろう。

幽霊を信じることはけっして上品とは見なされなかったが、その人気は、暗黙のうちに霊魂や幽霊を信じる気持ちを擁護した新たなキリスト教の一派によって支えられた――メソジスト派だ。メソジスト派の創始者ジョン・ウェスリーは若いころ、エプワースの実家での幽霊事件に大きな影響を受けた。その経験が、創設した宗教のなかにも一貫して生きていた。魔術や魔法への興味は、再三にわたって英国国教会に批判された。ウェスリーは死後も活動的だった。一八四六年、メソジスト信者に向けて、堕落せず、創始者の信念に忠実であるよう熱心に訴える小冊子が発行された。興味深いことに、ウェスリーは白い布をまとった幽霊となって、炉端に座る信者のもとに現れた姿を描かれている。そのころには二百年近く昔のものとなっていた幽霊の肖像画だ。

けっして宗教として一体化したわけではないが、初期の福音主義的なメソジスト派は、ほとんど超自然現象を信じることと同義になった。啓蒙時代の偉人のうち数人は、霊界の直接証拠を経験することに同じくらい熱心だった。サミュエル・ジョンソンはよく、亡き妻の幽霊を見たいという切なる願いを語っただけでなく、コックレーンのポルターガイストがでっち上げだったことを落胆とともに発表した委員会の一員でもあった。その委員会には、メソジスト派のダートマス卿ウィリアム・レッグもいた。ヒントン・アンプナーの住人と親戚関係にあった[15]ことも、信念を強めたのかもしれない。

WESLEY'S GHOST.
BY VETUS.
"Then a spirit passed before my face, the hair of my flesh stood up, and I heard a voice saying."—Job iv. 15, 16.
MANCHESTER:
J. GADSBY, NEWALL'S BUILDINGS, MARKET-STREET.
LONDON:
R. GROOMBRIDGE AND SONS, 5, PATERNOSTER ROW; AND J. GADSBY, BOUVERIE-STREET.
1846.
PRICE TWOPENCE.
図33 『ウェスリーの幽霊』。1846年の小冊子。

十八世紀後半のヨーロッパで起こった革命は、過去の伝統や迷信のきっぱりとした拒絶とともに、幽霊に対する敵意をあらわにした。イギリスの急速な産業化と、田舎に住む人々の信条と都会の物質主義のあいだに生まれた隔たりは、もうひとつの大きな力として働いた。そして、メソジスト派は地位を確立していくにつれ、かつての幽霊への許容と興味を放棄し、その大部分を歴史から削除した。それはメソジスト派に限らない、社会全般の変化だった。一八三〇年には、幽霊を信じる人はイギリスでほぼ絶滅し、これが初めてのことではないものの、二度と復活しないだろうと予測された。

しかし、二十年もたたないうちに、ドイツで幽霊のフォークロアへの興味が高まり、キャサリン・クローが一八四八年に『自然の夜の側面』を発表すると（フォックス姉妹がアメリカで降霊会を発明したのと同じ年）、イギリスでも人気を博した。イギリスの新しい王族もドイツ人だった。

ハノーヴァー／サックス＝コーバーグ＝ゴータ王家の幽霊への興味は、スチュアート王家に次ぐものであることがわかった――スチュアート王家の人々は、数あるなかでも、一六三六年のマインヘッドで起こったマザー・リーキー幽霊事件[16]や、テッドワースの鼓手、ヴィール夫人の幽霊などについて最新の報告書を強く求めた。

長年のあいだ、ヴィクトリア女王は墓のなかで暮らしていた。一八六一年に夫のアルバート公が亡くなったあと、女王は四十年近くにわたって完全に喪に服し、毎日黒い服を着て、屋敷を夫が亡くなった日のままに保った。アルバート公の胸像や絵が、王族の精密な肖像画のなかで目立つ場所に飾られた。毎朝、使用人たちがアルバート公の服を用意し、ひげそり用マグのために湯を運び、室内用便器を洗い、シーツと枕カバーを替えた。ヴィクトリアは本当の意味で、幽霊とともに暮らしていた。

女王が降霊会のような品のないものに関わったかどうかについては、さまざまな憶測があった。公式には、関わっていない。長年のあいだ、〝ヴィッキーのカチカチ時計〟として知られる時計が、ロンドンのカレッジ・オヴ・サイキック・スタディーズに飾ってあった。それには次のような銘が刻まれていた。〝女王陛下よりジョージアナ・イーグル嬢へ、一八四六年七月十五日、ワイト島オズボーンハウスにて発揮した並外れた千里眼を称えて贈られた〟。

時計は一九六三年に盗まれたが、その由来が昔からずっと憶測の種になってきた。ショアディッチにあるパブの主人の孫娘で、舞台魔術師の娘、ジョージアナ・イーグルは舞台に立つ千里眼の少女で、一八四六年にはまだ十一歳だった。その当時、子どもの千里眼はめずらしかったが、それなりに名を知られていた。[17] しかし〝Osborn〟という綴りの間違い（〝Osborne〟とすべき）があることから、時計が女王からの本物の贈り物である可能性はきわめて低く、おそらく霊能力に対する信頼性の保証として利用されたのだろう。

幽霊を信じることは、ヴィクトリア朝時代後期にはほとんど恥ずかしくないことになっていた。多くの科学者が、もうすぐ、この特別な科学的探究に関してはイギリスが世界一であることをはっきり証明できると確信していたからだ。

心霊現象研究協会は、一八八二年、社会的によい人脈に恵まれた男女によって設立された。心霊現象はまだ解明されていない科学の分野であるという理解のもとに、超常現象を調査するのがその目的だった。しかし、会員たちでさえ、自分たちが解き放ったものに驚かされた。「幻覚調査報告」で発表した一八八九年から一八九四年までに集めた一万七千件の回答で、幽霊を信じる気持ちが広く受け入れられていることが証明されたのだ。しかし、期待されていたような、幽霊の存在を立証する、あるいは明白に否定する科学的な解決策は、何ひとつ見つからなかった。

エドワード七世時代の人々は、一九〇四年にM・R・ジェームズの幽霊物語を迎え入れた。この学者肌の控えめな人物は、なぜかしらJ・M・バリーとルイス・キャロルに親近感をいだいていたようだった。ジェームズは児童書の作家とは見なされていないが、よく忘れられているのは、子どものために特別に書いた幽霊物語が数冊あることだ。第一次世界大戦直後、イートン・カレッジの学寮長として、ピーター・パンの部分的なモデルとなった生徒を知っていて、六月四日の学校の休日には校内の私室でバリーをもてなした。なぜか本人が心から嫌っていた作品「消えた心臓」は、殺された幽霊の少年と少女が復讐をもくろむ物語だ。[18]

第一次世界大戦のおびただしい死者数に衝撃を受けた人々は、また超自然現象を信じるようになった。テーブルを囲む降霊術は廃れかけていたが、突然また人気に火がついた。イギリス政府でさえ幽霊のプロパガンダを利用し、モンスの天使という創作を、目撃された現象に変えた。詩人のロバート・グレーヴズは戦場で、死んだばかりの人の幽霊が、自分の苦境をのみこめずによろよろ歩き回っている姿を日常的に見るようになった。イギリス中部に住む家族も、同じものを見た。第二次世界大戦でも同じことが起こった。ウィジャボードの売上は一九四三年にはほとんどゼロだったが、一九四四年六月には、あるニューヨークのデパート一軒だけで五万個も売れた。[19]戦後、ゴーストハントを科学に変えようという試みが戻ってきた。突然、ポルターガイストが流行し出した。

一九三〇年代、今では〝文化解説者〟と呼ばれるたくさんの人々が、ポルターガイストとドイツでのナチズムの興隆を暗に結びつけ、何よりも国家社会主義は、若者のエネルギーを糧にした未熟な破壊を力にしていると述べた。一部のナチス高官が、超常現象をアングロサクソンに起源を発するものとして、新たな科学分野をつくって研究しようと試みたことも、悪い方向に作用した。

何十年にもわたって中傷されたとはいえ、その後長い年月がたち、ハリー・プライスは生中継の草分けとして最大の遺産を残した。抜け目なくメディアを操った男は、一九三六年に〝イギリスで最も呪われた屋敷〟から初の放送を行なった。その後の展開は、みなさんもご存じのとおりだ。

幽霊を信じる気持ちに絶えず影響を与えるものが三つある――宗教、メディア、社会的地位だ。時とともに変わるものだから、それに応じて幽霊も変わってきた。

バビロニア人が砂だらけの哀しげなあの世の影を見た場所で、ジェームズ一世時代の人は埋葬布に包まれた白い人影を見て、ヴィクトリア朝時代の人は黒いサテンのドレスと長手袋を着けた女殺人者の幽霊を見たのかもしれない。何世紀ものあいだ幽霊は目撃され、その幽霊には必ず目的があった。宗教改革のあと、見知らぬ人たちの〝shim〟(ワイト島の古い言葉)が目撃されたが、墓から戻ってきたことに明らかな目的はないようだった。十九世紀前半には、幽霊を見るのは使用人だけになった――少なくとも、中流階級の人たちはそう考えた。イギリスでクリスマスの幽霊物語が定着したことにはたくさんの理由があるが、かなりもっともらしく思える一説では、エプワースのポルターガイストでもそうだったように、屋敷の使用人が伝統的に十一月初旬の聖マルティヌス祭のころに雇われたからだという。クリスマスの季節には、使用人たちはよく知らない屋敷に引っ越したばかりで、まだ年若い場合、初めて家族のもとを離れて不安だったのかもしれない。

今日では幽霊の目撃は、もっとずっと複雑で幅広い。オルダス・ハクスリーの『ルーダンの悪魔』(一九五二)とウィリアム・ピーター・ブラッティの『エクソシスト』(一九七一)が出版されるまで、アメリカで憑依を信じることはほとんど廃れていた。今では驚くほど広く受け入れられている。天使を信じることも同じだ――ジェームズ一世時代の考えかたとまっすぐ結びついているので、その天使は硬い質素なカラーと膝にリボンという服装をしているのだろう。

子ども時代を振り返るこの旅を始めたとき、わたしは挑発めいたものとして『幽霊の自然史（A Natural History of Ghosts）』（訳註：本書の原題）というタイトルを選んだ。しかし確かに、幽霊の自然史はあるということがわかった。アリストテレスの分類法が使えるかもしれない。あるいは、もし幽霊が一般に生物の娯楽のひとつと見なされるなら、違う分類法でもいい。

とはいえ、そこにたいした科学は存在せず、何かを〝測定〟しようと試みても、どこにもたどり着けはしないようだ。何世代もの科学者が詳細な目録をつくり、事実を突き止めようとしてきたが、幽霊の自然史をめぐる最良の証拠は、一般社会の、考慮に値しない、日常のなかにとどまっている。最近では脳についての理解が進歩し、新たな希望が見えてきたとはいえ、超心理学者は肩身の狭い職業だ。ＰＳＩ（テレパシー、テレキネシス）の研究に多大な時間を費やしてきたディーン・ラディンは、いつもの一週間をこんなふうに描写している。

月曜日、ＰＳＩが宗教の教義への信仰をおびやかすと思い込んだ原理主義者から、神への不敬を責められる。火曜日、ＰＳＩが科学的知見への信念をおびやかすと思い込んだ戦闘的な無神論者から、宗教への傾倒を責められる。水曜日、ＦＢＩに自分の頭のなかを支配するのをやめさせろと言い張る妄想型統合失調症患者に付け回される。木曜日、研究助成金を申請するが、

ＰＳＩにはきちんとした証拠がひとつもないことに審査員が気づいていないので却下される。金曜日、学生たちから、わたしがこれまでに書いたあらゆる文章のコピーを求める山のような手紙をもらう。土曜日、ひそかな興味を誰にも明かさないと約束できるなら共同研究したいという科学者たちからの電話を受ける。日曜日、休みを取り、妄想型統合失調症患者に、わたしではなく原理主義者に話しかけさせる方法を考えようとする。

先にも触れたように、ゴーストハントに出かける数少ない超心理学者のひとりに、ロイド・アウアーバックがいる。ある幽霊がアウアーバックに語ったところでは、その女性は息を引き取る間際、不意に地獄へ行くのがひどく怖くなった。家に帰りたいと強く念じると、ほとんどすぐさま、自宅に戻っていた。〝あちら側〟についてはあまり言うことはない。まだ行ったことがないからだ。自分のことを形のない〝エネルギーの玉〟と表現し、見る人の心に合わせて自分の姿を投影しているのだという。

見ることが大切だ。幽霊の音を聞いたかと尋ねる人はいない。みんな見たかと尋ねる――見た人が誰もいなければ、幻影は存在しないからだ。

わたしたちが幽霊を愛するのは、死んだらどうなるのかを説明してくれるからだけではなく、彼らがわたしたちを過去に引き戻し、子ども時代の楽しい思い出にふたたび結びつけてくれるからだ。間接的に伝えられる恐怖のぞくぞく感には、大きな魅力があり、多くの人は大人になってもそれを忘れたくないと思う。ひそかに幽霊を信じることはひとつの楽しみで、子ども時代の自分に戻れる瞬間でもある。今の子どもたちは、とても幼いころから幽霊を見ないように教えられる。幽霊を信じるとは自然の法則を破ることで、中流階級の科学者や大学で批評を書く博学者ほどきびしい法の番人はいないからだ。幽霊はもう恐れられてはいないが、幽霊を信じることは確かに恐れられている。それでも、目撃と幽霊事件は続く。

統計的に、人がいちばん幽霊を見やすいのは、ベッドでまどろんでいるときや、最近親しい人を亡くした場合や、脳に限定的な損傷を受けたか、側頭葉てんかんの病歴がある場合や、ドーパミン量に干渉する薬物（アンフェタミンやコカインなど）を摂取したときなどだ。日中、図書館で古い本を熱心に読んでいたのかもしれない。その場合は、幻覚誘発性のカビの胞子を吸い込んだのかもしれない。[20] 太陽黒点の活動があるときや、ベッドの下の深い深いところで動く地層から何かしらの低周波騒音がある場合や、漏れ出る電場に浸された場所にいるときも、目撃の可能性が高まる。おっと、それから、フランス人ではないこと。フランス人は、世俗的なことと宗教的なことをきっちり分ける傾向があり、幽霊に対してもヨーロッパのなかで常にいちばん冷笑的と評されている。

この本を書いているあいだ、わたしはあらゆる人たちと幽霊について話をした。多くの場合、最初は少し気まずいが、そのあと別の何かが現れる。今では誰かの顔にふと浮かぶ、恥ずかしそうなまじめな表情には、すっかりおなじみになった。相手を信用できると判断し、話を信じてもらえそうだとわかったしるしだ。成功した法律家や大きな公共・民間団体の重役から、大英図書館の警備員に至るまで、ありとあらゆる人が秘密を打ち明けてくれた。携帯電話で撮った幽霊の写真を見せてくれたり、妻と娘にしか見えない家の幽霊について話してくれたりした。

この主題へのわたしの新たな興味をいぶかっていたふたりの友人は、昼間にロンドンフィールズを歩く幽霊を見たことを認めた。こういう話は至るところにあり、そこにはきわめて私的で秘密めいた雰囲気がある。夫や妻にも打ち明けていない話を聞いたこともあった。

序章でわたしは、子どものころに知ったフォークロアの幽霊物語のひとつである、ベンブリッジ近くの森にいる古代ローマ百人隊長の幽霊について触れた。わたしたち家族は、祖母を訪ねるとき、海岸へ向かう道のりでその森を通り抜けた。本書について調査をしている過程で、森の名前を知った。セントユリアンズだ。セントユリアンとは、ペストで全滅した教会と村の名前だった。再建されることはなく、森林に覆われてしまった村。セントユリアンが〝百人隊長《センチュリオン》〟になった。名前が、幽霊物語をつくったのだ。

幽霊を信じる人間の複雑さに正面から取り組んだのは、ハリー・フーディーニだった。ハリー・プライスと同じく、幽霊の世界を、密猟者と猟場番人の両方の立場から経験した人物だ。キャリアの初期には、フーディーニと妻ベスは、偽の降霊会を行なって生計を立てていた。そういう降霊会のあいだ、フーディーニはテーブルを浮かせたり、椅子に縛りつけられたまま楽器を奏でたりした。一八九九年、そういう技能を脱出術に生かすことにして、霊媒師の仕事から離れた。一九一三年の母の死に打ちひしがれたフーディーニは、おびただしい数の霊能者や霊媒師を訪ねたが、明らかなまやかしにひどく腹を立てたすえ、心霊主義に反対する熱心な運動家になった。そして、変装して降霊会に出席し始めた。舞台で奇術やトリックの訓練を積んでいたので、まやかしを暴くのは得意だった。自分の経験をめぐる『幽霊のなかの奇術師』（一九二四）という本を書き、序文をぶっきらぼうにこう結んでいる。〝現在に至るまで、わたしが調査したすべては脳が欺かれた結果だった〟。

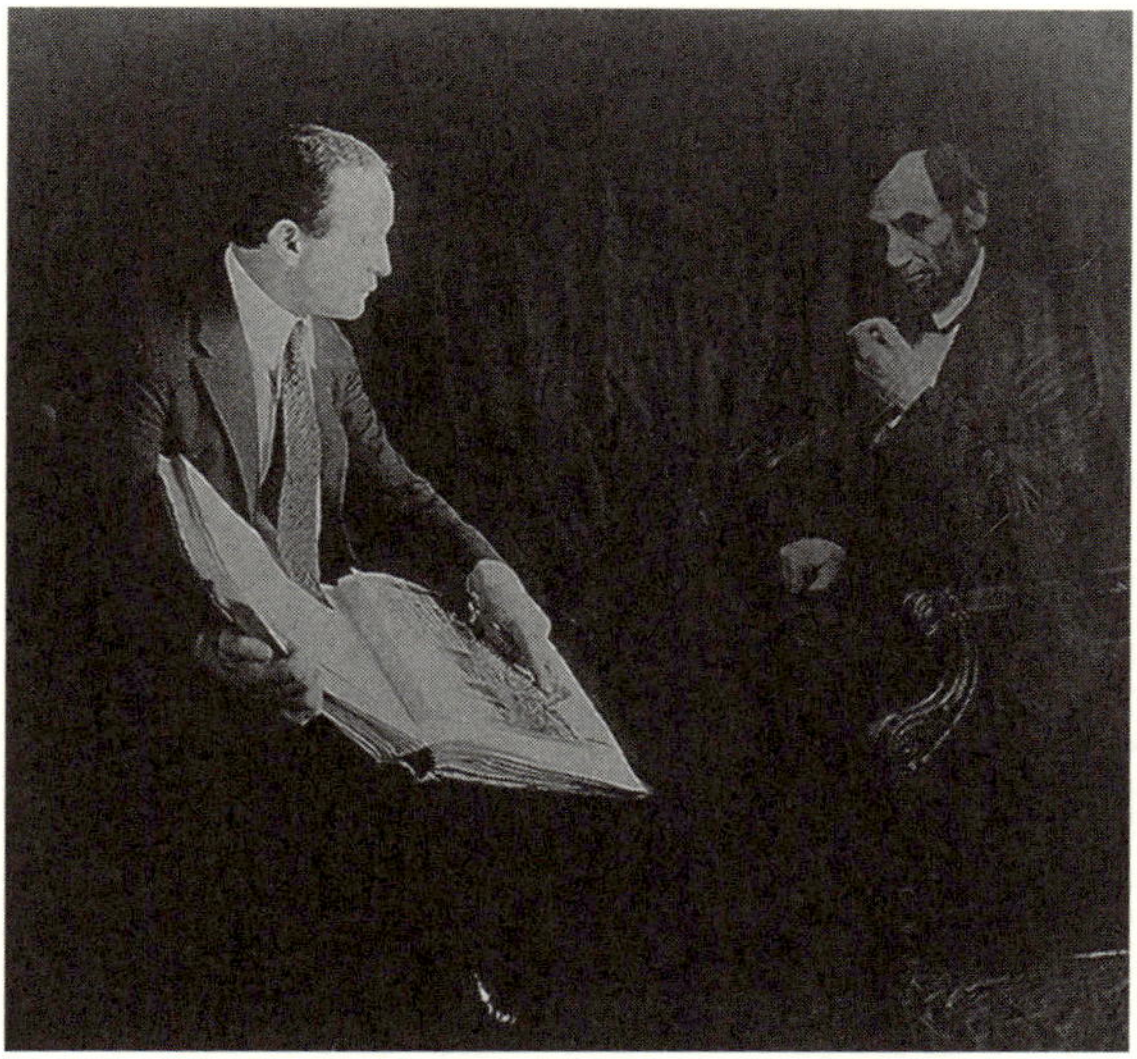

図34　エイブラハム・リンカンの亡霊に会うフーディーニの写真。わざと不自然に加工されている。フーディーニはペテン師や詐欺師に腹を立て、本物の幽霊を待ち焦がれていた。

　皮肉好きな気質にもかかわらず、あるいはそれが理由かもしれないが、フーディーニはもし死後の生があるならきっと戻ってくると約束した。そして、ほかの誰も推測したりでっち上げたりできない暗号を妻に残した。

　数年後、命日（ハロウィーンというじつにふさわしい日）に降霊会が催されたとき、驚くべきことが起こった。一九二九年、プロの霊媒師アーサー・フォードが、秘密の伝言を持って進み出た。突然、霊媒師たちが正しくて、フーディーニが間違っていたかに思えた。[21]しかし、ベスの高まった興奮はすぐにくじかれた。それは仕組まれた悪ふざけだった。少し前、ベスは調査を受けて、あるジャーナリストに暗号をうっかり明かしてしまったらしかった。

それでもベスは、その後七年間、降霊会を開き続けた。しかし一九三六年、アメリカ国民に向かって（降霊会はラジオで生放送されていた）次のように発表した。「フーディーニは現れませんでした。最後の希望は消えました。フーディーニはわたしのもとには、いいえ、誰のもとにも、戻れはしないのだと思います……フーディーニの祭壇には、十年間ろうそくが灯されてきました。今わたしはおごそかな気持ちで……明かりを消します。これでおしまいです。さようなら、ハリー！」。

ベスが信じるのをやめても、フーディーニの降霊会は続けられ、慣例のようなものになった。それ以来、毎年十月三十一日に催されている。

私的で情感にあふれたふたりの暗号は、〝Rosabelle - answer - tell - pray, answer - look - tell - answer, answer - tell〟だった。ベス・フーディーニの結婚指輪には、ふたりが出会ったときにベスが舞台で歌った歌の題名〝ロザベル（Rosabelle）〟の文字が刻まれていた。ほかの単語は、読心術のパフォーマンス中に奇術師と助手が情報のやり取りに使うアルファベットの暗号に対応している。

ロザベルが誰を表すかがわかったあとに、フーディーニの秘密の暗号は、死後の世界からのはっきりした指令を伝えるはずだった。
ひとこと〝信じなさい（Believe）〟と。

謝辞

エージェントであり旧友でもあるシール・ランド・アソシエーツのピアズ・ブロフェルドの多大なる支援と知恵と励ましに感謝したい。また、すばらしい編集者ジョージアナ・レイコックにも感謝する。初めての子をもうけて多忙ななか、温かな忍耐と大きな情熱を、どちらも同じくらい巧みに発揮してくれた。そのどちらが欠けても、本書を書き上げることはできなかっただろう。詳細な部分にまでじゅうぶん注意を払ってくれた辛抱強い原稿整理編集者セーラ・デイにも、心からお礼を言いたい。原稿の読み合わせをしてくれたトム・ラッフルズに、どうもありがとう。彼ほどこのテーマについてよく知る人は、まずいない。中国人らしいすばらしく素直な快活さで幽霊というテーマに取り組んでくれた、とても辛抱強いわたしの片割れ、サイモン・スーにも感謝する。いつもそばにいてくれるトム・ブロフェルドとロバート・バレットにも、ありがとう。特にトムは、本書の手がかりが書かれていた、ホーヴトンの図書館に収められた十八世紀の蔵書を貸してくれた。原稿のほとんどが書かれることになるラップトップを買ってくれたイアン・スミスにもお礼を言いたい。それは結局、ソーホーのパブで、わたしのリサーチ用ノートすべてとともに盗まれてしまったが……。いつも支えてくれるアダム・ロバーツに、ありがとう。いつもありのままでいてくれるジョニー・メインズに、ありがとう。UB-65の物語が載っている本を貸してくれた大英図書館の警備員、ジョージ・プロッサーにも感謝する。本書のリサーチのためにたくさん本を読んだが、このテーマの比類なき専門家、オーエン・デイヴィーズには特に敬意を表したい。その著作『ザ・ホーンテッド』と五巻からなる重要な概論『幽霊――社会史』は必読書だ。レディ・コンウェイについて助言してくれたセーラ・ハットン、呪われた潜水艦UB-65について教えてくれたポーツマス潜水艦博物館のジョージ・マルコムソン、バークリースクエアの幽霊屋敷について助言してくれた〈マッグズ・ブラザーズ〉のエド・マッグズにもありがとう。十代だったわたしの熱意に優しく応じてくれた故アンドリュー・グリーンと故トニー・コーネルに、そしてほんの十四歳だったわたしの興味をまじめに受け止めてくれたピーター・アンダーウッドに、感謝を捧げたい。

図版提供者

著者および発行者は、原画像と著作権所有者を突き止めるあらゆる努力をしており、訂正には喜んで応じるつもりでいる。次の図版提供者に感謝したい。テッドワースの鼓手（図7）のウィリアム・フェイソーンの版画を複写する許可を与えてくださったブリッジマン・アート・ライブラリー、呪われたUボート（図21）をご提供くださったルック・アンド・ラーン／ブリッジマン・アート・ライブラリー、レイナム・ホールの茶色の貴婦人（図23）をご提供くださったアーカイヴズ・チャーメット／ブリッジマン・アート・ライブラリー、エプワース牧師館の版画（図9）と空飛ぶ煉瓦の写真（図28）をご提供くださったフォーティィーン／トップフォト、モンスの弓兵（図22）をご提供くださったトッパム・ピクチャーポイント／トップフォト、ボーリー牧師館の壁文字をご提供くださったトップフォト、M・R・ジェームズの写真（図11）をご提供くださったフルトン・アーカイヴ・アンド・ゲッティー・イメージズ、テッド・セリオスを撮影したジェラルド・ブリマクームの写真（図25）をご提供くださったタイム・ライフ・ピクチャーズ／ゲッティー・イメージズ、ペッパーズ・ゴーストの版画（図30）をご提供くださったアーカイヴ・フォトズ／ゲッティー・イメージズ、〝ケイティー・キング〟の写真（図19）とボーリー牧師館の玄関広間の写真

（図26）をご提供くださったメアリー・エヴァンズ・ピクチャー・ライブラリー／ハリー・プライス、ウェスリーの幽霊（図33）をご提供くださったユニヴァーシティ・ライブラリアン・アンド・ダイレクター／ジョン・ライランズ図書館／マンチェスター大学。

年表

一〇〇～〇九　プリニウスが、アテネの幽霊屋敷の逸話を書く。

七三一　聖ベーダが、著書『英国民教会史』に、修道女トージスのもとを訪れる女子大修道院長の幽霊の話を書く。

一五三四　国王至上法発布。ヘンリー八世がローマからの離脱を決意し、イギリスのローマカトリック教会を非合法化する。

一五三六　アン・ブーリンが処刑される。

一六一二　〝マコンの悪魔〟が、カルヴァン派牧師の家に取り憑く。

一六四二　エッジヒルの戦い勃発。クリスマスにかけて戦いの幻影が再現される。

一六六一　イギリス初のゴーストハンター、ジョゼフ・グランヴィルが〝テッドワースの鼓手〟を調査する。

一六六五　ジョゼフ・グランヴィルがラグリー・ホールを訪れる。レディ・コンウェイと対面し、思想家の一団に加わって、神学や幽霊を信じることについて話し合う。

一七〇五　ダニエル・デフォーが、カンタベリーを舞台にした、おそらく実話にもとづくイギリス初の正式な幽霊物語『ヴィール夫人の亡霊』を書く。

一七一六　ジョン・ウェスリーの実家エプワース牧師館で、ポルターガイストが家庭不和を糧に大混乱を引き起こす。
一七三四　フランツ・メスメル生まれる。
一七六二　ロンドン市コックレーンの労働者階級の家に発生したポルターガイストが、大群衆と高名な目撃者たちを引きつける。初のメディアサーカス。
一七六五　メアリー・リケッツが、ハンプシャーのヒントン・アンプナーに家族とともに引っ越し、数々の幽霊騒ぎに巻き込まれる。
一七七八　イギリスでカトリック救済法が可決。宗教改革以来初めて、ローマカトリックの完全な合法化への道が開かれる。
一七八八　エリザベス・ボンホートが、子どもに使用人たちの幽霊物語を聞かせないよう、中流階級の親たちに警告する。
一七九一　ベルリンの本屋フリードリヒ・ニコライが幽霊を見て、幽霊目撃を医学的に説明できるかどうか考える。
一八〇三　ロンドン西部でハマースミスの幽霊をめぐる騒ぎが起こる。
一八一三　マンチェスターの医者ジョン・フェリアーが『幻影の理論についての小論』を発表。
一八一六　バイロンとシェリー一行が、ジュネーヴの別荘に滞在中、ドイツの物語に触発されて幽霊物語を創作する。

一八二九　ウォルター・スコットが短編「つづれ織りの部屋」を発表。イギリス初の現代的な幽霊物語。
一八四三　ディケンズが『クリスマス・キャロル』を発表。
一八四八　キャサリン・クローが『自然の夜の側面』を発表、ドイツのフォークロアと〝ポルターガイスト〟という言葉をアングロサクソンの文化に持ち込み、ベストセラーとなる。アメリカでは、フォックス姉妹が降霊会を発明。
一八五二　アメリカから新たな降霊会の流行がロンドンにもたらされる。ボストンの新聞社オーナーの妻へイデン夫人が、降霊会を主催。
一八五六　サー・デヴィッド・ブルースターが『立体鏡』を発表。初めて偽造の幽霊写真がつくれる可能性を示す。
一八六一　ウィリアム・マムラーが、ボストンで偶然幽霊を撮影したと主張。
一八六三　ロンドン、次にニューヨークの舞台で、初めて〝ペッパーズ・ゴースト〟の視覚トリックが使われる。
一八六八　最も有名な霊媒師、ダニエル・ダングラス・ヒュームが、ロンドンで詐欺を働いたとして起訴される。
一八七一　ヒントン・アンプナーの幽霊事件をめぐる最初の手記が発表される。
一八七二　フランスで、シャルル・リシェが初めて催眠術の実験を目撃し、医学の道で方向転換して、超常現象への興味を追いかける決意をする。《ノーツ・アンド・クエリーズ》誌が、初めてバーク一八七三〜七四　リースクエア五十番地の幽霊屋敷に言及。
一八七四　サー・ウィリアム・クルックスが、十代の霊媒師フローレンス・クックを調査。ふたりが性的な関係にあるとうわさされる。
一八七八　ウェストミンスターのブロードウェイにあるクライスト教会の墓地に、幽霊をひと目見ようと毎晩五千人以上の野次馬が集まる。
一八八二　ロンドン南部で窓辺に立つ殺人犯マニング夫人の幽霊が目撃され、群衆が集まる。
一八八五　ロンドンで心霊現象研究協会が設立される。
一八九四　アメリカ心霊現象研究協会が設立される。
一八九五　ジョージ・デュ・モーリアが『トリルビー』を発表。
一八九六　カンタベリー大主教が、晩餐をともにしたヘンリー・ジェームズに、『ねじの回転』の題材となる幽霊の逸話を語る。
一八九七　X線と映画と無線が、それぞれ数カ月と空けずロンドンに現れる。科学が超常現象の新たな段階を切り開いたかと期待される。
一九〇四　ジョルジュ・メリエスが、初期の幽霊映画『ロベール＝ウーダン劇場における婦人の雲隠れ』を制作。
一九一一　M・R・ジェームズが、初の短編集『好古家の怪談集』を発表。
エレノア・ジュールダンとシャーロット・モバリーが、『ある冒険』を発表。

一九一四　エセル・ハーグローヴが、年越しの晩にナイトン・ゴージズでタイムスリップの幻影を目撃する。

一九一六　アーサー・マッケンが、ロンドンの新聞に短編「弓兵」を発表。モンスの天使の伝説をつくる。電気と無線の先駆者サー・オリヴァー・ロッジが、あの世の息子と交信しようと試みた記録『レイモンド――「死後の生存」はあるか』を発表。

一九一七　ドイツの潜水艦ＵＢ‐65がハンブルクで進水。

一九二九　ハリー・プライスが、初めてボーリー牧師館を訪問。のちに〝イギリスで最も呪われた屋敷〟というあだ名をつける。

一九三〇　Ｊ・Ｂ・ラインが、デューク大学に超心理学研究室を設立。アプトン・シンクレアが『メンタルラジオ』を発表。

一九三六　ＢＢＣで幽霊屋敷からの初の生放送が、ハリー・プライスの司会で行なわれる。ノーフォークでは、アンドル・シーラと同僚が、有名なレイナム・ホールの茶色の貴婦人を写真に撮る。アメリカでは、フーディーニの未亡人が、亡き夫との交信を試みる最後の公開降霊会を実施。

一九三七　ナチスが運営するボン大学が、超心理学を新たな北欧ゲルマン系民族の科学と宣言。ハリー・プライスが、半年にわたってボーリー牧師館を借りる。

一九四四　アメリカでウィジャボードが爆発的な売上を見せる。

一九五九　スウェーデンの元オペラ歌手で画家のフリードリヒ・ジューゲンソンが、鳥のさえずりを録音中、謎めいた声をとらえる。

一九六一　レニングラード大学に超心理学研究所が開設され、十年にわたる超常現象の疑似冷戦が始まる。
一九六九　超心理学が、正式に科学としてアメリカ科学振興協会に認められる。
一九七一　コンスタンティン・ラウディヴが『大発見』を発表、電子音声現象について詳細に説明する。
一九七三　ウィリアム・フリードキン監督の映画『エクソシスト』公開。
一九七七　エンフィールドのポルターガイスト発生。
一九八四　アイヴァン・ライトマン監督の映画『ゴーストバスターズ』公開。

訳者あとがき

幽霊はいるのか、いないのか？

答えは、幽霊をどうとらえるかによって変わる。大昔から、たくさんの人が幽霊を見てきたのは確かだ。つまり、そういう意味では、幽霊は確かにいる。問題は、人が幽霊を見るとき、実際には何を見ているのかということだ。

著者のロジャー・クラークは、そこを出発点にして、幽霊の自然史をまとめる作業に取りかかった。まずはイギリスを中心に、五百年近い歴史のなかでの幽霊出没やポルターガイスト現象の記録をひもとき、幽霊と〝交信〟できる霊媒師たちや、幽霊屋敷を調査するゴーストハンターたちの活躍を追った。幽霊をめぐる文学や評論もたっぷり取り上げ、ダニエル・デフォー、チャールズ・ディケンズ、ヘンリー・ジェームズ、M・R・ジェームズなどの有名作家を始め、膨大な数の著者と作品の紹介を盛り込んだ。さまざまな手記や証言の引用を積み重ねて、時代ごとの政治的・社会的背景を浮かび上がらせることで、幽霊を通じたイギリスの歴史をたどれるユニークな本が完成した。

時代が変われば、幽霊も変わる。本書を読むと、その変遷がよくわかる。たとえば十八世紀の幽霊は、正午の鐘とともに、部屋着で友人を訪ねてきた。十九世紀になると、幽霊は夜と結びつけられ、白い布をまとって現れる。十九世紀後半には、ある女死刑囚の服装をきっかけに、幽霊は黒いドレスを身に着けるようになる。幽霊の服装にも、ちゃんと流行があるのだ。

ときには、幽霊よりも、幽霊をめぐる人々のほうがずっと奇妙で興味深いこともある。なかでも、本書のあちこちに顔を出すゴーストハンターのハリー・プライスは、かなりあくの強い人物だ。BBCラジオで幽霊屋敷からの初の生放送を行ない、ゴーストハントをエンターテインメントに仕立て上げた。初期には本気で幽霊を追いかけていたが、しだいに金と名声を求めるあまり、みずから大げさな演出やトリックに手を染めていく。

十九世紀半ばには、魅力的な霊媒師たちが次々に登場した。特に謎めいているのが、ダニエル・ダングラス・ヒュームだ。空中浮揚や手足の引き伸ばしなど、誰にもまねできない不思議なわざをやってのけ、人にそれを見せるときもいっさい料金を取らなかったという。第13章「わななくテーブルの秘密」では、ほかにもたくさんの霊媒師が紹介され、特に女性霊媒師の活躍が目を引く。彼女たちは幽霊と交信するだけでなく、幽霊の全身を〝物質化〟させたり、口から〝エクトプラズム〟と呼ばれる奇妙なものを吐いたりした。そのほとんどは、現代の目で見ればまやかしとしか思えないのだが、当時の高名な科学者たちは、最新の機器を使ってそれらを大まじめに検証した。頭脳明晰なノーベル賞受賞者たちが、ほとんど無学の若くてかわいらしい霊媒師たちに、むしろ積極的に翻弄された。やはり、幽霊より人間のほうがおもしろいのかもしれない。

著者のロジャー・クラークは現在、映画評論家として、《インデペンデント》紙、《サイト&サウンド》誌などで活躍している。第1章「幽霊屋敷で育って」にあるとおり、イギリスのワイト島で生まれ、幼いころから幽霊に魅せられていた。イギリスの有名なゴーストハンター、アンドリュー・グリーンやピーター・アンダーウッドと文通し、一九八〇年代には十四歳で心霊現象研究協会（SPR）の最年少会員となった。実家の古い屋敷や、訪れた数々の心霊スポットで幽霊の気配を感じたことはあるものの、まだ実際に目で見たことはないらしい。本書は、著者が子どものころから大切にしてきた幽霊をめぐる情熱と研究の集大成なのだろう。幽霊と映画の結びつきにも触れていて、著者がなぜ現在の職業を選んだのかが、なんとなくわかる気もする。興味深いエピソードにあふれた詳細な（そのぶん脱線も多い）巻末の原註も、ぜひお楽しみいただきたい。

著者も述べているように、イギリスの幽霊の歴史には、宗教が深く関わっている。十六世紀に英国国教会が成立して、ローマカトリック教会が非合法化されると、幽霊の存在も認められなくなった。プロテスタントの教えでは、死者の魂が地上をさまようはずはなかったからだ（のちにカトリックに対する制約が解かれるとともに、怪奇文学が花開くことになる）。宗教観が違えば、どんな幽霊を見るかが違うのも当然かもしれない。また、社会的地位による幽霊を信じる気持ちの違いも顕著だ。イギリスでは、先祖の言い伝えを大切にする上流階級と、ゴーストハントを娯楽にしてきた下層階級が幽霊を信じ、迷信を嫌って科学を信奉する中流階級は幽霊を笑い飛ばしてきた。

しかし最近では、〝幽霊は民主化され、無階級になった〟と著者は言う。そこには、メディアとテクノロジーが深く関わっている。誰もがテレビやインターネットで幽霊屋敷を眺め、最新機器を使ってゴーストハントができる時代。脳科学の研究が進めば、人間が見ている〝幽霊とは何か〟がいよいよ明らかになる日が来るのかもしれない。未来の幽霊がどんな姿をしているにせよ、これからも幽霊は人々の目の前に現れ続けるのだろう。

最後になりましたが、担当編集者の中川原徹氏、編集にご協力くださった萩尾行孝氏に感謝いたします。

二〇一六年六月

桐谷知未

Melechi, Antonio, *Servants of the Supernatural: The Night Side of Victorian Nature*（Heinemann, 2008）

Morris, Richard, *Harry Price: The Psychic Detective*（Sutton, 2007）

O'Hara, Gerald, *Dead Men's Embers*（Saturday Night Press, 2006）

Oppenheim, Janet, *The Other World: Spiritualism and Psychical Research in England, 1850-1914*（Cambridge University Press, 1988）

Owen, Alex, *The Darkened Room : Women, Power, and Spiritualism in Late Victorian England*（University of Chicago Press, 2004）

Playfair, Guy Leon, *This House is Haunted: The Investigation of the Enfield Poltergeist*（Souvenir Press, 1980）

Price, Harry, *The End of Borley Rectory*（George Harrap & Co, 1946）

—, *Poltergeist over England: Three Centuries of Mischievous Ghosts*（Country Life, 1945）

—, *The Most Haunted House in England: Ten Years' Investigation of Borley Rectory*（Longmans, Green & Co, 1940）

Radin, Dean, *Entangled Minds*（Pocket Books, 2006）

Roach, Mary, *Spook: Science Tackles the Afterlife*（W. W. Norton, 2006）

Sitwell, Sacheverell, *Poltergeists: Fact or Fancy*（Faber & Faber, 1940）

Smajic, Srdjan, *Ghost-Seers, Detectives and Spiritualists: Theories of Vision in Victorian Literature and Science*（Cambridge University Press, 2010）

Steedman, Gay, and Anker, Ray, *Ghosts of the Isle of Wight*（Steedman / Anker, 1978）

Tabori, Paul, with Underwood, Peter, *The Ghosts of Borley*（David & Charles, 1973）

Thomas, Keith, *Religion and the Decline of Magic*（Weidenfeld & Nicolson, 1971）

Underwood, Peter, *Gazetteer of British Ghosts*（Souvenir Press, 1971）

Weisberg, Barbara, *Talking to the Dead: Kate and Maggie Fox and the Rise of Spiritualism*（Harper Collins, 2005）

Westwood, Jennifer, and Simpson, Jacqueline, *The Lore of the Land: A Guide to England's Legends, from Spring-heeled Jack to the Witches of Warboys*（Penguin, 2006）

Wood, Robert, *The Widow of Borley*（Duckworth, 1992）

Gauld, Alan, with Cornell, A. D., *Poltergeists* (Routledge & Kegan Paul, 1979)

Geiger, John, *The Third Man Factor: Surviving the Impossible* (Canongate, 2009)

Green, Andrew, *Ghosts of Today* (Kaye & Ward, 1980)

—, *Ghost-Hunting: A Practical Guide* (Mayflower, 1976)

Haining, Peter, *The Mammoth Book of True Hauntings* (Robinson, 2008)

Hall, Trevor, *The Spiritualists: The Story of Florence Cook and William Crookes* (Helix Press, 1973)

Handley, Sasha, *Visions of an Unseen World: Ghost Beliefs and Ghost Stories in Eighteenth-Century England* (Pickering & Chatto, 2007)

Hole, Christina, *Haunted England: A Survey of English Ghost Lore* (Scribners & Sons, 1941)

Hood, Bruce, *Supersense* (Souvenir Press, 1980)

Horn, Stacy, *Unbelievable: Investigations into Ghosts, Poltergeists, Telepathy, and Other Unseen Phenomena, from the Duke Parapsychology Laboratory* (Ecco Press, 2009)

Irwin, Henry J., with Watt, Caroline A., *An Introduction to Parapsychology* (McFarlane, 5th edn, 2007)

Iwasaka, Michiko, with Toelken, Barre and Hufford, David J., *Ghosts and the Japanese: Cultural Experience in Japanese Death Legends* (Utah State University Press, 1994)

Jones, Andrew, *Medieval Ghost Stories: An Anthology of Miracles, Marvels and Prodigies* (Boydell Press, 2001)

Lamont, Peter, *The First Psychic: The Peculiar Mystery of a Victorian Wizard* (Abacus, 2006)

Lang, Andrew, *The Book of Dreams and Ghosts* (Longmans, Green & Co, 1897)

Lavater, Lewis, *Of Ghosts and Spirits Walking by Night* (1572)

Mackenzie, Andrew, *Hauntings and Apparitions* (Heinemann, 1982)

Marshall, Peter, *Mother Leakey and the Bishop* (Oxford University Press, 2008)

Maxwell-Stuart, P. G., *Ghosts: A History of Phantoms, Ghouls and Other Spirits of the Dead* (History Press, 2007)

McBryde, Gwendolen, *M. R James: Letters to a Friend* (Edward Arnold, 1956)

McCorristine, Shane, *Spectres of the Self* (Cambridge University Press, 2010)

参考文献

Abbot, G., *Ghosts of the Tower of London*（David & Charles, 1986）

Ackroyd, Peter, *The English Ghost, Spectres Through Time*（Chatto & Windus, 2010）

Adams, Paul, with Brazil, Paul Eddie, and Underwood, Peter, *The Borley Rectory Companion*（History Press, 2009）

Aykroyd, Peter H., *A History of Ghosts: The True Story of Séances, Mediums, Ghosts, and Ghostbusters*（Rodale Books, 2009）

Babbs, Edward, *Borley Rectory: The Final Analysis*（Six Martlets Publishing, 2003）

Baldwin, Gay, *Ghosts of Knighton Gorges*（Baldwin, 2010）

Blum, Deborah, *Ghost Hunters: William James and the Search for Scientific Proof of Life after Death*（Penguin Press, 2006）

Bywater, Hector, *Their Secret Purposes: Dramas and Mysteries of the Naval War*（Constable, 1932）

Chambers, Paul, *The Cock Lane Ghost: Murder, Sex and Haunting in Dr Johnson's London*（History Press, 2006）

Clarke, Andrew, *The Bones of Borley*（www.foxearth.co.uk）

Clarke, David, *The Angels of Mons: Phantom Soldiers and Ghostly Guardians*（Wiley, 2004）

Cox, Michael, *M. R. James: An Informal Portrait*（Oxford University Press, 1983）

Crowe, Catherine, *The Night Side of Nature*（T. C. Newby, 1848）

Davies, Owen, *Ghosts: A Social History*（5 vols.）（Pickering & Chatto, 2010）

—, *The Haunted: A Social History of Ghosts*（Macmillan, 2009）

Felton, D., *Haunted Greece and Rome: Ghost Stories from Classical Antiquity*（University of Texas Press, 1999）

Folklore, Myths and Legends of Britain（Various Authors, The Reader's Digest Association, 1973）

Finucane, R. C., *Ghosts: Appearances of the Dead & Cultural Transformation*（Prometheus Books, 2006）

16. マザー・リーキーが死んでほんの6週間後のクリスマス直前、“ノックの音と、部屋のベッド周辺から牛の群れがぞろぞろと去っていくような音”が聞こえた。それから、マザー・リーキーの幻影が、続けさまに姿を現すようになった。幽霊は、黒い服と白い胸飾りを身に着けていた。天国にいるのか地獄にいるのかと訊かれると、マザー・リーキーはうめき声をあげて消えるという。
17. もし小さなジョージアナがオズボーンハウスに来たとすれば、当時アルバート公はまだ生きていたはずだ。いちばんありえそうなのは、イギリスの劇場を巡るたくさんのツアーのひとつで、ジョージアナが女王の目の前でパフォーマンスを行ない、いつも宣伝に余念のない父親が自分で時計をつくったという説だろう。
18. 意外かもしれないが、イギリスで記録されている子どもの幽霊は、たとえばスカンディナヴィアやバルト諸国に比べると、とても少ない。M・R・ジェームズは、ヨーロッパのこれらの地域に詳しかった。
19. ウィジャボードはもともと、子ども向けのボードゲームとして販売された。ウィリアム・フルドは“プレーヤーの意図しない筋肉の動き、あるいはほかのなんらかの作用”を利用する製品として特許を取った。
20. R・J・ヘイ博士は《ランセット》に、古い本に潜む菌類の、幻覚を起こす特性について、まさにそういう論文を書いている。ヘイ博士はイギリスを代表する菌学者で、ガイ病院皮膚科教授でもある。
21. のちに、スピリチュアリスト教会がフーディーニの死を画策したのだという、ややヒステリックな主張があった。

7．『貧しき学校教育』（フォンタナ、1979）。

8．サー・ウォルター・スコットは、メルローズ修道院に大きな関心を寄せていた。スコットの呪われた寝室の物語は、初の現代的な幽霊小説だ。修道院には、スコットランド王ロバート１世の心臓や、占星術師マイケル・スコットの遺体が埋葬されている。マイケル・スコットは、霊を呼び出してフランスやスペインの宮中から料理を運ばせたといわれ、ダンテやボッカッチョの作品にも登場した。1200年が過ぎた今も、修道院は不可思議な現象と結びつけられている。建物は一度呪われると、ほとんど永遠に呪われ続けるらしい。

9．『呪われたイギリス――イギリス幽霊伝説の調査』（1941）。

10. 窓を通り抜けてもたれかかっている赤毛の青ざめた女だった。“わたしには、彼女の体は物質というより厚い雲のように見えた”。

11. 『レディ・ファンショーの回顧録』（1830）。

12. アン・ブーリンの幽霊は、ブリックリング・ホール、ヒーバー城、チェシャーのボリン・ホール、エセックスのサルの教会など、いくつかのカントリーハウスに結びつけられている。正義を求める王妃の嘆願が、ランベス宮殿のカンタベリー大主教の公邸で聞こえるという。また、最後に川を渡ってロンドン塔へ向かったからか、幽霊船に乗ってテムズ川に現れる。

13. 首のない幽霊は昔からヨーロッパじゅうで見られ、イギリスにあるサクソン族のいくつかの墓地では、墓から死者が起き上がらないようにするために首を切り落としたという証拠があるが、イギリスではアン・ブーリンの物語に先立つ首のない幽霊の物語は、あまり見られない。

14. ハムレットを演じて名をなした18世紀の俳優デヴィッド・ギャリックは、自分で機械的なかつらをつくり、恐怖の場面で金属の髪の房が逆立つようにした。

15. 第４章「ヒントン・アンプナーの謎」参照。

13』のなかに存在しなければだが。

31. 1998年、SPRは、スタッフォードシャーのウエストウッド・ホールでの事件を調査した。ある管理人が、レディ・プルーデンシア・トレンサムについての書類を作成していると、レディ・トレンサムが書類に取り憑いたようだった。管理人が“プルーデンシア”にスペルチェックをかけると、選択肢に“死”“埋葬”“地下室”などが現れた。

第18章　イギリスで最も呪われた屋敷

1. ことあるごとに視聴者を関わらせるのは、抜け目ない作戦だった。ライブ番組のオンライン視聴者は、リアルタイムで薄暗い部屋や廊下に固定されたカメラにアクセスし、制作チームに異常な現象を報告することで参加を促された。

2. プライスは、最初ディーン・マナーに、次にボーリー牧師館にその宣伝文句を適用した。それは、どちらがより大きく報道されるかによって決まった。

3. www.thegoldenfleeceyork.co.uk

4. ボーリーと同じく、地元住民は、夜中に教会墓地に足繁く通うゴーストハンターたちにうんざりしているが。

5. この逸話はほぼ間違いなく、「レイナム・ホールの茶色の貴婦人」で話したレイナム・ホールでのマリアット大佐の事件から、フォークロア的に取り入れられたものだろう。幽霊事件を借用して別の状況に置き換える風習は、幽霊話が語り伝えられる典型的な形であり、その詳細は常に変化している。本書の第1章にある、ロンドン塔で襲いかかってきた幽霊を銃剣で刺した衛兵の話も参照してほしい。

6. ゴーストハンターのエリオット・オドネルが、自著『役立つ幽霊、危険な幽霊』（1924）のために1924年12月につくり上げた。

20. 有機物——テトラフェニルポルフィリン（$C_{44}H_{30}N_4$）——にも非局在性が生じるという実験上の証拠がいくつかあるとはいえ、どうすればそのような高尚な物理的現象が人間の知覚と関わりを持てるのか、まだまだ科学的に説明できる段階ではないようだ。フィリップ・ブランチャード＆G・F・デラントニオ著『量子力学におけるマルチスケール法——理論と実験』（2004）を参照。
21. 《サイエンス》2011年12月号。
22. アメリカ陸軍とその他の政府機関が、公式にこういう超常現象特別計画から距離を置いたのは、1995年になってからだった。
23. 実験のいくつかは、当世風に、LSDを含む薬物の影響のもとで行なわれた。
24. 超心理学に浴びせられる懐疑の多くが偏見にもとづいているのは事実だが、そうだとしても、好きなだけデータを集めることはできる。ただし、誰も読もうとしなければ、本質的に無意味だ。
25. 第12章「幽霊の下品さについて」参照。
26. 最近、ヨーロッパの超心理学者たちは、椅子から立ち上がって出かけることが増えたようだ——キアラン・オキーフは、すぐに頭に浮かぶそのひとりだ。
27. www.lessemf.com
28. “人は、なぜわたしが『ゴーストバスターズ』を書くことになったのかとよく尋ねる”とダン・エイクロイドは、2009年に父親の本『幽霊の歴史』の序文で書いた。“じつを言うと、1900年代前半、わたしの家族は、死者が望むかどうかはともかく、死者の霊と連絡を取りたいという願いに動かされた世界的な文化・社会現象に巻き込まれていた”。
29. 『幻灯』（1987）35ミリスライド映写、音声あり。
30. もしそれが、呪われた人工物についてのテレビドラマ『ウェアハウス

というよりウィジャボードのようなものだろう。

9. ドイツ生まれの画家ハンス・ホルバインの『死の舞踏』から着想を得ている。

10. 自身のフリーメーソン結社をつくってもいたらしい。

11. ヘンリー・ダークス。

12. いくつかの資料では、1862年のクリスマスイヴに披露されたとある。

13. 《ヘラルド》1863年8月号。

14. ルーシー・E・フランク著『19世紀アメリカの文書と文化における死の表現』(2007)。

15. レントゲンは、1895年、クルックス管を使ってX線を発見した。

16. 第13章「わななくテーブルの秘密」参照。

17. ふたつの言葉は反対の意味を持つ。だから、映画シリーズ『パラノーマル・アクティビティ』は完全に間違っている。パラノーマルは、単に今のところ公認されていない科学的な物理法則として受け入れることだ。スーパーナチュラルは、科学を平然と無視する。つまり、悪魔はパラノーマルではない。

18. 行事の最中にひどい雷雨が起こったが、ラインはひるまずに的を狙い、300点中289点をたたき出した。

19. 1949年、ワシントンDCのルーサー・シュルツ師は、メリーランド州の会衆の13歳になる息子について、ラインに手紙を書いた。カトリックの司祭たちが関わると、憑依は悪化したようだった。少年は司祭たちの目前で自慰をして、ベッドの上で思わせぶりに身もだえした。あるときには、少年の肌に赤いみみず腫れのような矢印が現れ、ペニスを指し示した。シュルツの説明によると、精神衛生の専門家は、少年が“成長したがっていない”という意見を述べた。現象は、しばらくしてあっさり鎮まった。ラインは、すべてのできごとが終わったあとに、ようやくシュルツに会った。

バート・エイカーズがハイバーネットのライオンズダウン写真クラブで行なった。しかし、マールバラ・ホールでの王立写真協会による映写が、最初の公開ショーだったようだ。

4．“光を奪われた入来者の家へ赴く／そこでは砂が彼らの滋養、土が彼らの食物／光は見えず暗闇に暮らす／鳥のように翼の衣服をまとい／扉の前には砂が積もる……”。メソポタミア神話「イシュタルの冥界下り」R・ボーガー著『バビロニア・アッシリア読本』第1巻（ローマ、2006年）による字訳。

5．https://www.youtube.com/watch?v=K4MnFACzKfQ

6．https://www.youtube.com/watch?v=8ZrATNzuksQ

7．エイブラハム・リンカンは、ワシントンDCのフォード劇場で、この俳優の演技を見ている最中に暗殺された。リンカンは今でも、あらゆる大統領のなかで最も超自然現象に深く関わっている人物のひとりだ。ホワイトハウスに取り憑いているといわれ、マムラーの心霊写真にも現れた。リンカンは予言的な前兆を信じ、かつて鏡をのぞいて二重に映った自身の像を目にしたり、自分がおごそかに横たわる夢を見たりしている。ユリシーズ・グラント将軍とその妻ジュリアは、大統領とともにフォード劇場へ行く予定だったが、その朝グラント夫人は、ワシントンを離れてニュージャージーの自宅へ戻るべきだと不意に確信した。最初、グラントは拒否した。ほんの数日前に南軍将軍リーの降伏を受け入れたので、その晩は祝われもてなされるはずだった。しかし妻はしつこく日中に伝言を送り、夫にすぐさま議事堂を離れるよう懇願した。大統領の暗殺後初めて、ともにボックス席に座る予定だったグラントは、暗殺者ブーズの標的リストに自分も載っていたことを知った。

8．1585年に発表した『自然魔術』での〝共感による電信〟の提唱は、アルファベットの文字の周囲で揺れる針を使うものだった――おそらく、電信

リー・プライスが好きではなかった。博士はSPRの知的な攻撃犬を務めるとともに、その職業生活のほとんどを、大英［博物館］図書館での“名誉司書補”としての目録づくりに費やした。とりわけ性愛文学の“私的な事例資料”に責任を負っていた。図書館に寄贈したもののなかには、“1890年から1970年ごろのさまざまな言語における性愛文学の内容見本と広告”もあった。

17. ディングウォールが司書として働いていた大英図書館で見ることができる。

18. M・R・ジェームズが子ども時代を過ごしたグレートリヴァーミアは、ボーリーからほんの20マイルの場所にある。イーストアングリアの教会を愛していたジェームズは、どこかの時点でほぼ間違いなくボーリーを訪れていたはずだ。

19. その原稿は、ロンドン大学のハリー・プライス・コレクションのなかに残されているが、大きな進展は見られなかった。シンクレアは、最近では、2007年のダニエル・デイ＝ルイス主演の映画『ゼア・ウィル・ビー・ブラッド』の原作者として最もよく知られている。

20. 真偽のほどはわからないが、原稿のタイトルは「ハリー・プライスを眠らせなかった幽霊」だったとか。

第17章　恐怖の王とテクノロジーの話

1．マリ・キュリーは、火葬された遺骨の放射性残留物を検査されたのち、研究に使用していたラジウムによる被曝ではなく、初期のX線装置による被曝で死亡したことが証明された。

2．スーザン・ヒルの小説を最近映画化した作品『ウーマン・イン・ブラック　亡霊の館』（2012）に、その一種がちらりと出てくる。

3．厳密には、イギリス初の映写は、1896年1月10日にイギリスの先駆者

興味を持つ作家だった。また、グラフィックデザインの技能を持っていたことがきっかけで、1942年には特殊作戦執行部の熟練偽造者セフトン・デルマーのもとで働きながら、イギリスのためにナチスの正式文書を偽造するようになった。

11. プライスはのちに、上着について教区牧師のヘニングに問い合わせた。“ヘニング氏によると、上着については何も知らず、牧師館では一度も見たことがなく、どうしてそこに「現れた」のか見当もつかないとのことだった。牧師はさらに村で尋ね回ってみたが、上着をなくした者や何かを知っている者はひとりもいなかった……わたしは上着を、見つけた場所に残しておいた。監視者の報告によれば、わたしが牧師館を借りている期間、その上着は1週間完全に消えてなくなっていたという”（ハリー・プライス著『イギリスで最も呪われた屋敷』）。残念ながら、屋敷はプライスが考えていたほど厳重に戸締まりされていなかった。

12. その後ロジャー・グランヴィルは、イギリス空軍に加わり、第二次世界大戦中、少佐になった。

13. ガラスの代わりに三角形あるいはハート型の木のポインターがついているウィジャボードの一種。特にアメリカでは、1860年代に大流行した。最近では、映画『パラノーマル・アクティビティ』のなかで使われている。

14. とはいえ、プライスの支持者たちに対して公平になるなら、煉瓦は、確認できる唯一の職人からかなり遠い位置にある。

15. 1878年8月末、18歳のエスターが知り合いの男にレイプされ、それが引き金となって、住んでいた小さな家で不可解なコツコツ、バンバン、カサカサなどの音がし始めた。聖職者を含む多くの人が目撃したところによると、ベッドの上に“エスター・コックス、おまえは俺のものだ、殺す”という文字が現れ、エスターは発作や腫れ物に悩まされた。

16. 人類学者エリック・J・ディングウォール博士（1890～1986）は、ハ

から”。

5. 1941年、マリアンはさらに、デイヴィーズという別の男をだましたといわれている。やもめの一般開業医で、マリアンは性行為の絶頂の瞬間に、相手の亡き妻トゥイーティーの霊と交信できるふりをして、半年にわたって金と贈り物を搾り取った。デイヴィーズと別れたあと、マリアンは妻の服を返したが、それは“人形のような形”にゆがめてあり、“秘教のシンボル”が書かれた厚紙を添えられていた。デイヴィーズは、呪いをかけられたように感じた（『ボーリーの未亡人』1992）。

6. マリアンは、引き取った3人の子どものうちふたりを、ある時点でほとんど見捨て、最後のひとりヴィンセント・オニールだけを手元に残した。しかし、マリアンが短いあいだ世話をした養子は、ある日突然駅へ向かい、列車に乗ってロンドンへ戻った。オニールは、母とボーリー牧師館とのつながりを、母の死後、1993年になって初めて知った。しばらくのあいだ、事件をめぐる草分け的なウェブサイトを運営していたが、2004年以降はボーリーの物語との関わりをいっさい断《た》っている。

7. マリアンは重婚を隠すために、名前や年齢、住所、公文書を偽るなど、ありとあらゆることをしたので、どんな家庭生活を送っていたのかははっきりしない。1950年代には、トレヴァー・ホールがもつれた詐欺事件の全容解明に努めたが、マリアンはボーリーを離れたあと、イプスウィッチやレンドルシャムでフィッシャーとともに暮らし、ライオネル・フォイスターを年老いた父と言い繕っていたようだ。第二の夫が、第一の夫を妻の病弱な父と信じていた可能性は大いにある。

8. 第5章「テッドワースの鼓手」参照。

9. ありがたいことに、系図学者ロバート・バレットがこの件について調べてくれたが、ふたりが親戚関係にあるという証拠は見つからなかった。

10. エリック・ハウは、“黄金の夜明け団”として知られるオカルト組織に女”が、騎士の幽霊を見たがり、そこで寝ると言い張ったと語っている。その女性は幽霊を見なかったが、2日後にそこで寝た老婦人は見たそうだ。

9. ウィリアム・ホープ（1863～1933）の事件も同様に決着した。大工から写真家に転身し、1920年に、まだ元気にしている人の心霊写真を撮った。

10. “ソートグラフ”という言葉は、のちに“ネングラフ”に取って代わられた。

11. 2007年には、《ニュー・サイエンティスト》での数学者パーシー・ダイアコニスのインタビューが、ふたたび手順全体に疑問を投げかけた。ダイアコニスが、セリオスの不正を見たと主張したからだ。とはいえ、セリオスのパフォーマンスのすべてが不正だったという結論にはならない。

第16章　ボーリー牧師館の殺人

1. スミスが報告書を受け取ることはなかった。

2. ナイトン・ゴージズでも同様の説明をされたことを思い出す（第1章「幽霊屋敷で育って」参照）。そこには、小さな荒れ果てた庭に立つ田舎家が残っている。地元の専門家が自信を持って言うには、家主が庭を見渡す窓をひとつもつくらなかったのは、夜になって幽霊が活気づくとき“見えるものが気に入らなかった”からだそうだ。こういう場合、実際には、主人が芝地でお茶を飲むとき、使用人たちにじろじろ見られないようにするためであることが多い。

3. 実際にはフォイスターの在任中に1回、壁の文字をさらに調べるために訪れているが、それだけだった。またしても、ボーリー牧師館との関係は、ほとんど始まらないうちに終わっていた。

4. 何年ものち、イアン・グリーンウッドへの手紙で、マリアンはこう書いている。“フィッシャーはわなにかかった……わたしがお金を持っていると思ったから。わたしはわなにかかった。彼がお金を持っていると思った

4．たいていの資料ではロフタス大佐としてあるが、グラディスは少佐と呼んでいるし、親戚でもあるので、彼女に従うことにする。

5．ヘミングウェイのお気に入りで、ジョゼフ・コンラッドに賞賛され、現在では忘れられたフレデリック・マリアット（1792～1848）は、海洋小説でパトリック・オブライアンに影響を与えた。著書には『少尉候補生イージー』、『ニューフォレストの子どもたち』などがある。マリアットが描いた死の床にあるナポレオンの姿は、当時のイメージとして最もよく知られるもののひとつだ。1820年にはスループ型帆船ビーヴァー号を指揮し、セントヘレナ島からイギリスへ、ナポレオンの死を伝える任務を負った。超自然現象についても書いた。『幽霊船』（1839）は『パイレーツ・オブ・カリビアン』によく似ている。

6．確かに、階段の13段めの上に浮かぶぼんやりした半透明の姿が写っている。以後多くの人が、その“聖母マリア”風の外見について語ってきた――つまり、聖母マリアの伝統的なイメージに見えるのだ。レディ・タウンゼンドがカトリック教徒で、近所のウォルシンガムにある、あらゆるカトリックの聖堂のなかで最も崇められている場所のひとつに特別な興味を示していたことを考えると、とても興味深い。

7．トム・ラッフルズ著「レイナム・ホールの茶色の貴婦人」nthposition.com 2009年１月。

8．じつはレディ・タウンゼンドがアンドル・シーラを雇ったのだという根強い説がある。だとすれば、なんのためだろう。茶色の貴婦人の物語で始まる本を売るための、洗練された宣伝行為だった可能性は大いにある。実際、本のなかのレディ・タウンゼンドは、誰かにそそのかされた陰気なカトリックの貴婦人というより、派手な若者のようで、とても生き生きとして、少しいたずらっぽく見えるほどだ。“モンマスの間”についてのある話では、自宅のパーティーで“その年社交界デビューしたいちばんの美

7．帝国戦争博物館「モンスの天使」情報シート、24番、ブックリストナンバー1256A。ロンドン、帝国戦争博物館、日付けなし。
8．ケヴィン・マクルーア著『天使の幻影と弓兵の物語』(1994)。
9．偶然にも、わたしは『モスト・ホーンテッド』の真夏のスペシャル番組で、ウッドチェスター・マンションを訪れた。低予算のテレビ制作と、招待された観客の几帳面な整列が組み合わさったかなり奇妙な経験だった。けれども、そのばかばかしさから離れてみると、ひどく不安を誘う場所だった。
10. 残り３種のギリシャの幽霊は、おもに子どもと赤ん坊の哀れなオーロイ、きちんと埋葬されなかった悩めるアタフォイ、未婚のまま死んだ恨みがましいアガモイ。
11. いくつもの報告があるとはいえ、古典学者のあいだでは、マラトンの戦いで１頭でも馬が使われたかどうかは今も論議の的になっている。

第15章　レイナム・ホールの茶色の貴婦人

1．ウォートン公爵フィリップについては、さらに興味深い点がある。国王とドロシーの兄ロバート・ウォルポールに大逆罪で告発され、爵位と領地のすべてを没収された年は、1729年だった。ドロシーが亡くなった年だ。家族の伝説——兄の手でウォートン卿が完全に破滅したせいで、ドロシーが餓死したという話は真実なのだろうか？
2．子どものひとり、エドワードはノリッジ大聖堂の主任司祭となった。
3．特に超自然現象コメディーでよく目にする、肖像画の目が部屋じゅうを追いかけてくるというアイデアは、G・J・ホワイト＝メルヴィルの短編「黄色いガウン」(1858) に起源を発すると思われる。作品のなかで、語り手は、肖像画の女が自分をじっと見ているかのような“奇妙な錯覚”にとらわれる。

ズは、マイヤーズを“チャールズ・ダーウィンと肩を並べるほどの天才”と考えた。またマイヤーズは、精神医学の分野でも草分け的な存在と見なされるようになっている。

20. シェーカー派の家具には、ポルターガイストの注意を引きつけるような何かがあるようだ。

21. サン＝シモン伯爵クロード・アンリ・ド・ルヴロワ（1760〜1825）は、空想的社会主義者だった。

22. 検査では、硬貨をゴムバンドで留められるかわりにハンドルを握らされたので、単純にハンドルの片方を膝の下に入れ、自由になった手でギターをかき鳴らしたり、紙から形を切り抜いたりした。最近、ロンドンの科学博物館でクルックスの検流計のひとつが発見されて、検査が簡単にあざむけることが示された——たとえば、靴下のなかにしまうだけでよかった。

第14章　上空の天使と深海の悪魔

1．この幽霊物語を出版した数年後、ミントーはイギリスの警察を称える本『勇敢な者たち』を書いた。

2．この本の大英図書館版の余白には鉛筆で、“65は13の５倍である”という目を引くコメントが書き込まれている。

3．アメリカ海軍の航空母艦ホーネットも、呪われた軍艦として長い歴史を持つ。

4．『発明多種多様』（1893）に収録。

5．これが、セシル・B・デミル監督の映画『ヂャンヌ・ダーク』（1916）を生み、５世紀が過ぎた1920年にジャンヌ・ダルクが聖者の列に加えられるきっかけとなった。

6．ヘレン・ド・G・ヴェロール著「“モンスの天使”に関わる調査」《SPR会報》1915年12月号。

13. ブラックバーンの妻の死後、フローレンスの妹ケイトと母親はブラックバーンと同居して、彼と精神障害の娘の世話をした。少なくともひとりの伝記作家はそれを、ブラックバーンの財産を手に入れようとしたクックの犯罪的な陰謀の証拠として挙げている。
14. 現在は、キャムデンのモーニントンテラス。
15. 2年後の1876年、バラムに住むチャールズ・ブラヴォーの中毒死について検死が行なわれるあいだ、ガリーの名前は醜聞にまみれた。ガリーは、チャールズの妻でずっと年下のフローレンスと不義の関係を結んでいた。妊娠したフローレンスにガリーみずからが中絶手術を行なったことが発覚すると、医学団体への所属を取り消された。チャールズ・ブラヴォーの毒殺犯は、特定されなかった。
16. 体の空洞を使うのは女性だけではなかった。オーストラリアのアポール霊媒師チャールズ・ベイリーは、1916年、グルノーブルでの降霊会のため、生きたインダススズメをひそかに肛門に隠していた。
17. アレックス・オーエン著『暗い部屋』(1989)。
18. エドマンド・ガーニー(1847〜88)はSPRの創設メンバーのひとりで、史上初のフルタイムの心霊調査員になった。一時はケンブリッジ大学トリニティ・カレッジの特別研究員であり、のちに物理学者オリヴァー・ロッジのもとで学んだ。ロッジは、生徒の影響で超自然現象に興味を持つようになった。1886年、ガーニーは“テレパシー”による幻覚の草分け的な研究、『生者の幻影』の筆頭著者となった。ジョージ・エリオットの『ダニエル・デロンダ』のモデルになったといわれる。ブライトンホテルで、おそらく神経痛治療のためのクロロフォルムの過剰摂取により死亡。
19. マイヤーズ(1843〜1901)は聖職者の息子で、やはりケンブリッジ大学トリニティ・カレッジに所属し、SPRの創設メンバーのひとりだった。マイヤーズを“心霊研究の父”と呼ぶ文献もある。ウィリアム・ジェーム

6．うわさによると、パリのメザ刑務所に収監されたあとすぐに、ロシア皇帝が名づけ親であるサッシャという娘と結婚した。アレクサンドル・デュマが新郎付添人を務めた。

7．ヒュームは若い兵士に、ロンドン塔に取り憑いた恐ろしい幽霊たちについて警告したが、残念なことに、その詳しい内容はまったく記録されていないようだ。ヒュームは“タワーの何種類かの霊についてとても生き生きとした言葉で”描写し、リンジーに、近いうちにその目で見ることになるだろうと言った。リンジーはのちに、そのとおりになったことを認めたが、どんな幽霊だったかについては何も記録を残していない。

8．しばらくのちに、科学組織である弁証法協会がそのできごとを分析したところ、事態は複雑になった。できごとが起こったのは別の場所だったとリンジー卿が言ったせいと、窓の外に下枠があったかどうかについて意見の不一致があったせいだ。

9．ヴァーリーの電気への理解は神秘主義的だったが、ニコラ・テスラが登場するまでは、右に出る者がなかった。たとえば、次のような記述を見てほしい。“鉄線は電気技術者にとって、電気を自由に通すために空気の硬い岩にあけた穴にすぎない”。

10．ピーター・ラモント著『初の霊能力者』（2005）には、未調整の額面金額で６万ポンドとある。

11．ガリーはモルヴァーン温泉での水治療法で成功し、チャールズ・ダーウィンの生涯を描いた映画『クリエーション』（2009）でも取り上げられている。物語は、ダーウィンが1851年にそこを訪れたことを中心に展開する。

12．フローレンス・クックの年齢については異論があるが、心霊現象研究協会は公文書で、誕生日を1856年６月３日と確認した（メドハーストとゴールドニーの調査、62）。

10. 2005年にオフコム（イギリス情報通信庁）が、番組を規制違反の疑いで調査したあと、結論が下された。オフコムは『モスト・ホーンテッド』の嫌疑を晴らし、番組が“高度な演出能力を示すことで、合法な調査と一般に理解されているものを超えた表現をしている”と結論づけた。それ以来、番組は常に、エンターテインメント・ショーを名乗っている。

第13章　わななくテーブルの秘密

1．なぜ紅海が、プロテスタントの幽霊に関わる神学において、これほどの権威を持つのかははっきりしない。そこには、旧約聖書の物語とのはっきりした共鳴があるように思う。たとえば出エジプトの物語では、紅海がふたつに割れ、不信心な者たちは海の底に沈んだ。

2．足指や関節を鳴らす能力は、ペテン師たちの基本的な特徴として注目された。コックレーンの幽霊をでっち上げたことが発覚した少女、ベティー・パーソンズは、そのことで責められた。

3．今日では、ゲール語の〝勝利か死か〟(Buaidh no bas) が広く一般に知られている。

4．預言者ムハンマドの人生を題材にしたジョージ・ブッシュ教授の処女作は、イスラム教の開祖に好意的な内容ではなく、ブッシュ一家のなかに明らかにイスラム教軽視の傾向があると示唆されると、2004年のアラブ世界に紛争の火種が生まれた。アメリカ国務省はすぐさま、教授が当時のジョージ・W・ブッシュ大統領の遠縁に過ぎないことを確認するプレスリリースを出して修復しなければならなかった。

5．コックスホテルは、コ・イ・ヌール・ダイヤモンドの元所有者マハラジャ・ドゥリープ・シングの第二夫人の職場でもあった。エイダは、1880年代に北インドのシク王国の魅惑的な君主と結婚するまで、ここで客室係として働いていた。

ている”。そのドレスは、ハーディーの想像力が着せたのだろう。それ自体が幽霊のようなものだ。

3．つい最近では、テレビドラマ『ダウントン・アビー』のオブライエンに、その人物造形が見られる。

4．マニング夫人は、サザーランド公爵夫人の侍女だった。公爵夫人は、ヴィクトリア女王の宮中で衣装担当女官を務めていた。おそらくそのせいで、さらにこの幽霊が身にまとっていた生地やドレスが強調されたのだろう。《パンチ》はマニング夫人の衣装を“有罪判決を受けたコサージュ”と呼んだ。

5．マニング夫人は、金と所持品目当てにミンヴァープレイスでパトリック・オコナーを殺し、死体を生石灰とともに厨房の床下に埋めた。逃亡後の警察の人相書には、身長5フィート7インチ、“恰幅よし”、顎の右側から首まで伸びる傷跡あり、と書かれている。

6．多くの意味で、黒いドレスはマニング夫人が外国人だというイギリス人の見かたを強調する役割を果たした。

7．本書の執筆時点では、フォーチュン・シアターでの『ウーマン・イン・ブラック』ロンドン公演が、間もなく9千公演めとなり、23年間でおよそ700万人を動員したとのこと。

8．テッドワースの鼓手、ヴィール夫人の亡霊、コックレーンの幽霊、ヒントン・アンプナーの事件を参照。サマセットのマインヘッドで1634年に起こったマザー・リーキーのハロウィーンの幽霊事件では、チャールズ1世の枢密院が調査を命じた。

9．アコラのパフォーマンスの少なくともひとつは、不正と見なされた。テレビでおなじみの超心理学者キアラン・オキーフが架空の人物について情報を与えておき、アコラが合図を受けて、その架空の人物に取り憑かれたふりをした。

せるという直接の実証だ”。驚くべきことに、マサチューセッツ工科大学のエド・ボイデン教授による研究のおかげで、じきにそれが技術的に可能になるかもしれない。教授の合成神経生物学グループは、実際の脳のニューロンに、プログラムされたウイルスを使って、藻のタンパク質を送り込み、これに光を当てて個々に発火できるようにした。つまり、脳の一部を明かりのようにつけたり消したりできるということだ。

11. この文章は、T・S・エリオットにひらめきを与えることになる。“いつもきみのそばを歩いているあの人は誰だい／数えてみても、きみとぼくしかいないのだけど／白い道のほうを見上げると／いつももうひとりきみのそばを歩いている人がいる”（『荒地』）。

12. 1秒未満から10秒くらいまでの制御不能な一瞬の眠り。疲労に対する自然で生理的な反応だが、その人が大型機械を使った仕事をしている場合、きわめて危険にもなる。

第12章　幽霊の下品さについて

1. 言い伝えによると、マニング夫人がサテンを好み、サテンの黒いドレスを着ていたので、何十年ものあいだその生地が不人気になったという。しかし、夫人の伝記を書いたアルバート・ボロウィッツは、逆に何十年ものあいだサテンが流行していたことに気づいた。2年後の万国博覧会では、7種の黒いサテンが織物の賞を受賞した。

2. トマス・ハーディーは当時まだ9歳で、実際に処刑を見たわけではなかったが、ドレスと処刑のイメージが心から離れなくなった。その後、夫を殺害したエリザベス・マーサ・ブラウンの絞首刑を見物したハーディーは、ずっとのちに、その場面をこう描写した。“霧雨のなか首をつられた彼女の姿が空を背にどれほど美しい姿を見せていたか、ぴったりした黒い絹のドレスがくるくると回る彼女の体をどれほど際立たせていたかを憶え

は、不面目な形で病院を辞職させられた。

6．マックス・デソアールは、『奇術の心理学』のなかで、じつのところ高等教育を受けた調査者のほうがずっとだまされやすいという意見を述べている。“無学な人のほうが、教養のある人よりずっとだましにくい。無学な人は、絶えず公然と自分の知性を疑い、自分をだまそうとする試みと全力で戦っているが、教養のある人はだまされようという唯一の目的でやってきて、すんなりと幻覚に身をゆだねてしまう”。

7．チューリヒの神経学者ピーター・ブルガーの研究を含むいくつかの研究によると、ドーパミン量が多い（エーテル濫用の影響を受けている）人は超常現象を信じやすくなる。ドーパミンは、“快感”の要素と、パターンに意味を見つける傾向に関わる神経伝達物質だ。1999年にモスクワのロシア医学アカデミーで行なわれたラットに対する実験では、“雌のラットは雄よりエーテルの吸入でドーパミンの働きが強化されやすい”と結論づけられた。シャーロック・ホームズも、ドーパミンに影響するコカインの静脈注射で、パターンを見る能力を高めていたのだろう。

8．『鑑定人としての法廷での証言』アンドリュー・M・コールマン著、レスター大学。ノッチングが先例をつくった鑑定人という役柄は、今やアメリカのゴールデンタイム番組に欠かせないものになっている。

9．ウォルター・ランドール＆ステファニー・ランドール著「太陽風と幻覚——磁気《じき》擾乱《じょうらん》による反応の可能性」（《バイオエレクトロマグネティクス》1991年12月号）。

10．ブラックモア博士は、BBCの科学番組『ホライズン』のゲストとして同行した。博士はこう書いている。“しかし結局、これらの観察は相関関係にすぎない。側頭葉での神経活動が心霊経験を生じると——あるいは、それが心霊経験の作用だと、証明してはいない。欠けているのは、特定の経験が、脳のその部分におけるニューロンの特定の発火によってつくり出

5．ダグラス・グラント著『コックレーンの幽霊』（セントマーティンズプレス、1965）。
6．ポール・チェンバーズ著『コックレーンの幽霊――ジョンソン博士が暮らしたロンドンにおける殺人、セックス、幽霊屋敷』（サットン、2006）。
7．奇妙な偶然で、ヒントン・アンプナーを所有していたレッグ家と縁続きだった。
8．そして偶然、マンスフィールド卿の屋敷を破壊した。マンスフィールド卿はコックレーン事件の判事で、ナイトン・ゴージズのジョージ・モーリス・ビセットに対する訴訟でも裁判長を務めた。

第11章　瀉血《しゃけつ》と脳の鏡

1．驚くべきことに、ニコライの家は、現代のベルリンに今も立っている数少ない18世紀の建造物のひとつだ。
2．スカイTVの番組を制作しているあるテレビプロデューサーは、マジシャンのダレン・ブラウンにも同様のことがいえるとほのめかしている。
3．厳密に言えば、生理学または医学分野のノーベル賞を受賞した。
4．ルイ・シャルル・ブレゲー（1880～1955）に出資し、共同で初のヘリコプターをつくった。ジャイロプレーン・ブレゲー・リシェ号の飛行試験は、1907年に行なわれた。
5．ところが1838年の夏が過ぎるとともに、計画全体の医学的な面が失われ始め、オーキー姉妹がすべてをでっち上げたのではないかという疑惑が膨らんでいった。うわさによると、姉妹はイズリントングリーンの黙示録的な福音派教会の信徒らしかった。この教会の会衆は、宗教的恍惚に伴って意味不明の言葉を口走る傾向があった。しかし、姉妹の夕方の“ショー”を見た貴族たちは、ふたりのいかにも少女らしい生意気さと、仕立てのよいドレス姿で眠り込む様子に魅了されたようだった。結局エリオットソン

8．ギルダースリーヴ&ロッジ著『ラテン語の文法』(1867)“人が悪く言う、あるいは指さす者”。

9．その少年は、モンティー・ジェームズ、いやむしろ、窓から幽霊を見た幼いころの自分の影だ。ただしここでは、幽霊と逆の位置に立っている。

10. この手紙はグウェンドリン・マクブライド宛で、彼女との往復書簡は1958年に『友人への手紙』(エドワード・アーノルド社)として出版された。この手紙で明らかになった重要な事実は、M・R・ジェームズが猫にとても強い関心を示していたことと、愛猫のジョブが椅子の大半を占領しているあいだ本人は端に腰掛けて仕事をしていたことだ。ジェームズの巧みな話術は、猫から人へ感染する寄生虫トキソプラズマによるものだったのか？《ニュー・サイエンティスト》(2011年8月27日号)によると、この不愉快な原生動物の影響のひとつは、テレビドラマ『ハウス』のエピソードのように、恐怖を“心地よく”感じさせることだという。

11. マーク・ボンドは、ドーセット自然史および考古学協会の会長を務めた(1972〜75)。きっと彼は、あの晩聴いたM・R・ジェームズの物語をけっして忘れなかっただろう。いくつもの幽霊の丘や古代の地形が、脳裏に刻まれたのだろう。少なくともジェームズは喜んだはずだ。

第10章　ファニー嬢の新劇場

1．ホレス・ウォルポールからホレス・マンへの手紙、1762年1月29日付け。

2．興味深いことに、パーソンズは、初期のイギリス文学で言及される職業に就いていた。『農夫ピアズの幻想』(1362年ごろ)でウィリアム・ラングランドは、“コックレーンのクラリスと、教会の庶務係”の話をしている。

3．『中央刑事裁判所記録』の姉妹誌であるこの定期刊行物には、タイバーンで処刑された囚人の経歴が記されていた。

4．第7章「エプワースの少女」参照。

出没、テッドワースの鼓手などがある。

第９章　幽霊物語の作法

1．そのうえ、異常なほど太陽活動が低調になるダルトン極小期と呼ばれる期間が15年続き、地球規模の気候に重大な影響を及ぼした。

2．“マンフレッドは、逃げ出して階段までたどり着いたイザベラに気を取られたものの、動き始めた絵から目を離せなかった。なんとか彼女のあとを追って数歩進み、肩越しに振り返って肖像画を見ていると、それは画板から抜け出し、重々しく陰鬱な様子で床に降り立った”。

3．アン・ラドクリフはホルボーンの小売商人の娘で、20世紀の心霊研究者ハリー・プライスと似た境遇に生まれた。

4．いちばん最近では、ピーター・アクロイドが『アルビオン』（ヴィンテージ、2004）で触れている。

5．ニューカッスルの副牧師ヘンリー・ボーンは、1725年になってから、“庶民がよく言うように、霊を鎮められるのはカトリックの坊さんだけだ”と述べた。

6．午後３時の９つの聖書日課とクリスマスキャロルの儀式は、1918年にＭ・Ｒ・ジェームズが退職する前に取り入れられた。ジェームズはその導入にあまり賛成していなかったらしい――ちなみに、トゥルーロ大聖堂の主教Ｅ・Ｗ・ベンソンによって1880年につくられた。のちにカンタベリー大主教となるＥ・Ｗ・ベンソンは、ヘンリー・ジェームズに『ねじの回転』の原案となる物語を伝えたかもしれないあの人物だ。

7．笛の反対側には“Fur, Flabis, Flebis”と刻まれている。“盗人よ、吹けばおまえは嘆くだろう”という意味だ。ジェームズはいつでもこの物語を、ロバート・バーンズの歌から取られた正式な題名ではなく、“嘆く盗人”と呼んでいた。

4．ヴィール夫人の物語のなかでとりわけ興味深いのは、シャーロック博士とワトソン大尉の名前が出てくることだ。なんといっても、先に幽霊小説がなければ、探偵小説も生まれなかった。熱心な心霊主義者だったアーサー・コナン・ドイルも、よくわかっていたに違いない。シャーロック・ホームズは、不可解なことを合理的に説明する物語だ。ゴーストハンターにとてもよく似ている。

5．デフォーの墓石は、ハクニー博物館で見られる。

6．17世紀の哲学者ヘンリー・モアは、夜間の空気中の湿気に助けられて幽霊がひとつにまとまり、形を現すと考えていた。

7．この手紙は、手書きの文書としてジョン・フラムスティードの往復書簡のなかに残っている。

8．身元不明の人物が手書きで追加した注釈がいくつかあるが、文学界ではこれまで注目されてこなかったようだ。デフォーと同じ非国教徒が判読しにくい文字で、はっきりしない情報源からこう書き加えている。“ふたりが昔話をしているとき、ほかにも話題になったことがあった。チャールズ２世に非国教徒が迫害されていた時代について、ヴィール夫人は「人々はみんな永遠への道を行く途中なのだから、互いを迫害するべきではありません」と言った”。

9．サーシャ・ハンドリー著『見えない世界の光景』(2007)。

10．クルーソーは、ごく自然にこんな考えにふける。“幻影や亡霊、死後に歩き回る人々などがいるのかどうか、じつは今日まで知らない……”。

11．ミチコ・イワサカ＆バリー・トールケン著『幽霊と日本人――日本の死の伝説における文化経験』(1994)。

12．1980年代後半、その地に現れたミステリーサークルで有名になった。

13．使用人が主人にいたずらをして幽霊のせいにするという筋書きが見られる事例には、ストックウェルのポルターガイスト、ボーリー牧師館の幽霊

1．イギリスとアメリカ北部のポルターガイスト事件で、明らかに中心人物がいる200例近くを調べたゴールドとコーネルの分析では、中心人物のおよそ75パーセントが女性で、78パーセントは20歳未満だった。
2．デヴィッド・パーソンズ著『戦争における超常現象』1941年7月25日付けの《ガーディアン》に引用。
3．ひとつには、ナチスとポルターガイストが同一視されたせいで、この言葉がドイツで一般に使われなくなったのではないかと考えずにはいられない。

第7章　エプワースの少女

1．賛美歌『天には栄え』を書いたもうひとりの弟チャールズ・ウェスリーとともに。
2．ヘッティーの強制的な結婚は、サミュエル・リチャードソンの小説『クラリッサ』の着想の源になったといわれる。

第8章　ヴィール夫人の亡霊

1．現代のハロウィーンの美的感覚はすべて、こういう旅芸人の創作が元になっている。彼らはたいていアイルランド出身で、移民の波に乗って、アメリカに自分たちの儀式を持ち込んだ。
2．M・R・ジェームズ著「幽霊物語についてのいくつかの所見」(1929)。
3．現在では、デフォーがこの物語の作者だと一般に認められ、1790年以来そのように記載されてきたが、異議を唱える人もいる。2003年にはジョージ・スターが、学術誌で、単純に幽霊を信じていなかったという理由からデフォーはそんなものを書かなかったと論じた――しかしこの説は、常に借金を抱え貸手に追われていた作家が、ちょっとした現金のためにやる気になった可能性を考えていないようだ。

(1997) の序章とよく似ているので驚いた。ラディンはしょっちゅう懐疑主義者たちに、100年の絶え間ない実験によってPSIの存在が証明されていることを説明しなくてはならないという。カリフォルニア大学の統計学者ジェシカ・アッツは、1995年にラディンの本をこう評した。“講義が好きな人は誰もいないから、わたしの代わりにすべてを説明してくれる本を、その人たちに渡せればいいのにと思っていた……これがその本だ”。

17. わたしの切なる願いは、いつかカントリー・ミュージック歌手コンウェイ・トゥイッティがその縁続きだと証明されることだ。

18. ロバート・ボイルがこの話を直接聞いたのは、まだ少年のころだった。教育を受けていたイートン・カレッジを離れて間もなくヨーロッパ旅行に出かけ、1644年にはフィレンツェのガリレオを訪ねて、その帰途でジェノヴァに立ち寄った。かなり古典的なポルターガイスト事件で、厨房の鍋が飛んだり、シーツがベッドからはがされたり、さらには床下からマスケット銃の一斉射撃のような音が聞こえたりした。ヒントン・アンプナーの幽霊によく似ている。

19. アンドリュー・ラング著『コックレーンと世の常識』(1894)。

20. 物語にグランヴィルの雰囲気が感じられるのは、初めてアメリカの観客向けに脚色された作品のひとつ（レスリー・ニールセンが主演した1951年のテレビ番組『ライツ・アウト』で「ラント博士の失われた遺言」として）で、古代の本に埋もれた図書館が舞台の「論文ミドス」や、鬼気迫る17世紀の魔術を題材にした「バラの庭」と「灰の木」などだ。「消えた心臓」は、現代的なラグリー・ホールによく似た屋敷を舞台にしていて、自分の命を長らえるために子どもの心臓を集める邪悪な学者アブニー氏は、ラグリー風に〝新プラトン主義〟の本を持っていると描写されている。

第6章　マコンの悪魔

10. 『ジョン・イングルサント』(1881) という、ラグリー・ホールでのレディ・コンウェイの心霊サロンをフィクション化したヴィクトリア朝時代のくだらない小説がある。著者のＪ・Ｈ・ショートハウスはそのなかで、レディ・コンウェイを信じやすく迷信深い"気まぐれな"女性として描いている。これは、現在レディ・コンウェイの忘れられた知的遺産の復活に努める哲学およびフェミニスト学界では侮辱と考えられている。
11. この話を聞いて、グランヴィルは聖書が開いていただけでなく、関連のある箇所が開いていたことにも注目している。けがれた霊について書かれた「マルコによる福音書」第３章だった。
12. 白いリネンバッグに入った霊というと、三池崇史監督の独創的なＪホラー映画『オーディション』(1999) を思い出さずにはいられない。
13. 《ペンシルヴェニア・ガゼット》によると、1730年、偶然にもアメリカに、ふたたびテッドワースの鼓手が現れた。ほぼ間違いなくベンジャミン・フランクリン（メアリー・リケッツを助けたあのセントアサフの主教と友人だった）が書いた風刺的な手紙のやり取りのなかで、ある文通相手が、"テッドワースのティンパニ奏者にまさるとも劣らないほど騒がしい"霊に襲われたふたりの聖職者の話に触れている。宿屋で同室していた聖職者たちは、最初にベッドの片方、次にもう一方から幽霊の鼓手に悩まされ、ひと晩じゅう眠れなかったという。
14. 忘れられがちだが、ロンドンには犯罪者をアメリカの植民地へ流刑にする長い伝統があり、アメリカが独立しなければおそらくその後も続けていただろう。よく知られるオーストラリアへの流刑よりずっと昔のことだ。
15. マイケル・ハンター著『テッドワースの鼓手を再検証する――王政復古のイギリスにおける矛盾した魔術物語』(2005) バーベックｅプリント参照。
16. この記述を読んだとき、ディーン・ラディンの『意識ある宇宙』

今日のケンジントン宮殿は、ドレスの展示や宝探しに重点を置いていて、真の屋敷生まれの娘、アン・コンウェイにはほとんど時間を割いていない。死後の1690年に出版された『最古および現代の哲学原理』は、哲学者ライプニッツに多大な影響を与えた。本書の執筆時点では、宮殿のウェブサイトで“お気に入りの王女に投票”できるが、悲しいことに、お気に入りの神議論とモナド論の提唱者には投票できない。

6．1658年に夫が書いた文章は、その偏頭痛がどれほど体を衰弱させるものだったかを伝えている。“この日曜日ですでに7週間、妻は部屋に閉じこもっていて、ほとんどベッドから出ず、一歩も歩けないが、ふたりの人間に支えられてどうにか起き上がる……あまりにもひどくふさぎ込んでいて、胸の奥のほうからため息とうめき声を漏らすので、恐ろしくて近寄ることができない”。

7．ハーヴィーは裕福な医者だったので、銀製の医療機器を使っていた。おかげで、知らないうちに他の医者より抗菌性の面で有利な立場にあった。おそらく、彼の患者は生存率が高かっただろう。

8．王の侍医として、ハーヴィーはジェネット・ハーグリーヴズとメアリー・スペンサーについて、魔術の身体上の証拠を調べた――たいていは、悪魔が吸うための偽の乳首と考えられていた皮膚ポリープのことだった。少なくとも10人の産婆と助手の医者ひとりの助けを得て、ハーヴィーはそれらが乳首として機能しているという考えを退けた。その結果、告発された7人の女性のうち4人が赦免された。10歳の子どもだったハーグリーヴズは、母親を魔女として訴えていた。これが判例をつくり、直後のセーレムの判事たちがそれに従った。

9．ラグリーのサロンに参加して間もなく、グランヴィルは魔術を題材にした最初の本を発表した。かなり痛烈な運命のいたずらで、保管されていたほとんどすべての版が、1666年のロンドン大火で燃えてしまった。

みずからの艦隊に、その船を取り囲み必要なら砲撃を加えよと命じて、ただちに鎮めた。反乱者たち自身の手で主導者を処刑させたあと、ジャーヴィスは将校たちに「規律は守られました」と言ったそうだ。

28. ピサにて、1771年11月18日付け、大英図書館所蔵。

第5章　テッドワースの鼓手

1. 最近の研究では、1666年とする説もある。
2. じつのところ、グランヴィルはプリマスのピューリタンとはまったく違っていた——ちょうどその時期に書かれたサミュエル・ピープスの日記に、その証拠がある。1665年9月から11月に、ピープスは何度かロンドンにあるグランヴィルの屋敷を訪れ、そこでグランヴィルの愛人のひとりペニントン夫人と会って、いつの間にやらすっかり王政復古のスタイルで、酒を飲んだり、騒いだり、暖炉のそばで戯れたりした。
3. おそらく、1651年以来の付添人で司書のセーラ・ベネットが、目付役を務めていた。ベネットは、1656年のフランス旅行にも同行している。極度の頭痛に悩まされていたレディ・コンウェイは、その地で麻酔を使わずに頭を切開する手術を受けようかと真剣に考えた。ベネット女史について、もっと情報があるといいのだが。
4. おもに、裁判の立役者となったコットン・マザーに大きな影響を与えた。マザーの『目に見えぬ世界の驚異』は、主としてグランヴィルの著書とその信条を手本としている。
5. 日記作家ジョン・イーヴリンは、レディ・コンウェイの子ども時代の屋敷を、1666年に“とても優美な並木通りに立っている”と描写している。レディ・コンウェイが親しんだ元のジャコビアン様式の建物は、クリストファー・レンが設計した翼棟や増築部分の内部に、今も残っている。屋敷は、現在では故ウェールズ公妃ダイアナに結びつけられることが最も多い。

24. ヒルズバラは当時アメリカ植民地担当大臣で、実質的にアメリカ総督だった。数年かけて蓄えてきた力は、国王自身の力より大きかったからだ。独立戦争時、ベンジャミン・フランクリンの弁護団に最初にイギリス兵を差し向けたのはヒルズバラだった。フランクリンを驚くほど高圧的に扱ったヒルズバラは、両者のあいだに歴史的な反目を招いた。アメリカの歴史家ヒラー・ツォーベルは、ヒルズバラをこう評した。“ひとりの男のせいでアメリカが失われることなどありえないというだけの理由で、ヒルズバラはその不名誉から逃れられた”。

25. 信じにくいことだが、書面にはそうある——もし裏づけが取れるなら、ドーセットのイェットミンスターで史上初といわれる予防接種が報告される少なくとも1年前に、ハンプシャーで天然痘の予防接種が行なわれたことになる。その土地に、牛の群れがいたのは確かだ。ホードリーは、1773年5月12日にこう書いている。“あなたのかわいい小さな坊やが予防接種を無事受けたとうかがい、とてもうれしく存じます。わたしの子どもも、熱病の接種をしていればよかったと思います。あの子は健康状態の割には元気で明るくしていますが、ふさぎ込みがちなので、外国へ連れて行くことも、どんなに好ましいお客に会わせることもできません……このあたりの人々はみんな、ゼイゼイいう咳を他の感染性の熱病と同じくらい恐れています”。とはいえ、最も単純な解釈では、ここでの“予防接種”の意味は、一般的な病気の媒介動物を通して自然に免疫を得ることとも考えられる。

26. メアリーの直系子孫で最後の長男は、抗精神病薬を投与されていたが、2001年、ほんの20歳のとき父親の散弾銃で自殺してしまった。伯爵位は、メアリー・リケッツより上位の親族につながる8親等のいとこに戻された。現在でも、スコットランド最古の爵位のひとつ。

27. ジャーヴィスは、1797年11月、軍艦マールバラ号の反乱が起こったとき、

た、ダートマス卿になったのはレッグ氏ではなく、彼の兄だ。どちらも同じくらい使用人たちに嫌われていたのは明らかで、地元での評判もよくなかった。

16. 『貴婦人の日記』(1864)。

17. この時代、夢について詳しく描写した文章はほとんどない。幽霊に関する夢はなおさらだ。

18. これは数年後にメアリーが書き留めた逸話らしく、メアリーの息子エドワード・ジャーヴィスが目撃していたようだ。

19. 頭蓋骨はどこにも見つかっていないが、ハリー・プライスは著書のなかでそのうわさを強調することに決め、セールスポイントを見つける芸人の目で、逸話全体を“ヒントン・アンプナーの頭蓋骨”と呼んだ。この逸話を語る上では、紛らわしい情報に思える。どちらにしても、頭蓋骨は、存在したという証拠すらない。

20. ヒューズ師は、この逸話に別のつながりがある。若いころのカンバーランド公爵の個人教授を務め、担当のアフィントン教区とヒントン・アンプナーはどちらも、ウィンチェスターのセントスウィザン修道院に一部所有されていた。

21. ヒューズ夫人は、死後の1904年に出版された『サー・ウォルター・スコットの手紙と回想』の著者でもある。

22. 理由は単純に、高齢の聖職者が、妻や子どもたちにこういう話題はふさわしくないと感じたからかもしれない。上流階級の性的な不品行がほのめかされ、主人たちと使用人たちの境界が崩れていく筋書きは、ヴィクトリア朝時代の人々に好まれる話題ではなかった。

23. 弟ふたりがひそかに結婚するという行動に出たので、ジョージ3世は翌1772年、王室結婚令(訳註:ジョージ2世の子孫は王の許可なしに結婚してはならないという法律)を通さざるをえなくなった。

なって、最新情報を熱心に求め、王家の急使にジャーヴィスからの手紙を届けさせたことにも触れている。

11. 家族がアイルランドで夏の休暇を取っているあいだに、文書がレディ・ヒルズバラに送られた（そのほんの数週間後、めったにないことだが、ヒルズバラ伯爵が、天敵のベンジャミン・フランクリンを丁重にもてなした）。フランクリンは、懐疑的ではあったが幽霊に興味を示し、アメリカの出版物で幽霊について書いている。フランクリンの敵がヒントン・アンプナーの持ち主の近くにいて、友人（訳註：13にあるセントアサフの主教）がヒントン・アンプナーの賃借人の近くにいたというのは興味深い。しかし残念なことに、フランクリンがこの物語を耳にしたという証拠はない。

12. じつのところ、悪魔祓いの行為は1604年以降、英国国教会の教会法ではっきり禁じられていた。第72条には、聖職者は“悪魔あるいは悪魔たちを追い払う（中略）なんからかの見せかけを演じてはならない”とある。

13. セントアサフの主教は、ボストン茶会事件のあと植民地に課された制裁を嘆いた数少ない貴族院議員のひとりだった。主教が、リケッツ家の幽霊について聞いていた可能性はあるだろう。アメリカ北部の反逆者たちを支持したせいで、カンタベリー大主教の地位を逃したといわれる。ベンジャミン・フランクリンは、ヒントンから遠くない主教の家に滞在し、自伝の一部をそこで書いた。

14. 夫はジャマイカで1799年に62歳で亡くなり、メアリー・リケッツは長年のあいだ未亡人として過ごした。本人は、1828年にバースで亡くなった。娘と生き残った息子とは親しかったようで、娘に屋敷を譲って、よくそこに滞在していた。

15. メアリーは、この逸話に関わっているほぼ全員と同じく、レッグ氏（訳註：レディ・ストーエルの最初の夫）とストーエル卿を混同している。ま

で1791年11月２日に交わされた夫婦財産契約には、ニューケイナンの領地に奴隷200人を手配する予定が含まれている。

6．ストリーターは霊の標的にされていたようだ。それまで音を聞いていなかったので、“無分別にも、もっと聞きたいと言ったところ、その晩から屋敷を出ていくまで、音を聞かずに過ごせた夜はほとんどなかった。まるで誰かが彼女の部屋の前へ歩いていき、扉を押して無理やりあけようとしているかのようだった”。

7．この時点でレディ・ストーエルは、ヒルズバラ伯爵と再婚していた。伯爵は当時、イギリス内閣のアメリカ植民地担当大臣を務め、アメリカ独立戦争への対策でジョージ３世の片腕となった。

8．何年もたち、フランシス・ウィリアムズ・ウィンがこの事件を語っているころ、ジャーヴィス大佐は、長い時間をかけて、屋敷を出るために荷造りする妹を手伝っている。メアリーは家政婦の部屋（階下の居間と厨房のあいだ）で座って休み、“中身を空けたばかりの大きな戸棚”に寄りかかっていた。ふたりは突然、“耳元で響く音にびくりとした。メアリーによれば、箱のなかで干からびた骨がガタガタ鳴っているような音だった。サー・ジョンが戸棚の扉をさっとあけ、「ここに悪魔がいる、捕まえてやるぞ」と叫んだ。しかし何も現れなかった”。

9．ふたりは義理の兄弟として親しかった――実際、いっしょに事業を行ない、1766年にはフロリダ州のセントジョンズ川流域にそれぞれ２万エーカーの土地を買い、おそらく未開拓地を切り拓いて砂糖プランテーションをつくるつもりだった。あのときアメリカ独立戦争が起こらなければ、ジャーヴィスは深南部でプランテーションとたくさんの奴隷を所有していたはずだ。この物語の背景には、奴隷制度が潜んでいる。

10．ジャーヴィスは、イタリアまでの長い航海のあいだ、グロスター公爵が事件に示した興味についても記録している。公爵が逸話の細部に詳しく

人がいないように思える調査者の心理状態についてなど、適切な忠告がたくさん書かれている。

15. この後発の、ひどく評判の悪い、幽霊屋敷で儲けを狙うシナリオは、ハリー・プライスのキャリアの成り行きときわめてよく似ている。アミティヴィル事件では、徹底的にまやかしが暴かれた。

16. トビー・フーパー監督の映画『ポルターガイスト』(1982) や、スティーヴン・キングの『ペット・セマタリー』(1983) などの小説が、その好例だ。

17. 死亡記事《ニューヨーク・タイムズ》2009年4月29日付け。

18. 『幽霊はどこにいるか――究極の幽霊屋敷案内』ハンス・ホルツァー著(1997)。

19. アメリカの『TAPS』やイギリスの『モスト・ホーンテッド』。

第4章　ヒントン・アンプナーの謎

1. リケッツ家とジャーヴィス家は、かなり長期間にわたってイギリス海軍と強く結びついていた。最後には、リケッツ夫人の子孫ロバート・セントヴィンセント・シャーブルックが、1943年にバルト海での船団護衛任務でヴィクトリア十字勲章を授与された。

2. 『ヒントンの謎』大英図書館写本・稿本コレクション30011。

3. 絹は、長年にわたって幽霊のモチーフとして頻出し、早くも1587年には、“絹をまとっているかのような、形のない細長く明るいもの”と描写される幽霊が、ハートフォードシャーに住む労働者の妻のもとに現れ、女王の安全について指示をしている。

4. この人はおそらく、のちにメアリーの兄ジョン・ジャーヴィスと結婚するパーカー嬢だろう。

5. ジョージ・ウィリアム・リケッツとレティシア・マイルドメイのあいだ

の肉体を離れた霊魂と、とても未発達ではあるが一時的な知性を生み出す“物質の断片”が結びついたものかもしれない。多くの人が、幽霊のこういう分裂した面に注目してきた。“人々が耳にした幽霊の言葉からすると、幽霊はかなり年寄りだという印象を受ける”とメアリー・ローチは『霊魂だけが知っている』(2006) に書いている。

6. プライスが実際に何かをねつ造した証拠はないが、さまざまな事件にたくさんの意味ありげなひねりを加えた証拠ならある。著書に掲載されたボーリー牧師館の廃墟で撮った“空飛ぶ煉瓦”の写真と、職人が投げたとよく知ったうえでの、ポルターガイストによって飛ばされたの“かもしれない”という推論は、その典型だった。
7. 王立協会で読まれたグランヴィルの公式な論文のなかには、治療効果があるバースの温泉の調査や、近隣の鉛鉱についての調査などがあった。
8. 初期の幽霊目撃の報告は、幽霊の髪や服が、煉獄《れんごく》にいたせいで焦げていることに触れていた。地獄の炎にかなり近い場所にいたからだろう。
9. 天国にいる者は誰も戻ってこない。なぜ戻る必要があるだろう？
10. いちばんよく知られているのは、旧約聖書「サムエル記」(上) で、エンドルの魔女が預言者サムエルの幽霊を呼び出す場面。
11. ヒラリー・エヴァンズ『侵入者たち――社会と超常現象』(1982)。
12. アーサー・バルフォア。陰謀理論家たちは、バルフォアがイスラエル建国に大きな役割を果たしたことと、姉の超心理学者としての役割 (とバルフォア自身SPR会員だったこと) もあって、バルフォアの首相としての行動にオカルト的な意味を見つけようとした――いうまでもなく、すべてはばかげた話だ。
13. レイリー卿は、子どもたちにとっての永遠の質問、“空はどうして青いのか”も発見した。その理論は、レイリー散乱として知られている。
14. 今では少し風変わりに感じられる本だが、特に、最近ではあまり考える

を借りたこういう霊は、古代に人類文化に刻まれたしるしだろう。

13. デジタル画像に写るオーブは比較的新しい動きなので、一般にはあまりいわれていないと思うが、魂を球体とする発想はとても古いものだ。それについて書いた人のなかには、神学者オリゲネス（おそらくエジプトのアレクサンドリア出身、AD185ごろ～AD254ごろ）などがいる。

第3章　目に見えるソファー――ゴーストハント小史

1．オドネルは、アイルランドの王族の血筋を自称していたので、幽霊への興味を国民性の一部として表現した。50冊を超える関連本を書き、かなりの夢想家だったと思われる。2009年に、この作家の伝記を執筆中という報告があったが、まだ出版されていない。1898年、オドネルは、グリニッジ・パークの木立から、ひどくおぞましいエレメンタルが飛び降りてくるのを目撃した。“半獣半人の姿――発育不良で肥満し、ねばねばした黄色だった。カニのように横向きに這い進み、反対側の茂みのなかへ消えた”。

2．マリアン・フォイスター。第16章「ボーリー牧師館の殺人」参照。

3．探偵ものとホラーものと科学ものが混じり合った、ウィリアム・ホープ・ホジスン作のシリーズ。ホジスンは、このジャンルのファンにはカルト的な人気を誇る。作品中では、チェイニーウォークの家に人々が集められ、火を囲んで逸話が語られる。

4．午後8時から20分間、プライスは現場と自分の装備について説明し、マイクの音声を確かめたり、扉があいたら警報が鳴る電気接触を試してみせたりした。カメラと自記温度計（気温の変化を記録するため）も使われた。午後11時45分から真夜中まで、リスナーはもう一度ダイヤルを合わせた。放送は、録音とライブを交えたものだったようだ。注目すべきことは何も起こらなかった。

5．ジョード（1891～1953）の考えによると、幽霊は混成した存在で、死者

いて、わたしは、船室の調度品のなかだとカーキ色がずいぶん場違いに見えるな、と考えていた。そう考えたとき、兄から視線をそらしたに違いない。もう一度椅子に目を戻すと、そこには誰もいなかった……夢を見ていたのかと思ったが、視線を落とすと、自分がまだ立っているのがわかった。不意にひどい疲れを感じて、寝台のところへ行き、横になった。すぐに、すべてを忘れさせるような深い眠りについた。目が覚めたとき、わたしはウィルフレッドが死んだことをはっきりと確信していた”『闇からの旅路』(1963)

8. 第3章「目に見えるソファー――ゴーストハント小史」参照。

9. ゴーストハンターのハンス・ホルツァーは、呪われた揺り椅子を発見した。とはいえ、わたしが思うに、別の場所で同じ現象を再現できなければ、家具を呪われていると定義することはできないだろう。

10. 黒太子のルビーは、170カラットのスピネルで、ムーア人の王子アブ・サイードの遺体から奪われたものだった。コ・イ・ヌールのダイヤモンドも、同じように混乱と暴力の歴史を持ち、男性に不幸をもたらすが、女性には呪いが効かないといわれる。

11. もしかすると、北欧神話の最高神オーディンのお供をする、皿のように目の大きい猟犬かもしれない。

12. のちにアメリカでのセーレムの魔女裁判にも大きな影響を与えた1612年のペンドルの魔女裁判には、茶色い犬、ウサギ、さらに猫として姿を現すティブと呼ばれる使い魔の証拠が関わっていた。魔女エリザベス・デムダイクの場合、“前述の霊は怒っていたようで、彼女を溝に押しやった、あるいは突き落とした。そして彼女が缶あるいは手桶に入れて運んでいた牛乳をこぼした。そのとたん、霊はすぐさま姿を消した。しかしその後間もなく、前述の霊はウサギの姿でふたたび現れ、4分の1マイルほど彼女についていったが、何も話しかけず、彼女も話しかけなかった”。動物の姿

ものになった。《デイリー・メール》（2011年10月28日付け）によると、グリーンストリート284番地の住人は今も、観察されているような感覚を味わったり、階下で誰かが話している声を聞いたりといった超常現象を報告している。

6．ベル・ウィッチ事件については、17冊の本が書かれ、『アメリカン・ホーンティング』（2006）を含む２本の映画がつくられた。目撃者のひとりは、将軍（のちの大統領）アンドリュー・ジャクソンだといわれる。幽霊が毒を盛って人を殺すために現れるというめずらしい物語のひとつだ。とはいえ、この事件は、報告されたほかのあらゆるポルターガイストの事例に反している。たいていは、人に向かってどんなに重いものが投げられても、羽根のように軽くしか触れないらしいからだ。ポルターガイストには、脅すことはできても傷つけることはけっしてできないという不変の法則があるようだ。

7．“わたしは何通か手紙を書こうと考えて、船室に下りてきた。扉のカーテンをあけて一歩踏み出すと、驚いたことに、ウィルフレッドがわたしの椅子に座っているのが見えた。衝撃がすさまじい勢いで体を走り抜け、それとともに顔から血の気が引いていくのが感じられた。わたしは、兄に向かって駆け出しはせずに、ぎこちなく船室に入った――手足がこわばって、反応が鈍くなっていた。わたしは座らずに、兄を見て静かに言った。「ウィルフレッド、どうやってここに来たんだ？」。兄は立ち上がらず、意に反して動けないらしかったが、わたしの目をまっすぐとらえた目は、わかってもらおうとするときのいつものまなざしで、生き生きと輝いていた。わたしがしゃべると、兄は顔をほころばせて、あのとても優しく愛情深い、謎めいた笑みを浮かべた。怖くはなかった――扉のカーテンを最初にあけて兄を見たときから、まったく怖くはなかった――ただこうして兄の姿を眺めていることに、えもいわれぬ精神的な喜びを覚えた。兄は軍服を着て

る。最近ヴィクトリア・アンド・アルバート博物館から、ウェアにある特別博物館に送り返された。エドワード４世のためにつくられたといわれ、王族以外の者が寝ようとすると、怒った製作者ジョナス・フォスブルックの訪問を受けるとうわさされている。

第２章　幽霊の分類法

1．フォークロア研究者のクリスティーナ・ホール（『呪われたイギリス』1940）なら、それは古代に妖精が信じられていた証拠だと言うだろう。当時は、そばを通り過ぎる妖精をけっして見つめてはいけないとされていた。エプロンか、手元にある何かで顔を覆わなくてはならない。ポップカルチャーに浸かった現代人にとっては、妖精が過去にひどく危険なものと考えられていたことは興味深い。『パラノーマル・アクティビティ』のような映画は、『ロード・オブ・ザ・リング』よりも妖精伝説にずっと近い。

2．おそらく元首相アーサー・バルフォアだろう。かつて心霊現象研究協会の秘書を務めたことがあるからだ。

3．幽霊《ドライグル》はアイスランドの伝説に見られる。彼らはたいてい、夜中に埋葬塚からよみがえった死体として現れる。北欧とスカンディナヴィアに詳しい中世研究家だったＭ・Ｒ・ジェームズには、そういう存在が人間と“戦う”能力を持つという言い伝えになじみがあったのだろう。ジェームズの小説の多くは、死体と戦うことになる。

4．とはいえ、超心理学純粋主義者は、ポルターガイストがそもそも幽霊かどうかについて異論を唱えるだろう。

5．事件の中心にいた少女で、現在は40代になっているジャネット・ホジスンは最近、ハリウッドがこの事件を題材にした映画をつくるというニュースについて、マスコミの取材を受けた。ホジスンが、デヴィッド・ソウルのポスターを背景にベッドの上で空中浮揚している写真は、象徴のような

原註

第１章　幽霊屋敷で育って

1．ワイト島は西暦686年、キリスト教に改宗したイギリス最後の地域。

2．ブラン王。塔内に棲《す》みついたワタリガラスは、王の化身ともいわれる。

3．《ノーツ・アンド・クエリーズ》1860年８月８日号。

4．聖職者は昔から、ナイトン・ゴージズとその最後の持ち主ジョージ・モーリス・ビセットに興味を持つようで、ヴィクトリア朝時代にベストセラーとなったレグ・リッチモンドによる伝道用小冊子『酪農夫の娘』にも彼の名前が出てくる。リッチモンドはブレーディングとワイト島で教会執事を兼任し、ビセットの使用人のひとりを訪ねるためナイトンにやってきた。使用人とは、ベッツィー・ウォールブリッジという名前の肺病の少女で、その美徳と清貧がヴィクトリア朝以前の敬虔さの指針として掲げられ、聖人のような存在になりつつあった。ナイトン・ゴージズが焼け落ちたときには、リッチモンドはヴィクトリア女王の父、ケント公の宗教儀式係だった。

　リッチモンドのバプテスト派小冊子は、およそ400万部売れ、19カ国語に翻訳された。ベッツィー・ウォールブリッジの墓を訪れた信心深い旅行者は、ナイトンの跡地を見に行って、最後の持ち主のよこしまさと如才なさ、富の虚しさについて考え込んだかもしれない。ベッツィーは、ほぼ間違いなく、ディケンズの『骨董屋』に登場する無欲の少女ネルのモデルでもある。ディケンズは、1865年に発表されたクリスマス物語『ドクター・マリーゴールドの診断』で、その小冊子の名前を出している。

5．この巨大なベッドについては、シェイクスピアもバイロンも言及してい

訳者紹介

桐谷知未（きりや・ともみ）

東京都出身。南イリノイ大学ジャーナリズム学科卒業。翻訳家。

主な訳書に、『これから始まる「新しい世界経済」の教科書』（ジョセフ・E・スティグリッツ著、徳間書店、2016年）、『記憶が消えるとき』（ジェイ・イングラム著）、『食物アレルギーと生きる詩人の物語』（サンドラ・ビーズリー著、国書刊行会、2015年）、『それでも家族を愛してる』（ポー・ブロンソン著、アスペクト、2006年）など、共訳書に『ハイパーインフレの悪夢』（アダム・ファーガソン著、新潮社、2011年）がある。

幽霊《ゆうれい》とは何《なに》か――五百年《ごひゃくねん》の歴史《れきし》から探《さぐ》るその正体《しょうたい》

2016年7月25日　初版第1刷発行

著　者　ロジャー・クラーク
訳　者　桐谷知未
装　幀　真志田桐子
発行者　佐藤今朝夫
発行所　株式会社 国書刊行会
〒174-0056 東京都板橋区志村1-13-15
TEL 03（5970）7421　FAX 03（5970）7427
http://www.kokusho.co.jp
印刷・製本　三松堂株式会社
カバー画像　shutterstock

ISBN 978-4-336-06006-8